新知文库 110

Die Nonnen
von Sant' Ambrogio:
Eine Wahre Geschichte

Die Nonnenvon Sant' Ambrogio

Eine Wahre Geschichte

by Hubert Wolf

© Verlag V. H. Beck oHG, München 2013

圣安布罗焦的
修女们

一个真实的故事

［德］胡贝特·沃尔夫 著 徐逸群 译

生活·讀書·新知 三联书店

Simplified Chinese Copyright © 2020 by SDX Joint Publishing Company.
All Rights Reserved.
本作品简体中文版权由生活·读书·新知三联书店所有。
未经许可,不得翻印。

图书在版编目(CIP)数据

圣安布罗焦的修女们:一个真实的故事/(德)胡贝特·沃尔夫著;
徐逸群译.—北京:生活·读书·新知三联书店,2020.1 (2022.3 重印)
(新知文库)
ISBN 978-7-108-06555-1

Ⅰ.①圣… Ⅱ.①胡… ②徐… Ⅲ.①罗马公教-基督教史-研究-梵蒂冈
Ⅳ.① B976.1

中国版本图书馆 CIP 数据核字(2019)第 057896 号

责任编辑	刘蓉林	
装帧设计	陆智昌 康 健	
责任印制	卢 岳	
出版发行	生活·讀書·新知三联书店	
	(北京市东城区美术馆东街 22 号 100010)	
网 址	www.sdxjpc.com	
图 字	01-2014-7182	
经 销	新华书店	
印 刷	北京隆昌伟业印刷有限公司	
版 次	2020 年 1 月北京第 1 版	
	2022 年 3 月北京第 2 次印刷	
开 本	635 毫米 × 965 毫米 1/16 印张 28.25	
字 数	339 千字	
印 数	08,001-10,000 册	
定 价	53.00 元	

(印装查询:01064002715;邮购查询:01084010542)

新知文库

出版说明

在今天三联书店的前身——生活书店、读书出版社和新知书店的出版史上，介绍新知识和新观念的图书曾占有很大比重。熟悉三联的读者也都会记得，20世纪80年代后期，我们曾以"新知文库"的名义，出版过一批译介西方现代人文社会科学知识的图书。今年是生活·读书·新知三联书店恢复独立建制20周年，我们再次推出"新知文库"，正是为了接续这一传统。

近半个世纪以来，无论在自然科学方面，还是在人文社会科学方面，知识都在以前所未有的速度更新。涉及自然环境、社会文化等领域的新发现、新探索和新成果层出不穷，并以同样前所未有的深度和广度影响人类的社会和生活。了解这种知识成果的内容，思考其与我们生活的关系，固然是明了社会变迁趋势的必需，但更为重要的，乃是通过知识演进的背景和过程，领悟和体会隐藏其中的理性精神和科学规律。

"新知文库"拟选编一些介绍人文社会科学和自然科学新知识及其如何被发现和传播的图书，陆续出版。希望读者能在愉悦的阅读中获取新知，开阔视野，启迪思维，激发好奇心和想象力。

生活·讀書·新知三联书店
2006年3月

目 录

人物列表　　1

前　言
　　"救命，救救我"　　5

第一章
　　"如此无耻的行为！"
　　卡塔琳娜·冯·霍亨索伦在宗教法庭上做出的控诉　　9
　　　　|罗马——天国耶路撒冷|一次大马士革经历及其后果|罗马修道院的田园生活|地狱修道院的营救行动|出于良知的上诉|圣安布罗焦修道院的秘密|一名被鬼附的诱惑修女|一名假圣徒|投毒事件|拯救者的观点|

第二章
　　"一件如此详尽的事件"
　　庭外调查　　59
　　　　|非正式研究|一名被驱逐修女的证词|一张床上的两名修

女｜不贞和同性性行为｜多明我会修士决心一探究竟｜众多可信的证据｜调查程序的启动｜宗教裁判所作为宗教法庭：审判和参与者｜信理部档案馆的原始资料｜

第三章
"我是我改革派姐妹们中的小狮子"
取证程序和女创始人的敬礼者　　109

｜德拉·玛西玛·圣安布罗焦修道院｜圣方济各修女们的第三修会｜阿涅塞·菲劳被视为圣人｜阿涅塞·菲劳被指控为伪圣徒｜宗教裁判所1816年的裁决｜教宗利奥十二世的神奇认信｜真伪圣徒｜对菲劳持续敬礼的证据｜神秘的女院长｜圣髑｜被圣灵充满的文字｜告解教母｜神父们宣布的错谬祭仪｜

第四章
"把我洗干净些，因为神父要来了"
玛德蕾·比卡利亚的伪装成圣　　165

｜通往权力之路的异象｜神秘主义和神秘论主义｜戒指和玫瑰馨香的世俗来源｜圣母来信｜圣母玛利亚世纪｜玛利亚来信的伪造作坊｜床上的灵魂帮助者｜修道院房间里的同性亲密行为｜圣安布罗焦体系｜

第五章
"一件荣耀上帝的行为"
按照圣母命令进行的谋杀　　215

｜美国人的猥亵信｜卡塔琳娜脖子上的绳子｜天国来信预示

卡塔琳娜的死亡｜一场投毒大戏｜"这肯定是魔鬼干的"｜其他的谋杀｜天国降财｜作为知情者和共犯的神父｜取证过程的结果｜

第六章
"这是天国所赐液体"
诉讼程序和玛丽亚·路易莎的审讯　257
｜"我一直以来都想当修女"｜一只无辜羔羊的故事｜明证和首次认罪｜玛丽亚·路易莎和她的初学修女们｜性侵事件｜耶稣会神父及其特殊祝福｜告解神父与亚历珊德拉·N的情事｜玛丽亚·路易莎和彼得斯神父之间的性与祝福｜"我唯一的辩护者是耶稣基督"｜

第七章
"那位好神父毁了上帝的作品"
针对告解神父和女院长的审讯　297
｜朱塞佩·莱兹罗利：法庭前的告解神父｜圣阿涅塞·菲劳的使徒｜告解神父和圣洁的玛丽亚·路易莎｜莱兹罗利和投毒事件｜玛丽亚·维罗妮卡·密尔扎——法庭前的女院长｜供认不讳｜

第八章
"在做这些事时心中的祷告一刻没有停止"
朱塞佩·彼得斯的审讯　319
｜彼得斯神父的真正身份｜被告人的自发认罪｜一名打破宗教裁判所禁令的红衣主教｜敬礼菲劳原来是被允许的｜神

学和舌吻 | 新经院哲学的曲折历程 | 法庭最终裁决 | 代表人物之战？ |

第九章
"悲伤痛悔"
判决及其后果　369

| 顾问、红衣主教、教宗——判决 | 内部的公开弃绝和对外的神秘态度 | 不是修女而是修道院创始人 | 一位红衣主教的毒杀事件创伤 | 被大人物放过 | 疯人院中的圣徒 | 一位编写教义的异端人士 |

后记　历史中圣安布罗焦修道院审判的秘密　423

致　谢　437

人物列表

卡塔琳娜·霍亨索伦-西格马林根侯爵夫人
在圣安布罗焦修道院的初学修女主管玛丽亚·路易莎手下做了十五个月的初学修女,得悉修道院秘闻后生命受到了威胁

古斯塔夫·阿道夫·霍恩洛厄-希灵斯普菲斯特
埃德萨教区领衔主教并深受教宗庇护九世的信任,卡塔琳娜的堂兄和拯救者

玛丽亚·阿涅塞·菲劳
圣安布罗焦修道院创始人,被人们视为圣徒敬礼,但最终被宗教裁判所判为假圣徒

玛丽亚·路易莎
年轻漂亮的初学修女主管,修道院副院长,拥有异象并被人视为圣徒

玛丽亚·维罗妮卡
圣安布罗焦修道院女院长,能够当上院长全托玛丽亚·路易莎的福

路易吉·弗兰切斯凯迪
修道院律师和法务负责人

阿涅塞·埃莉塔
阿涅塞·菲劳的外甥女，教团修女，与玛丽亚·路易莎同床共枕

玛丽亚·贾钦塔
弗兰切斯凯迪的亲妹妹，教团修女，也与玛丽亚·路易莎同床共枕

阿涅塞·塞莱斯特
初学修女，作为一名医生的女儿熟知各种药物和毒药

玛丽亚·弗兰切丝卡
初学修女，写得一手好字

玛丽亚·朱塞帕
掌管修道院药房钥匙的护士

玛丽亚·伊格纳修亚
初学修女，玛丽亚·路易莎的帮凶

玛丽亚·费利切
初学修女，玛丽亚·路易莎的帮凶

彼得·克鲁兹伯格
"美国人"，被魔鬼附体，为玛丽亚·路易莎而着迷

朱塞佩·莱兹罗利
耶稣会神父，圣安布罗焦修道院精神领袖和首任告解神父，崇拜修道院的两位圣女

朱塞佩·彼得斯
耶稣会神父，圣安布罗焦修道院第二任告解神父，相比对玛丽亚·路易莎的崇拜，他更多地是依恋对方

卡尔·奥古斯特·格拉夫·赖萨赫
红衣主教，长期担任卡塔琳娜的灵魂导师，弱点是拥有圣痕的女性

毛鲁斯·沃尔特
本笃会修士，卡塔琳娜的新任灵魂导师，劝勉卡塔琳娜/她提出上诉

科斯坦蒂诺·帕特里齐
圣安布罗焦修道院的红衣主教守护者，同时担任罗马教廷代理枢机主教，熟悉教廷内幕

温琴佐·莱昂·萨鲁埃
多明我会修士和罗马宗教裁判所调查法官

庇护九世
1846—1878年担任教宗，相信圣母降临现世并进行干预

玛利亚
耶稣基督的母亲，显现在世并写下天国来信

前　言

"救命，救救我"

"7月25日礼拜一早晨8点过了不久，主所派来的埃德萨教区主教终于来到我这里了。除此以外再也没有其他的盼望了，这是我唯一得救的机会。我将一切都告诉了他，并请求他帮助我尽快从修道院中逃出去。事情进行得很顺利，他答应了我的请求并把我救了出来。"[1]这是1859年夏天霍亨索伦－西格马林根侯爵夫人卡塔琳娜戏剧性地逃出，或者更加恰当地说，是被其堂兄霍恩洛厄－希灵斯普菲斯特侯爵暨红衣大主教古斯塔夫·阿道夫从圣安布罗焦修道院营救出来五周以后，在呈给教宗的诉状之中关于自己在罗马式修道院高墙后面冒险故事结局的急切描述，而这一经历差一点就让她付出生命的代价。

那些人侮辱她，将她与其他修女和外界隔绝开来，他们将她视为危险的洞悉修道院内幕的知情人并试图使她永保沉默，最终甚至多次向她下毒。截至1859年7月26日下午3点半，经过整整五个月时间，我们的女主角化名为第三修会修女路易莎·玛丽亚，满怀企望在罗马最大的圣安布罗焦修道院、与众多方济各会修女们一起生活的修道院生涯正式告终。事实上，这次拯救行动确实将她从生死存亡的危难之中解救了出来。

尽管侯爵夫人以传统敬虔的方式将自己修女生涯的失败和戏剧性的逃亡理解为主基督赐下的救赎,并即刻由此得到心理安慰而能够忍受下来。但这一历时数月之久死亡威胁的戏剧性经历还是成为她人生中的转捩点。1859 年 7 月 26 日以后,一切都改变了。侯爵夫人的密友克里斯蒂娜·格迈纳[2]小姐于事件发生十年以后所记录下的《经历》一文,使人们身临其境地体会到侯爵夫人的生命在圣安布罗焦修道院到底受到了何等威胁,而当年多次投毒事件所造成的创伤又如何在多年后仍然保留在她的心中。如果我们承认这一份自传式历史资料的真实性,那么卡塔琳娜就是成功地从 1859 年 7 月 24 日夜间至 25 日"秘密地"偷运出一封信件并成功地找人递交给红衣大主教。"侯爵夫人怀着巨大的恐惧等待着,直至她清晨被唤至接待室。侯爵夫人满怀恐惧而又上气不接下气地赶到那里并在看到红衣大主教后对他大喊:'救命!救救我!'起初大主教完全不能理解他的堂妹,甚至担心她在说疯话,但随着时间流逝,卡塔琳娜终于成功地向大主教证明了自己神志清醒并且有充足理由感到如此惧怕。现在大主教明白了她要求从修道院离开的理由并许下承诺,会尽一切努力尽快达成她的请求,但最快的话也得等到明天。"克里斯蒂娜·格迈纳如此以第三人称记录下了侯爵夫人以第一人称向她述说的情形。[3]

霍亨索伦－西格马林根侯爵夫人卡塔琳娜在此所描述的内容,听起来像是黑暗的中世纪发生的事情,并遭到了众多一心维护天主教修道院生活人士的歧视和论断。要知道我们已经不再身处中世纪,而是 19 世纪中叶的新时代;我们不在世界边缘一座高山上孤独而又偏僻的修道院城堡里,而是身处距耶稣基督在世上的代表——梵蒂冈——距离不到两公里的基督徒的首都。

圣安布罗焦修道院里面到底发生了什么?事关一位神经过于紧

张的贵妇的严重下毒妄想吗？还是卡塔琳娜的生命中确实遇到了投毒事件？最重要的是：一位霍亨索伦家族的侯爵夫人，一位普鲁士后期国王和德意志皇帝威廉一世的近亲，到底是如何作为一名修女碰巧出现在罗马并生活在如此严格的修道院之中的？

注　释

[1] Fogli manoscritti consegnati in atti dalla Principessa Caterina de Hohenzollern il 15. Settembre 1859. Sommario della Relazione informativa Nr. XXII；ACDF SO St. St. B 7 c.

[2] 克里斯蒂娜·格迈纳1870年成为霍恩洛厄-巴尔滕施泰因侯爵夫人罗萨（原姓冯·施特恩贝克）的家庭教师，并陪伴其前往布拉格。卡塔琳娜出于信任而委托此人这一工作。HZA Archiv Bartenstein Bü 130, Nachträge 56.

[3] Erlebnisse von S. Ambrogio, von Fräulein Ch. Gmeiner im Jahr 1870；StA Sigmaringen, Dep 39 HS i Rubr 53 Nr. 14 UF 9m, S. 76.

第一章

"如此无耻的行为!"
卡塔琳娜·冯·霍亨索伦在宗教法庭上做出的控诉

罗马——天国耶路撒冷

卡塔琳娜来到罗马,并非如约翰·沃尔夫冈·冯·歌德或约翰·约阿希姆·温克尔曼那样沉醉于古典希腊文化宝库的魅力[1],也不是因为从加洛林王朝到斯陶芬王朝的德意志王室都被吸引到这台伯河畔城市进行加冕仪式的皇家气派。对于卡塔琳娜这等敬虔的妇人来说,能将她吸引至这教宗之城的必定是宗教理由。

当时作为宗教中心的罗马自18世纪中叶起就开始经历一轮严峻的衰败。[2]作为世界上教会国元首的教宗占领了亚平宁半岛意大利中央一块相当不错的土地,从而愈发深陷于维持其统治的政治军事冲突,也就愈发不能履行其作为天主教精神领袖的职责。接近18世纪末时,教宗的声望已经降到了最低点。1773年各欧洲王权甚至能够强迫教宗克雷芒十四世解散自己重要的政治力量——耶稣会。拿破仑·波拿巴记录的逸事表明他曾强迫庇护七世流亡法国。尽管1815年的维也纳议会在教宗从法国返回之后再次承认了教会国的独立地位,但枢机上卿秘书埃尔科莱·孔萨尔维[3]在维也纳所承诺针对管理、司法权、教育以及经济进行的改革却从未实施。教会国因此成为欧洲政治落后地区之首。

在欧洲解放战争之后成为主流的复辟运动中,教宗的统治能力明显改善,其道德和宗教权威的声望亦有所提高。其他所有的元首都与法国国王进行了私下交易,而教宗则突然成为欧洲唯一抵抗残暴的拿破仑,且因自己的信念而流亡国外的君主。因此,教宗统治在罗马帝国成为一种对于永恒价值,特别是对君主专制制度和君权神授的保证,同时也代表了法国大革命自由主义国家和人权理念所带来的混乱和不安的反对力量。教宗利奥十二世极其巧妙地利用了这种对安全感的向往。永恒的罗马应当再次成为世界最令人向往的圣地。

在世俗化及随之而来的对教会国(及其大公教区)的摧毁中,德国不少天主教徒越来越对罗马产生了好感。这些人多为改革宗大公的臣属并寻求与教宗产生更加紧密的联结。特别是1830年法国七月革命之后,一个称为"越山主义"的天主教活动愈发受人关注。越来越多天主教徒通过"越山主义"运动越过阿尔卑斯山归向罗马,越来越多人认为罗马式敬虔、罗马式圣餐仪式以及罗马式神学才是天主教教义的唯一正确体现,因为这些天主教徒得到了基督代言人——教宗——的授权。

在这一过程中,天主教教众纷纷认定罗马就是基督的新妇、圣城以及地上的天国耶路撒冷。令人注意的是,这一极高的针对教宗统治的评价并非来自教宗们及罗马本身,而是外界加给教宗的。教宗统治在一个充满碎片化、不安全感和革命剧变的时代中成为满足所有宗教安全感需求的投射平台。就在这一时期,人们重新发现了前往罗马朝圣的意义:与教宗面对面的会面、在使徒彼得和保罗坟墓的祈祷以及随之而产生的宗教性自我肯定成为天主教的标志。

这样一种趋势在教廷里引起了完全不同的反应。枢机主教团分裂为"激进派"和"保守派"。其中一派热切地想要利用这种对罗马的狂热，压制教会和教会国中各项改革并使教宗彻底神化，而另一方则倾向于对此持怀疑态度，他们认为教会和世界的和好会带来危险性。"鹰派"和"鸽派"首先在教宗选举问题上产生了激烈的冲突，强硬派和温和派在教宗选举会议中轮流占据着主导地位。

罗马朝圣主要在社会高阶层人士范围内风靡，1834年教宗格列高利十六世（他的性格非常热情）时期卡塔琳娜·冯·霍亨索伦及其母亲也加入了这一潮流并第一次来到罗马。教宗及其周围环境培养出了一种对于现代世界的先进政治主张、科学认知和经济发展的基本上不信任的氛围。[4]七月革命后，格列高利十六世在其统治期间将罗马扩张为一座抵御自由主义恶魔势力进攻的精神堡垒。这一切导致格列高利十六世成为革命创伤者和天主教会一切革新力量的追随者。任何貌似自由、革命或现代教育的事物都令教宗不安。天主教会应当聚焦罗马并将它建成一所"充满荣耀的殿堂"，这一殿堂能够与现代事物成功对话并最终战胜对方，正如《圣座的胜利》这一教宗著作的书名所表达的。[5]

根据这一复辟统治原则，乔瓦尼·马里亚·马斯塔伊-费雷提于1846年6月16日被选为教宗。属于温和派的乔瓦尼按次序将自己命名为庇护九世。[6]事实上这位极开明的教宗在其统治伊始就进行了一系列改良行动。他对政治犯实行大赦、引入公民统治体系并承诺会通过一部宪法促进其臣属的政治生活。这些进步措施受到罗马居民最广泛的欢迎。当然罗马的情势也变得尖锐起来：1848年德国三月革命的余波也影响到教宗之城。庇护九世被迫逃往那不勒斯王国境内的加埃塔。一直等到法国军队镇压暴动以后，教宗才于1850年返回梵蒂冈。

1848年革命所遗留下的创伤极大影响了教宗之后的统治。所有革新都被取消，教会内的政治和教权马上具有了反革命特征。如同其前任格列高利十六世一样，庇护九世感受到了来自各方势力的压迫和威胁。这恰恰又引发了人们担心教会国可能被意大利军队占领的末日恐慌。只有依靠外国军队的力量，庇护九世才能对抗意大利统一运动，后者的目标当然是将罗马设立为新意大利民族国家的首都。

这一情势也导致人们对宗教领域持有一种受困心态。[7]庇护九世在位初期，自由派红衣主教和高级教士与强硬路线者和顽固派一样，都对教宗具有一定影响力，而庇护九世在位后期其指针大多偏向后者。19世界上半叶的罗马绝对是宗教多元主义的阵地。德国和法国的党派和神学方向对教廷的行政和集会也产生了相应的影响。根据圣托马斯·冯·阿奎那的理念，浪漫主义和新经院哲学才是天主教的根基，而持反对态度的教廷人员受现代哲学和天主教信用所驱动，努力在教会和世俗世界之间达成和好关系。首先是耶稣会及由其主导的罗马学院越来越靠近罗马新经院主义哲学，而罗马外的圣保罗修道院的本笃会教士则认为开放的多元主义模式（引入新哲学观点）的敬虔和神学才是天主教的出路。

教宗在1848年以后愈发坚定地站在了保守派一边，并且让宗教裁判所和禁书审定院审查与之相异的神学理念。众多的现代神学家被划到禁书审定院的名单上，审定院不仅成为庇护九世控制当时整个书籍市场的工具，更成为教宗管制教会内部独立思考者的工具。

不同的神学和教会政治理论需要配以不同的敬虔实践和宗教心理。复辟主义和浪漫主义理念着重于重建充满生机的巴洛克天主教义式的默想形式，重现启蒙时期备受怀疑的神秘主义并以神迹奇事解释所有现象。教廷的自由派人士则更偏好一种以新时期理性为基础的、更为平凡的敬虔形式。而庇护九世在这一问题上的倾向也是非常明显的，教宗绝对相信天国的力量会涉及现世和现时。于是他将救赎方向从激流之中抽出，转而回到他自孩提时代就信仰的仁慈的圣母之手。[8]

卡塔琳娜·冯·霍亨索伦在1857年决定永久移居罗马时，她正身处这一氛围之中。当时的罗马规模不大，显得一目了然。当历史记录人费迪南德·格雷戈罗维乌1852年第一次来到台伯河时，在他的日记中这样写道："罗马是如此沉静，人们可以在这里轻易地感受到神圣的寂静、沉思和入睡。"[9]格雷戈罗维乌的这一印象并不令人奇怪，罗马当时仅有十八万人口[10]，其中七千五百人是专职教士和修女。当时并不存在普遍意义上的义务教育，然而还是有一些基础学校，使得罗马三分之一的人口能够读写。而在二十四千米长的古希腊城墙上的超过十四平方千米的城市面积中，只有大概三分之一的面积得到建造，其余的面积都被用于农业耕作，所以古罗马城市广场当时大概也是被用于饲养家畜的。当时的一万四千七百栋建筑物中居住着三万九千个家庭，这些家庭分属于五十四个牧师管理。直至1854年，第一盏煤气灯才被挂在街头，而这时仍然见不到铁路的影子。19世纪的经济腾飞和工业化似乎与罗马这个城市和整个占地四万两千平方千米且拥有整整三百二十万人口的教会国擦肩而过了。

这样状况下的收入差别是惊人的。一位教廷的高级教士每年收入可以达到近两千斯库多，一户六口之家的市民家庭在罗马每年需要大概六百五十斯库多，而同样规模的农夫之家每年二百五十斯库多就够花销了。一位农民每年的收入是七十二斯库多，一位牧人则是三十二斯库多。

一次大马士革经历及其后果

早在1834年第一次接触罗马时，卡塔琳娜就被深深地触动了。[11] 卡塔琳娜于1817年1月19日出生在斯图加特，并作为天主教徒受洗，她的父亲是霍恩洛厄-希尔斯普菲斯特侯爵卡尔·阿尔布雷希特三世，母亲则是侯爵的第二任妻子菲尔斯滕贝格的莱奥波尔迪娜。[12] 卡塔琳娜出生后不久其父母就分居了，她基本是在多瑙埃兴根跟随母亲和菲尔斯滕贝格的亲戚们长大的。他们严格的宗教化生活使他们认为自己对于卡塔琳娜的教育过于自由且抱怨说，卡塔琳娜整个孩童和青少年时期都"没有得到真正的宗教教导"[13]。

1834年，十七岁的卡塔琳娜与她母亲来到罗马时，发生了一次类似使徒保罗归信的"大马色路上的经历"。在这座教宗之城，卡塔琳娜归信了天主教并遵循其严格的宗教仪式，于是一个有自由主义倾向的年轻女士转变成为一位敬虔的天主教贵族。对这一转变起到决定作用的是卡尔·奥古斯特·格拉夫·赖萨赫。[14] 出生

当1848年这幅油画完成时，卡塔琳娜以三十一岁的年龄嫁给了卡尔·霍亨索伦·西格马林根侯爵

于 1800 年 7 月 6 日的赖萨赫与卡塔琳娜一样来自施瓦本弗兰肯地区的贵族家族霍恩洛厄－瓦尔登堡－希灵斯普菲斯特，并且也拥有一个不那么愉快的童年和青春期。赖萨赫的父亲始终处于经济困难之中并因侵吞公款而受到起诉，于 1820 年自杀以逃脱责任。这一事件必定在年轻格拉夫生命中造成了一次激烈撞击。在完成大学法学学业之后，格拉夫没有能够在兰茨胡特大学获得教授位置，也没能够在萨德完成他的结婚计划，他开始寻找人生的方向和支柱。在这一阶段，从归正宗改信天主教的至圣救主会神父克莱门斯·玛丽亚·霍夫鲍尔[15]和与教宗一起支持罗马阶级社会模式的高层代表哥廷根国家法学教授亚当·米勒[16]大大影响了他。罗马成为赖萨赫人生安全感的目标和支柱。他决定成为教士并前往正统的神学院学习。于是 1824 年 10 月，他作为第一个来到教宗利奥十二世重开的罗马学院（也就是之后的天主教格雷戈里奥大学）的德国人，进入了那里的德国学院，成为罗马的圣职候选人。[17]在耶稣会修士的影响下，赖萨赫成为一名为教宗和教会热心奔走的人，并于 1828 年成为神父、神学博士和传道会大学校长，以便更加广泛地传播信仰。赖萨赫也与一位传道部长红衣主教毛罗·卡佩拉里建立了极为亲密和充满信任的友情，二人都与教会保持严格的一致且都拒绝一切改良。赖萨赫视改良为"自由神学家为解构天主教会而以哲学思想编造出来的阴谋"[18]。在 1831 年卡佩拉里作为格雷戈里奥十六世登上教宗宝座后，赖萨赫便成为他与一切教会改革者作斗争的最重要同工，特别是在卡塔琳娜的故乡德国西南地区。

  卡塔琳娜当时一定是深深为这位神父所吸引。赖萨赫马上成为她的告解神父和灵魂导师，这样一来他也就对卡塔琳娜的未来有了举足轻重的影响力。由于卡塔琳娜不仅向赖萨赫揭示自己内心的告解，还在其生活各方面事项上寻求他的建议和指引。二人之间确实进行着频繁的信件往来。被青春期热情充溢的卡塔琳娜曾盼望跟随赖萨赫参加保卫教会的斗争,并表达过进入多米尼克修道院的愿望。但赖萨赫似乎反对这一提议。他看到的更多的是一名年仅十七岁的女子的热情冲动,而非一个成熟的宗教抉择。他的建议是卡塔琳娜应当首先履行妻子和母亲的义务,而这也是年轻的贵族女士常常听到的建议。[19]

卡塔琳娜·冯·霍亨索伦也确实在进入修道院之前结了婚。正如她侄女玛丽·冯·图尔恩和塔克西丝·霍亨索伦[20]记叙的一般:"姑姑如此热情地陷入与英格尔海姆伯爵的恋爱,她的父母却很不看好这门婚事,因为据说对方虽然非常受人爱戴,却是痨病患者。卡塔琳娜姑姑还是克服重重反对意见坚持与侯爵结了婚。"[21]他们于1838年完婚。埃尔温·冯·英格尔海姆伯爵[22]却于1845年去世。这段婚姻并没有留下孩子。三年之后卡塔琳娜再次踏入婚姻。这一次应当是一次比较理智的抉择。1848年她和三十四岁的卡尔·霍亨索伦·西格马林根侯爵喜结连理。[23]侯爵的第一任妻子安托瓦内特·穆拉特是拿破仑·波拿巴妻舅的侄女。卡尔侯爵第二次结婚后认领了许多继子,他们差不多都比卡塔琳娜要年长。但这段婚姻也没能持续很长时间。在一次意大利北部的旅行当中,侯爵不幸感染了风寒并于1853年3月11日在博洛尼亚去世。经过仅仅五年的婚姻生活之后,卡塔琳娜再度成为寡妇。她从其亡夫的家族获得波西米亚的比斯特里察作为领地遗产,并且每年收到先是一万两千之后涨到一万五千古尔登的养老金,之后更一次性得到养老金十万古尔登。这笔钱被用于建立一个基金会,其中的一部分卡塔琳娜打算用来兴建一所修道院。[24]

首先,卡塔琳娜实现了自己自1834年就在罗马流露过的梦想——成为一名修女。卡塔琳娜于1853年12月18日加入了阿尔萨斯肯茨海姆的"圣心修女院"。耶稣心上的修女在很多地方让人联想到英国的修女。两者都是一种首先致力于发展女子教育事业的宗教团体，并且受到耶稣会教育理念的深刻影响。这些修女甚至被人称为"耶稣会女会士"[25]。来年的3月2日卡塔琳娜正式成为初学修女，但事实很快表明，侯爵夫人承受不住肉体和精神的双重负担。她以生病来应对过高的要求和修道院生活梦想的破灭，但就医以及疗养并没能缓和她的症状。这是不是侯爵夫人一贯以来应付失败的行为模式？这能否证明她几年后在罗马修道院的中毒是假装出来的，以避免承认她作为修女的再次失败？

1836年成为艾希施泰特主教并于1846年成为慕尼黑和弗莱辛大主教的赖萨赫肯定对卡塔琳娜进行了劝说，劝她退出阿尔萨斯的修道院。19世纪的许多妇女迎来了所谓的女性修道之春，纷纷加入宗教团体和修道院，来达到以修女身份成为女教师或护士的目的，而这在一般情况下是不被允许的。卡塔琳娜明显不属于这种情况。大主教认为她是"不适宜投身也未经过教育专业培训的"；一个"经过身体疾病且经过生命历练双重打击的寡妇"，在他看来根本就不适合修会生活。[26]侯爵夫人身体到底哪里出了问题，资料并没有清晰的显示。卡塔琳娜的传记作家卡尔·西奥多·辛格勒在其1912年出版的著作中写过"渴水症"——一种体液的非正常聚集症状，卡塔琳娜一生都受此疾病困扰。[27]

听从了赖萨赫的建议，卡塔琳娜于1855年11月退出了圣心修女院。并在库普弗采尔和巴登巴登度过了同年的冬季。之后她返回了比斯特里察自己的领地。随后的那个夏天，她内心的痛苦驱使她前往利希滕塔尔修道院。当近一年的时间过去，她的身体状态基本稳定时，卡塔琳娜回忆起了赖萨赫在她退出肯茨海姆时从罗马给她写的信件，彼时赖萨赫已经被庇护九世任命为教廷大主教："过些年以后您的健康恢复之时，请一定要来罗马。"[28] 因此，1857 年夏天，侯爵夫人迁移到永恒之城。她在四喷泉宫广场购买了一栋紧挨着梵蒂冈教宗奎里纳雷宫的住宅。[29]

与 1834 年她第一次来罗马相比，教廷此时已经有了根本的改变。众多德国的神父圣职候选人来到罗马的德国学院学习神学，梵蒂冈的办公室里说德语的工作人员也越来越多。特别重要的是：1846 年以来，卡塔琳娜的一位近亲——古斯塔夫·阿道夫·霍恩洛厄－希灵斯普菲斯特——成为庇护九世的贴身随行人员。[30]1823 年 2 月 26 日古斯塔夫出生于一个信仰混合的家庭：其父亲普菲斯特·弗朗茨·约瑟夫是天主教徒，而母亲霍恩洛厄－朗根堡的科斯坦扎郡主则是路德宗新教教徒。按照普鲁士一般联邦法 1794 年规定，女儿继承母亲的信仰，而四个儿子——当中就包括以后的帝国总理霍恩洛厄－希灵斯普菲斯特的克洛德维希[31]——则跟随父亲归入了天主教。尽管受到了自由主义教育，在亲王主教布雷斯劳的梅尔希奥·冯·迪彭布罗克[32]的影响下，古斯塔夫·阿道夫还是踏上了一条追求精神世界的道路。他首先在布雷斯劳和慕尼黑学习天主教神学。与慕尼黑教会历史学家伊格纳茨·冯·多林格[33]的相遇成为他人生重要的转捩点。古斯塔夫决定按照标准从罗马教廷开始对自己精神世界的追求，这一决定在他路德宗的母亲那里受到强烈的反对。他母亲担心自己的儿子会被那里的耶稣会修士所败坏。很明显，他的教内弟兄克洛德维希安慰了他的母亲，说停留在罗马不一定会使得古斯塔夫成为耶稣会修士。事实也确实如此，古斯塔夫的确逃离了耶稣会修士的招纳。他在布雷斯劳和慕尼黑受到的和平主义影响持续了一生。

霍恩洛厄迅速在教廷一步步高升：1847 年他进入专门培养教廷领导者和现任教宗外交团人员的诺比利学院，1848 年他陪同庇护九世流亡到加埃塔。在那里，他于1849年被按立为牧师并成功与庇护九世结下深厚友谊。教宗与他持有"极好的私交并认可他为最亲近的友伴"，同时非常重视他的意见。[34]霍恩洛厄一直充当着教宗的秘密内阁，而且作为教宗家庭一员一直与庇佑九世保持着直接联系。当卡塔琳娜1857年来到罗马时，刚好可以参加她堂兄在西斯廷教堂举行的按立大主教圣职礼。霍恩洛厄升任为埃德萨的名义大主教。他作为教宗大施赈人员管理着施赈基金并负责协调社会博爱运动。

卡塔琳娜却还是忠于她常年的灵魂导师和忏悔神父赖萨赫，并未将霍恩洛厄作为精神同伴看待。于是她在没有清楚意识到两者各自代表的理念细节时，就马上确定了自己的神学和教会政治学方向。

到底两位精神导师中的哪一位介绍卡塔琳娜结识了教宗，至今还不能确定，但卡塔琳娜一定为庇护九世的魅力和亲切态度所倾倒。教宗一再邀请并私下接待她。庇护九世讨好卡塔琳娜当然也出于一个事实：她是普鲁士新教国王的一位近亲，教宗也期待通过卡塔琳娜能够更多影响柏林的教会政治走向。

在一次私下的接见中，教宗应该是拿卡塔琳娜可观的肥胖体形开了玩笑。[35]意大利人讽刺性地称呼郡主为"女管家"不是没有理由的。她侄女玛丽·冯·图尔恩和塔克西丝·霍亨索伦也在记录中提到过其"令人惊异的圆润"。玛丽称其姑妈的身形显得"非常肥胖巨大"，成了一个"特别发福并令人感到恐惧"的人。她粉色的面颊"又宽又圆如同被吹了气"，但仍保留着"极其美丽的痕迹"并令她整个人看起来活泼而又崇高。"睁得大大的天蓝色眼睛全神贯注地看着人，这双眼睛的主人一定具有活泼犀利的头脑、权威的人格和充满热情的意志力。……浓厚的金色眉毛，笔挺的鼻梁和带着温柔笑意、形状优美的小嘴，小而齐的雪白牙齿，带着两个可爱小酒窝的脸颊。她说话带着浓重的施瓦本方言，音调逗趣如同唱歌一般。这令人印象深刻的魁梧身材却搭配了一副孩童般的尖细嗓音。"卡塔琳娜在其侄女看来就是一位"大义凛然的、极端敬虔的、为了维护心中的公义不惜拔剑相向的妇女"。[36]

罗马修道院的田园生活

在抵达罗马以后，卡塔琳娜和她的灵魂导师——红衣主教赖萨赫——一起立刻着手寻找合适的修道院。似乎教宗本人就给出了第一个建议。他指示卡塔琳娜去慈幼会。[37] 慈幼会敬虔的中心就是敬礼耶稣圣心的回归，这一敬拜形式在启蒙运动时期重新焕发了光彩。特别是庇护九世支持敬礼耶稣圣心并将其视为与现代主义抗衡的关键。敬礼耶稣圣心成为天主教徒回归内心、回归隔离区和进入天主教背景社会的标志，也成为新时期现代化进程中作为失败者的"天主教教徒当代苦难经历的定位象征"[38]。现代自然科学视大脑为人最重要的器官，而天主教徒坚持认为心脏是"身体的核心器官和道德生活的主体"[39]。

由于修道院正在进行必要的紧急改建，侯爵夫人无法马上进入慈幼会修道院。赖萨赫因此得以将卡塔琳娜的焦点转移至他早就看中的修道院——圣安布罗焦修道院。这是一所"最严格教团"的修道院，玛丽·冯·图尔恩和塔克西丝·霍亨索伦认为那里的修女就是被埋葬的活人。[40] 赖萨赫的建议令人感到惊讶，因为他一直认为阿尔萨斯肯茨海姆相对宽松的要求对于身体羸弱、受到命运沉重打击的侯爵夫人也是十分沉重的负担。人们本以为他会推荐更轻松的贵族女修道院作为侯爵夫人的精神避难所。

红衣主教给卡塔琳娜留下了这样一种印象，他认为这团体中的敬虔和严格的修道守则对于他的教女是有益处的。事实上也确实如此，卡塔琳娜于1858年复活节搬入弗兰西斯卡修道院进行退修。她对这所"古老的修道院"第一印象是相当正面的。她相信自己在此找到了"修道院的平静和神圣的秩序之地"，并且确信那里"满足自己对于修道生活的热衷目标"。在正式加入修道院和领受修女圣衣之前，侯爵夫人请求能够在圣安布罗焦进行更长时间的入院实习，以便更加彻底地鉴察这里到底是不是与"新郎耶稣基督不朽灵魂的联合体"[41]。尽管有些人对此事并不同意，侯爵夫人的堂兄大主教霍恩洛厄就表示怀疑体弱多病的侯爵夫人能否"坚持这样严苛的修道院生活"，卡塔琳娜还是身着世俗服装在修道院驻留了好几个月。[42]

赖萨赫在这段时期内给卡塔琳娜介绍了一位新的教父，因为他本身承担了太多事工以致无法时常关怀指导卡塔琳娜。虽然赖萨赫仍然保留着她灵魂导师的地位，但却将日常工作和定期忏悔移交给另外一名他非常熟悉的耶稣会修士：四十七岁的朱塞佩·彼得斯神父。为了减轻已六十三岁、身体衰弱的修士弟兄朱塞佩·莱兹罗利的工作重担，这位神父本就是圣安布罗焦的兼职告解神父。如此，耶稣会修士的灵魂引导才能始终保持如一。

卡塔琳娜在其回忆录《经历》中曾经高度评价过这一段实习时间："修道院生涯是一无缺憾的，是榜样示范性的。"人们必须严格遵守各项规定。工作和祷告是两大重心。每天早上4点人们就必须开始晨祷，规条非常严格。此外——侯爵夫人这样写道——圣安布罗焦在建筑设计上也非常符合其宗旨，以至于"几乎听不到城市的任何喧嚣，人们可以在这所屹立于市中心的修道院完全投入自己的精神世界"。特别令她信服的还有圣安布罗焦修道院的清贫和简朴。修道院的经济来源主要是园艺工作和"充满艺术美的教堂装饰针织品"。修女们和世俗世界被完全隔绝开来，包括倾听忏悔和进行交通的牧师们也不得踏入禁区。两者被一道铁栅栏大门隔开，就如一般隐秘修道院一样。[43]

侯爵夫人对于那些"代表并领导这种宁静、充满秩序、世界所不认识的共同体生活"的人员也是满意得无法再满意了。特别是女修道院院长玛丽亚·维罗妮卡，这一"遵循圣道和宁静温柔的女性榜样"的人物马上就赢得了侯爵夫人的全心信任。"如同孩子般顺服她"是一件非常自然的事情。卡塔琳娜感到"深深被玛丽亚所吸引"。更加令侯爵夫人着迷的，是初学修女主管玛丽亚·路易莎。"这位还非常年轻的修女（她当时才二十七岁）具有一种引人注目的魅力和十分亲切的优雅，很快俘虏了所有人的心。"侯爵夫人也很乐于被这样性格的人具有的魔术般的亲切感所吸引。身边有"这样可爱可亲的修女，侯爵夫人确实感到欣喜非常"。[44]

卡塔琳娜作为普鲁士高等贵族所展现的心态和教育程度与她来自意大利平民阶层的修女同伴们之间是存在巨大差异的。[45]这些修女们"不具备世界观和人文观"，而且完全缺乏"进一步的教育和保持简单学校教育成功的素质"。正如侯爵夫人回忆的，她们似乎连牙刷都从未见过。[46]按照当时一种广泛流传的观点，魔鬼和邪灵会尝试从一切人身体上的开口进入人体内部，从而达到控制整个人的目的。修女们当时不能够确定，牙刷是不是受魔鬼操纵的一种工具，她们也不确定卡塔琳娜是否应该继续使用牙刷。经过和女院长以及神父的几经交流，侯爵夫人最终得到允许继续使用被确认为无害的牙刷。卡塔琳娜为了手工而带来的棉花也是一样[47]，罗马的修女们完全不认得这个东西，她们严肃地相信并如此告诉她，这东西是"从普鲁士人的脑袋上长出来的"[48]。侯爵夫人认为这样的文化缺乏是一种正面的、"圣洁的单纯"。这种圣洁的单纯毕竟适合于所有谦卑的修女，特别是贫者和圣方济各的女儿们。

初学期持续了不到半年时，卡塔琳娜·冯·霍亨索伦－西格马林根就下定了决心。她确信发现了"满足自己对于修道生活的热衷目标"[49]。1858年9月28日，卡塔琳娜按照惯例交上嫁妆之后，欢喜地换上了修女服装。[50]红衣主教科斯坦蒂诺·帕特里齐主持了整个授衣仪式，红衣主教赖萨赫"当场进行了关于逃离这世界的证道"[51]。侯爵夫人正式成为第三修会圣方济各修女修道院的一员，她的初学期也正式开始了。[52]卡塔琳娜现在受到女修道院长，特别是修女主管的管理，她必须无条件顺服其指示。

当侯爵夫人进入修道院时，共有近四十名修女同在修道院[53]，其中大部分来自罗马本地或意大利拉丁姆地区，少数的几个来自教会国的其他地区。卡塔琳娜是圣安布罗焦修道院唯一的外国人。侯爵夫人本身的社会阶层也是在所有修女中相当特殊的。这位普鲁士贵族女士与其他来自市民阶层的修女形成鲜明对比。但这些修女家庭还是有能力承担一定数量的入院嫁妆的。所有修女都能够读书写字，其中一位是律师的姐妹，另一位则是外科医生的女儿，还有一位能够掌握法语。至于她们的年龄，四十一岁的卡塔琳娜面临三个年龄段：少数修道院成立时就加入的修女已经七十多岁了；差不多有十几名修女四十岁上下；绝大多数修女大概刚满二十岁或更加年轻，这些年轻的修女决定了整个修道院的生活氛围。这些年轻修女的加入得归功于初学修女主管玛丽亚·路易莎。

地狱修道院的营救行动

圣安布罗焦修道院的完美田园生活却很快显出其虚假的一面。对于卡塔琳娜来说，这一高墙后面的世外桃源很快变为人间地狱。

否则人们就无法理解她于1859年7月25日在给其堂兄霍恩洛厄的求救信上发出的恳求："救命，救救我！"为了与他见面，侯爵夫人甚至冒了极大的风险：她在其修道院上级不知情且违背了所有规定的情况下，从修道院偷偷让人带了一封信到梵蒂冈去。女修道院院长所说的"孩子般的顺服"似乎在一年后消失得无影无踪。

从1858年9月到1859年7月这十个月的时间里，圣安布罗焦修道院到底发生了什么事情？大主教在7月25日接到他堂妹的信时，并没有及时反应过来。大主教认为卡塔琳娜思维混乱说起了胡话——最起码卡塔琳娜在她自己的《经历》里面是这样描述的。[54]大主教并没有从一开始就意识到侯爵夫人所面临的人身安全问题。霍恩洛厄明显认为卡塔琳娜如同在科兹海姆修道院的时候一样，只是在想方设法从这种她无法承受的生活中脱离出来而已。正如他在1859年7月写给对方的信中所警告的"对所蒙呼召的坚守"[55]。对霍恩洛厄来说，再次退出修道院是不能被接受的，毕竟他其实是反对卡塔琳娜加入圣安布罗焦修道院的。霍恩洛厄非常清楚她脆弱的健康状况，但是卡塔琳娜并没有听从他的建议，而是采纳了她灵魂导师赖萨赫的建议。

当霍恩洛厄好话说尽也完全无法使卡塔琳娜平静下来的时候，当她喋喋不休地谈到投毒和死亡威胁的时候，霍恩洛厄还是勉强地同意帮助卡塔琳娜。他去觐见并提请教宗同意侯爵夫人退出圣安布罗焦修道院。庇护九世立刻同意了这一请求。[56]全有赖于霍恩洛厄是教宗秘密内阁成员之一，能够直接接触到教宗，事情才能得到如此迅速的解决。其他想要退出修道院的人就只能按照程序等待相当长一段时间，才能得到教会法律的准许。[57]

1859年7月26日，大主教霍恩洛厄将卡塔琳娜·冯·霍亨索伦－西格马林根从修道院接到自己的领地蒂沃利。侯爵夫人在乡村环境中终于能够平静下来，然后再作打算。卡塔琳娜认为自己成功地说服了自己的堂兄她的"逃离不是没有原因的"，而且她的生命确实受到了威胁。[58] 我们其实并不确信，霍恩洛厄当时是否已经预见到圣安布罗焦修道院的丑闻达到了何等令人瞠目结舌的程度，或者他仅仅是出于恩慈和怜悯才帮助卡塔琳娜结束了圣安布罗焦修道院的生活。

意大利埃斯特庄园、罗马东北方三十公里处的霍恩洛厄的夏季庄园和僻静的蒂沃利以其水上游戏和延伸的公园极大地帮助了卡塔琳娜从修道的疲累中恢复过来。卡塔琳娜本可以在这里将圣安布罗焦修道院的一切都抛在脑后。当然她需要的不仅仅是身体的恢复。罗马式修道院高墙后的经历还需要得到灵魂辅导式的调整。尽管红衣主教赖萨赫同年7月底也拜访了蒂沃利，卡塔琳娜却没有向她长年以来的灵魂导师寻求帮助。[59] 她更愿意向一位在蒂沃利避暑而短暂停留的本笃神父圣保罗修道院院长寻求帮助。这里所指的是1825年在波恩出生、1849年博士毕业于波恩大学并于1850年被按立为牧师的鲁道夫·沃尔特。[60] 1856年他追随他的兄弟厄恩斯特[61] 修士进入圣保罗修道院并取教名为毛鲁斯。当时该修道院的院长辛普利西奥·帕帕雷特勒非常反对现代理念。[62] 沃尔特试图将本笃会的精神和新时代的哲学合二为一，从而将圣保罗[63] 建设成为对抗格雷戈里奥大学内耶稣会势力的平衡力量。这一过程中，他选择维也纳神父和哲学家安东·君特作为自己神学思想的依托。

毛鲁斯·沃尔特一定是在侯爵夫人心里留下了极佳的印象。他的精神境界、无止境的对圣本笃教义的追求以及"焚烧他的火"都如此地吸引卡塔琳娜，正如她1834年为赖萨赫所鼓舞着迷一样。[64] 沃尔特几乎是转夜之间就成为卡塔琳娜新任的忏悔教父和灵魂导师。由于沃尔特在蒂沃利的假期马上就会告终,侯爵夫人于 1859 年 8 月 14 日"带着最深的恳切"向沃尔特的上级写信恳求"能够延长唐·毛鲁斯·沃尔特在此地的逗留时间"。能够碰到一个同胞对她来说是一个极大的安慰,更何况沃尔特简直就是"特意为引导她的灵魂"而被神差遣来的。[65]一个月以后,她对"圣本笃的儿子们,垂听了一位可怜的弗兰西斯修女的谦卑请求"满怀感谢,她充分感受到了来自德意志的神父们深深的同胞之情。[66]

进行了一系列辅导谈话之后(其中一部分还是在圣餐礼时进行的),如同卡塔琳娜在《经历》中描述的,她心中逐渐有了一种感动,绝不能够"仅仅满足于自身从圣安布罗焦修道院逃离而已",她发现自己有"将那里的问题向罗马教廷揭发报告出来"的责任。[67]事实上,卡塔琳娜·冯·霍亨索伦-西格马林根在被其堂兄大主教霍恩洛厄营救出来的数周之后,就向宗教法庭提出上诉并严重指控圣安布罗焦修道院的修女们。

出于良知的上诉

圣安布罗焦修道院事件的第一份档案记于 1859 年 8 月 23 日。[68]卡塔琳娜·冯·霍亨索伦在这一天亲自现身于宗教法庭第一把手温琴佐·莱昂·萨鲁埃面前进行控诉。这位经验十分丰富的裁判官接受了报告书并详细询问了这位"告发者"。[69]这场谈话是在大主教霍恩洛厄的罗马住所里进行的。

侯爵夫人将手放在《圣经》上并宣誓保证讲述事实之后,她进行了如下陈述:"按照我现在的忏悔教父所建议,我决定出于良知来面对神圣宗教法庭。"卡塔琳娜和她的灵魂导师神父沃尔特能够以母语德语更清晰明了地进行交流,也因此能够更加深入地描述自己在圣安布罗焦修道院所经历的"绝望和恐惧"。在沃尔特神父的帮助下，卡塔琳娜也终于能够在这一系列混乱的事件中整理出一条清晰的脉络。正如她向裁判官所报告的一样，最终整理出四大指控主题需要呈最高法庭：首先是圣安布罗焦修道院创始人玛丽亚·阿涅塞·菲劳所举行的禁用祭仪。19世纪初时教廷曾以"假圣德"为由指控过菲劳，但她的声誉却未受影响，甚至在其有生之年及死后得到愈发广传。第二点是圣弗朗兹·克萨韦尔的年轻美貌的初学修女主管玛德蕾·比卡利亚·玛丽亚·路易莎和某一位特定的男士（彼得罗·N，即美国人）之间十分可疑的关系。这关系还是在进行圣工的掩饰之下进行的——这位男士声称被鬼附身需要帮助赶鬼。第三点是这位玛丽亚·路易莎傲慢地声称自己"超乎寻常"的灵魂能够影响"超自然事物"，并称自己具有这方面"属灵的恩赐"。第四点是"临到"卡塔琳娜身上一切的事情，包括后来的投毒事件。

经过"深思熟虑"和"彻底的反思"，她的灵魂导师认为卡塔琳娜具有不可推脱的责任将"这一切向最高法院揭发出来"。卡塔琳娜这才坐下来用德语"以记叙文文体"把一切写了下来，随后也将之翻译为意大利文。侯爵夫人还补充说，她想以书面方式补充自己的报告，因为"口头表述这一切对她来说会变得太过压抑和复杂"。

这份揭秘的爆炸式震撼力在卡塔琳娜以口头方式表达时还没有那么明显。年轻美丽的修女们往往违背她们的父母及监护人的意愿和一些有吸引力的男士有着不光彩的亲密关系，这种指控并不怎么罕见，尤其是在一些文学作品当中。最著名的例子当属亚历山德罗·曼佐尼的短篇小说《蒙扎修女的故事》以及德尼·狄德罗的长篇小说《修女》。[70] 由于卡塔琳娜猛烈攻击年轻美丽修女的"天使形象"，萨鲁埃原则上也不能完全排除她是出于嫉妒而进行指控的可能。

但是审判官不得不认真对待有关傲慢的指控。因为以前这些修女就曾因为傲慢地宣称能够保持圣德而被指控过，她们的拥护者也对此深信不疑。而对此做出判断就是"教廷"的责任。卡塔琳娜甚至进行了双重指控，不仅包括去世的女院长，还包括年轻的玛德蕾。审判员在此必须采取行动。卡塔琳娜采用了决定性的概念"假圣德"来指控这一傲慢的信仰错谬，显然是受了专业人士的指点。这名专业人士只可能是霍恩洛厄或沃尔特。倘若卡塔琳娜没有针对信仰上的犯罪做出具体指控的话，她就只能停留在投毒这一层面上，那么其实宗教法庭无权对她的报告进行调查。侯爵夫人的堂兄和灵魂导师准确地考虑到了这一点，正如同卡塔琳娜多次强调她的动机仅仅是遵循良知的呼唤一样。

圣安布罗焦修道院的秘密

通过卡塔琳娜针对修道院进行的严重而广泛的指控，萨鲁埃才有机会第一次正视整个秘密指控文件。这些文件一定使他感到十分震惊。

圣安布罗焦修道院隐藏着一个秘密。当然起初卡塔琳娜对此一无所知。自1858年3月27日进入修道院以来，三个月之久的时间里，她一直"被蒙蔽于某件大家多次参与的行动"[71]。在和玛德蕾·比卡利亚的交谈当中她始终感到大家都在对她隐瞒"一个秘密"。"她对我解释说忏悔神父认为还没有到对我公开的时候。"但她们在不久之后就暗示这秘密可能与"超自然的影响力"有关系。卡塔琳娜还曾自我安慰，这些罗马修女姐妹们"单纯的灵魂"幻想出这类令人惊讶的故事可比那些抽象神学的研究人员要容易得多。[72]

本来灵魂导师赖萨赫的提醒足可以使卡塔琳娜对这些神秘事件保持警觉，正如她在《经历》这本书中自我评论的一样。罗马教廷的红衣主教在侯爵夫人进入修道院前向她解释过，意大利南部总是充斥着这种不同寻常的超自然事件的传说，她身边有可能发生一些"另类而又明显的事件"。意大利人活泼的性格和侯爵夫人遗传自普鲁士的冷静理智可能会格格不入。如同在罗马一样，"这种一切都以鲜活持久的角度来理解并持守的活泼信仰，可能是我们普鲁士人完全无法理解的"，包括"对我们的经验和想象来说十分陌生的争战和诱惑的概念"。赖萨赫警告过卡塔琳娜："既不要为这些事情感到不安也不要受其干扰。"[73]

这些表述表明了红衣主教自己对于强调感觉的罗马式敬虔形式具有好感，同时对于普鲁士所常见的启蒙式宗教实践宁愿保持距离。他个人对于超自然的宗教现象尤为钟爱，而罗马几乎时刻都有圣灵显现事件。对他来说，彼岸去世的"可怜人"随时可以与今世取得联系。[74]侯爵夫人肯定没有预料到圣安布罗焦组织诵读圣书时常常会出现关于"狂喜、神迹和异象"的主题。卡塔琳娜对此进行了批评，认为她的修女姐妹们的幻想已经超过界线，并希望修道院能够给修女们一些宗教基础知识的教导。侯爵夫人马上就意识到这些修女已经走上了歪路。[75]按着赖萨赫的建议，她将这种对于超自然宗教现象的狂热仅仅理解为南欧人的性格和较低教育水平的影响所导致。卡塔琳娜一开始并没有意识到这是一种危险的异端邪说。此外，修道院忏悔神父彼得斯也成功地安抚了侯爵夫人"初步的严肃顾虑"。[76]

无论如何：诡异事件仍然在进行，与修女们的谈话突然中止了。当卡塔琳娜靠近时，人们会马上讲起一种侯爵夫人听不懂的罗马方言，恶意的暗讽也接连不断。9月29日的修女授衣仪式过后，彼得斯神父和红衣主教赖萨赫终于决定告诉卡塔琳娜这个秘密。他们没有告诉卡塔琳娜圣安布罗焦方济各姐妹会的创始人阿涅塞·菲劳曾被罗马裁判为伪装成圣并被放逐。负责人明显担心，知道这一事实后卡塔琳娜可能不会加入圣安布罗焦修道院。

而这一秘密正是卡塔琳娜报告里指控的第一部分。侯爵夫人指控圣安布罗焦修道院仍然继续如同敬礼真正的圣徒一般敬礼着假圣徒阿涅塞·菲劳。修女们特别是彼得斯神父本可以通过教廷降低这位创始人的影响力。在卡塔琳娜成为初学修女以后，菲劳被当着她的面公开命名为"万福之母"并被当作圣徒受敬礼，尽管按照教会规定，只有被教会公开敬礼的人才有资格被封圣。侯爵夫人如此记录："他们给我展示了鞭痕和其他赎罪器具，据说一次赎罪鞭刑过后，人们可以从地上捡起她的三磅生肉，她的杰出美德常常被大肆称赞。""对于大肆弘扬玛丽亚·阿涅塞·菲劳姐妹一事，整个修道院都毫无羞愧之感，人们敬礼她超过对其他圣徒。"圣安布罗焦修道院的人们认为对于玛丽亚·阿涅塞·菲劳修女假圣徒的判决并不正确。据卡塔琳娜描述，这位假圣徒的众多私人物品被当作文化遗物崇拜，包括衣物、编织品，特别是三幅油画画像。神父们为众人打造了一个完美的圣徒生命形态。这位创始人的祷词、格言、信件和通知被小心翼翼地汇集在一起。在庄严的场合里人们总是诵读"敬礼这位被天使和过世的女儿们所环绕的圣徒玛丽亚·阿涅塞的诗歌"。玛德蕾·比卡利亚总会满口称赞"万福之母"，并称她为"自己的朋友、宝贝和最美的星辰"。

一名被鬼附的诱惑修女

第二点指控被卡塔琳娜加以一个神秘的标题"关于被鬼附身的人的报告"。[77]根据初学修女主管玛丽亚·路易莎的叙述，侯爵夫人指的是一位被称为彼得罗或"美国人"的极有魅力的男士。据说这位男士是在瑞士弗莱堡耶稣会修士的一个寄宿学校长大的,他从小时就与圣安布罗焦修道院的忏悔神父彼得斯十分熟稔。如同卡塔琳娜报告的,这位神秘的"美国人"三十岁上下,职业是医生,明显出生于德意志,很可能是蒂罗尔人。他来到罗马是为了驱赶附在自己身上的五个恶鬼,据说彼得斯可以"清楚分辨"出来这五位,因为他给它们起了不同的名字。这位"美国人"在经受了众多艰辛的苦修和严格的禁食之后得到了医治,玛丽亚·路易莎深信他得到医治以后会大大为耶稣会做善工并使"成千上万人悔改"。"1858年7月11日玛德蕾·比卡利亚告诉我,这位美国人在圣伊格内修斯坟墓旁祷告了十一个小时,有天上圣徒向他显现并大大赞扬了玛德蕾·比卡利亚,还特意指示她在精神方面陪伴他。"

最后一句描述使侯爵夫人敏感起来。很明显这次驱鬼的工作不是由忏悔神父,而是由玛丽亚·路易莎进行的。这一情况卡塔琳娜是闻所未闻的。因为按照教廷规定,驱鬼应当仅仅由有经验的神职人员进行,是不可能由自夏娃堕落以后特别脆弱的女人来执行的。玛丽亚·路易莎也确实向侯爵夫人多次讲过自己也承受着鬼附身的痛苦。卡塔琳娜的报告中记叙了玛丽亚·路易莎与这位"美国人"的多次会面。"有一天,她在与他会面后一瘸一拐地出现在我的房间,一只眼睛紧闭着,舌头肿大,满头大包,她解释说与美国人发生了属灵争斗,并在强迫他用舌头在地上画了五个十字架图案后终于获胜了。"

卡塔琳娜的怀疑达到了最高峰。但如同她尝试向裁判官说明的一样,她首先是避免和初学修女主管谈论这一敏感话题。玛丽亚·路易莎却似乎想以自己驱鬼的工作给新人修女留下深刻印象,她多次向卡塔琳娜展示彼得罗用蹩脚的意大利文写给她的信件,以证明她的成功。10月底"美国人"给玛丽亚·路易莎和路易莎·玛丽亚（卡塔琳娜·冯·霍亨索伦）两人写了一封德语信。这封信中两个人名字的相似性被隐晦地与两人都是"没有丈夫的修女"相关联。玛丽亚·路易莎将这封信交给卡塔琳娜翻译，因为她不懂德文。卡塔琳娜对信中出现的众多色情暗示和"肮脏的表达"愤怒到了极点。彼得罗或多或少要求和两位修女进行性接触。信件的最后提到，比卡利亚修女曾被这位"美国人"身上的一位恶鬼所附，她是如此痛苦以致必须寻求他的帮助，也无法顾及这一过程中她受损的童贞。

卡塔琳娜彻底震惊了，她对于初学修女主管的信任开始动摇。她向忏悔神父表明："自己震惊地看到年轻女子正派的双眼由于看到如此伤风败俗的文字而受到损害。"卡塔琳娜在自己的《揭秘》一书中写道，彼得斯神父虽然承认自己也看到过一封"美国人"写给路易莎的信件，"但是他断言自己要么完全没有读过要么马上将其销毁了"。侯爵夫人对这位"被鬼附者"的了解就到这一神秘的结论为止了，在一系列"令人悲伤的事件"之后，在侯爵夫人对彼得斯神父坦白之后，彼得斯神父和玛丽亚·路易莎再也不当着卡塔琳娜的面提起这位"美国人"了。这也意味着，彼得斯神父将卡塔琳娜出于信任而在辅导对话中和他所提的一切都向初学修女主管玛丽亚·路易莎透露了。

一名假圣徒

侯爵夫人在第三项指控中直接指认玛丽亚·路易莎为"虚假"和"傲慢"的圣徒。[78]首先她对这位年轻修女进行了一番格外有趣的性格描述：

"二十七岁的玛丽亚·路易莎自十三岁起就待在修道院了。她拥有十分亲切的外貌和无法抵御的亲切，这些明显更适合一名世俗女性而非一名被神所膏立的少女。此外，她还拥有始终如一的活力，顾全大局的思考能力，一种纯粹的优雅和交谈时的轻快，与他人交流时微妙的节奏感、敏锐以及灵活性，而且并不会让人感到油滑、做作和紧绷不自然。几乎一整天人们都可以听到玛德蕾·比卡利亚修女在修道院喋喋不休，她完全无法维持安静并保守秘密。她饶舌多言、游移易变以及轻易撒谎，这一切还伴随着极度的狡猾、诡计多端、妒忌和厚颜无耻。不过这些都被一种神秘的魔幻、甜美的亲切感和一定程度虚假的无知和活泼所掩盖。在玛丽亚·路易莎负责的行政机构中，最重要的就是初学修女主管，尽管玛丽亚作为初学修女主管的年龄远未达标，但她被委托了这一重任。她几乎无视所有的修道院规定，也很少出现在诗班、食堂或集体祷告练习中。此外她还掌管着所有的钥匙，在祷告和就餐时间可以打开所有房间的大门。为了满足自己无限的控制欲，通过和特定人员在接待室中多次长时间的密谈，她可以掌控并命令城里的一切政治事件和相关的活动。这种充满野心的骄傲导致她将一切都作为侮辱女修道院院长的工具，并通过背后讲院长的是非或对院长的指令阳奉阴违来夺取权力。"

侯爵夫人还补充了她观察到的"幻想、崩溃和过度热情"，这让人想到19世纪典型的女子寄宿学校，年轻女孩们为了抒发自己的"性幻想"[79]，往往会对某个优秀的女教师或早熟的女同学特别热情：不到二十岁的玛丽亚·克罗奇斐撒处处追随着初学修女主管，如同被爱情冲昏头了一般；玛丽亚总是拥抱她、亲吻她的手，在玛德蕾·比卡利亚没有回应的情况下做了无数件疯狂的事情。大部分初学修女对于修女主管的热情到了狂热的地步，甚至在深夜的时候也围绕着她的床铺，这也是必须加以斥责的。我无法轻易地对她们教育初学修女的方法加以论断。但是我能肯定一点，这些初学修女大部分都是各凭自己的心意而行。卡塔琳娜·冯·霍亨索伦提出自己针对玛德蕾·比卡利亚傲慢的圣洁的控诉：玛丽亚·路易莎非常享受自己"因苦修而获得的崇高名誉。她在修道院中以几乎不进饮食而著名"。忏悔神父向卡塔琳娜说这现象绝非自然力量能够解释。卡塔琳娜却不这么认为："我可在修道院食堂以外见过她进食。"很明显，卡塔琳娜曾在进餐时间以外见过路易莎进食。"此外，路易莎总是表现出来她整宿整宿地祷告、冥想或严格地苦修，经历这些神秘痛苦的争战以后，她总是展示自己肿大而五彩斑斓的舌头。但我在此必须承认，六个月里我从没在至圣所或别的什么地方看过她祷告。"

卡塔琳娜认为玛丽亚·路易莎关于教廷高级神职人员的评论是无所顾忌且不适宜一名谦卑修女的。尽管如此，玛丽亚·路易莎还是"很享受在神父面前因拥有杰出而令人惊叹的恩赐，且以一种属灵的方式拥有超人类的神秘知识而能够在修道院内外行医治神迹的名声。此外，玛德蕾·比卡利亚常常以一种平淡的表情谈论修道院大门小传递窗口[80]上的守护天使会在特定时间给她留下一些糖果或别的礼物。这些礼物会在特定时间真的出现而引起初学修女们的极大轰动，她们会怀着极大敬意和虔诚来享用这些礼物"。

在诵读关于某位散发甜蜜迷人芬芳的圣徒介绍的三周后，玛德蕾·比卡利亚也开始散发浓烈的玫瑰精油气味，"整个修道院都充斥着这种味道，以至于人们的头都疼了"。玛丽亚·路易莎被修道院的人们普遍认为具有一种近乎魔术的能力，能够将其他修女身上的病痛转移到自己身上，她还能够用一个"具有神秘力量"的戒指来治病，这一点侯爵夫人不愿意过多分享。她不确定玛德蕾·比卡利亚是如何得到这枚能够治病的戒指的,某个据说被这戒指医治好的修女后来告诉她:"圣卡塔琳娜从主那里得到一枚小到几乎看不见的戒指,而我们的玛德蕾·比卡利亚却得到如此大号的一枚戒指,这是多么奇怪的事情啊。"卡塔琳娜接着描述:"在我向神父申诉了这一切之后,这枚戒指再也没有在我的面前出现过。这枚戒指大约有 1.5 英寸,据说镶满了钻石和红宝石!我情不自禁地怀疑,这枚神秘的戒指是属于彼得罗的。"

在圣安布罗焦修道院,玛丽亚·路易莎的圣洁几乎不可能被质疑。无论是女院长还是精神领袖莱兹罗利神父,总是有着预备好的各种解释。"玛德蕾·比卡利亚身上的馨香使得人们认为反对她的权威就是来自魔鬼,就像每个质疑女院长完美的人都是被撒旦所差遣一样。"许多年来神父们都认为针对玛丽亚·路易莎美德的怀疑是"魔鬼的作为"。特别是初学修女们都感到被玛德蕾·比卡利亚"强烈地压迫"。莱兹罗利神父和女院长向那些认为自己看到玛丽亚·路易莎不光彩行为的修女们解释道,这一切都是"魔鬼的显现,他伪装成了玛德蕾·比卡利亚的形象"。

卡塔琳娜对玛德蕾·比卡利亚的怀疑态度,也遭到了忏悔神父彼得斯的抑制。他认为有关玛丽亚·路易莎的"假象"是根本不可能存在的。在一场由彼得斯神父建议发起的谈话中,玛丽亚·路易莎否认曾和卡塔琳娜谈论过那位被鬼附的人,也否认了曾给她展示过任何对方的信件,"更不要提什么德语信了"。两位神父判定的答案,即"人们无法解释所发生之事,只能归为魔鬼多次以玛丽亚·路易莎的形象出现"。卡塔琳娜完全无法接受这一答案。照她看来:"一切事实都与玛德蕾·比卡利亚的性格和意图吻合得恰到好处。"基于这些事实,她花了十五个月的时间终于确认:"我百分百担保,她身上一件有美德的善行都没有。"

卡塔琳娜认为唯一可能的解释就是：玛丽亚·路易莎捏造出了不属于自己的圣徒形象。她是一个假圣徒，同时也是一名异端分子。但她是如何成功瞒过神父们和修女们的？对此卡塔琳娜也有自己的答案。她使用了神父们的答案模式，只是方向完全逆转：玛丽亚·路易莎并不是撒旦的受害者，恰恰相反，她是撒旦的联盟者。"纵观一切，我认为自己有必要表达痛苦的忧虑，我提到的这位玛德蕾·比卡利亚·玛丽亚·路易莎只有借助魔鬼的帮助才能在圣安布罗焦修道院赢得如此崇高的圣徒的声誉，也才能够之后不仅在该修道院，更是在其他较远地区引发无尽的不幸事件。"这当中就包括了对卡塔琳娜"可怜生命"进行的谋杀。

投毒事件

侯爵夫人在修道院中愈发感到被隔绝起来。由于她不相信"修道院圣徒"而被视为不信者。这一态度稍后很快就被证实为具有危险性。在一封写给萨鲁埃的信件中，卡塔琳娜详细描述了玛德蕾·比卡利亚的全部仇恨是如何逐渐淹没她的，以及她如何被对方热情的声调和尖锐刺耳的声音恐吓，以至于她的"骨髓都结冰了"。

卡塔琳娜记叙道，1858年12月8日初学修女主管和初学修女正式对质。"当我单独与她在一起时，我扑到她脚边恳求她将荣耀归给主并悔改一切罪行。"玛丽亚·路易莎却没有对此做好思想准备。她多次要求卡塔琳娜绝对顺服自己。劝服她接受自己的超自然恩赐的真实性并且要相信，魔鬼多次窃取了自己的形象，因此是魔鬼而非她自己展示了那封美国人猥亵的信件。卡塔琳娜也没有预料到这一切。两人之间的鸿沟似乎无法跨越。玛德蕾·比卡利亚指认卡塔琳娜："您的全部行为显示您没有被神的圣灵所引导。您将是我们当中那个总是怀疑不信的犹大。"[81]

现在的问题是生与死：侯爵夫人在 12 月 8 日破裂的谈话之后直接病重至接近死亡。这是不是偶然？还是背后有什么阴谋？抑或侯爵夫人只是兴奋过头了？

卡塔琳娜认为自己的重病与多次投毒事件有关，而背后的主使者不是别人，就是玛德蕾·比卡利亚。这一观点的论据在卡塔琳娜第四点和最后一点的指控中。她认为玛丽亚·路易莎及其同伙涉嫌多次蓄意谋杀。[82]

侯爵夫人向审判官报告道，在与玛丽亚·路易莎的争辩中自己的肚子被打了一下而十分不适。因此她 12 月 9 日午饭后十分感恩地领受了一杯据说是院长派人送来的红茶。饮尽这杯茶以后，她立即开始"胃疼、晕眩和呕吐"。当时她虚弱到几乎无法站立的地步，必须即刻躺到床上。傍晚时候两位初学修女带给她一杯洋甘菊茶，她本盼望着这茶能减轻她的痛苦，但是这茶尝起来有一股刺鼻的味道和恶心的气味，她还是没有敢喝下。卡塔琳娜让两名初学修女品尝一口这杯茶，二人都认为这茶的味道太可怕了。随后玛德蕾·比卡利亚突然出现并强烈责备两名初学修女照顾病人的方式。12 月 10 日有人给卡塔琳娜开了蓖麻油，她的身体状况才好转一些。

12 月 11 日早上，玛德蕾·比卡利亚亲自给卡塔琳娜送来一碗"味道极其强烈"的肉汤，喝起来又苦又辣。卡塔琳娜费了很大的劲儿才能喝得下，并为了得到对"自己顺服表现的称赞"而努力喝光了这汤。她立刻出现强烈胃痛、头痛和呕吐症状，之后整个人几乎失去了知觉。两名修道院医生中的一名随后开了带阿拉伯树胶的杏仁牛奶给她吃。卡塔琳娜对这配方并不陌生，下午的时候她拿到了这一乳剂，但侯爵夫人惊恐地发现，这一乳剂也散发着和之前肉汤"同样的一种刺鼻和难闻的味道"。她只用了少许，但还是马上感到了强烈的不适。趁着杏仁奶的杯子就放在她的房间里，在医生来的时候，一位卡塔琳娜信得过的初学修女藏起了这杯子。傍晚的时候，初学修女主管又亲自带来了一盘子米汤，但这米汤尝起来还是有"那股苦涩的味道"。在卡塔琳娜拒绝饮用之后，玛德蕾·比卡利亚表现得十分愤慨。

12月12日，初学修女们又带来了肉汤。卡塔琳娜成功地趁其不备将一部分肉汤洒到一个玻璃器皿中。卡塔琳娜恳请彼得斯神父检验这些肉汤，他也同意这么做了。但他却不认为玛德蕾·比卡利亚有毒杀卡塔琳娜的嫌疑。与之相反，他对卡塔琳娜的责难十分不耐烦并试图开解她。卡塔琳娜记录道，他一开始成功说服了她，但晚上她细细回想的时候，想起来初学修女主管曾经向她介绍过阿摩尼亚水（氨水），并用之来治疗蚊虫叮咬，并曾说过"要知道这是一种剧毒，小小一瓶可以谋杀很多的人"。当时侯爵夫人对此不以为然，说凭着这气味就不会有人能够吞下这东西。然而对卡塔琳娜来说，玛丽亚·路易莎过去无心的言辞现在具有了不一样的意味。

12月13日一切风平浪静。侯爵夫人几乎没有进食。晚上的时候忏悔神父带来了检测结果，肉汤中确实发现了可疑成分，就是矾——肯定是厨房的人误将矾当成了盐来使用。由于矾不是致命性毒药，卡塔琳娜应该可以放心了。但这一说法并不能说服卡塔琳娜，红茶、洋甘菊茶、肉汤还有米汤——制作所有这些食物时都偶然地用错了矾，这绝对不可能。

第二天她用了一些李子果酱。玛德蕾·比卡利亚和同期初学修女伊格纳修亚问她是否觉得这味道也很熟悉。"她们警告我这种药的味道很强烈，我才会起疑心。我之前请求过领圣餐，她们也应允了我。周一到周二的夜间我的夜灯熄灭了。当我再次点燃灯时，我发现放着阿摩尼亚水的小玻璃瓶不见了。整宿我都在寻找那瓶子但没有能够找到。我当时膝盖发抖，心跳过速。4点钟的时候女院长来拜访我，我向她保证我已经好多了。她却说我必须放弃圣餐，因为我卧床不起，而其他病人也没有在床边领过圣餐。当玛丽亚·费利切给我拿药来的时候，我尽全力保持冷静并坚强我对神的信心。我一边呼求主名，一边吞了六汤匙。药的味道太可怕了，但我无法确定到底是什么成分。之后我就有些意识不清。我是如此痛苦，以至于一小时以后修道院里有流言说我中风快去世了。我用药以后持续恶心直至呕吐，高烧不退，剧烈头痛，心跳加速，肚子咕咕响并排出黑色排泄物。两位治疗我的医生是里卡尔迪博士和马奇博士。日常病情我无法具体描述，因为我的记忆已经模糊了，而且我已无法分清14日和15日了。"

卡塔琳娜接受了临终敷油圣事、告解和临终关护。她获准提前在灵床上进行临终发愿宣誓，卡塔琳娜感激地领受了。"我要求有十字架、一本书和一根燃烧的蜡烛。我尽力保持沉着冷静，但我灵魂深处还是有疑问和失望存在。面临死亡的痛苦太过巨大。他们抽了我四次血，我并没有反抗，但恐怖一直在加剧。他们抽了我太多血，以致我离死亡越来越近或至少使我失去了意识。"当卡塔琳娜夜间坐起来的时候，静脉血管再一次崩裂开。可能为了加速她的死亡，人们故意没有包扎好。"我呼唤了忏悔神父，他就在隔壁的房间。他进来以后让人重新给我包扎。当我想摸摸包扎好的胳膊时，他制止了我。这对我是极大的侮辱。看起来他认为是我自己为了观察伤口而故意挣裂的。我非常担心自己被下了毒，而这毒药就是之前我藏在房间里的那瓶。这样在我死后人们会认为是我用自己的毒药自杀的。这一想法简直让我疯狂，但是我徒劳地思考后发现没有逃离的办法。"

卡塔琳娜熬过了这一宿，但是痛苦并没有止住。当霍恩洛厄

15日拜访她的时候，她权衡着是否能恳求他解救自己，逃离危险。"但我的顾虑是人们会认为我由于发高烧而说胡话。这样一来我就没救了。恐惧使我保持沉默。我已经不再相信自己，也害怕临终前犯罪。"就这样，侯爵夫人浪费了这次向修道院以外的人报告自己可怕怀疑的唯一机会。

15日夜间到16日，卡塔琳娜独自煎熬着。她的神父被送回家了。卡塔琳娜认为这一坏消息是魔鬼对她信仰的攻击："这是仇敌挑战我信仰的时刻。在堂堂罗马，在最好的修道院之一中，在教廷眼皮底下能够发生这样的事。规章的作用就在于掩饰这些不法行径。我将一切盼望交托给他的那位神在哪里？我想服侍的那位救主在哪里？接近天亮，当我的痛苦达到顶峰时，我发现了床边古斯塔夫送给我的《玫瑰经》。我拿起它，盼望得到慈悲圣母的帮助。即使当我无法祷告时，我也想触摸着什么或能够吟诵《圣母颂》。我试了又试，并最终得救。我感到自己充满了喜乐和盼望。"

玛德蕾·比卡利亚16日早晨进入卡塔琳娜房间时，卡塔琳娜请求与她进行一场单独谈话。侯爵夫人双手抓着她的双手告诉她自己知道五天以来她的饮食都包含了不同成分，并对玛德蕾·比卡利亚提出警告：通过尸体解剖人们可以确认死后的人是否因为中毒而死。如果是侯爵夫人的话，教宗无疑会深究她的死因。"对于一所修道院来说这是多么大的丑闻，特别是对于神父和其修会而言！"她说自己到目前为止证实了对于圣安布罗焦修道院的热爱，因为她一直保持着沉默，尽管她只需要一句话就可以向大主教或医生们揭发这事实。卡塔琳娜请求玛丽亚·路易莎帮助她澄清自己的疑虑。她的堂兄应当自由地来拜访，她也能敞开地与他谈论自己的疑惑，初学修女主管绝对能够参与这场谈话。卡塔琳娜继续解释，自己以后绝不会利用她所怀疑的一切。"玛德蕾·比卡利亚仿佛变了一个人，她跪在我的床前请求我安静下来。她说大家会尽一切努力让我康复，大主教也会来拜访我的，我也不必再服用任何药物。这一番解释使我乐观起来。那天我真的觉得一切阴霾都会结束了。"

卡塔琳娜特别信任负责修道院药房和护理的玛丽亚·朱塞帕。当她送药来的时候，曾偷偷地给卡塔琳娜打手势，示意有一瓶是没有被掺药的。"我会怀着极大的信任喝下这杯。不久后，一次伊格纳修亚表现得特别着急和无措，她示意我不应当喝这药。这一幕实在令我震惊。"卡塔琳娜之后确实身体恢复得很快。但她的精神状态明显不如以前。"我或多或少还是能感受到面对死亡的那种巨大恐惧。我尽力与我内心的怀疑和苦涩的回忆作斗争。我让人将所有我之前带入修道院的药品都拿来，结果赫然发现当中就有那个盛着氨水的小玻璃瓶。"

圣诞前夕整个情势大致平静了下来。卡塔琳娜十分小心地以谦恭的态度对待她的修女主管并决心再不跟任何人谈论自己那些可怕的疑心。当然由于严格的规定，她也根本没有机会这样做。截至1859年2月，她既没有见到自己的堂兄霍恩洛厄，也没有见过灵魂导师赖萨赫。卡塔琳娜的策略并没有收到效果：修道院的人们对她抱有极大疑心。特别是两位神父害怕她泄露曾发生的事。

1859年早春的时候，人们面对着更多的不安和恐惧。彼得斯和玛德蕾·比卡利亚给卡塔琳娜带来有关意大利国土的战争消息。特别是法国和奥地利之间因伦巴底和威尼托挑起的争端。[83] 双方都利用了"共济会分会"，并计划攻占罗马。卡塔琳娜在报告中写自己十分确信彼得斯神父和玛丽亚·路易莎试图说服自己返回故乡。[84] 他们可以用这种方式漂亮地甩掉一个危险的知情者。侯爵夫人不曾有过机会和远自德国来的相关者或在罗马有影响力的人士谈论在圣安布罗焦发生的事件。想要作为调查的证人直接上告到宗教法庭,也是不可能做到的。所以,卡塔琳娜也十分欢迎这个解决方案:"我非常乐意接受这个建议,因为我希望能够脱离在修道院的困境。"

进入1859年初夏,意大利的政治局势进一步紧张起来,卡塔琳娜变得更加不安。当她的继孙女——葡萄牙女王斯蒂芬妮·冯·霍亨索伦-西格马林根[85]——于7月17日死于白喉病时,卡塔琳娜的身体和精神都陷入了虚弱的状态。玛德蕾·比卡利亚乘机奉行了新的策略:她不断跟整个修道院宣扬,人们必须非常谨慎与卡塔琳娜交往,不可寻常视之。这样侯爵夫人开始担心玛德蕾·比卡利亚会"根据这样的恐惧和不安将其描述为精神出了问题"。如果卡塔琳娜被安置在一所与世隔绝的精神病治疗机构,那么她可能最终会被谋杀。

之后玛德蕾·比卡利亚的这一计划并没有实现,卡塔琳娜也逐渐开始期待能够被彻底遗忘。但是1859年夏天,初学修女主管和侯爵夫人的关系再一次急剧恶化。"她开始公开表达对我的反感。"卡塔琳娜再一次开始怀疑有人要谋杀她。有一次,比平常更久地等候她的早饭时,她进入了自己房间的前厅并看到玛丽亚·费利切手里拿着一杯热巧克力。侯爵夫人认为她正要往巧克力里掺和东西,"我还是把这杯巧克力给喝了,之后也没有什么不适的感受"。但恐惧仍然存在。"这一事件中我的疑虑进一步增加,以至于以后只要没人注意,我就经常把早饭和晚饭的汤给倒掉。"

玛德蕾·比卡利亚试图用一切方法来阻止卡塔琳娜与外界接触。卡塔琳娜1859年6月至7月间绝望地试图联系修道院守护者红衣主教科斯坦蒂诺·帕特里齐及其堂兄大主教霍恩洛厄。当这两位最终于7月24日来到圣安布罗焦修道院时,他们却被告之卡塔琳娜卧病在床无法会客,因为按照规定他们无法进入修道院禁室。

玛德蕾·比卡利亚也拒绝了侯爵夫人与其灵魂导师红衣主教赖萨赫通信的要求。"毫无疑问我被隔绝起来了。因此我害怕再次发生投毒事件。我已经有两天感到恶心了。我还有胃痛、肚子痛和腹泻的症状，但这些症状并不像上一次生病时那么严重。随后的那一夜十分可怕。第二天他们拿来一杯肉桂饮料让我饮用，我拒绝了，并要了一杯带酒石的柠檬水。"人们屡次拿来代替早饭的汤，都被卡塔琳娜偷偷倒掉了。有一次卡塔琳娜当着初学修女主管的面喝了一些汤，尽管味道上没什么问题，但她之后的胃痛十分剧烈。

7月25日，埃德萨大主教的拯救行动终于成功了，霍恩洛厄可以说是救了他堂妹的"保护天使"。"一切都很顺利。我被倾听并被理解。"——卡塔琳娜向审判官萨鲁埃如此解释。"我热泪盈眶地脱下修道院修女服饰，并于1859年7月26日下午4点半离开了圣安布罗焦修道院。"

卡塔琳娜的书面报告非常详细。因此萨鲁埃在细致地研究完整个报告后，他以书面方式只向侯爵夫人提出了几个问题。卡塔琳娜也能够书面回答这些问题，而无须再跑一趟罗马。关于修道院创始人重要信件的保存地点，卡塔琳娜也提供了有用的提示。[86]

拯救者的观点

在圣安布罗焦修道院高墙外第一个和卡塔琳娜接触并在其退出修道院后第一个和她谈论修道院内生活的人，是她的拯救者古斯塔夫·阿道夫·霍恩洛厄－希灵斯普菲斯特。霍恩洛厄在前往蒂沃利的路程上，特别还在其埃斯特夏季庄园共度的几周中厘清了他堂妹的处境并做出了自己针对她所描述事件的相关判断。[87]

在面对裁判官的讯问过程中，他首先再次强调了红衣主教赖

古斯塔夫·阿道夫·霍恩洛厄-希灵斯普菲斯特将其堂妹卡塔琳娜从圣安布罗焦修道院解救出来

萨赫在卡塔琳娜进入圣安布罗焦修道院的事情中所起的主要作用。他的指控看起来是有道理的。卡塔琳娜当时十分"满意愉快",圣安布罗焦修道院很明显对于她来说是实践修道生活的最佳选择,和众修女姐妹的关系也是最理想的状态。然而1858年事情突然发生了变化。"12月深夜有一个年轻人(修道院的一个侍者)向我报告侯爵夫人已经处于一个极差的健康状态。具体的情况他没有向我描述,他从头到尾只说了很少几句话。"因为霍恩洛厄当时在梵蒂冈教廷有不可推卸的责任而无法离开,他度过了一个非常沉重的夜晚。

霍恩洛厄第二天一大早赶到修道院时,女院长和初学修女主管表现得对侯爵夫人的状况十分关心。"但她们直率地告诉我无法去看她,因为她已经进入昏迷状态了。"大主教却不愿意轻易被打发走,他坚持要进一步了解其堂妹的病情。最终他得到答复,这是一种"昏厥"病。这种病症指的是一种身体循环的崩溃,可能有很多种原因。有可能是大脑血液循环系统问题、心律不齐或新陈代谢紊乱。霍恩洛厄在大概一两个小时以后带着教宗的祝福再次登门。他找到庇护九世领受到祝福,回来时在小礼拜室见到了莱兹罗利,他向对方提出会见自己亲戚的要求。"对方粗鲁地回答我,我不去的话就是帮了她一个大忙了。这是她特意提出的请求。她希望能够在这个可怕的时刻独处而不被打扰。"

霍恩洛厄回忆道,他在这个时候开始明白圣安布罗焦修道院的负责人们想尽办法阻止他和其病重的堂妹见面。他感到极大的愤慨,继而行使了自己大主教和教宗密友的特权。莱兹罗利在这么严肃的情况下仍然表现出一种"特有的小女孩似的处理方式"。"我需要立刻且无论如何都要见到卡塔琳娜。"莱兹罗利最终命令人打开她的房间大门。过了一段"令人疑惑的长时间"停顿后,霍恩洛厄终于被引入了卡塔琳娜的房间。"我发现她的脸蛋烧得通红,目光呆滞,她的麻木几乎吓坏我了。"初学修女主管和另外两名修女一直陪同在旁,所以两人无法进行私下谈话。霍恩洛厄明显感到卡塔琳娜非常想告诉他什么,但由于陪护人员的在场而作罢。但他询问病情原因时,卡塔琳娜指着玛德蕾·比卡利亚·玛丽亚·路易莎回答道:"请您尽管告诉他我为什么得病吧。"

当大主教不再追究,转而询问卡塔琳娜需要他或亲人们带些什么东西给她时,卡塔琳娜十分"伤心"并中断了谈话,暗示他还是遵守修道院规矩比较好,以后不要再来探望她了——这是圣安布罗焦修道院一条严格的禁令。玛德蕾·比卡利亚在陪同他离开时也再次强调了这一点。"这一切都让我十分悲伤,我带着深深的伤痛离开了。"

有人很奇怪,霍恩洛厄和他堂妹在房间里为什么不用他们的母语——德语——来交谈。由于在场的其他修女不会这门语言,两人大可当着她们的面交换重要的信息。卡塔琳娜在诉状中解释了原因,她在病中有意识地讲意大利语是为了使玛丽亚·路易莎能听懂而不使她产生疑心。[88]

霍恩洛厄之后马上前往耶稣会大学[89]附近的耶稣会教堂找到卡塔琳娜的忏悔神父彼得斯神父,盼望能从他那里得到更多与病情相关的信息。但是霍恩洛厄失望了。这位耶稣会修士仅仅说他绝对保证"她将在今夜去世,因为她的心脏病已无法再坚持几个小时了"。这一表述使大主教十分困惑。彼得斯神父哪里来的确信如此精确预测卡塔琳娜的死亡时间?

之后霍恩洛厄受到修道院人员和治疗医生的多次劝阻,有半年时间没有再拜访卡塔琳娜。红衣主教帕特里齐也对他说侯爵夫人需要安静不想被打扰。到底是什么促使红衣主教帕特里齐、女院长、初学修女主管、忏悔神父以及治疗医生一致性地劝阻霍恩洛厄和卡塔琳娜接触并进行私下谈话?他们是在隐瞒什么吗?还是仅仅想要保护卡塔琳娜?

霍恩洛厄听从了高他一级的红衣主教的指示。直到1859年夏天才再次来到圣安布罗焦修道院探望其堂妹。但这一要求还是被拒绝了。"第二天她给我送信来,说让我看在耶稣基督慈爱[90]的分上去她那里并叫她到接待室。我立即动身前往修道院。"马上就有许多修女向他走来,希望他劝阻卡塔琳娜离开修道院,因为她们是如此爱她。最终他们两人能够进行单独谈话。卡塔琳娜首先感谢霍恩洛厄提醒自己精神呼召和坚守修道立场的信件,但之后她说:"目前的问题不再是呼召的问题,而是拯救我的灵魂和生命的问题,因为我害怕自己临终时没有神父在旁边就必须死去了。"她向霍恩洛厄描述了12月那可怕的一夜。尽管彼得斯神父整夜都在修道院,她也没能见到神父一面。

之后卡塔琳娜具体表达了自己的怀疑,"这场病是因为未经许可和有毒的物质被添加到了自己的药物、食物和饮料中"。卡塔琳娜坚信,是12月时霍恩洛厄的出现救了她的命,也拦阻了其他的投毒事件。"她害怕再发生这种事,就恳求我看在基督慈爱的分上将她带走。"她已经给助理主教和教宗去信请求允许她出于"健康原因"离开修道院。但她并没有向两位揭示自己如此急于离开的真实原因。

霍恩洛厄也尝试与卡塔琳娜的灵魂导师赖萨赫进行一次谈话。与红衣主教的这次谈话一定给霍恩洛厄留下了极为矛盾的印象。霍恩洛厄认为赖萨赫很明显从彼得斯那里,早在几个月前就已经知道自己堂妹对于中毒的恐惧了。而且,赖萨赫不认为有必要将此事告知自己——卡塔琳娜在罗马最近的亲人。红衣主教赖萨赫站在整个修道院,首先当然是年轻美貌的玛德蕾·比卡利亚及彼得斯的立场上否认所有霍恩洛厄激动的指控。他认为卡塔琳娜的神经过于紧绷,整个投毒事件不过是她的一场幻觉。这位贵妇人就是有"太多想象力"。她应当如同一个修女般立即无条件地顺服其忏悔神父的指示。

在霍恩洛厄激烈的坚持下,赖萨赫最后终于承认卡塔琳娜的汤里确实发现了毒药。但红衣主教认为这只不过是"厨房的一次失误",一次长柄汤勺的"不干净事件"。至于那封所谓的由初学修女主管交给卡塔琳娜的充满"猥亵和不道德语言"的信件,赖萨赫也当着霍恩洛厄的面进行了否认。尽管如此,两人最终还是就该事件并非受魔鬼的影响这一点达成了一致。

霍恩洛厄对赖萨赫并不信任。自何时起赖萨赫就得知圣安布罗焦修道院发生的一切?作为卡塔琳娜的灵魂导师,他为什么没有及时加以干涉？为了保护耶稣会修士彼得斯，他是否做好准备要付出卡塔琳娜死亡的代价？

卡塔琳娜在蒂沃利也告诉她堂兄，自己在病重期间曾立过一份遗嘱。按照这份遗嘱她会将自己的大部分财产赠予修道院，该遗嘱只有一个前提条件，就是要设立一家新的修女修道院作为圣安布罗焦修道院的分院，并且要任命玛丽亚·路易莎为第一任女院长。卡塔琳娜还将赠送耶稣会教堂一枚纯金打造的心。卡塔琳娜还告诉她堂兄，玛德蕾·比卡利亚在霍恩洛厄 12 月拜访她时十分"担心"遗嘱会落到他手上并劝阻侯爵夫人修改遗嘱。霍恩洛厄在蒂沃利也确实这样做了：卡塔琳娜按照他的建议废除了以前的遗嘱，但并没有要求收回修道院的嫁妆。[91]

蒂沃利的谈话最终使霍恩洛厄确信他的堂妹并没有胡说八道，基本上卡塔琳娜的报告就囊括了他对于圣安布罗焦修道院所发生事件的观点。他也认为玛德蕾·比卡利亚是主谋。大主教确信，玛丽亚·路易莎在发生那个"美国人"的事件后就开始憎恨卡塔琳娜了。霍恩洛厄比卡塔琳娜更多地怀疑彼得斯也是嫌犯之一，其直接精确的有关卡塔琳娜离世时间的预言使其至少成为投毒事件的知情者。但这还远远不够，对霍恩洛厄来说，红衣主教帕特里齐和赖萨赫以及相关的教宗的贵族朋友都被牵涉这一事件中，尽管他还不清楚具体的方式和程度。

注　释

[1] 参阅 Stefanie Kraemer / Peter Gendolla (Hg.), Italien. Eine Bibliographie zu Italienreisen in der deutschen Literatur. Unter Mitarbeit von Nadine Buderath, Frankfurt a. M. u. a. 2003；网站详细书目可参阅：http://www.lektueren.de/

Lehrveranstaltungen/Bibliographie%20Italien- reisen.pdf（18.05.2012）。

[2] 以下参阅 Weitlauff（Hg.），Kirche；Wolf, Kirchengeschichte, S. 114-121；Zovatto（Hg.），Storia, S, 508-515；还可参阅关键部分 Handbuch der Kirchengeschichte Bd. 6 / I，以及 Schmidlin, Papstgeschichte Bd, I Zur Aufhebung der Jesuisten，参阅 Hartmann, Jesuiten, S. 84-90；Martina, Storia。下文中在神学和哲学领域使用的概念如"启蒙的""不妥协的""极权主义"等应注意使用背景，当是这些概念主要用于波西尼亚论战而非现在的哲学范畴，后者在今天具有完全不同的概念内涵。

[3] Ercole Consalvi，生于1757年，在1800—1806年以及1814—1823年期间担任枢机秘书。1812年去世。参阅 Wolf（Hg.），Prosopographie, S. 340-346。

[4] 以下参阅 Giacomo Martina, Art. Gregorio XVI, in：DBI 59（2003），网站资源：http://www.treccani.it/enciclopedia/papa-gregorio-xvi_（Dizionario-Biograpico）/（22.05.2012）；Reinermann, Metterinich, S. 524-528；Georg Schwaiger, Art. Gregor XVI., in：LThK[3] 4（1995），Sp. 1023 f.；Wolf, Index, S. 105-116。

[5] Mauro Capellari, Il trionfo della Santa Sede e della Chiesa contro gli assalti dei Novatori, Venedig 1799.

[6] Hasler, Pius XI, 3 Bde.；Weber, Kardinäle, 2 Bde.；Wenzel, Freundeskreis, S. 190-355；Wolf, Index；Wolf, Kirchengeschichte, S. 137-152.

[7] Seibt, Rom, S. 111-189.

[8] Franz Hülskamp / Wilhelm Molitor, Piusbuch. Papst Pius IX. in seinem Leben und Wirken, Münster[3] 1877, S. 7.

[9] 1852年11月10日的日记记录，Gregorovius, Tagebücher, S. 45。

[10] Descrizione topográfica, S. 201-208；Hergenröther, Kirchenstaat；Kruft / Völkel, Einführung, in：Gregorovius, Tagebücher, S. 21-30；Sombart, Campagna；Stefani, Dizionario corografico；Weber, Kardinäle Bd. I, S. 1-183. Zur Entwicklung Roms seit 1870 bis heute vgl. Seronde-babonaux, Rome.

[11] 卡塔琳娜·冯·霍亨索伦传记文献主要出自辛格勒的系列圣徒作品，其次

来源于 Deufel, Kirche, S. 56-67; Fiala, Jahrhundert, S. 47-52; Gustav Hebeisen, Art. Hohenzollern, Katharina, in：LThK¹ 5（1933）, Sp. 106（此处记录了罗马之行和与赖萨赫邂逅的日期）; Wenzel, Freundeskreis, S. 359-381。

[12] 霍亨索伦家族及其不同分支参阅 Adelslexikon Bd, 5, S. 302-307; Taddey, Unterwerfung, S. 883-892; Zingeler, Katharina, S. 3。

[13] Fiala, Jahrhundert, S. 48; Zingeler, Katharina, S. 4。

[14] Über ihn Garhammer, Regierung, S. 57-81; Garhammer, Seminaridee, S. 11-71; Anton Zeis, Art. Reisack, in：Gatz（Hg.）, Bischöfe, S. 603-606。

[15] 生于1751年的霍夫鲍尔是德国第一位至圣救主会成员，1820年去世。Werner Welzig, Art. Hofbauer, in：NDB 9（1972）, S. 376f。

[16] 生于1779年的亚当·米勒曾在哥廷根和柏林上大学，并在大学期间加入文学圈。1815年担任奥地利的某个国家公职，1826年被授予尼特多夫骑士的贵族头衔，1829年去世。Silvia Dethlefts, Art. Müller Ritter von Nitterdorf, in：NDB 18（1972）, S. 338-341。

[17] 罗马学院是1551年由耶稣会修士圣依纳爵·罗耀拉建立的主要教育机构。1773年耶稣会被撤销后转交给世俗神父，1824年由利奥十二世再次交还给耶稣会修士。19世纪中期这所学校位于罗马主街科尔索大道水平方向同名的罗马学院广场。1873年改名为宗座格列高利大学，此后学校迁往维也纳广场和特雷维喷泉之间的赛米纳大道。可参阅 Ricardo García-Villoslada, Storia del Collegio Romano, Rom 1954; Benedetto Vetere / Alessandro Ippoliti（Hg.）, Il Collegio Romano. Storia di una costruzione, Rom 2001。格雷戈里奥大学历史可参阅 Robert Leiber / Ricardo García-Villoslada, Art. Gregoriana, in：LThK² 4（1960）, Sp. 1195f.; Steinhuber, Geschichte, 2 Bde。日耳曼学院是尤利乌斯三世1552年建立的耶稣会牧师学校，1580年日耳曼学院和匈牙利学院进行合并，被称为"宗座日耳曼和匈牙利学院"，位于罗马圣尤斯塔基奥区的雷欧尼达比索拉迪大道上。参阅 Schmidt, Collegium。

[18] Garhammer, Regierung. S. 79。乌尔班传信学院位于博尔戈区的乌尔班十三世大道，如今被称为乌尔班神学院。参阅 Nikolaus Kowalsky, Art. Propaganda-Kongregation, in：LThK² 8（1963）, Sp. 793f。

[19] Wenzel, Freundeskreis, S. 360.

[20] 1855年玛丽·霍亨索伦·瓦尔登堡生于维也纳,1875年嫁给亚历山大·约翰·冯·图恩和塔克西丝侯爵(1851—1939)。她大部分童年时代在意大利度过,1934年死于劳特施恩城堡。参阅 Hans Friedrich von Ehrenkrook(Bearb.), Genealogisches Handbuch der Fürstlichen Häuser, Bd. I, Glücksburg 1951, S. 432f。

[21] Thurn und Taxis-Hohenlohe, Jugenderinnerungen, S. 76.

[22] 弗朗兹·欧文·冯·英格尔海姆出生于1812年,是奥地利皇室和巴伐利亚皇室成员弗里德里希·卡尔·约瑟夫·英格尔海姆的第四个儿子。参阅 Harald Kohtz, Von Ingelheim. Ritter-Freiherren-Grafen, in: François Lachenal / Harald T. Weise (Hg.), Ingelheim am Rhein 774-1974. Geschichte und Gegenwart, Ingelheim am Rhein 1974, S. 299-312 (Stammbaum S. 308f.); Joseph Meyer (Hg.), Das große Conversations-Lexikon für die gebildeten Stände 15 (1850), S. 1019。

[23] 霍亨索伦-西格马林根家族和卡尔侯爵可参阅 Platte, Hohenzollern-Sigmaringen, S. 10f. 和 S. 17 (Stammtafel); Gustav Schilling, Geschichte des Hauses Hohenzollern in genealogisch fortlaufenden Biographien aller seiner Regenten von den ältesten bis auf die neuesten Zeiten,其他文献可参阅 Leipzig 1843, S. 300-306。

[24] Vertrag zwischen Katharina von Hohenzollern und Fürst Karl Anton von Hohenzollern-Sigmaringen, 5. Februar 1854; HZA Archiv Waldenburg Wa 170, kleinere Nachlässe 206.

[25] Alfred Hillengass, Die Gesellschaft vom heiligen Herzen Jesu. Eine kirchenrechtliche Untersuchung (Kirchenrechtliche Abhandlungen 89), Stuttgart 1917; Provinzial-Correspondenz 22 (1873),网站:http://zefys.staatsbibliothek-berlin.de/amtspresse/ansicht/issue/9838247/1856/4/ (27.06.2012)。

[26] 摘自辛格勒 Katharina, S. 68。

[27] 摘自辛格勒 Katharina, S. 70。

[28] 摘自辛格勒 Katharina, S. 69。赖萨赫成为红衣主教参阅 Garhammer, Erhebung, S. 80-101。

[29] 卡塔琳娜到访罗马一事甚至登上了《奥古斯堡总汇报》，报道中提到"教宗热情的接待"。参阅 Augsburger Allgemeine Zeitung nr. 197 vom 24. Oktober 1857, S. 4743. 作者是居住在罗马的哲学家艾伯特·德雷斯。此处的"四喷泉宫广场"可能指的是夸特罗大街和XX塞滕布雷街十字路口的阿尔巴尼德尔拉古广场。

[30] Schlemmer, Gustav, S. 373-415；Weber, Kardinäle Bd. I, S. 306-328 und passim；Wolf, Eminenzen, S. 110-136；Wolf, Gustav, S. 350-375. 卡塔琳娜父亲卡尔·阿尔伯特是霍恩洛厄-瓦尔登堡-希灵斯普菲斯特（1776—1843）第三任亲王。古斯塔夫·阿道夫的父亲是弗朗茨·约瑟夫·霍恩洛厄-希灵斯普菲斯特（1787—1841）。弗朗茨·约瑟夫和卡尔·阿尔伯特是堂兄弟，他们的父亲是兄弟。古斯塔夫·阿道夫和卡塔琳娜是第二代堂亲。参阅 Genealogisch-historisch-statistischer Almanach 17（1840）, S. 432-440。

[31] 克洛德维希·霍恩洛厄-希灵斯普菲斯特出生于1819年，1866年成为巴伐利亚王国议员，1870年成为巴伐利亚王国首席大臣，1871年成为德意志帝国巴伐利亚联邦议会代表，1874—1885年为德意志帝国在巴黎大使，1894—1900年担任德意志帝国首相，1901年去世。参阅 Stalmann, Fürst Chlodwig。

[32] 迪彭布罗克生于1789年，他于1823年成为神父，1845年担任波兰布雷斯劳侯爵主教，1850年成为红衣主教，1853年去世。参阅 Erwin Gatz, Art. Diepenbrock, in: Gatz（Hg.）, Bischöfe, S. 686-692。

[33] 多林格生于1799年，1822年成为神父之后担任教会法律和教会史的教职，先在阿沙芬堡，然后在慕尼黑。多林格在表示反对教宗永无谬误的教义及推动建立老派天主教会之后，1871年被开除教籍。1890年去世。参阅 Bischof, Theologie。

[34] Schulte, Lebenserinnerungen Bd. I, S. 49.

[35] Zingeler, Katharina, S. 70.

[36] Thurn und Taxis-Hohenlohe, Jugenderinnerungen, S. 75f.

[37] Zingeler, Katharina, S. 73. 此处指的是撒肋爵修女们的"圣母往见修会"，该修会名称与当时流行的圣母往见修女相关。参阅 Angelomichele

De Spirito / Giancarlo Rocca, Art. Visitandine (Ordine della Visitazione), in: DIP 10 (2003), Sp. 160f。圣母往见会修女住在奎里纳尔谦卑修会的圣母修道院,1857 年搬到帕拉蒂娜山区的同名郊外住宅。参阅 Art. Visitazione della Madonna oSalesiane, in: Moroni, Dizionario 101 (1851), S. 145-160,此处参阅 158;Antonio Nibby, Itinerario di Roma e della sue vicinanze, Rom[7] 1861, S. 136。

[38] Busch, Frömmigkeir, S. 307. 以及 Menozzi, Scro Cuore, S.7-106.

[39] Lempl, Herz Jesu, S. I.

[40] Thurn und Taxis-Hohenlohe, Jugenderinnerungen, S. 77.

[41] 这一预备期指的是修女正式加入修道院之前作为初学修女的初学期。参阅 Alvert Gauthier, Art. Postulatio, in: DIP 7 (1983), Sp. 138-141;Dominikus Meier, Art. Postulat Ⅱ, in: LThK[3] 3 (1999), Sp. 458。

[42] Erlebnisse von S. Ambrogio;StA Sigmaringen, Dep 39 HS I Rubr 53 Nr. 14 UF 9m, S. 1-4.

[43] Erlebnisse von S. Ambrogio;StA Sigmaringen, Dep 39 HS I Rubr 53 Nr. 14 UF 9m, S. 4f. 修女修道院的禁室规定非常严格,修女们仅能在紧急情况和大主教亲笔授权下离开修道院,否则将被开除教籍。同样,若未经许可踏入修道院也要受到责罚,只有大主教自身或视察团的教会领袖以及告解神父、医生及手工匠人可以进入。参阅 Raymond Hostie, Art Clausura, in: DIP 2 (1975), Sp. 1166-1183;Sägmüller, Kirchenrecht, S. 742f。

[44] Erlebnisse von S. Ambrogio;StA Sigmaringen, Dep 39 HS I Rubr 53 Nr. 14 UF 9m, S. 6.

[45] 19 世纪意大利敬虔生活形式可参阅 Zovatto(Hg.), Storia, S. 478-532。

[46] 牙刷出现在 17 世纪末,当时只有社会高层人士才使用。直到 18 世纪初牙刷才被逐渐认可,但是使用人群仍然有限。参阅 Rudolf Hintze, Beiträge zur Geschichte der Zahnbürste und anderer Mittel zur Mund- und Zahnpflege, Berlin 1930, S. 32-53。

[47] 德国以棉花加工业引领整个新时代,英国随后在工业化进程中成为欧洲棉花加工的佼佼者。罗马的修女们对于棉花缺乏认识可能与意大利当时

落后的生产力有关。美国内战结束后，意大利的棉花加工业几乎绝迹。参阅 Alwin Oppel, Die Baumwolle. Nach Geschichte, Anbau, Verarbeitung und Handel, Sowie nach ihrer Stellung im Volksleben und in der Staatswirtschaft, Leipzig 1902。

[48] Erlebnisse von S. Ambrogio; StA Sigmaringen, Dep 39 HS I Rubr 53 Nr. 14 UF 9m, S. 7 mit Anm. I.

[49] Erlebnisse von S. Ambrogio; StA Sigmaringen, Dep 39 HS I Rubr 53 Nr. 14 UF 9m, S. I.

[50] Erlebnisse von S. Ambrogio; StA Sigmaringen, Dep 39 HS I Rubr 53 Nr. 14 UF 9m, S. 17. 授衣仪式指的是初学修道时正式领取修道服。参阅 Matías Augé Benet u. a., Art. Vestizione, in: DIP 9 (1997), Sp 1951-1959; Evelyne Menges, Art. Einkleidung, in: LThK[3] 3 (1993), Sp. 553。

[51] Augsburger Allgemeine Zeitung Nr. 282 vom 9. Oktober 1858, S. 4560. 作者是居住在罗马的哲学家艾伯特·德雷斯。

[52] 在正式加入修道院之前练习融入修道院生活的阶段。即使尚未正式发愿的初学修女们也受修道院规则的约束。参阅 Raymond Hostie, Art Noviziato, in: DIP 6 (1980), Sp. 442-463。

[53] Die Übersichten in ACDF SO St. St. B 6n und B 7c sowie den Bestand ACS, Collegio di SantÁmbrogio.

[54] Erlebnisse von S. Ambrogio; StA Sigmaringen, Dep 39 HS I Rubr 53 Nr. 14 UF 9m, S. 76.

[55] Erlebnisse von S. Ambrogio; StA Sigmaringen, Dep 39 HS I Rubr 53 Nr. 14 UF 9m, S. 75.

[56] Erlebnisse von S. Ambrogio; StA Sigmaringen, Dep 39 HS I Rubr 53 Nr. 14 UF 9m, S. 76.

[57] Sägmüller, Kirchenrecht, S. 743.《科隆报纸》一处评论非常有趣，里面提到卡塔琳娜的退出和教宗的反应：" 教宗听到这个消息该有多么不愉快。" Kölnische Zeitung Nr. 323 vom 21. November 1859.

[58] Erlebnisse von S. Ambrogio; StA Sigmaringen, Dep 39 HS I Rubr 53 Nr. 14 UF 9m, S. 76.

[59] Hohenlohe am Pappalettere, I. August 1859; zitiert nach Wenzel, Freundeskreis, S. 361f.

[60] Norbert M. Borengässer, Art. Wolter, in: ADB 44 (1898), S. 170-172; Suso Mayer, Zur Einführung. 作者相关 in: Maurus Wolter OSB: Elementa. Die Grundlagen des Benediktinischen Mönchtums, Beuron 1955, S. 5-33; Petzolt, Wolter, S. 335-343. 沃尔特1858—1859年在蒂沃利逗留期间，参阅 Lapponi, Diario, S. 152-179。

[61] 厄恩斯特·沃尔特1828年出生，1851年被按立为神父，1856年成为圣保罗修道院成员并改名为普拉西杜斯。1890年作为贝隆修道院共同创始人成为第二院长，1908年去世。参阅 Virgil Fiala, Art. Wolter, Placidus, in: DIP 10 (2003), Sp. 619。

[62] 帕帕雷特勒1815年出生，1836年成为神父并成为苏比亚科大学哲学讲师。1853年成为圣保罗修道院管理人员，1855年成为禁书审查院顾问。1858—1863年担任蒙特卡西诺修道院院长，但因同情意大利而被庇护九世撤职。1875年成为法尔茨圣尼古拉大教堂院长。1883年去世。参阅 Wolf (Hg.), Prosopographie, S. 1122-1124。

[63] Wenzel, Freundeskreis, S. 125-357. 圣保罗修道院位于奥斯提恩大街，距离奥利安城墙大概两公里。修道院隔壁就是圣保罗大教堂，四大天主教特级宗座殿堂之一，据称建立在使徒保罗的坟墓上且直到今日仍是罗马七大朝圣教堂之一。

[64] Thurn und Taxis-Hohenlohe, Jugenderinnerungen, S. 82.

[65] Katharina von Hohenzollern-Sigmaringen an Angelo Rescetelli, 14. August 1859; 摘自 Wenzel, Freundeskreis, S. 362.

[66] Katharina von Hohenzollern-Sigmaringen an die deutschen Väter zu Sankt Paul, 14. September 1859; 摘自 Wenzel, Freundeskreis, S. 362-364, 此处 S. 362.

[67] Erlebnisse von S. Ambrogio; StA Sigmaringen, Dep 39 HS I Rubr 53 Nr. 14 UF 9m, S. 78.

[68] Denunzia della Principessa Hohenzollern, 23. August 1859; ACDF SO St. St. B 6 a, fol. 2r-51r. 卡塔琳娜·冯·霍亨索伦是以书面而非口头形式提起

上诉,因此会显示多个记录日期。关于圣安布罗焦修道院揭秘部分记录于1859年8月7日,涉及"美国人"部分记录于1859年8月12日,涉及玛丽亚·路易莎假圣德部分记录于1859年8月14日,涉及投毒事件记录于1859年9月1日。

[69] 宗教裁判所的古典语言一般称起诉人为"告发者"。参阅 Relazione informativa con Sommario;ACDF SO St. St. B 7 c。

[70] 狄德罗这部小说完成于1760年,直至作者去世以后才以《修女》为名出版。参阅 Denis Diderot, Die Nonne, Frankfurt a. M. 1966。曼佐尼1823年写成的小说《蒙扎修女的故事》其实是《费尔默的露西娅》的一部分,后者在作者去世后的1954年才出版。参阅 Alessandro Manzoni, Die Nonne von Monza, übersetzt von Heinz Riedt, München 1966。其他关键著作包括:Enrichetta Caracciolo, I misteri del chiostro napoletano. Memorie, Florenz 1864。德文版:Mysterien der Klöster von Neapel. Authentische Memoiren der Frau Enrichetta Caracciolo. Ins Deusche übertragen von B. v. Geldern, Stuttgart 1865; Maria Monk, Maria Monk, die schwarze Nonne。作品刻画了作者1829—1836年在蒙特利尔修道院作初学修女时的经历和见证,并配有原始文件和图片以证实小说内容建立在主人公原型所经历的真实事件上, L. v. Alvensleben, Weimar 1852。英文原版:Maria Monk, Awful disclosures of Maria Monk or The hidden secrets of a nun's life in a convent, Paisley 1836;书中描述了强奸修女的神父们的故事,后来发现这一强烈反天主教小说中的情节是作者虚构的。Vincenzo Petra, Le luinghe monacali, in: Novelle, Neapel 1862, S. 9-21. 另一份关于修道院内压迫行为的17世纪的手稿,直到1990年才出版:Arcangela Tarabotti / Francesca Medioli(Hg.), LÍnferno monacale, Turin 1990。

[71] Erlebnisse von S. Ambrogio; StA Sigmaringen, Dep 39 HS I Rubr 53 Nr. 14 UF 9m, S. 12.

[72] Katharina von Hohenzollern, Relazione riguardante Sr. M. Agnese fondatrice del monastero di S. Ambrogio, 7. August 1859; ACDF SO St. St. B 6 a, fol. 4r-6v. 见后续。

[73] Erlebnisse von S. Ambrogio; StA Sigmaringen, Dep 39 HS I Rubr 53 Nr. 14

UF 9m, S. 7f.

[74] Weiß, redemptoristen, passim（Reg.）; Weiß, Weisungen, S. 161 f.

[75] Erlebnisse von S. Ambrogio; StA Sigmaringen, Dep 39 HS I Rubr 53 Nr. 14 UF 9m, S. 10.

[76] Erlebnisse von S. Ambrogio; StA Sigmaringen, Dep 39 HS I Rubr 53 Nr. 14 UF 9m, S. 12.

[77] Katharina von Hohenzollern, Relazione sopra lÍndemoniato, 12. August 1859; ACDF SO St. St. B 6 a, fog. 7r-10r. 见后续。

[78] Katharina von Hohenzollern, Relazione sopra Sr. M（aria）a Luisa di S. Francesco Saverio Madre Vicaria in S. Ambrogio, 14. August 1859; ACDF SO St. St. B 6 a, fog. 11r-19v（手写原文）。印刷版参阅 Sommario del Ristretto Informativo Ⅳ, Januar 1861; 同一本 B 7 c. 见后续。

[79] Walkowitz, Formen, S. 443.

[80] 两室之间的小窗口。

[81] Katharina von Hohenzollern, Tutto il seguinte sono notiezie che precedono la malattia, I. September 1859; ACDF SO St. St. B 6 a, fog. 36r-39v.

[82] Katharina von Hohenzollern, Esposizione di aicuni fatti della mia vita, 23. August 1859; ACDF SO St. St. B 6 a, fog. 20r-31r. 见后续。

[83] Roger Aubert, Die Römische Frage, in: Handbuch der kirchengeschichte Bd. 6/I, S. 696-705; Gall, Europa, S. 46-56, hier S. 46-48.

[84] Fogli manoscritti consegnati in atti dalla Principessa Caterina di Hohenzollern il 15. Settembre 1859. Sommario della relazione informative NR. XXII; ACDF SO St. St. B 7 c.

[85] 斯蒂芬妮·冯·霍亨索伦-西格马林根1837年出生，是卡尔·安东·冯·霍亨索伦-西格马林根亲王的长女。1858年与葡萄牙国王佩德罗五世结婚，1859年去世，未留下继承人。参阅 Deutsches Staats-Wörterbuch, hg. Von Johann Caspar Bluntschli und Karl Ludwig Brater, Bd. 8, Stuttgart/Leipzig 1864, S. 168（葡萄牙词条）; Platte, Hohenzollern-Sigmaringen, S. 23（附图）。

[86] Denunzia della Principessa Hohenzollern, Domande e risposte; ACDF SO

St. St. B 6 a，fog. 40r-43v.

［87］ Esame di Msgr. Hohenlohe，18 und 19. April 1860；ACDF SO St. St. B 6 m，fog. 1-10.

［88］ Costituto di Katharina von Hohenzollern，21. August 1859；ACDF SO St. St. B 6 m，fog. 76bis.

［89］ 罗马的耶稣会教堂是耶稣会总堂，位于罗马威玛努二世街。教堂直接把修道院和修会学校连接起来。此处也是耶稣会总会长所在地。如今被称为"国际耶稣会学院"。参阅 Ernst Platner / Carl Ludwig von Urlichs，Beschreibung Roms. Ein Auszug aus der Beschreibung der Stadt Rom，Stuttgart / Tübingen 1845，S. 557f。

［90］ 原文为拉丁文"in visceribus Christi"，表示特别按照耶稣基督的心意祷告。也可能与一首文学诗歌《以主弥赛亚的心肠》有关。参阅 Art. In visceribus，in：Dizionario etimologico，online：http://www.etimo.it（16.05.2012）。viscera 一般指内脏，也常用于表达人的内心和爱。参阅 Bardo Weiß，Die deutschen Mystikerinnen und ihr Gottesbild. Das Gottesbild der deutschen Mystikerinnen aus dem Hintergrund der Mönchstheologie，Bd，3，Paderborn 2004，S. 2039。

［91］ 圣安布罗焦修道院被废立以后，其家具和祭礼用品中有三十二件物品被标为"霍亨索伦侯爵夫人的嫁妆"；ASV，Archivio Particolare di Pio Ⅸ，Oggetti vari 1733（S. Ambrogio Monastero Inventario）。

第 二 章

"一件如此详尽的事件"

庭外调查

非正式研究

在听取了卡塔琳娜·冯·霍亨索伦向审判官提供的报告后,温琴佐·莱昂·萨鲁埃及其机构就开始了行动。他们必须决定如何处理这位告密者侯爵夫人的事件。萨鲁埃生于1815年,1833年在罗马的多明我圣撒比纳圣殿进行了宣誓式,并于1838年被按立为牧师。[1]自中世纪以来,多明我会修士就在裁判所和搜索异端中扮演着决定性的角色。这也给"多明我会修士"带来"上帝之猎犬"的诨名。这一中世纪裁判所与1542年成立的圣罗马枢机主教和世界异端裁判所是不一样的,后者在意大利众多主教城市还有当地的分支裁判所。人们可以因自己的努力成果而受邀前往罗马领受封赏。萨鲁埃就是先成为卢戈当地裁判所的助理牧师而累积经验,然后于1850年成为罗马裁判所的第二调查员,之后又于1870年成为教廷的委员。协助他的第二调查员是1816年出生的恩里科·费拉里,主要负责档案管理。费拉里同样是一名多明我会修士,并于1851年初开始任职。[2]

1851年以后,裁判所的委员和审判官是出生于1804年的贾钦托·玛丽亚·朱塞佩·德·费拉里。他于1821年加入多明我修会，1827年被按立成为牧师，1839年成为著名的卡萨纳特图书馆馆长，这里收藏着罗马裁判所的所有藏书。自1843年成为禁书审定院的顾问以来，他就是19世纪罗马禁书领域最勤奋的审查员。他总共审查了超过一百五十部作品。[3] 宗教裁判所内部其他行政机构充斥着不同修会的成员和世俗权力，委员会及其两位负责调查法庭的代表基本还是掌握在多明我会修士手中。[4]

审判官，亦即裁判负责人拉斐尔·莫纳科·拉·瓦莱塔。在其1827年被呼召成为审判官之前，曾担任圣彼得大教堂的咏礼司铎，1859年开始担任预审员。[5]

萨鲁埃于1859年秘密向教宗庇护九世通报了卡塔琳娜·冯·霍亨索伦提供的告密信。[6] 这位多明我会修士十分重视这位告密者——"不仅仅因为这是一件如此详尽的事件"，而且这个事件会牵扯到更广泛的人群——他在罗马这样讲过。因此他十分重视相关的保密工作。[7]

调查宗卷里有这么一句话，索希斯神父认为"应当以最谦卑的态度将这份报告放到教宗脚边"。看起来似乎萨鲁埃作为调查审判官已经出于自身动机做到了这一步。但一位二级审判官无所顾忌地越过其上级直接找教宗，这件事本身就不太可能。以他的级别，要达到教宗的话，需要和至少一位直接上司——也就是委员德·费拉里——达成一致，很有可能他按照记录的工作流程也在特别会议中讲述了此事。这一工作谈话一般是周六举行，主要目的是整理所有工作并将待决事项分配给不同人员。这种会议一般由审判官、委员、调查审判官、一名作为"公诉律师"的检察官以及一名法院成员组成。人们还会在这样的会议上决定把"哪些事项委托给顾问、红衣主教或教宗本人处理"。[8]

在特别会议上，有可能会做出决定让教宗立刻进行干涉。萨鲁埃被指派向教宗报告这一事项，因为他是迄今为止唯一一位熟悉整个事情的人。他在私下觐见教宗时递交了调查报告的书面总结。

庇护九世详细研读了侯爵夫人的告密信和多明我会修士的报告，但对其所提出指控的真实程度保持怀疑。一方面是如此高阶层的人士受到指控，教宗无法接受这些人卷入了事件：两位红衣主教包括侯爵夫人的灵魂导师奥古斯特·格拉夫·赖萨赫和圣安布罗焦修道院的红衣主教保护者科斯坦蒂诺·帕特里齐。还有两位耶稣会修士忏悔神父、女院长以及美丽的玛德蕾·比卡利亚，这些人在教宗面前都享有极高地位。另一方面，这些犯罪行为的本质让教宗存有疑惑。对他来说很难想象，所有这些罪行都发生在一个充满敬虔妇女的地方，而且还是在如此短的时间内犯下的。[9]

这个事件对教宗来说早已不是罗马裁判所负责的异端问题。因为异端涉及否认某项天主教信仰真理或持守违反教义的理解。"正式的异端"是指某个天主教徒有意识而顽固地质疑某条教义，如果这种否认是无意识且本人愿意悔改的，就是"形质上的异端"。[10]

如果非要说侯爵夫人的指控切实程度，那么教宗认为这属于违纪问题，也就是轻微行为犯罪，而不是信仰犯罪。此外，教宗还希望不计代价地避免公开处理事件的相关人员。因此他严命萨鲁埃就此保密。教宗实质上是希望避免将此事在教廷内部进一步扩大其影响力，这样他就能把整个事件定位在较轻微的性质。萨鲁埃应当将该案件移交给代理主教。[11]

代理主教代表教宗在罗马行使主教权力。他主要负责处理主教教区罗马的管理事务和罗马宗教生活各个纪律方面的司法管辖权。代理主教旗下的教会机构和法院也包括宗座代牧区法院。所谓的代理人则会在管理方面支持代理主教；代理人就是领衔主教的某一位协助者。司法管辖权方面则会有一位总督来协助代理主教。教宗死亡引起的宗座从缺会导致大部分行政机构失去其职位，代理主教作为不多的教廷职能机构却不会这样。[12]

1859年刚好是圣安布罗焦修道院的红衣主教保护者科斯坦蒂诺·帕特里齐担任代理主教。[13] 帕特里齐1789年生于锡耶纳，其家庭属于罗马最富有的家族之一。他在罗马学习法律并于1819年被按立为牧师。他在教廷升迁飞速。1828年成为腓立比的领衔主教，1836年成为红衣主教，1839年他已经是宗教裁判所的一员了。从1841年到去世的1876年期间，他一直担任罗马的红衣主教。他是庇护九世的亲密朋友和信任之人，教宗称他是保守而敬虔的。他教廷的对手形容他是"迟钝的人"，但不少人则认为他是最有影响力的红衣主教并承担着庇护九世"权威的统治系统"。因为其兄弟萨韦里奥加入了耶稣会，所以帕特里齐与耶稣会的关系也非常亲密。[14]

作为圣安布罗焦修道院的红衣主教保护者，帕特里齐对整所修道院行使最高监督权。修道院行政机构的选择必须经过他的在场和同意才能进行。[15] 在罗马等级制度中，帕特里齐必定知晓女修道院的黑暗秘密，特别是持续崇拜创始人玛丽亚·阿涅塞·菲劳一事。如果教宗交代的调查万一查出一些东西，那么肯定会影响到帕特里齐。因此，人们是可以在圣安布罗焦修道院事件上对他的"公正性"有一些质疑的。不管怎样，庇护九世将萨鲁埃放在帕特里齐身边以便监控他。这样说来教宗行事非常精明，他的这种妥协既吸收了教廷力量，又保持了代理主教的权力。红衣主教帕特里齐在最初就被谨慎地在庭外监控起来。[16]

一开始萨鲁埃"十分警觉地"审问了一名数年前由于纪律问题被驱逐出圣安布罗焦修道院，之后不得不在圣巴斯加修道院[17]生活的修女。人们希望从她那里得到一些关于不寻常事件的信息。

之后萨鲁埃也秘密搜集了一些其他信息,"特别是有关于那位预言自己被魔鬼附身的'美国人'"。最终古比奥[18]当地的审判官被罗马中央委托去询问一些圣马尔齐亚莱修道院[19]的修会修女,圣安布罗焦修道院创始人玛丽亚·阿涅塞·菲劳修女按照教廷命令是在此度过修道院监禁生涯直至死亡的。

调查关注的重点很快集中在将菲劳当作圣人敬拜及其与圣安布罗焦修道院整体修会在古比奥的秘密活动。罗马负责人认为这当中存在事实犯罪情节:一名被最高教会法庭判为假圣徒的修女被人们当作"具有特殊恩宠的女性"崇拜,并与其在圣安布罗焦修道院的密友设计了一套被禁的崇拜祭仪,甚至发展到了赶鬼驱魔的地步。

一名被驱逐修女的证词

萨鲁埃所审问的被圣安布罗焦修道院驱逐的那位修女是来自圣家庭中的阿涅塞·埃莉塔,她由于不顺服的罪名在1857年8月被代理主教以其圣安布罗焦修道院的红衣主教保护者的身份驱逐至圣巴斯加修道院。该修女应当在这里改善自己的灵性生活并操练谦卑的美德。当时对她所引发的问题的进一步调查并没有继续下去,否则帕特里齐大可以直接调阅卷宗。[20]仅这一件事情就把代理主教置于不利的局面。但他的问题仅仅是未能充分行使自己圣安布罗焦修道院宗教生活最高监督者的权力吗?他仅仅是盲目信任那些高层神父特别是忏悔神父们吗?

为了取得阿涅塞·埃莉塔的第一手资料,萨鲁埃于1859年10月17日向女修道院院长玛丽亚·路易莎·冯·约书亚[21]进行了问询。女院长在记录中坦承在阿涅塞·埃莉塔被派到圣巴斯加修道院以后，与她相处得特别困难。对付她的"不顺从"和自满费了院长不少的心力，阿涅塞·埃莉塔根本不适应修道院的规则，禁食日和斋戒对她来说非常陌生。据她自己说，在圣安布罗焦修道院没少食用精美食物，至少"总有黄油"。此外，她还装扮得如同世俗妇女一样。阿涅塞·埃莉塔的上级，也就是她的女狱卒将其描述为一名无法进行修道院生活的修女。那么阿涅塞·埃莉塔到底是如何在一所那么严格的修道院待了那么多年的？

第二天，也就是 1859 年 10 月 18 日，萨鲁埃亲自审问了阿涅塞·埃莉塔。[22] 她当时大概四十多岁，使用俗名安妮斯·科拉迪尼。在她宣誓后，萨鲁埃按常规询问她是否知道自己被审讯的原因。她回答："不知道，先生。"之后就她的生平——人生最重要的几个阶段——进行了回答。她称自己是创始人阿涅塞·菲劳的外甥女，早在 1823 年只有四岁时就以圣方济各第三修会修女的身份生活在博尔戈圣阿加塔修道院里，这一修道院于 1828 年迁往圣安布罗焦。1839 年她二十岁时举行了发愿仪式。

萨鲁埃最感兴趣的是阿涅塞·埃莉塔被驱逐出圣安布罗焦修道院的原因，该修女却避而不谈。她在圣安布罗焦修道院一直过得很好，直到她被驱逐前夕她和女院长的关系才恶化起来的。阿涅塞·埃莉塔指控女院长："她直接进入我的房间，从我书桌上拿起创始人玛丽亚·阿涅塞的几封信带入她房间并将之撕毁。这是为何我对她发怒的原因。"女院长一点不相信阿涅塞·埃莉塔什么都没做的自我辩护。在审判官面前，阿涅塞·埃莉塔表达了自己的猜测，她认为这些信件是其他修女放入她抽屉的，而这个修女就是年轻的初学修女主管玛丽亚·路易莎。

但这一证词也并没有改变阿涅塞·埃莉塔在审讯结束时对年轻的玛德蕾·比卡利亚的大加赞扬。"她看起来就是被主特别恩待的人；上帝给她能够有时与他交谈的恩赐。"在一个耶稣升天节晚上，她们一起祷告之后，"她开始用一种方式谈话，仿佛是主自己在对我说话并提出警告似的"。天堂人物的异象和显现对她来说更是家常便饭。阿涅塞·埃莉塔认为玛丽亚·路易莎是"亲切、热心和优雅的"，并对她"充满好感和礼貌"。"夜晚是她最蒙恩的时间，我这样说是因为有几次我在她房间过夜并听见她和主说话的声音。"阿涅塞·埃莉塔在记录中也承认，她并不能够完全理解那些超自然现象，有一些可能是幻觉。不知什么时候她和玛丽亚·路易莎的关系渐渐疏远起来，最后她自己也不知道为什么自己必须离开修道院。

萨鲁埃对这一审讯结果并不满意。按照任务委托，他应当首先调查崇拜创始人祭仪的信息，但是阿涅塞·埃莉塔几乎没有就这一主题提供任何有效信息。特别是她所描述的玛丽亚·路易莎形象是非常矛盾的。但阿涅塞·埃莉塔自己似乎也考虑了一夜自己的陈述，因为她第二天就找到副院长要求再次与萨鲁埃进行谈话。[23]

这就来到了10月21日。[24]阿涅塞·埃莉塔承认"出于第一次提审时的迷惑"，有一些错误和隐瞒。她的神父却打动了她的良心，现在就讲出全部的事实："首先我要说，玛丽亚·路易莎让我睡在她房间，是背着女院长偷偷做的。女院长得知之后鞭打了玛丽亚·路易莎，并表示不希望我睡在那里。玛丽亚·路易莎跟我说，在我开始睡她房间之前，她有三个晚上听到我房间里面有魔鬼号叫，她起来到我房间释放了我。魔鬼非常生气并对她说如果我再在自己房间睡觉的话，就会想方设法勒死我。她还说我应该向神父和院长确保她的话是真的，让我说是自己那几晚听到了声音。我反驳说那些声音我根本没有听到，所以我不会去神父或院长面前担保任何事情。尽管如此，她还说：'恰恰相反，您能够而且必须说您听到了那声音,因为我听到了。'因此我有义务向神父和院长保证我也真的听到了。结果帕特里齐神父命令女院长让我睡在玛丽亚·路易莎房间里。出于对魔鬼的惧怕,我有时和她睡在同一张床上。从1854年7月到12月,从12月到1855年6月我常常睡在她房间。"

两个年轻修女分享一张床,这件事一定引起了萨鲁埃的高度重视。两位修女始终对彼此使用尊称,表示并不存在亲密的友情。两位修女无论如何是不能够在没有一位年长修女的监督下分享一个房间的,更不必说一张床了。[25]

第二次会谈中,审判官的注意力集中在年轻漂亮的初学修女主管及其"灵魂出窍和异象"上。阿涅塞·埃莉塔的姨母——创始人阿涅塞·菲劳——对于玛丽亚·路易莎及其行为是持怀疑态度的。在古比奥,她就多次急迫地警告院长和神父,"让他们小心谨慎,因为玛丽亚·路易莎的灵魂出窍和异象都是幻想把戏而已,他们不应对玛丽亚·路易莎让步,因为她就是个幻想狂"。这一批判可是来自一个终其一生断言自己和天上使者交谈的女人,而且还十分自信认为自己的异象是被大家广为接受的。

阿涅塞·埃莉塔认为玛丽亚·路易莎因此必须等待,直到菲劳的死亡给她机会证明自己属灵恩赐的可靠性。"自创始人1854年10月4日死于古比奥之后,玛丽亚·路易莎公开向我说创始人给了她一个异象,并请求创始人原谅自己曾经认为其异象和灵魂出窍都是幻觉和欺骗。我在玛丽亚·路易莎修女房间过夜的那段时间里,她几乎每天夜里都会和主或创始人交谈。"

创始人的异象单单临到反对异象者的身上,却证明了这一异象的真实性及作异象者的可靠性。本来每个受过哲学逻辑教育的神学家都会对这种循环论证抱怀疑态度的,正如从耶稣会大学毕业的帕特里齐神父。但是这一策略居然出乎意料地成功了。

阿涅塞·埃莉塔认为帕特里齐神父深信超自然现象和异象的存在。她自己则确信超自然力量背后都有有意识的操控者,因为总是在某个修道院重要职务空缺时,玛丽亚·路易莎就会刚好得到一个属天的异象,宣称自己就是看门者、初学修女主管甚至副院长的候选人。

帕特里齐神父利用自己的牧者权威贯彻实施这些属灵指示,他可以赦免一切罪行或拒绝赦免。为此他有意识地建立了权威方法——卡塔琳娜就此报告过。从这一点来说,两者的供词是吻合的。

阿涅塞·埃莉塔早已看穿玛丽亚·路易莎的策略。她又恰好是异象者阿涅塞·菲劳的外甥女,因此人们认为她必定具有一种对超自然现象特殊的敏感性。玛丽亚·路易莎有一次试图强迫她承认自己也拥有同一个异象,但是她拒绝参与这种行动。

其他修女也非常怀疑玛丽亚·路易莎异象的真实性。毫无疑问,这一点会令玛丽亚·路易莎更加愤怒。她对待这些固执的修女十分粗暴,想要不计代价说服她们相信自己属灵的恩赐。而一旦玛德蕾·比卡利亚意识到自己太过火时,她会马上宣称是"魔鬼以她的形象"出现在修女们面前。她自己是什么都没做的。

作为证据,阿涅塞·埃莉塔补充了一个发生在玛丽亚·卡特琳娜和玛丽亚·弗兰切丝卡修女身上的事件。"事情是这样的:玛丽亚·路易莎跟我说她要和两位修女商量为圣诞节唱诗班设立新器材的事情。我不建议她这样做,因为年轻修女没有这个权限。但她还是做了,两位修女为此向院长投诉。我一知道这事就马上通知了她,她非常惊讶并说要弥补这个事情。事实上过后不久她跟我说与两位修女谈话的并不是她本人,而是魔鬼。我跟她说这不可能,她才刚刚跟我说了她的打算,我也有证据,因为我路过时听到了她们的谈话。她反驳我说不论是我自己还是那两位修女，听到的都是魔鬼的而非她自己的声音。"

阿涅塞·埃莉塔确信玛丽亚·路易莎"因某个她自己的秘密或别的事情"设法把她赶出了修道院。玛丽亚·路易莎是否想要清扫出一个不相信她超自然能力的怀疑者？还是创始人的外甥女是权力之争的一大威胁？也许这两点都是根本原因。

谈话结束时，阿涅塞·埃莉塔突然谈到了一个曾引起萨鲁埃重视的尴尬话题。她所说的也登录在案：在她离开圣安布罗焦修道院之后，玛丽亚·路易莎指定了一位年轻的初学修女玛丽亚·贾钦塔一起睡在她的房间里。之后阿涅塞·埃莉塔突兀地结束了她的证词："我已经没有更多可以报告的了。"

一张床上的两名修女

1859年10月21日阿涅塞·埃莉塔在提审时说的最后一句话最终被证实为宣誓后所说的谎言。因为一个半礼拜以后，她在圣巴斯加修道院的上级再次代表阿涅塞·埃莉塔要求与萨鲁埃进行谈话。与安德烈·斯卡尔佐神父进行的属灵操练和深入谈话促使她下定决心讲出所有事实。[26]

针对圣安布罗焦被驱逐修女的第三次提审发生在1859年11月3日。阿涅塞·埃莉塔这次上交了一份手写的文件。那些她与告解神父坦白的事情使她在告解室里脸都变得通红，现在她要把这些事情告诉审判官了。她极其羞愧地认为自己"无比肮脏"。因此斯卡尔佐神父建议"将这些口头坦白时令我脸红的事情用书面的方式明确下来"[27]。这一被萨鲁埃收录进档案的文件被当着阿涅塞·埃莉塔的面诵读了一遍，最后她也亲手签名表示承认。[28]

"1854年8月的一天，玛丽亚·路易莎姐妹对我说：'您要知道，您私处会生一种病，然后您将不得不去医生那里拿药。'我吓坏了，恳求她为我祷告，让我不要成为这种丑闻的受害者。她回复我说主已经告诉她，她应当亲自帮我治疗，如此可以免除我的惩罚。这样她需要观察我四次然后医治我。我反驳说我自己目前并没有得病，也不需要治疗。她补充道，恶疾已经开始了，尽管我本身毫无察觉。我相信了，并怀着最大的反感和不顺服让她观察并触摸了我，当时我想，如果给一个女人看都这么痛苦，给一个男大夫看岂不更加可怕。如果不是这样想，我也不会被诱惑。玛丽亚·路易莎警告我不能将这事告诉帕特里齐神父。

"几天以后，我发现她和过世的前院长玛丽亚·马达莱娜在一次灵魂出窍中交谈。同时她递给我一封玛丽亚·马达莱娜的信，按照她的指示我得立刻读这封信并遵行其命令。信件的笔迹是玛丽亚·路易莎的，信是写给我的，内容是对她的称赞，并声称玛丽亚·路易莎有着圣洁可喜的灵魂。我得到命令为了认识到她的纯洁，必须查看她身体的一些特定部位。

"我吓了一大跳，马上怀疑这是不是恶魔的欺骗。因为出于遵循基督信仰的传统，我非常厌恶看这些东西。但出于对玛丽亚·路易莎极大的尊重，我也不觉得她会有什么恶意，尽管这行为是犯罪而且我不应当如此行，但我最后还是遵行了这个通过属灵神迹赐给我的命令。玛丽亚·路易莎在这过程中好像睡着了。之后她跟我说我应当烧了这封信，并对帕特里齐神父保密。

"这件事情过了几周以后，玛丽亚·路易莎对我说玛丽亚·马达莱娜明晚将临到。我很警觉也确实听到她说会与这位过世的修女会面并得到异象：'我面前出现一个人的形象（并没有说明是不是主），他递给我一种液体，滴到我的脸上和全身，最后这些液体汇聚在我下体，如同一个小浴缸一样。阿涅塞·埃莉塔与我联合并触摸我时，她应当分享这一液体，这样她可以得到洁净并分享同一恩典。'她还说了许多类似的话。

"另一个夜晚，在通常的灵魂出窍之后她对我说，主向她显现过了并赐给她一个特别的祝福，使她能够触碰到我哪个部位，哪个部位就能被医治。这样她希望我和她睡在一张床上，尽管这事令我厌恶。她还希望我能与她以某种方式结合在一起（这意思不言而明），这过程中她说这是主的旨意，所以这事不算犯罪，而且为了能够得到医治的祝福，我必须如此行。

"但是所有发生的这一切事情我都必须瞒着帕特里齐神父和其他人。我不情愿地答应了她，但是前提是我真的以为这是神的旨意。我也尝试着说服自己尽管做了违禁的事情，但是主出于某个我不明白的动机这样命令我去行。这种事情在同年9月末以不同程度发生了数次。

"几个月后我认识到了她对我的欺骗行为：每年都来访的告解神父再次来到修道院，玛丽亚·路易莎在我前面去进行告解，她离开告解室时对我说：'您应当悔改晚上睡在我的床上，告解神父说了这是犯罪行为。'我听了这话之后非常惊慌困惑，意识到她这么长时间以来一直在欺骗我。但出于不过分地羞辱她这一错误动机，我向神父承认自己是犯罪者，而没有向他坦白玛丽亚·路易莎欺骗我的事情。

"之后我质问玛丽亚·路易莎为何会有这样的转变，但她以一系列的谎言搪塞我，说她一点都没有对神父透露发生的事，都是神父在对她说话。

"我十分吃惊地补充道：'您骗我让我相信这是主的安排，甚至为了让我相信还说主为此行了一个神迹。'

"玛丽亚·路易莎回答我说：'不是这样的，这肯定是魔鬼的工

作，为的就是羞辱我。一定是某位神父尊敬的圣洁修女看到了魔鬼的显现，并在向他忏悔时报告了此事。'

"她向我保证她对我没有恶意，而且再次警告我必须瞒着帕特里齐神父。她费了许多口舌令我相信，这些事情都是魔鬼的显现导致的，当然我对此是有些疑虑的。慢慢地她明白我心里的怀疑在逐渐增加，她也害怕我会向帕特里齐神父报告此事。有一天她终于向我承认，她那天对告解神父所说的都是谎言。事实上出于担心她已经做了忏悔，但因为我已经忏悔了，她就没有提及我。

"于是我确信她的行为完全是魔鬼筹谋的。但我仍怀疑她的忏悔是出于惧怕神父知道此事，而非真心的悔改。这样神父就不会再怀疑她了。她这样安慰我是为了去掉我的担心，使我不再提之前说过的话。也可能是为了安慰她自己，尽管我不清楚她的悔改到底有几分诚意。

"如此一来，我们之间自1854年以来超过一年的、起初是为了圣洁目的结成的亲密友情就走到了尽头。玛丽亚·路易莎自此以后单单只是一位将我从沉睡生活中唤醒、督促我向完美敬虔生活操练的圣徒。由于我基本上认可大家对她的高度评价，我觉得她是出于想要帮助我的目的而如此的，情况一开始也确实是这样。但是之后她的行为由于诱惑和良心啃噬而开始变得非常有害。最终我被驱逐出了修道院。

"玛丽亚·路易莎外表上依然是我的朋友，并在我指责她时表现得十分谦卑，但是我认为这一切都是假象。"

不贞和同性性行为

在诵读阿涅塞·埃莉塔书面证词的过程中，萨鲁埃不得不面对贞洁愿被打破的事实。这位修女同所有的修女一样，在进入修会时发了三愿，即贫穷愿、顺服愿和贞洁愿。但这份证词全文都是有关天主教所禁止的肉体和性。这禁忌要追溯到久远的教会史中反肉体的传统，这一传统当然也是圣安布罗焦修道院的神父多次向他们的修女强调的。同时代出版的《牧师和神父使用》手册[29]也特别强调，在忏悔室里处理第六条诫命（毋行邪淫）时要特别注意贞洁、禁欲和正直问题："人不可在非必要情况下将目光停留在那些可以置自己于干犯不洁之罪的羞耻和危险的事物上面。不正派的目光带来的就是死亡之罪或疏忽之罪，这取决于危险程度的大小和被激起血气的多少。处理碰触问题也是同样的原则，当然这比目光接触要更危险，也更可能涉及死亡之罪。"[30]按照这一天主教道德神学的要求，一个信奉天主教的女人特别是一个修女有保守自己"童贞女般的贞洁"的义务。当她们被医生检查生殖器部位或胸部时，会感到特别尴尬。[31]

如果一位天主教妇女不得不脱光还被医护人员观看或碰触时，她会成为"一件丑闻的受害者"，正如阿涅塞·埃莉塔所描述的一样，她会完全被天主教道德精神的羞耻感所抓住。[32]玛丽亚·路易莎则非常有技巧地利用了这一禁忌，从而达到满足自己性需求的目的。她让阿涅塞·埃莉塔成为自己的床伴达一年之久，直至她感到厌倦，并将她置于一个非常棘手的难题面前，阿涅塞·埃莉塔独自背负着自己的负罪感和"罪行"。

然而，似乎一位受了圣礼的处女明显打破了自己的贞洁愿还不够糟糕一样，阿涅塞·埃莉塔的证词使审判官萨鲁埃不得不面对一个更加棘手的问题：女人之间的性关系。审判官有什么方法能够适当地理解并评断这一现象？宗教裁判所里面的卷宗可帮不上他的忙。被称为"最糟糕的死罪"的男性之间的性行为在历史上被描述得相对比较频繁，而女性之间的性行为则几乎没有相关记录。[33] 这一发现并没有出轨。19 世纪的人们几乎不认为女性之间会存在"禁忌的性关系"。人们"普遍确信女性除了繁殖性性行为之外不会通过自主的性幻想得到满足"[34]。

身为多明我会神父亦即告解神父的萨鲁埃，只能从道德神学的相关手册中寻找答案。如果存在着关于女同性恋[35]的信息，那一定是和如何解释天主教第六条诫命（毋行邪淫）有关系的。这条诫命本来只意味着"不可污秽婚姻"，后来却在教会发展历史中囊括了一切婚姻之外与性有关的罪。基本上婚姻之外的一切性行为都是被禁止的。而婚姻之中的性行为的目的也仅限于繁衍后代。[36] 按照当时的道德神学来看，一个男人对某个女人怀有欲望，或者一个女人对某个男人怀有欲望都属于干犯了"不贞"的罪，但这种罪由于符合创造的秩序而多被人们视为仅仅出于疏忽且能轻易在告解时被原谅。男性之间同一性别的性行为则由于"违背天性"而被视为犯了死罪，还常常被认为是"索多玛之罪"[37]。针对同性性行为的刑罚可以追溯到 12 世纪几乎所有的欧洲国家，有时候也会涉及女性同性恋。[38]

女性之间反自然的通奸究竟存在与否的问题，不仅仅在教会内部长期存在争议。因为欧洲人认为性行为是由"男性主导并以阳物的穿透为标志的"。由这一定义引出的问题就是："女性到底有没有可能在不借助外物的情况下穿透别的女性，从而犯下索多玛之罪？"[39] 或者她们出于生理结构根本无法犯这样的死罪？

托马斯·阿奎那在其著作《神学大全》，亦即 13 世纪受到新经院主义影响的天主教道德神学最重要的作品中，论述了四种反自然的性欲。这里面除了手淫、鸡奸以及违反自然姿势的性交之外，就是"不遵循适当性别的性交，包括男和男、女和女"[40]。当然阿奎那并不清楚两位女性之间的性交在技术上是如何实现的。以男性主导的视角来观察的话很明显,"一名女性会将一根玻璃或木质物体塞入另一名女性的腹部"[41]。神学家们认为只有这样才算是女性也犯了索多玛之死罪。直到后来人们对女性器官的医学知识逐渐增长,神学家们才越来越意识到"两位女性确实可以犯下索多玛之罪"[42]。因为在不借助外物时,女性之间的"相互摩擦"也可以使阴道产生一种液体,这种液体被视为女性的射精产物。[43]

多明我会修士决心一探究竟

按照以上发现,阿涅塞·埃莉塔修女的书面证词并不足够提出控诉。萨鲁埃必须进一步明白女性之间性行为的实际操作。因此他于 1859 年 11 月 3 日再次和这位女证人进行了宣誓后的口头问询。针对他的调查,阿涅塞·埃莉塔给出了详细的解释。[44]

"关于玛丽亚·路易莎递给我那封信并让我诵读遵行的事情,发生在我住在她房间时,也就是我进入初学期之前住宿舍的期间。当时是夜晚,她命令我吹灭灯并按照信件做,也就是在她几乎失神地躺在床上时,我要把她衣服脱掉并查看她身体的每一个部位。她还让我也同时观察自己的身体,好确定我们是否完全一样。我是如此不安,害怕这是一种魔鬼的欺骗,就在照做之前念诵了几遍《圣母颂》,还往她床上洒了圣水。玛丽亚·路易莎希望我和她睡在一张床上,我们就这样做了,之后当然我有时也睡在自己床上。

"至于我们之间发生的联合,玛丽亚·路易莎说她按照主的指示教导我如何完成与她的联合。此外她跟我说,如果我用双手触摸她的阴部而她也这样对我做的话,她从主那里得来的恩赐和恩典就会浇灌在我身上。后来她先触摸了自己然后再摸我。这过程中她的性器官有了反应，但我不能十分确定。我只能从她的行动和言语大概推测她应该是十分喜悦的。她说我应当对这些事情感到心安理得，因为一切都是为了得到主的恩典。主是向她如此启示的，所以这样行不存在什么邪恶的问题。

"我承认自己必须非常努力才能顺服她做出这些事情。我承认，在我们两人向神父告解之后我们仍然住在一起，甚至有时还分享一张床。这确实有助于我平静下来，就如我所写的那样。在我们的关系和友情开始时，玛丽亚·路易莎似乎有目的地训练我成为一个更加顺服而完美的人。

"至于我所写到关于阴部发生的事情，玛丽亚·路易莎告诉我她已经与告解神父谈过了，我只需要跟他说她医治了我的恶疾就可以，我也就照样做了。这段时间她告诉我，主显现并教导了她非常多关于正直的功课，其中有许多是她之前并没有认识到的，包括如何给一名堕落的初学修女提建议、如何回答她的疑问以及满足她的需要。当她后来将这些事情告诉帕特里齐神父时，神父告诉她，她是因着医治灵魂的缘故才做这些事的。

"玛丽亚·路易莎晚上会和初学修女玛丽亚·贾钦塔进行长时间的谈话，我知道此事后她告诉我说，这位修女在贞洁问题上有一定的需要，所以她得分担这样的需要并给出指导建议。这位玛丽亚·贾钦塔就是玛丽亚·路易莎在我离开以后叫进房间一起过夜的那名修女。我知道她时不时地会叫上这名或那名初学修女一起过夜，她亲口向我承认过这一点。但我不认为她会和这些修女们做和我一起时的亲密行为。

"当我离开时，我因她对我所做的事情谴责了她，我叫她不要和别的初学修女做这种事了，因为这种事早晚会暴露的。但是她可以放心我绝不会向别人透露秘密。她却谦卑地表示我大可以向别人说的。我意识到她如同以前很多次那样，又拿魔鬼使用她的躯体来做挡箭牌了。正因如此，她才会对我说主的意思是要公开这事。

"我从没有向帕特里齐神父提过这些事情，因为他根本就不会相信，他已经被玛丽亚·路易莎的圣洁洗脑了。但是我把所有事情都和尼古拉·贝内代蒂神父[45]说过了，他是蒂沃利的一名耶稣会修士。一开始他计划征得我的同意去向帕特里齐神父报告此事，但慢慢地，他考虑到帕特里齐神父对玛丽亚·路易莎的迷信之后，他建议我：'让我们把此事交托给主，他必对此负责并显明一切。'他也提醒我要为玛丽亚·路易莎祷告。我承认要寻找到内心的平静是很难的，直到后来神的恩典来临。

"在我身处圣安布罗焦修道院的最后日子里，我拒绝领受莱兹罗利神父的布道。这件事在修道院引起很大风波和丑闻，但我是有原因的：神父的讲道是在要进行有关整体职位的任命时举行的。他讲道时提及修道院创始人玛丽亚·阿涅塞·菲劳早已启示了所有职位的人选，而且特别是初学修女主管有权柄按照自己的意愿来进行领导。当时还不是初学修女主管的玛丽亚·路易莎并没有出现在讲道现场。而这一切都是她受到的启示，正如她与我和帕特里齐神父所说过的一样。我还记得神父布道所提到的这件事情引起了年长修女们的不满。之后我自己发现在莱兹罗利神父口中出现了一些玛丽亚·路易莎曾经使用过的表达，而我无法相信这些。因为我知道这是幻想，我是如此愤怒而决定不听他的讲道。

"我认为这也是他们强迫我离开修道院的原因之一。代理主教回复我的一封信里面也暗示了这一点。"

阿涅塞·埃莉塔修女于1859年11月3日审讯时报告的事件，需要追溯到五年之前：她姨妈于1854年10月4日去世后，许多人都说她作为外甥女会担任一个职务。而值得注意的是，就在这一阶段，1854年1月阿涅塞·埃莉塔和玛丽亚·路易莎的友谊恰好正式开始，而从1854年7月到1855年7月期间这一友谊发展成为床上故事。1854年12月15日，也就是这段友谊的中期，玛丽亚·路易莎成为初学修女主管。[46] 玛丽亚·路易莎在这条权力之路上巧妙地使用了已故的创始人玛丽亚·阿涅塞·菲劳的属灵异象，同时试图利用创始人最亲近的亲属阿涅塞·埃莉塔来增加自己异象的权威性。自1855年夏天开始，在玛丽亚·路易莎结束了这段关系之后，有可能由于令人失望的爱，阿涅塞·埃莉塔明显开始对其持反对意见。玛丽亚·路易莎则反其道而行之，利用神父来约束阿涅塞·埃莉塔。由于其明显的失败，又恰逢圣安布罗焦修道院的人员换届，阿涅塞·埃莉塔就在一次以玛丽亚·路易莎主导的行动中，被莱兹罗利神父、女院长和代理主教给处置了，从此她不得不保持沉默。尤其值得一提的是，她被下放到的特拉斯特维莱的圣巴斯加修道院，也是科斯坦蒂诺·帕特里齐担任代理主教的。[47]

考虑一下两位修女的年龄，1854年的阿涅塞·埃莉塔已经三十五岁了，而玛丽亚·路易莎才刚刚二十二岁。如果说后者是双方关系的发起者的话看起来似乎非常不合理。但是如果考虑到圣安布罗焦修道院整体的权力更迭策略的话，阿涅塞·埃莉塔故事的版本绝对是有可信度的。

众多可信的证据

在对被驱逐的修女阿涅塞·埃莉塔进行了三次提审之后，萨鲁埃对于圣安布罗焦修道院的核心秘密——尊其姨母为圣人——所知道的还是不多。卡塔琳娜·冯·霍亨索伦针对玛德蕾·比卡利亚·玛丽亚·路易莎的指控却在相当程度上得到了证实。这样的话其实责任就落在了修道院精神领袖和告解神父朱塞佩·莱兹罗利的身上。他不仅完全相信了所有超自然现象是真实的,而且还强迫修女在告解室相信玛丽亚·路易莎的圣洁。此外,他对两名修女同床的事情也是知情的。萨鲁埃明确判定两名修女的同性行为是索多玛之罪。天主教最高当局认为两名女性犯下了"最坏的反抗之罪"。这里萨鲁埃准确地使用了一般来说裁判所针对男性同性性行为采用的概念。[48] 而且他还确定除了阿涅塞·埃莉塔以外,玛丽亚·路易莎还叫了另外一名修女同寝。

在提审阿涅塞·埃莉塔之前,萨鲁埃就已经获得了关于"被鬼附的'美国人'"的重要信息,证实这也不是卡塔琳娜的虚构。侯爵夫人新的教父毛鲁斯·沃尔特曾于1859年9月17日给萨鲁埃去信。[49] 这是他第一次也是唯一一次给萨鲁埃写信。这位"美国人"的德国名字是韦格纳[50],住在圣彼得附近的德意志牧师学院[51]里面。"叫彼得的美国人"其实名叫彼得·克鲁兹伯格,职业是医生,出生于特里尔。此外,他自十七岁就拥有美国国籍并居住在辛辛那提。这样看来叫他美国人也不是没有道理的。因为严重的宗教问题,他于1857年离开了美国的妻子与孩子,来到天主教世界的首府罗马寻求解救。沃尔特同时给了萨鲁埃一个提示,这位克鲁兹伯格与耶稣会修士有着长期、特殊的关系,特别是他还与"某一位克洛伊根特神父"有极亲密的友谊关系。

圣尼古拉监狱教堂[52]的神父同时也负责这位"美国人"所在的教区,他甚至于1859年10月11日将其具体地址告知了萨鲁埃。[53] 彼得·马里亚·克鲁兹伯格(意大利名字),也就是朱塞佩·克鲁兹伯格的儿子,居住在迪蒙特塔尔佩欧大街65号。[54] 神父传唤他前来并说,在谈话过程中克鲁兹伯格处于一种不修边幅的状态,据说他和一些攻击性极强的人住在一起。基本上四十四岁的克鲁兹伯格给他留下了"令人怜悯的"印象。据这位神父评估,某种宗教狂想令他丢弃了家庭和工作,专门来到罗马寻求真正的救赎。

萨鲁埃在1859年11月初和代理主教帕特里齐神父的一次会晤中提到了自己探寻的结果。[55]当然他不会对这位高阶红衣主教坦白庇护九世所猜测的涉事人员。这样,萨鲁埃只能集中与他谈论所牵涉罪行的性质和数量。他成功地证明了卡塔琳娜作为告密者揭发的事件具有"极其重要和数量众多的证据"[56]。

帕特里齐神父一定是充满了震惊。最迟截至这个瞬间,他终于明白了整个圣安布罗焦修道院事件的爆炸性力度。现在作为修道院的主教保护者,他面临着承担整个责任的危险。因此萨鲁埃写道,帕特里齐神父希望"不再负担这责任",并请求教宗按照常规[57]将整个事件交给"神圣法庭"处理。帕特里齐神父可能寄希望于圣职的守密义务,打破这一规范意味着严重的教会惩罚。[58]

作为罗马教廷的代理主教和圣安布罗焦修道院的守护者,科斯坦蒂诺·帕特里齐有责任监督修道院的运行

第二章 庭外调查

帕特里齐神父急匆匆地将一系列书信交给了萨鲁埃，显示出了他的惊慌程度。这些信件的时间跨度从 1848 年至 1854 年。[59] 它们明确证实了女院长和告解神父遵守了规定，按时向主教保护者报告修道院的事情，特别是崇拜创始人玛丽亚·阿涅塞·菲劳一事和玛丽亚·路易莎的超自然异象。帕特里齐神父对两件事情都没有干涉，他的做法如果不是促成，也是放任自流。这种态度也许和他母亲库尼贡德·帕特里齐伯爵夫人坚定支持修道院创始人玛丽亚·阿涅塞·菲劳有关。他母亲曾在一次针对玛丽亚·阿涅塞·菲劳的审讯过程中被视为是这位所谓神仆人的死忠，也是当时仍坚定支持她的中流砥柱之一。[60]

对于萨鲁埃来说，这些信件成为证实卡塔琳娜指控有效性的"清晰的论据和明确的证据"。每一个有基本理智的人都不难从莱兹罗利的报告中得出玛丽亚·路易莎具有"虚谎性格"并且涉及伪装启示的判断。[61] 这一表述本身已经暗藏着萨鲁埃对于帕特里齐神父的批评。他本应当早就看透这一切把戏。但是这次萨鲁埃很小心地、以非常委婉的方式批评作为修道院守护者的帕特里齐。经验丰富的萨鲁埃利用这一书面文件促使真正的调查程序得以开展。

调查程序的启动

帕特里齐的退出首先就使教宗所推进的圣安布罗焦修道院事件的最小化解决方案落空了。庇护九世也很清楚，现在必须开展调查程序了。在萨鲁埃 1859 年 11 月 11 日向他报告了最新进展情况以后，教宗在一个仅限红衣主教参加的秘密会议中要求目前只向红衣主教阁下们通报"明智而有力的措施"[62]。

1859 年 11 月 16 日的红衣主教会议上，萨鲁埃准备了一份非常详尽的报告。在这份报告中，萨鲁埃明确指出圣安布罗焦事件绝不单纯属于教廷的职责范畴，而是首先牵涉到信仰犯罪问题。[63] 萨鲁埃认为截至目前的调查有三大项非常有说服力的指控：

首先是圣安布罗焦修道院的修女们针对已被裁判所判为假圣德的创始人玛丽亚·阿涅塞·菲劳的不间断的崇拜。更进一步：她在被禁的时候仍以流亡中的信件继续领导着整个修道院，莱兹罗利还编写了她成圣的整个生平，并定期进行宣告。

其次，玛丽亚·路易莎修女妄称的成圣——这是萨鲁埃明确确定的一项罪行。她利用其异象达到获取修道院职位权力的目的，明显缺乏对姐妹的邻人之爱，并使得莱兹罗利无条件地支持其虚假祭仪，这在萨鲁埃看来都是很大问题。

第三，萨鲁埃向红衣主教的会众们报告了玛丽亚·路易莎"不正派的行径"，并提到这一行径也与玛丽亚·阿涅塞·菲劳有一定关系。萨鲁埃还谴责了玛丽亚·路易莎的"不当性行为"：持续的同性恋行为混杂着持续的异端行径。萨鲁埃还特意在他的报告中提到了"性问题上的错误信条"以及"良善幌子下的可耻行为"。他也顺势要求对第三项进行调查。这里涉及一个错误的"敬虔实践性"信条，而对于信条及其监管的责任自然落在最高法院身上。

萨鲁埃的论述全然征服了众红衣主教：他们决定针对圣安布罗焦修道院的修女、她们的告解神父——耶稣会修士朱塞佩·莱兹罗利和朱塞佩·彼得斯进行调查。该修道院被长期废除，修女们被分散到不同的女子修道院中。[64] 由于教宗在决议做出时并不在场，会众中的教宗辅佐莫纳哥·拉·瓦莱塔必须按照惯例征得教宗的同意。[65]

庇护九世却大刀阔斧地修改了红衣主教们的决议：根据其意见[66]取消对于修道院和耶稣会告解神父们的立即管制，取而代之的是对修道院进行一次使徒性的搜查，而这搜查任务落在了代理主教帕特里齐及其副手安东尼奥·里吉-布西[67]身上。谁会奇怪这个决定呢？为了彻底地搜查修道院，安东尼奥获准进入圣安布罗焦。他的特别任务是寻找已故创始人的信件。教宗委托代理主教与耶稣会总会长佩特鲁斯·贝克"以非常谨慎的方式"就莱兹罗利神父和彼得斯神父的召回进行协调，并将其他非耶稣会修士的牧者派到圣安布罗焦修道院。[68]

在第二天就开始的搜寻工作中，安东尼奥虽然没有找到什么，但是他发现修道院的律师路易吉·弗兰切斯凯迪知道菲劳信件的下落。之后红衣主教们在12月6日的会议上决定提审这位法定代表人。教宗亲自下令立即逮捕玛丽亚·路易莎并秘密地将其送至另一处修道院。[69]

12月8日萨鲁埃在一次私下会面中一如他往常那般谦卑地"立在教宗脚边"，并向教宗详细报告了目前的调查情况。[70]萨鲁埃一共总结了八大控诉事项：

第一，修女们将已被审判的阿涅塞·菲劳视为圣人崇拜。

第二，二十七岁的玛丽亚·路易莎妄称自己为圣。

第三，初学修女们与初学修女主管有着不正当的关系、不被许可的柔情和亲吻。在受职仪式的前一夜发生了女同性恋发起仪式，此外修女们还打着属灵"圣洁"的幌子发生了肉体之爱甚至性交。

第四，针对霍亨索伦侯爵夫人发生了谋杀和投毒未遂行为。

第五，修女们藏匿了"圣人"菲劳的祭仪事物。

第六，初学修女们被迫向玛丽亚·路易莎进行告解。

第七，初学修女们违背了重要的规章制度，例如在斋戒日吃肉食或不定期参加圣诗班，正因如此玛丽亚·路易莎才有机会和"美国人"发生关系。

第八，两位告解神父莱兹罗利和彼得斯如果没有积极参与的话，至少也是默许了这些罪行。

庇护九世现在真正相信了萨鲁埃指控并要求进行调查的正当性和权威性。[71]调查程序的重点不应仅限于信仰犯罪，而是所有涉及谋杀行为和其他罗马刑法相关的经济犯罪。

这样，教宗在圣安布罗焦修道院事件的两个层面之间，亦即刑事犯罪的"自然"层面和超能力现象的"超自然"方面，直接建立起来一种联系。这两个层面及其相互之间的依赖关系应当成为整个调查程序中的主线。审判官应当时时提醒自己：是错误的行为导致错误的信仰，还是相反，错误的信仰导致这样错误的行为？

调查程序开始于1859年12月，并以宣告终极审判结束于1862年2月。教廷面临着极为艰巨的任务。总共六十名证人被提审，其中有三十七名来自圣安布罗焦修道院。[72]大量的文件作为证据被保存下来，例如莱兹罗利写的玛丽亚·阿涅塞的圣人传。[73]单单提审证人就花了一年的时间。

宗教裁判所作为宗教法庭：审判和参与者

一提到现代刑事审判，人们就会想到许多理所当然的事情，特别是程序公开、证人和被告人的直接对质、辩护人之间激烈的言辞交锋、检察官和法官、交叉询问以及媒体详尽的审讯报告，这些在19世纪的审判程序中都不存在。但这绝不意味着像很多传说和偏见所描述的那样，审判是完全随意进行的。[74]这种随意的审判在历史上并不存在。历史上基本上有三大类不同的审判类型[75]：首先是中世纪的异端审判，这时的审判主要是针对洁净派的追捕；其次是西班牙宗教裁判所以其僵硬的方式消除隐藏的穆斯林或犹太教徒，历史上称其为西班牙的收复失地运动，其最主要目的是服务于当时新成立的西班牙统治政权；第三种是神圣罗马全面宗教审判所（罗马异端裁判所），成立于1542年，目的是打击当时的"新教异端"[76]。不久后，罗马宗教裁判所被赋予了更广泛的功能，亦即控制天主教整个宗教和社会行为。[77]渐渐地，裁判所演变为新时代的办公当局，针对每个现代管理或法律部门制造大量的文字工作。

提到审判所还可以想到一种新的法律程序，该程序是由教宗们在13世纪作为法律史上最伟大的进步之一引入的。它不仅发明了检察官这一职务，还引入了调查职务，并且不是仅仅因为某个案子才引入的。[78]当时裁判所的这一正面意义还不够明确。直到后来与严刑拷问紧密相连的裁判所才慢慢摆脱其负面形象，而越来越显明其进步的"审判过程"。19世纪下半叶时，审判过程已经完全摆脱了其令人生厌的刑具和拷问的形象，更多地涉及纯书面形式，正如世俗司法制度的某些特定部门一样。

在缺乏进一步明确法庭审判过程和参与者的情况下，圣安布罗焦修道院事件是无法得到重构的。当然，宗教裁判所作为法庭，从未颁布过自己的审讯流程。[79]19世纪信仰理论部的档案关于内部《宗教法庭事件的流程条例》也并没有给出具体流程组织、过程和参与者的规定。[80]但我们可以设想罗马宗教裁判所在实践过程中，根据被援引的先例设立了一套基于惯例法的刑事司法程序。由于这一程序并未以书面形式呈现出来，所以执行过程中存在非常大的自由处理空间。[81]

罗马宗教裁判所在进行刑事调查时基本以两个部门为基础：首先是最终决定判决的法庭，这同红衣主教大会的功能是相同的；其次是从属于大会的调查法庭。

宗教裁判所的领导或长老应与教宗、最高法律制定者和普遍教会审判官同等级别。因此与所有其他大会不同，宗教法庭没有红衣

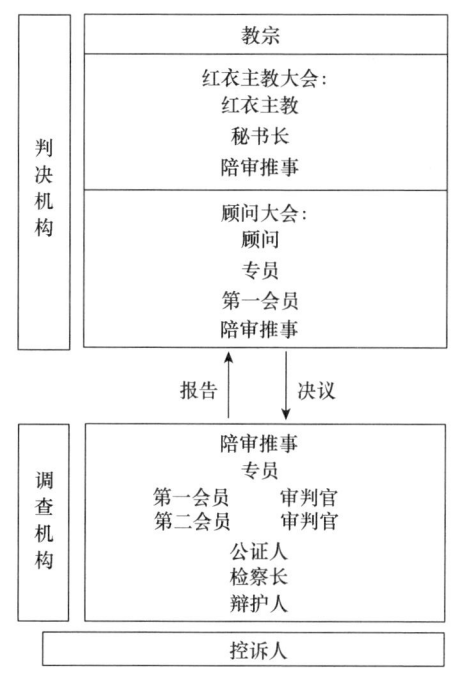

罗马宗教裁判所由调查机构和判决机构组成，教宗凌驾于所有级别之上

主教长老，他只挂着一个红衣主教秘书长的头衔。[82]这样数十个红衣主教构成了实际的法院，并每周举行红衣主教大会。教宗一般星期四（瞻礼五）出席而星期三（瞻礼四）不出面。[83]他们的决定和判决会以法令的形式被确定下来。由于涉及的主题众多，法令一般以简洁的结果记录并呈现出来。[84]决定会在每周一举行的顾问大会上进行通报，这一顾问大会至少由三十几名专家、神学家、法学家以及圣典学者组成。[85]他们会就红衣主教们递交来的相关议题写下鉴定书并进行投票，而且经常会形成红衣主教会议时的决议建议，这些建议会由大会实际负责人——陪审推事——递交给幕后掌权者。[86]如果这一决议是在周三大会教宗未出席时做出的，那么陪审推事必须事后私下征得教宗同意。而教宗往往会按照自己意

见更改这些决议,或要求陪审员进一步提供更详细的说明。[87] 相较以公开决议为基础的现代国家的刑法审讯,当时的整个过程是基于口头转述而非书面形式。

当时的证人和被告人也绝不会在法庭上相遇的。理论上直接的对质也是可以进行的,但是实际上却从未发生过。这里涉及的都是经过公证且由询问人签名的、被记录下来的个别传讯。这样的传讯在世俗的司法机构里面也是很普遍的。[88] 被告人和证人绝不会在同一法庭上进行对质,他们也见不到审判官。人们必须查找教宗国家手册,才能准确获知是哪一位红衣主教参与了审判。

这些幕后掌权者仅仅根据调查部门提交上来的书面报告进行审判。这一"审讯的持续引导性法庭"[89] 由一名负责的"正规法官"[90]、一名宗教法庭专员[91] 以及两名审判官(亦即第一和第二专员[92])所组成。原则上这些人会执行审讯、接受指控、询问证人、审讯被告人并在所谓报告里为红衣主教们总结询问和其他调查的结果。审讯报告由一名公证人或统计员[93] 进行公证。剩下的重任由作为教会律师的检察长[94] 担当,亦即世俗刑法审讯的检察官的职责,他必须确保整个程序的无差错运行。被告者一般会有一位指定辩护人为其辩护,但这位辩护人一般起不到多大的作用。尽管如此,他还是可以在审讯结束之后检查由调查法庭提供的总结并提交相应的辩护书。[95]

宗教法庭下层调查部门和上层决定部门之间是由大量的陪审员联结起来的。他一方面有权利参与所有审讯,特别是被告人的审讯,另一方面他始终参与红衣主教们的正式大会。陪审员作为"委员顾问"也向教宗通报红衣主教们的决议并负责征得其最终同意。他还负责总结被告人供词的书面报告,这是大会形成判决的决定性档案文件。除了陪审员以外,还有顾问及其第一代表——第一会员而非第二会员，都是顾问大会的正式成员。这也形成了对于调查和决议法庭的第二层制约机制。

在圣安布罗焦修道院事件中，有两件与红衣主教大会相关的人事变动非常醒目。这两件变动于1859年12月审讯正式开始以后生效：1860年5月21日教宗亲自提名红衣主教赖萨赫成为审讯团成员。[96]同年10月5日庇护九世又任命帕特里齐成为宗教法庭的主教秘书长。[97]一名罗马城宗座法庭下的代理主教同时兼任宗教法庭的主教秘书长，这在超过四百多年的宗教法庭历史上可是头一遭。主教们在一份19世纪初的内部文件上明确反对联合这两个职位不是没有原因的："将代理主教选为宗教法庭秘书长可能会导致宗座正式授权和宗教法庭之间严重的冲突。"因此，"历史上从未有人担任代理主教（亦即本身就是审判成员）的同时成为宗教法庭秘书长"。[98]

那么庇护九世为何要违背这条不成文的规定呢？答案很简单：教宗希望这一事件无论如何是由他所信任及支持教宗地位的人来处理的。由于帕特里齐未能在宗座法庭这一层面结束整个事件，现在他可以以宗教法庭首脑的身份来处理这个事件。教宗也可以用这种方式更好地保护他周围被涉及的人员。与此同时他也使帕特里齐成为最高法官眼中的嫌疑人，并剥夺了其染指法庭的权力。这也是任命赖萨赫成为主教成员的动机之一。教宗通过这些人事决定加重了自身牵涉圣安布罗焦修道院事件的两位主教的嫌疑吗？还是他自身也牵涉其中呢？

信理部档案馆的原始资料

位于梵蒂冈宫殿里面的《梵蒂冈秘密档案》在彼得广场右侧

的圣安娜门后面。从 1881 年有研究开始，所有罗马宗教裁判所的审讯原始资料就被秘密保存在教会档案馆中最秘密的信仰理论部的档案馆，这个部门是教廷 1966 年命名的。这些档案包括审讯对象和禁书审定院的资料。这个档案馆不在梵蒂冈秘密档案馆，而是在彼得广场柱廊左侧的圣条顿墓地附件的圣乌菲西奥宫殿，也是今天信仰理论部的所在地。信理部档案馆（缩写为 ACDF）一方面收录了只针对书籍的禁书审定院的所有原始资料，另一方面存储了罗马审判所更广泛的审判对象资料。罗马审判所除监控书市以外，还是决定一切信仰相关问题的最高决策机构。相应地，涉及一般信仰问题、圣事神学的争议、婚姻法、豁免、犹太人和天主教徒关系以及各种疑问的资料都有不同的档案编号。[99]

在开启档案馆之前，圣安布罗焦修道院事件的基本问题是清晰的——最重要的问题就是伪圣问题。所以人们期待能够找到相应关于伪圣的档案。[100] 但结果却令人失望。该事件的档案位于"历史厅"16—20 世纪的卷轴集中。[101] 涉及该事件的卷轴长达两米，还不包括修道院收缴的文件和书籍。事件前后的分册已经不存在，我们只有这份单一事件的档案可参阅。这种奇怪的归档很可能是疏忽导致。或者这份具有爆炸力的档案是被人故意以这种方式隐藏起来的？

按照法庭的两层结构和人员机制联结，总共可以划分为三种法庭案卷。首先是下级部门的调查案卷，主要记录了专员及其两位同事的工作。这些工作基本以书面形式保留下来。内容上一方面涉及接受和记录投诉，另一方面是证人和被告人的提审和审讯记录。此外还包括审讯法官对各个程序状态的笔记和注解，并就此向更高层的红衣主教甚至教宗做出解释，必要时还要给主教秘书长致信说明。

在法庭的决策层面（也就是主教大会上），顾问会议的记录、决策建议和主教们在会议上发布的法令（全部手写记录）都具有特殊的意义。同样，会议上也会需要个别顾问就个别问题进行评估或投票。

一开始，调查部门和决策部门之间的联系是通过手写记录来实现的，后来出现了供主教和顾问阅读的秘密复印文件，一般是关于证人审讯和对被告人审讯的总结报告，而且往往附带着审讯关键问题的逐字稿。调查人员为决策人员提供的这一书面信息成为主教们和教宗在所有审判过程中做出裁决的真正基础。最后的裁决可以公开或非公开宣布。公开的宣布会以大字报的形式向公众呈现。它们会被张贴在罗马主要教堂的门口和鲜花广场上。也可能不向公众宣布，而是仅仅告知涉案人员。为了保护相关人员，人们往往会选择第二种方式。[102]

在明白了相关背景之后，人们可以仔细研究一下圣安布罗焦修道院事件的原始资料了。首先是调查部门向上层法院提供的案卷，一般来说这些文件是告发文件，也就是投诉。按照罗马审判所的习惯，告发人必须合法合理地解释他为何会上诉最高法院。所告发事项必须与宗教法庭的职能相关，也就是与保护纯正天主教信仰和防卫异端有关。仇恨或嫉妒这种私自的复仇动机是不算的，只有例如"良心的重担"，对"圣洁信仰的嫉妒"、恐惧，革出教会以及特别是抗拒神父这种"超越自然属性"的原因才能成为控告理由。[103]

人们使用固定模式来接受控告[104]：首先以拉丁文记录下告发人的姓名，再以福音书进行宣誓，然后以意大利文进行口头控诉，当然这控诉必须首先要陈明以上的某条理由。[105] 之后还有一些流程。调查法官用拉丁文提出一些案情相关问题，证人用意大利文加以回答。结束时公证员大声诵读出投诉的书面记录并由告发者签名。[106]之后的审讯也是按照同样流程进行。

调查部门的原始资料和审讯记录主要涉及个别审讯。圣安布罗焦修道院事件按照教宗特别指示，接受了投诉的第二位审判官——多明我会修士恩里科·费拉里的记录。他再次对陈词的权威性进行了公证。每一份记录都以日期开始。之后收录的是最重要人员的相关数据和誓言。两者都如同调查法官那样用拉丁文表现并记录。再

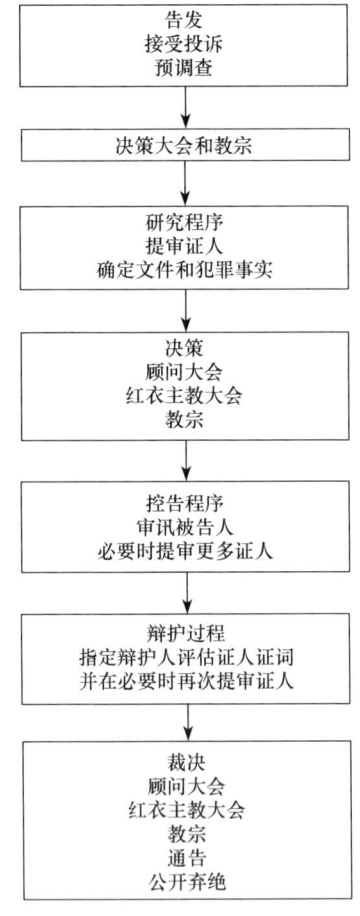

罗马宗教裁判所的审讯过程分为数个清晰切割的步骤

之后是证人和被告人的答复（如同告发文件一样）使用意大利文。

向证人提出的开场白问题总是（如同所有的审问一样总是使用第三人称单数形式）："他是否知道自己被传唤及进行当前审讯的原因，或者他能否自行陈诉？"[107]证人以意大利文回答。阿涅塞·埃莉塔就以极其简单的"不，先生"作答。[108]大主教霍恩洛厄则相反，给出了非常正面的答复："我猜测是与卡塔琳娜·冯·霍亨索伦侯爵夫人在圣安布罗焦修道院担任初学修女时发生的一切事情有关。"[109]针对证人的问询可能会持续数日，他们的证词会被尽量逐字记录下来，以便他们始终使用第一人称。

当然记录员不可能被完全隔离在事态之外。费拉里是一位有经验的审判官，他会尽量领会证人含蓄的说辞和深意。但他的"反异端"意识会使他有时轻率地在无意识情况下将某些特定的陈词带入"审判所的套路"。必须注意的是，如果圣安布罗焦修道院修女们的证词中出现了神学词汇，那一般不会是出于这些未受教育的妇女们。

与提审证人非常类似的是对被告人的审讯。调查法官萨鲁埃总是参加这些审讯。负责记录修女们审讯的是他的同事费拉里，负责记录神父们审讯的是公证员。最后加入的还有自1859年1月担任陪审员的拉斐尔·莫纳科·拉·瓦莱塔。萨鲁埃使用整编好的证人陈词与被告人对质。与问答游戏似的证人审讯不同，被告人的审讯更加类似一场在法庭上有争议的讨论。

在调查部门的第一阶段工作，也就是所谓的取证程序[110]结束之后，萨鲁埃为决策部门提交了一份详尽的研究总结报告。这一份手写的报告草案被秘密印发给红衣主教和顾问，以便他们决定探究是否提供了足够的证据以启动控诉程序，甚至提出具体的控诉，或者废止这一程序。

1961年关于圣安布罗焦修道院事件的研究报告内容异常广泛，

在目录中包括了重要的带有证人审讯逐字摘要的原始资料附件。这份报告记录了调查法官萨鲁埃得出的调查结论。如果人们想要知道萨鲁埃的个人意见,那么他的手写笔记就特别重要。这份所谓的简要笔记是萨鲁埃为自己准备的参考文件或作为向教宗报告的基础。

紧跟着研究程序的控诉程序总结为一份打印报告。对于每位被告人来说,这一报告都是由审判法官借助某位文员[111]总结的一份调查报告并由检察长(如有必要也通过辩护人)审核后通过陪审员递交给顾问和主教。

第三个阶段是所谓的辩护程序。指定辩护人有机会在此批判、评估证人的证词。圣安布罗焦修道院事件中这一步被省略了,因为不论是被告人还是其辩护人都放弃了这一步。[112]因此控诉程序的研究报告就成为大会进行裁决的基础。首先这份报告会在顾问大会中被讨论,然后红衣主教们会做出一个决议,再将其呈交到教宗面前。最后裁决会以处罚法令的形式进行告知。这份通告包括被判人姓名、罪行、裁判原因以及各自的刑罚。这份通告可以以公开或非公开形式进行宣判。无论怎样,被告人都得接受这份裁决。如果涉及异端,甚至还会要求被告人公开弃绝其信仰的谬误。处罚形式包括终身监禁在修道院,经济犯罪的话则可能处以解雇的惩罚。如果在世俗法庭中可能会被施以死刑。在圣安布罗焦修道院事件中,玛丽亚·路易莎和其神父们必须付出名誉甚至生命和灵魂的代价。

注　释

[1] 萨鲁埃 1877 年被任命为领衔主教,1896 年在罗马去世。参阅 Wolf(Hg.),Prosopographie,S. 1299-1303。圣撒比纳教堂是罗马里帕区一座早期基督教堂,位于朗格塔维尔大道后的同名广场。

[2] 恩里科·费拉里1830年加入意大利法恩莎的多名我修会，在博洛尼亚成为神学博士后首次担当礼拜讲师，1851年成为宗教裁判所裁判官助手第二会员，1870年成为第一会员，1877年成为顾问，1886年在罗马去世。Wolf（Hg.），Prosopographie，S. 570-572.

[3] 德·费拉里1874年在罗马去世。Wolf（Hg.），Prosopographie，S. 369-415。

[4] Wolf（Hg.），Prosopographie，S. 1606-1608（职位列表）.

[5] 莫纳科·拉·瓦莱塔1866年成为梵蒂冈第一次大公会议神学教义委员会顾问，1868年成为红衣主教，1896年去世。Wolf（Hg.），Prosopographie，S. 1016-1019.

[6] Esame della Principessa Hohenzollern, 15. September 1859, Nota Bene Salluas; ACDF SO St. St. B 6 b, fol. 1r-9r.

[7] Relazione salluas für die Congregazione Segreta am 16. November 1859; ACDF SO St. St. B 6 a, fol. 48v.

[8] Art. Congregazioni Cardinalizie attuali, in: Moroni, Dizionario Bd. 14, S. 151-299, hier S. 235. 也可参阅 Pianciani, Rome Bd. 2, S. 38。

[9] Relazione sommaria degil atti principali nella causa contro le Monache Riformate in S. Ambrogio, Nr. I: Denunzia della Principessa Hohenzollern. Saggie providenze ordinate da Sua Santità; ACDF SO St. St. B 6 e I.

[10] Wilhelm Koch / Josef Krieg, Art. Häresie, in : LThK[1] 4（1932）, Sp. 823-825.

[11] Ristretto Informativo con Sommario. Il Snto Padre prende cognizione della denunzia e manifesta il Suo oracolo; ACDF SO St. St. B 7 c.

[12] 关于代理主教、代理枢机和副会长可参阅 Boutry, Souverain, S. 210-213（附有大量传记）。

[13] 参阅 Wolf（Hg.）, Prosopographie, S. 1134-1137。

[14] Weber, Kardinäle, Bd. I, S. 299.303 und Bd. 2, S. 716.

[15] Erlebnisse von S. Ambrogio; StA Sigmaringen, Dep 39 HS I Rubr 53 Nr. 14 UF 9m, S. I. 修道院重要职位选举可参阅 Regola della Riforma della Monache del TerzÓrdine di S. Francesco, 24. Januar 1806, Cap. XII: Del Protettore; ACDF SO St. St. B 6 r I.

[16] 参阅 Relazione informativa con Sommario, Il Card. Vicario ordina alcuni esami；ACDF SO St. St. B 7 c。

[17] 参阅 Art. Conservatorii di Roma, in：Moroni, Dizionario 17（1842）, S. 9-10, 23-25；Luigi Grifi, Breve Ragguaglio della Opere Pie di Carità e Beneficenza ospizi e luoghi d'istruzione della città di Roma, Rom 1862, S. 21。此处的音乐教室被用于修女们的祷告室。

[18] 古比奥地区的宗教裁判所参阅 Menichetti, Storia Bd, 2. S. 70-72；Adriano Prosperi, Art. Gubbio, in：DSI 2（2011）, S. 741。

[19] 参阅 Menichetti, Storia Bd, 2. S. 49。

[20] Lettere e scritti del P. Leziroli Gesuita Consegnati dallÉm（inentissim）o Cardinal Vicario, 此处女院长写信给帕特里齐抱怨埃莉塔的无礼行为；ACDF SO St. St. B 6 a, fol. 4r-92rv.

[21] Esame della Priora di San Pasquale, 17. Oktober 1859；ACDF SO St. St. B 6 a, fol. 4r-92r, 90rv.

[22] Esame della Priora di San Pasquale, 21. Oktober 1859；ACDF SO St. St. B 6 a, fol. 55r-59r.

[23] 女修道院院长玛丽亚·路易莎·冯·约书亚所记录, 18. Oktober 1859；ACDF SO St. St. B 6 a, fol. 59r-62v。见后续。

[24] Esame della Priora di San Pasquale, 21. Oktober 1859；ACDF SO St. St. B 6 a, fol. 59r-62v. 见后续。

[25] 女修道院禁止修女之间发展友情主要是为了维护贞洁愿的考虑，修女们彼此之间应保持身体和情感的距离。修女们作为基督的新娘应当完全委身于耶稣基督。参阅 Brown, Leidenschaften, S. 12 f.；Hüwelmeier, Närrinnen, S. 187-196（zum Tabu der "Pritikularfreundschaft"）；Schneider, Zelle, S. 140-153。

[26] 出于圣巴斯加修道院院长玛丽亚·路易莎·冯·约书亚的记录, 30. Oktober 1859；ACDF SO St. St. B 6 a, fol. 64r。

[27] Esame della Priora di San Pasquale, 3. November 1859；ACDF SO St. St. B 6 a, fol. 63r.

[28] Foglio manoscritto consegnato della Sr. Agnese Eletta, o. D.（1859 年 11 月

3日之前); ACDF SO St. St. B 6 a, fol. 65r, 67v, 86rv. 见后续。

[29] Gousset, Moraltheologie Bd, I, S. 120-124 und S. 278-296.

[30] Gousset, Moraltheologie Bd, I, S. 120-124 und S. 280.

[31] Riegler, Moral, S. 531-534.

[32] Reinhard, Lebensformen, S. 61-67.

[33] Gousset, Moraltheologie Bd, I, S. 120-124 und S. 288f. "鸡奸" 一词也被用于圣安布罗焦案件中女性间性行为的描述上: Relazione sommaria degil atti principali assunti nella causa contro le monache riformate in S. Ambrogio, Titolo Ⅵ: Complicità, massime e insinuazioni erronee dei PP. Confessori Leziroli e Peters; ACDF SO St. St. B 6 e I: "N. B. LÍNquisita nei suoi constitute grava specialmente la madre Maria Maddalene di enormi turpezze cmmesse con essa lei nellétà di 15 anni, e Maria Crociffissa come sua istitutrice in *rebus pessimis* facendo lúna e láltra derivare cotali azioni e massime quali doni ed insegnamenti della beata Fondatrice."

[34] Walkowitz, Formen, S. 444.

[35] 此处使用的 "女同性恋" 概念其实直至19世纪末才出现。参阅 Judith M. Bennett, "Lesbian-like" and the Social History of Lesbianisms, in: Journal of the History of the History of Sexuality 9(2000), S: 1-24, 特别是 S. 10-17; Gertrud Lehnert, Art. Lesbianismus / Lesbischer Feminismus / Lesbian Studies, in: Kroll(Hg.), Gender Studies, S. 230-232; Rich, Zwangsheterosexualität S. 139-168; Christine Steingier, Art. Lesbische Liebe, in: Lissner u. a. (Hg.), Frauenlexikon, S. 632-638。

[36] 19世纪基督教性道德禁止 "若非必要情形下一切性方面的满足, 但倘若自己禁止不住, 就可以嫁娶"。参阅 Stapf, Moral, S. 421。根据《圣经·哥林多前书》第六章和第九章, 举凡无论是淫乱的、拜偶像的、奸淫的、作变童的、亲男色的, 都不能进入神的国。根据《圣经·哥林多前书》第七章, 倘若自己禁止不住, 就可以嫁娶。与其欲火攻心, 倒不如嫁娶为妙。参阅 Stapf, Moral, S. 422; Riegler, Moral, S. 528-531。天主教教会职位的历史背景参阅 Reinhard, Lebensformen, S. 67-86。

[37] Cattaneo, Vitio, S. 55-77; Pierroberto Scaramella, Art. Sodomia, in: DSI

3（2010），S. 1445-1450.

[38] Louis Crompton, The Myth of Lesbian Impunity. Capital Lwas from 1270 to 1791, in：Journal of Homosexuality 6（1980／81），S. 11-25.

[39] Reinhard, Lebensformen, S. 87. 参阅 Brooten, Love; Rich, Zwangsheterosexualität, S. 138-202。

[40] Thomas von Aquin, Summa theologiae II-II, Quaesitio 144, Art. Ⅱ.

[41] So der italienische Jurist Prospero Farinacci（1554-1618）; zitiert nach Brown, Leidnschaften, S. 20.

[42] Gousset, Moraltheologie Bd, I, S. 120-124 und S. 292.

[43] So der italienische Geistliche Ludovico Maria Sinistrari gegen Ende des 17. Jahrhunderts; zitiert nach Brown, Leidnschaften, S. 23f.

[44] Esame di Sr. Agnese Eletta, 3. November 1859; ACDF SO St. St. B 6 a, fol. 63r, 65r, 67v, 68rv. 见后续。印刷版参阅"Sommario del ristretto informativo" Nr. Ⅻ; Esame di Sr. Agnese Eletta, 3. November 1859; ACDF SO St. St. B 7 c。

[45] 尼古拉·贝内代蒂1807年出生，1866年过世。参阅 Mendizàbal, Catalogus, S. 62。

[46] Memorie di tutte le cose più rimarchevoli occorse in questo nostro S. Istituto nelle diverse epoche incominciando dal principio della fondazione; ACDF SO St. St. B 6 s I, fol. 576.

[47] Annuario Pontificio 1860, S. 32.

[48] Relazione sommaria degil atti principal, Titolo Ⅵ: Complicità dei PP. Confessori; ACDF SO St. St. B 6 e I.

[49] Maurus Wolter an Sallua, 17 September 1859; ACDF SO St. St. B 6 a ohne folg.（nach fol. 47v）.

[50] 1831年出生于德国科斯费尔德的西奥多·卡斯帕·海因里希·韦格纳，1855年成为神父。1859年在罗马学习神学，参阅 Schematismus der Diözese Münster 1860, Münster 1860, S. 131。他在那里成为艾曼丽的崇拜者，后者1858年被安葬在德国杜尔门墓地。参阅 Franz Flaskamp, Theodor Wegener, in：Heimatblätter der Glocke NR. 135 vom 16. Mai 1963,

Beilage, S：537。韦格纳 1861 年获准回到家乡明斯特，加入克费拉埃尔的悲伤圣母会，参阅 Schematismus der Diözese Münster 1864（August），Münster 1864, S. 10 und S. 96。1866 年 3 月他被差派到哈尔滕，参阅 Schematismus der Diözese Münster 1872（Januar），Münster 1872, S. 38 und S. 139。他在那里捐献了一条通向安娜贝格的耶稣受难之路并编写了一本祷告书《安妮小册或默想圣安妮》（1884 年和 1890 年两版）。1885 年他作为托马斯·维拉诺瓦加入了奥斯定会，并致力于安纳·佳琳·艾曼丽的封圣申请。参阅 Chronik Annaberg, online：http://eservice2.gkd-re.de/bsointer160/DokumentServlet?dokumentenname=16013776.pdf（13.07.2002）。韦格纳 1917 年去世。

[51] 参阅 Erwin Gatz, Anton de Waal und der Campo Santo Teutonico（römische Quartalschrift Supplementheft 38），Rom u.a. 1980, S. 8-35。

[52] 圣尼古拉教堂位于塔德罗蒂马尔科罗大街上，中世纪时曾是一座监狱。参阅 Armellini, Chiese, S. 475-482。

[53] 圣尼古拉教堂神父写给萨鲁埃的信件，2. Oktober 1859；ACDF SO St. St. B 6 a fol. 50rv。

[54] 艺术史学家路德维希·波拉克曾回忆说迪蒙特塔尔佩欧大街上的租客是最多的。"我住在这条大街六十一号最高层，每月为这间没有暖气和几乎没有家具的房间支付三十里拉。"Ludwig Pollak, Römische Memoiren：Künstler, Kundstliebhaber und gelehrte 1893-1943, hg. Von Margarete Merkel Guldan, Rom 1994, S：93f。迪蒙特塔尔佩欧大街沿着安慰圣母教堂一路拾级而上，在罗马国家档案馆西南角处向右拐下来。凡西诺广场后面的国家档案馆直至教宗格雷戈里奥十三世才开放，门上刻着《埃涅阿斯纪》的著名诗句。"参阅 Ernst Platner, Beschreibung Roms. 3. Bd.：Die sieben Hügel, der Pincio, das Marsfeld und Trastevere, Stuttgart / Tübinigen 1837, S. 26。

[55] Notiz Salluas, 5. November 1859；ACDF SO St. St. B 6 a, fol. 69rv.

[56] 萨鲁埃提到 "una dnunzia assai grave e corredata di molti argomenti di verità"。Ristretto Informativo con Sommario；ACDF SO St. St. B 7 c。他还提到 "denunzia assai gravante e circostanziata"。Notizen für die Kongregation der

Kardinäle, 16. November 1859; ACDF SO St. St. B 6 b。

[57] 很难判断萨鲁埃"按常规"是指特殊法律概念或仅仅是固定用法。法律概念参阅 Gerhard Dilcher, Das mittelalterliche Stadtrecht als Forschungsproblem, in: Jörg Wolff (Hg.), Kultur- und rechtshistorische Wurzeln Europas, Mönchengladbach 2006, SS. 227-242, 此处 S. 237, 流传下来的惯例法被视为"按常规、符合先民圣典、符合风俗"。参阅 Simon Teuscher, Erzähltes Recht: lokale Herrschaft, Verschriftlichung und Traditionsbildung im Spätmittelalter (Historische Studien 44), Frankfurt a. M. 2007, S. 178, 解释"more solito"或"more consueto"意味着通过习惯保留下来的方式。固定用语的意思是"像往常一样":"more solito (secondo il solito costume), in base alla solita consuetudine, come di consueto"; Paride Bertozzi, Dizionario die brocardi e die latinismi giuridici, Assago^6 2009, S. 123。

[58] 参阅 Friedrich Münter, Gemischte Beyträge zur Kirchengeschichte, Kopenhagen 1798, S. 155: "所有进入宗教裁判所的人,无论是红衣主教还是顾问,都必须发沉默誓,除非他们所知道的事情会给裁判所招致损失和败坏,或者阻挠调查,才能免除这誓言。就算在调查程序结束以后违背此禁令,仍会被处以开除教籍的惩罚,这一惩罚只有通过教宗特赦才能得以豁免,但这一行为本身就是对教宗的侮辱并应加以惩罚。"参阅 Maria Pia Fantini, Art. Segreto, in: DSI 3 (2011), S. 1490 f。这一誓言形式参阅: ACDF SO St. St. Q 2 c , fol. 15r-16r: "Ego N de N & c. consititutus coram vobis Rev.mo P. Sac. Theologiae Mag.o F. N de N Inquisitore N tactis per me Sacrosanctis Dei Evangeliis coram me propositis, iuro ac promitto fideliter exercere munus, & officium Vicarii vel, Consultori – Sanctae Inquisitionis juius civitatis N., & non revelare, nec loqui, aut tractare- verbo, vel scriptis, aut alias quovis modo de iis, quae concernent causas Sancti Officii nisi cum dominis Consultatoribus aliisque Officialibus dicti S. Officii, sub poena periurii, & excommunicationis latae sententiae, a qua non nisi ab Eminentissimis, & Reverendissimis Dominus Cardinalibus Inquisitoribus generalibus absolve possim. Sic me Deus adiuvet, & haec sancta illius

Evangelia, quae propriis minibus tango."

[59] Fogli consegnati dal Sig. Cardinale Vicario Patrizi al P. Sallua, 5. November 1859; ACDF SO St. St. B 6 a , fol. 73r-92r. 单独的: fol. 74r-75v, Nr. 1, Brief der Äbtissin Maria Agnese Celeste della Croce an Kardinalvikar Patrizi, 6. Oktober 1848; fol. 76r-77v, Nr. 2, Brief der Äbtissin Maria Agnese Celeste della Croce an Kardinalvikar Patrizi, 30. Dezember 1848; fol. 78r-79r, Nr. 3, Brief der Äbtissin Maria Agnese Celeste della Croce an Kardinalvikar Patrizi, 30. März 1849; fol. 80r-81v, Nr. 4, Schrift von Beichtvater Leziroli an Kardinalvikar Patrizi, o. D.; fol. 82r-83r, Nr. 5, Briefe Lezirolis an Kardinalvikar Patrizi, 9. Juli 1849; fol. 83v, Antwort des Beichtvaters Leziroli an Kardinalvikar Patrizi bezüglichen des Schreibens Nr. 4, 9. Juli 1849; fol. 84rv, Nr. 6, Brief von Maria Metilde de'dolori di Maria SS. an Kardinalvikar Patrizi, o. D; fol. 85r-87v, 无序号, vermutlich von Leziroli an Kardinalvikar Patrizi, o. D., ohne Unterschrift; fol. 88r, 无序号, Brief von Leziroli an Kardinalvikar Patrizi, vom 29. Juli 1849; fol. 90rv, 无序号, Brief von Maria Metilde de'dolori di Maria SS. an Kardinalvikar Patrizi, Ⅱ.（无月份）1854; fol. 91rv, 无序号, Brief von Agnese Eletta von der Heiligen Familie an Kardinalvikar Patrizi, o. D.; fol. 92r, 无序号, Brief von Maria Metilde de'dolori di Maria SS. an Kardinalvikar Patrizi, 21.（无月份）1854.

[60] Vita della Serva di Dio. La M. Maria Agnese di Gesù. Fondatrice delle Mnache Riformate del TerzÓrdine del Padre San Francesco; ACDF SO St. St. B 6 q 1. 劳西茨女伯爵库尼贡德·安娜·海伦娜·约瑟芬, 萨克森公主, 1774年出生, 嫁给乔尔瓦纳·帕特里齐-纳罗·马尔彻斯特·蒙特罗, 1828年去世。参阅 Diario di Roma NR. 85 von 1828。

[61] 萨鲁埃告知代理主教的内容, o.D.; ACDF SO St. St. B 6 a fol. 105r-106r。

[62] Notiz Salluas, 5. November 1859; ACDF SO St. St. B 6 a fol. 69r. 关于秘密会议可参阅 Prattica del S. Tribunale del S. Offizio nel formare i Processi diversa da quella di tutti gli altri Tribunali Ecclesiastici e Secolari; ACDF SO St. St. Q2m, fasc. 3a, ohne fol。

[63] Relazione informativa Salluas für die Congregazione segreta vom 16. November 1859; ACDF SO St. St. B 6 b, fol. 1r-9r.

[64] Fascicolo dei Decreti, Decretum Feria Ⅳ., 16. November 1859; ACDF SO St. St. B 6 w f. 这一圣安布罗焦案件相关卷宗里有一份顾问、红衣主教和教宗决议和建议的手抄副本。原件位于 ACDF SO Decreta 1859-1862。

[65] 参阅 Art. Congregazioni Cardinalizie attuali, in: Moroni, Dizionario 14 (1842), S. 234。

[66] 根据其意见和想法——这一拉丁文固定用法被用于罗马教廷文件中，通过回溯起初判决的用意来改变、解释或限制某些判决。参阅 http://www.treccani.it/vocabolario/ad-mentem/ (17.05.2012)。

[67] 安东尼奥·里吉-布西 1799 年出生，见 Franziskaner-Minorit, 1851 Titularerzbischof von Konya, Vicegerente. Notizie per l'anno 1857, S. 217。

[68] Fascicolo dei Decreti, Decretum Feria Ⅳ., 16 November 1859; ACDF SO St. St. B 6 w f.

[69] Fascicolo dei Decreti, Decretum Feria Ⅲ. Loco Ⅳ., 6 Dezember 1859; ACDF SO St. St. B 6 w f.

[70] Brevissimi cenni delli atti nella causa di S. Ambrogio, o.D. (8 Dezember 1859); ACDF SO St. St. B 6 n 1, 无后续。

[71] 萨鲁埃 1859 年 12 月 8 日觐见教宗，教宗决议 1859 年 12 月 11 日下达，ACDF SO St. St. B 6 w f。

[72] Relazione informative, Elenco delle persone e testimoni esaminati in questa causa, Januar 1861; ACDF SO St. St. B 7 c.

[73] Vita della serva di Dio. La Maria Agnese Firrao di Gesù; ACDF SO St. St. B 6 q 1.

[74] 参阅 Wolf, Inquisition, S. 547-560。

[75] 参阅 Schwerhoff, Inquisition。

[76] 参阅 Claus Arnold, Die Römische Zensur der Werke Cajetans und Contarinis (1558-1601). Grenzen der theologischen Konfessionalisierung (Römische Inquisition und Indexkongregation 10), Paderborn u.a. 2008, S. 171-332; Klaus Ganzer, Aspekte der katholischen Reformbewegungen im 16.

Jahrhundert, in: Ders., Kriche auf dem Weg durch die Zeit. Institutionelles Werden und theologisches Ringen. Ausgewählte Aufsätze und Vorträge, hg. Von Heribert Smolinsky und Johannes Meier (Reformationsgeschichtliche Studien und Texte. Supplementband 4), Münster 1997, S. 181-211, 此处在 S. 187-191。

[77] 参阅 Del Col, Inquisizione, S. 509-698; tedeschi, Prosecution。

[78] 参阅 Angenendt, Toleranz, S. 263 f.; Trusen, Inquisitionsprozeß, S. 168-230, 此处在 S. 168。

[79] 从1542年到1966年的四个世纪期间，罗马宗教裁判所一直是作为天主教会的最高法庭存在着，其审讯程序的个别细节做过调整，其刑事司法程序的变化和历史发展几乎不为人知。这主要是因为罗马宗教裁判所的档案馆直到1998年才面向学术界开放。参阅重要相关文献"L'Apertura"，"L'Inquisizione"，"L'Inquisitione e gli storici"，"A dieci anni"。针对禁书条令和《禁书目录》的创建和发展，自1752年教宗颁布了一条相关流程法令"Sollicita ac Provida"，参阅 Wolf, Index, s. 46-58; Edition und Einleitung bei Wolf/Schmidt(Hg.), Benedikt XIV。宗教裁判所的理想法律程序并无相关文字性规定可供参考，只能通过漫长费力的历史文献分析法来进行研究。这意味着人们只能通过具体个例案件的研究来确定这种最高法院的基本结构。当然圣安布罗焦案件审问程序的研究情况至今为止还不清晰。之后教会和教会国里众多法庭与法庭之间的区别从未被精确定位过。参阅 Agostino Borromeo, Art. Congregazione del Sant'Uffizio, in: DSI 1 (2001), S. 389-391, 此处在 S. 390: "Conosciamo poco e male l'azione svolta dalla Congregazione nel XIX e nel XX secolo." Ähnlich Adriano Prosperi, Art. INquisizione romana, in: DSI 2 (2001), S. 826: "La storia della Congregazione è storia della sua composizione, die suoi poteri e delle sue funzioni nel loro modificarsi attraverso i tempi e i luoghi, ma è anche, naturalmente, storia di come e dove e a carico di chi quei poteri e quele funzioni sono stiti esercitati. Se si tiene conto di questi aspetti... appare tanto più singolare la mancanza di ricerche storiche adeguate fino a tempi recenti."

[80] Norme per procedere nelle cause del S. Officio（inizio XIX secolo）；ACDF SO St. St. D 2 i，无后续，（folg 105v）。此处首先涉及的是宗教裁判所认为属于其审判权限的案例，例如异端、告解过程中诱惑对方、重婚或背叛。

[81] 其结果是熟悉和富有经验的审判官编写的操作手册。参阅 Andrea Errera, Art. Manuali per inquisitori, in: DSI 2（2011），S. 821；Angelo Turchini, Il modello ideale dell'inquisitore. La *Pratica* del cardinale Desiderio Scaglia, in: Del Col / Paolin（Hg.），Inquisizione, S. 187-198。

[82] 红衣主教秘书长负责机构的正式领导。参阅 Hinschius, Kirchenrecht Bd. I, S. 451. Ausführlich Schwedt, Kongregationen, S. 49-61，此处在 S. 54f："近二百年来，红衣主教中职位最高的领导者被称为'秘书长'，16 世纪时宗教裁判所最高职位被称为'unus ex Inquisitionibus Generalibus'。似乎这一官阶等级在 17 世纪初期就被确定下来，并不受之后的红衣主教登记制度改革影响。直至 18 世纪这一职位名称被正式列入罗马教会职位名录。"

[83] 红衣主教大会参阅 Art. Congregazioni Cardinalizie attuali, in: Moroni, Dzionario 14（1842），S. 233f；Agositino Borromeo, Art. Congregazione del Sant'Uffizio, in: DSI 1（2011），S. 389-391；Pratica della Curia Romana, che comprende la giurisdizione die tribunali di Roma, Bd. 2, Rom 18115, S. 94；Wolf, einleitung, S. 36f。教宗年鉴参阅 Annuario Pontificio 1860, S. 267-269 und Notizie per l'anno 1861, S. 279-281。

[84] 参阅 Blouin, Archives, S. 7；Wolf, Einleitung, S. 41。

[85] 参阅 Wolf, Einleitung, S. 36。顾问大会参阅 Luigi De Sanctis, Roma papale, Florenz 1865, S. 274："Ecco come si tengono le congregazioni del Sant'Uffizio. Là presieduri dal P. Commissario, e seduti intorno alla tavola ellittica, discutono sulle cause, e dànno i loro voti. Il voto de' consultori è soltanto consultivo."参阅 Art. Congregazioni Cardinalizie attuali, in: Moroni, Dzionario 14（1842），S. 233："La prima（Congregazione）si tiene nel lunedì mattina nel palazzo del tribunale, coll'intervento de'consultori, di monsignor assessore, del p. commissario, del primo compagno di questo, del fiscale ecc., all'effetto di leggere i processi, e le lettere degl'inquisitori

de partibus; prendonsi le opportune provvidenze, e si preparano le materie per la congregazione de'Cardinali." 1860-1861。顾问大会参阅 Annuario Pontificio 1860, S. 267-269 und Notizie per l'anno 1861, S. 279-281。

[86] 陪审推事一职诞生于1553年，依托于委员会。直到后来才具有自身特殊作用，首先是担当红衣主教大会和裁判法庭之间的联结环节，负责向大会报告事件缘由、记录公证人不参加的全体大会决议并向公证人传达、在全体大会做说明、在红衣主教和教宗做出决议之前提交总结报告等。参阅 Art. Congregazioni Cardinalizie attuali, in: Moroni, Dizionario 14 (1842), S. 233; Agostino Borromeo, Art. Congregazione del Sant'Uffizio, in: DSI i (2011), S. 389-391, 此处 S. 390; Andrea Del Col, Art. Assessore, in: DSI i (2011), S. 107; Hinschius, Kirchenrecht Bd. 1, S. 451。

[87] 陪审推事觐见教宗的日期被安排在礼拜四，亦称为瞻礼五；Art. Congregazioni Cardinalizie attuali, in: Moroni, Dizionario 14 (1842), S. 233f. 也可参阅 Bangen, Curie, S: 122 "只有最重要的那些案件的详情才能得以出现在瞻礼五被讨论，其他案件的决议都由红衣主教大会做出并由陪审推事最终征得教宗同意即可"。Hinschius, Kirchenrecht Bd. 1, S. 448 Anm. 5：那些"教宗不在场情况下做出的决议将仅征得他同意即可，其他不重要的案件可以由大会直接按照惯例独立裁决"。

[88] 参阅 Carl Josepf Anton Mittermaier, Das deutsche Strafverfahren in der Fortbildung durch Gerichts-Gebrauch und Partikular-Gesetzbücher, Heidelberg 1827, S. 322f。

[89] 如今的罗马教廷。Ihre Behörden und ihr Geschüftsgang, in: Zeitschrift für das Recht und die Politik der Kirche, Bd. 2, Tauchnitz 1847, S. 195-250, 此在 S. 216.

[90] Hinschius, Kirchenrecht Bd. 1, S. 451.

[91] 专员始终由多名我会员担任，且具有修会骑士职能，是地区法庭和审判流程的全权负责人。他提出起诉，在顾问协助下组织审判工作并负责召集。参阅 Art. Congregazioni Cardinalizie attuali, in: Moroni, Dizionario 14 (1842), S. 233; Luigi De Sanctis, Roma papale, Florenz 1865;

Andrea Del Col, Art. Assessore, in: DSI i (2011), S. 351f; Hinschius, Kirchenrecht Bd. 1, S. 451; Pianciani, Rome Bd. 2, S. 38。也可参阅 P. Commissario e impiegati del S. O.; ACDF SO St. St. Q 2 d (1), Nr. 4，无后续。

[92] 也被称为第一和第二陪审员。Hinschius, Kirchenrecht Bd. 1, S. 451 Anm. I，宗教裁判所还设有两名由多名我会员担任的调查法院的陪审员。相关职务的大致分工参阅 "P. Commissario e impiegati del S. O."; ACDF SO St. St. Q 2 d (1), Nr. 4，无后续："Fare Processi, ricevere denunzie, e fare esami, ed i Ristretti di Roma, overo quando gli atti siano denunzie, siano esami superiori al numero di tre. Materie da disbrigarsi da tutti i sostituti in generale, ed in parrticolare dipendentemente dal Cappo Notaro. In generale. Ricevere tutti gli atti che occorrono; fare ristretti delle denunzie, stendere i Ristretti facendo le incombenze prescrittesi, fare i Biglietti per le distribuzioni, e pieghi, e riassumere se vi siano altri privileggi contro le Persone di cui devono fare il Ristretto; e quello che recebe le denunzie deve farne anche il Fistretto." 参阅 Art. Congregazioni Cardinalizie attuali, in: Moroni, Dizionario 14 (1842), S. 235。

[93] 参阅 Andrea Del Col, Art. Notaio, in: DSI 2 (2011), S. 1118。

[94] 关于检察长角色的研究，亦即关于今日检察官的研究仍处于初级阶段。参阅 Beretta, Galilée, S. 56 f; Lucia Piccino, Art. Fiscale, in: DSI 2 (2011), S. 607。

[95] 参阅 Vincenzo Lavenia, Art. Processo, in DSI 3 (2011), S. 1257-1263，此处在 S. 1262。

[96] Wolf (Hg.), Prosopographie, S. 1247.

[97] Wolf (Hg.), Prosopographie, S. 12236.

[98] Riflessione e chiarimenti sull'elezione del Card (inal) e Segretario del S. Offizio; ACDF SO St. St. Q 2 d (1).

[99] 参阅 Blouin, Archives, S. 3-11; L'Apertura (不同的关键性文章); Schwedt, Archiv, S. 267-280。使用顺序：Congregazione per la Dottrina della Fede, Archivio. Regolamento per gli Studiosi, Vatikanstadt 2003。

[100] 参阅 Malena, Inquisizione, S. 289-306，此处 S. 291f. mit Anm. 8-17；Ponziani, Fonti, S. 59-66；Ders. Misticismo, S. 323-349。

[101] Stanza Storica，参阅 Blouin, Archives, S. 10 f.；近期梵蒂冈档案馆开放了一个有关财产目录的数据库。

[102] 大字报的公布形式后来逐渐消失，取而代之的是罗马 Editio Stereotypa 出版社 1865 年出版的《宗座公报》，以及 1909 年罗马梵蒂冈 Typis Poliglottis 出版社出版的调整版的《宗座公报》，其上会公布教廷正式法令和重要决议。

[103] 控诉书应满足的前提条件参阅 ACDF SO St. St. Q 2 m（trasferito a q dc）3a，无后续；Battistella, S. Officio, S. 57f.；Elena Brambilla, Art. Denunzia, in: DSI I（2011），S. 467-469；Masini, Arsenale, S. 13 f.。

[104] ACDF SO St. St. Q 2 m；Masini, Arsenale, S. 25.

[105] Denunzia della Principessa Hohenzollern, 23. August 1859；ACDF SO St. St. b 6 a, fol. 2rv："Sponte personaliter comparuit coram Rmo P. M.o Vincentio Leone Sallua Ord. Praed：Socio Rmi P. Commi. S. Off：sisitente in Domo Illmi a Rmi DD. Archichiespicopi Edesseni, sdenusina in Ssmi D.i Nostri Pii Pape Ⅸ. IN neique Illma Princeps Femina Catharina Filia quindam Principis Cordi Alberti Hohenlohe Vilua Principis Hohenzollern, nunc Soror Aloysia Maria a S. Joseph dopos Roma, aetatis suae annorum 42，qui potiit audiai，eique data facultate，et jurata de veritate dicenda tactis SS. Dei Evangeliis exposuit ut infra. Per obbligo di coscienza impostomi dall'attuale mio Confessore mi presento a questo S. Tribunale per deporre quanto appresso. Previa la facoltà de Sommo Pontefice sono uscita per motivo di salute del monasteo di S. Ambrogio di Roma dove averi vestito lÁbito delle Riformate del Terzo Ordine del P. S. Francesco il fiorno 29 Settembre 1858. Dopo uscita dal suddeto Monastero mi sono portata in Tivoli per respirare aria migliore prendendo stanzy presso le Sorelle della Carità. Quivi ho preso a mio Padre Spirituale，e Confessore il Monaco Cassines D. Mauro Wolter per essere più intesa facilmente nella mia língua naturale tedesca."

[106] 同上，"Suro Luisa Maria di S. Giuseppe（Catharina Pincipessa de Hohen-

zollern)."

[107] Esame di Msgr. Hohenlohe, 18. April 1860; ACDF SO St. St. B 6 m, fol. 1.

[108] Esame di Sr. Agnese Eletta, 18. Oktober 1859; ACDF SO St. St. B 6 m, fol. 55.

[109] Esame di Msrt. Hohenlohe, 18. Oktober 1860; ACDF SO St. St. B 6 m, fol. 1.

[110] 关于取证程序和控诉程序或辩护程序的区别并未在学术界达成一致。有些学者支持两个阶段的划分：取证程序和控诉辩论程序。参阅 Battistella, S. Officio, S. 57。其他学者的观点参见 Vincenzo Lavenia, Art. Processo, in: DSI 3 (2011), S. 1257-1263, 此处在 S. 1262, 认为第一个阶段包括取证和上诉两个元素，第二阶段包括当庭做证部分，亦即辩护程序。宗教裁判所的人员则分为取证程序和控诉程序，后者主要以审讯结果为基础开展。参阅 ACDF SO St. St. Q 2 d, Nr. 10, zitiert in: Garuti, Inquisizione, S. 381-417, 此处在 S. 403 Anm. 112。

[111] 亦被称为 Sommista，其作用和功能并不完全清楚。一种解释参阅 Charles-Louis Richard / Jean Joseph Giraud, Biblioteca sacra ovvero Dizionario universale delle scienze ecclesiastiche...per la prima volta...tradotta ed ampliata da uma società di ecclesiastici, 29 Bde., 此处在 Bd. 18, Mailand 1837, S. 170: "Sommista, così chiamasi nella cancelleria romana l'ufficiale il quale ha l'incarico di fare le minute, e di far apporre ad esse il suggello. LL sommista ammette nelle bole delle clausole che non è Permesso agli abbreviatori di riccevere, giusta le regole della cancelleria." 参阅 Andrea Del Col, Art. Assessore, in: DSI 1 (2011), S. 107, 其中解释了 1621 年时对于陪审推事的要求, "a procurarsi un uomo fidato che potesse preparare i sommari (sommista), in modo da concludere le cause più celermente"。

[112] 参阅 Carmignani, Elementi, S. 239: "Nel processo inquisitorio, siccome il giudice esamina i testimonj insciente il reo...e siccome la publicazione degli atti si fa per via della loro comunicazione ai difensori del reo...; la difesa nel *fatto* si pratica per via del *processo defensivo*, e la difesa nel diritto per via di

allegazioni scritte. Il *processo defensivo* o sottomette ad articoli interrogatorj i testimonj già prodotti dal querelante, il che si denomina *processor rispettivo*; o produce nuovi testimonj per via di *capitoli*, detti perciò a *repulsa*." 参阅 Giuseppe Giuliani, Istituzioni di diritto criminale, Bd, 1, Macerata ³1856, S. 635: "Il complesso degli esami fatti ai testimonj fiscal sugli articoli proposti dal reo chiamavasi processo repetitivo: il complesso poi dei nuovi atti a difesa appellavasi processo defensivo."

第三章

"我是我改革派姐妹们中的小狮子"
取证程序和女创始人的敬礼者

德拉·玛西玛·圣安布罗焦修道院

"从马太广场出来沿着通往佩歇里阿的路走,会看见带有外院的新修道院的大门直通往新教堂。左手处是修道院大门。穿过这道大门后在右手侧有一个庭院直通罗塔宫。"——一份1710年的探视报告就是以这样对圣安布罗焦修道院建筑的描述开始的。[1]

今天被用于苏比亚科[2]本笃会总会长办公室的圣安布罗焦修道院位于罗马老城的第十一区圣安杰洛,紧紧挨着当时的犹太人区、马尔塞鲁斯剧场以及马太广场,几十步以外就是著名的乌龟喷泉。[3]根据一个古老的传说,4世纪时,人们在此处发现了建立在赫拉克勒斯神庙废墟上的圣安布罗焦的祖宅。[4]米兰主教圣安布罗焦的名字就是这样来的。[5]1190年第一次出现"德拉·玛西玛"的补充。关于这名称具体的意思,学者们一直不能达成一致。马克西姆下水道、大廊柱还有马克西米安皇帝的一个女儿也叫玛西玛。[6]

这所小修道院自中世纪早期就不再以圣安布罗焦命名,而是按照圣母或第一位殉道者司提反的名字命名了。这里似乎一直都有敬虔的妇女居住，但是我们不是特别清楚她们须遵守的修会规则，一开始似乎必须遵守罗马当地的"律修会修女守则"。10世纪中叶这里交由本笃会修女掌管，直至19世纪初期。[7]1606年之后出现了教会和修道院的一种新形式，这里才重新用上了圣安布罗焦这个名字。与之相应的是修道院迎来了西班牙托雷斯家族的统治，也就是红衣主教卢多维科·德·托雷斯及其妹妹奥林匹亚，后者同时担任女修道院院长一职。至今圣安布罗焦修道院大门处的雕刻上仍能看到相关记录。当时开展的建筑施工一直到18世纪后期才告结束，这样一来，19世纪的时候人们几乎不需要在结构上做什么变动。[8]

1810年的时候，本笃会的影响突然告终。拿破仑于1809年占领了教宗国并于1810年5月7日强令解散了所有宗教修会。[9]圣安布罗焦修道院的修女们必须在十四天之内离开她们的修道院。1814年拿破仑下台以后，教宗庇护九世允许这些修女们重返并重建圣安布罗焦修道院，但是她们更希望搬到马尔兹广场的修女那里。之后教宗将该修道院交付一个修会——"圣欧费米娅音乐学院的修女们"，几年后她们也离开了修道院。[10]

圣方济各修女们的第三修会

这样圣方济各第三修会的修女们借助玛丽亚·阿涅塞·菲劳及其神父们改革后的规章基本控制了整个修道院。圣方济各会基本上分三种[11]：第一修会指的是群居在修道院的男性圣方济各修士，他们又分为守规派、住院派、嘉布遣派三个支派；第二修会则指的是圣方济各修女们的女修会，又为纪念圣克拉拉而被称为克拉拉会，她们严格隐修，与世俗世界相隔离；第三修会仅为"在俗教徒"而设，这些人有意识地不在修道院居住，而是居住在俗世间，试图将圣方济各的理念和对基督的效法实行在自己的家庭和工作当中。[12]

但是随着时间流逝，第三修会的原则渐渐成为方济各女修道院的行事准则。特别是16世纪的天特会议和19世纪之后，第三修会中的女修会的地位变得更加重要。这些修女们尽管生活在修道院中，但是不受修道院禁地限制，可以参与外界的医护工作和教育女童工作。

此外还有一批沉默修女，也称为登记或改良的第三修会方济各修女。她们以严格遵守修道院闭关规定、严格施行斋戒并参加咏唱诗祷著称。她们的生活方式更加靠近第二修会，尽管她们并不是严格意义上的克拉拉会成员。[13]圣安布罗焦修道院中的修女们就属于这一类。[14]她们不能够离开房间、十字形回廊、食堂、修女会堂和圣坛的区域，所以民众常常称她们为"活死人"或"墙中人"。圣安布罗焦修道院里面没有集体宿舍，每个修女都分配有自己的房间，初学修女的房间在一所独立的建筑物里。修道院禁止任何外人进入，告解神父和其他灵魂导师也不能进入。这一严格的规定只允许出现几种例外情况，如修女面临重病死亡的危险，在征得女院长同意之后可以请一位医生来看病，并请一位神父来主持临终圣事。如果有严重的维修工作需要完成，手工匠也可以获准进入修道院。

修女和外界的沟通主要是通过一道对话栅栏实现的。圣安布罗焦修道院里的会客厅是由一个外界可以进入的接待室和一个修道院内部可以进入的内部接待室联合在一起的，中间只隔着一道上了锁的栅栏门。修女们也将这里作为向忏悔神父进行忏悔的地方。

圣安布罗焦修道院的教堂有双重作用：一方面是修女们敬拜上帝的地点；另一方面也是"大众教堂"，就是说市里面的人们可以前来聚会。修女们主要以唱诗班的形式参加敬拜，而且会被一个厅堂与大众分隔开来。圣餐也是通过一道栅栏门递给她们的。

圣安布罗焦修道院的日常生活和其他静默修女修道院一样，以一天内规定的时间进行祷告为划分，修女们会在颂咏中共同赞美上帝。[15] 基本上，诗篇会以拉丁文来诵读。一共有七个祷告时间。在圣安布罗焦修道院，人们早上 4 点开始晨祷，6 点也就是日出时开始颂咏。全天的工作当中有三个停顿：大概 9 点的第三小时、中午的第六小时和下午 3 点的第九小时，也就是耶稣受难时间。晚祷大概在晚上 6 点，熄灯前以聚集起来晚祷的形式结束一天。

早上的颂赞结束之后，在早餐后、午餐后和晚餐以后修女们会严肃地诵读一段弥撒经文。她们会一起在修道院食堂进餐。午餐后有一个小时的休息时间。修女们可以在十字形回廊或花园中散步。周三和耶稣受难日的周五是斋戒时间。用餐时一般不许说话。阅读时间，她们往往会诵读一段圣徒传说的故事。每次祷告至少半小时到四十五分钟，几次祷告中间修女们会从事不同的工作，在圣安布罗焦修道院主要是园艺工作和编织袍服以及其他礼拜仪式所需的服装工作。这些服装售卖所得会用于修道院的运营。修女们会在修女会堂诵读章程或规定、共同探讨问题以及选举修道院职务继承人。

全体人员在各个方面都由女院长进行领导，但她会让其副手负责经济和组织问题，同时兼任财政主管，负责掌管所有地下室和其他房间的钥匙。这两位都是当之无愧"值得尊敬的"修女。对新生力量的教育由初学修女主管负责。修道院还配有一个值班护士负责药房，一个护士和一位女主厨。此外还有女看门人和教堂女司事。

圣安布罗焦修道院的精神领袖和首席告解神父主要负责修女们的属灵生命。这一职位一直由耶稣会修士的成员占据，并配有同样是耶稣会修士的一位神父作为其副手。整个修道院的最高监督权则属于主教保护人，这一职位总是由罗马教区的红衣主教来担任。主教保护人必须遵守严格的规章制度、调节矛盾问题，同时保护修道院免受外界攻击。由于修女们不能外出，她们在遇到法律问题时只能委托一位律师处理相关事务，在圣安布罗焦修道院这位律师也是由一位耶稣会修士来担任的。

凡想要加入圣安布罗焦修道院的人，必须先以志愿者身份入住修道院一段时间。在她的决定逐渐成熟以后，修道院上层领导（女院长、院长助理、神父和初学修女主管）也达成一致意见以后，就可以举行授衣仪式。之后她要先做一年之久的初学修女。在这段时间内，她可以最终确定自己成为修女的呼召并逐渐了解修道院的理念和规定。每个修女进入修道院时都会拥有一个新的名字。因为进入修道院意味着以一个新的身份开始一个新的人生。这一系列紧张的考察之后，就是宣誓入修道院，修女会隆重地发三愿，也就是绝财、绝色和绝意。这意味着修女直至死亡都要持守贫穷、贞洁和顺服。一般修女不会被允许离开修道院，如果离开则要付出极大代价，还需要教宗特别的恩典批准。

加入修道院的要求是与五百枚斯库多等值的嫁妆。[16] 这些嫁妆为修道院的运转提供了经济基础。19世纪确实有一些出身于社会底层的修女因为无法提供足够的嫁妆而无法进入修道院。如果考虑到当时罗马一个农民一年也只能挣到七十斯库多的话，这笔费用着实可观。许多修女依靠贵族的赞助人或有名望的市民家庭得到资助。整件事情听起来似乎挺矛盾：以清贫著称的圣方济各的追随者，为了能够加入修道院来实践这种清贫生活，却必须首先向其修道院缴纳一笔不菲的费用。

阿涅塞·菲劳被视为圣人

说起圣安布罗焦修道院的全部，需要追溯创始人玛丽亚·阿涅

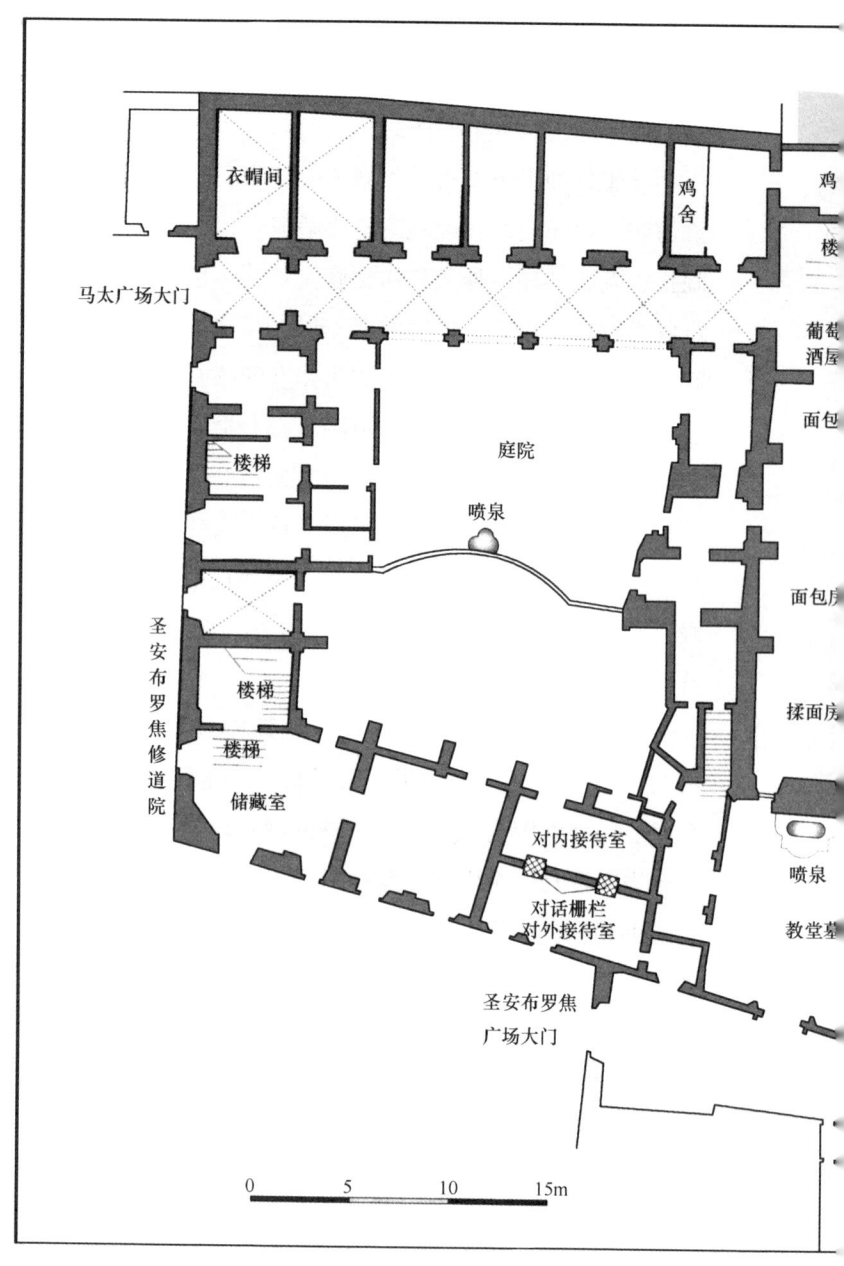

圣安布罗焦修道院一层俯瞰图,包括教堂、接待室以及旋转门。修女们就住在一层

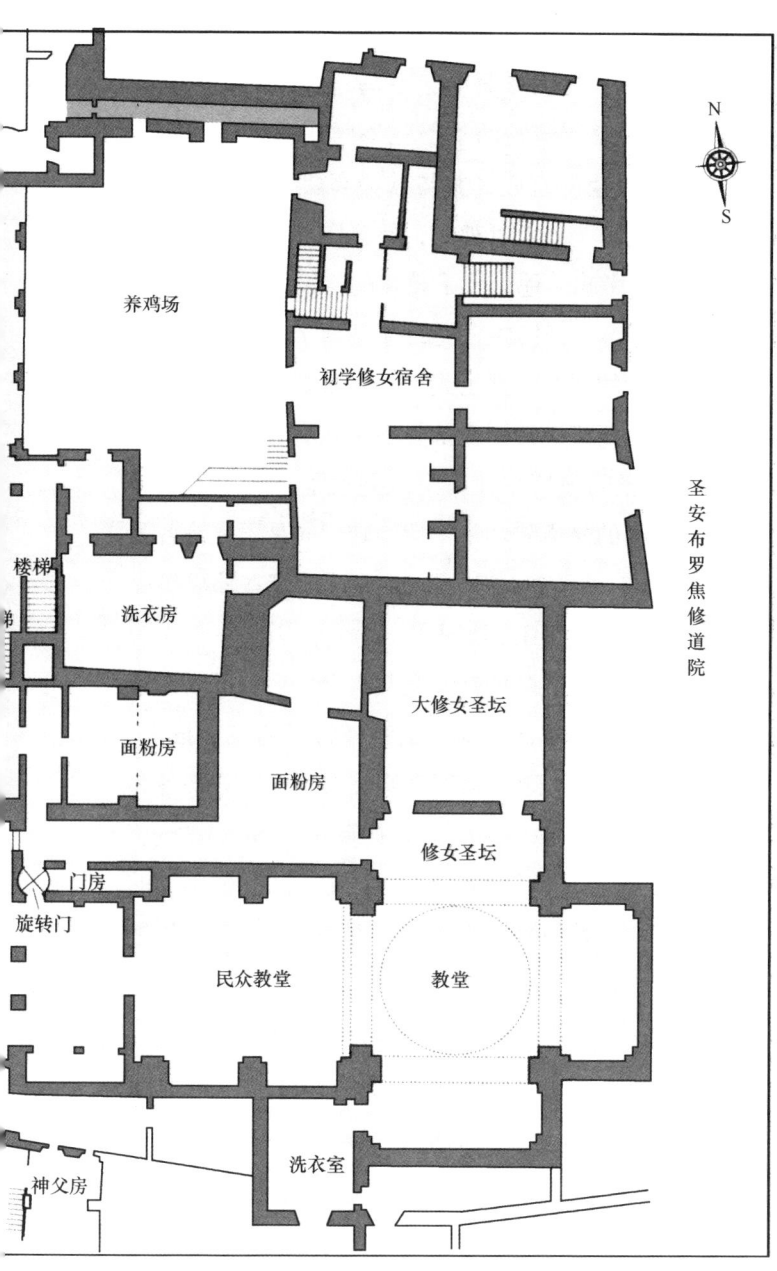

塞·菲劳的改革，她被修女们亲切地称为"创始母亲"。

露西娅·菲劳，1774年10月6日生于罗马。[17]她的父亲朱塞佩·菲劳出身于一个犹太家族，她的爷爷三岁时接受了洗礼。菲劳家族属于罗马非常有名望的家族，并与教会高层人士有许多接触。她父亲的一位兄弟纳塔莱当上了神父，并对后来的红衣主教卡洛·奥代斯卡尔基有极大影响。他得到了教宗的特别关照，但是家族成员总是阻碍他加入耶稣会，1838年他终于达成了这一愿望。[18]露西娅的父母已经为他们的女儿选择了人生的一条光明大道。她应该十六岁时结婚，但是露西娅进行了反抗并于十九岁那年以初学修女的身份加入了罗马的圣阿波罗尼亚修道院并发了三愿。[19]这是一所注册并严守禁地规则的修道院。一年后她转到同是圣方济各第三修会的圣基娅拉修道院。[20]1796年1月24日露西娅在那里接受了授衣仪式并得到了修会名玛丽亚·阿涅塞。[21]

这位不到二十岁即进入修道院的修女在其入会之后就不断带给大家神迹事件。1796年4月30日的罗马报纸《每日通讯》报道，病重垂死、已被医师放弃的玛丽亚·阿涅塞修女看到了圣方济各和圣克拉拉的显现。他们拒绝了她"回到天上其新郎（耶稣）身边"的死亡愿望，因为她在世上还有神的重任要完成。[22]这位年轻的修女出乎意料地康复了。很快罗马就流传：圣方济各和圣克拉拉把他们宝贵的使女从死亡中拯救了出来。

为了见到新的"圣徒"，众多信徒来到圣基娅拉修道院朝圣。1796年宗教法庭开始调查这是否真的是神迹医治事件。[23]《每日通讯》报道并引用调查案卷"为了上帝更高的荣耀"而开始"这一切调查"，是为了证明"我们通过感知上帝神奇的护理，可以明白他对他的受造物有多么深的爱"。[24]玛丽亚·阿涅塞这位年轻的修女成为展示上帝恩典的绝佳榜样，该神迹也得到了代理主教的认可。

教会和公众对于这一神迹医治事件的认可，使得玛丽亚·阿涅塞的灵魂导师多梅尼科·萨尔瓦多里[25]在之后的时间里持续不断地带来相关神迹奇事的报告。他讲述到燃烧的耶稣身上有五处圣痕，玛丽亚·阿涅塞修女在其双手、双脚和胸前也得到了这五处圣痕。多梅尼科在其画作上将玛丽亚·阿涅塞展示为一位极端苦行僧和理想的基督追随者，其生活充满最严酷的忏悔苦修："她将自己的舌头压在大石头下长达五六分钟"以操练她的口不说出亵渎神的话；她还日夜驱赶那些阻挠她与基督会面的魔鬼；她时常佩戴一个"带有五十四根钉子的铁质面具"。神父向明显对这种神迹着迷的罗马公众报告说，这位苦行修女获得了无数的惊喜和异象。她甚至窥见了天上与耶稣联合的喜宴奥秘。上帝赐给她的超自然信息中包括"要拿去罗马这座天主教之城"，如果这城市不悔改的话。还有关于"整个教士混乱状态，特别是高阶教士甚至教宗本身"[26]的严厉属灵批判。

萨尔瓦多里神父在没有过多解释的情况下，按照自己的解读将18世纪、19世纪交替之际的玛丽亚·阿涅塞和14世纪下半叶的圣加大利纳仙娜并列起来。玛丽亚·阿涅塞必须忍受拿破仑1798年

玛丽亚·阿涅塞·菲劳以一种典型的
圣徒姿势怀抱十字架

第一次攻击教宗国并威胁其统治,生于1347年的圣加大利纳仙娜也经历了类似需要完全仰仗法国的时期——所谓的被掳巴比伦事件,教宗自1309年离开罗马前往亚维农寻求法王庇护。加大利纳仙娜深度参与了教廷政治并于1377年劝服格列高利十一世把教廷由法国亚维农迁回意大利罗马。同样地,玛丽亚·阿涅塞的声望高过了在她看来太软弱的庇护七世和之后的庇护八世。后者在1801年与法国签署了丧权辱国的协议后甚至还被迫于1804年膏立拿破仑为王。两位修女都属于苦修修会,两位都得到了圣痕,两位都通过与基督的属灵婚礼达到了与基督联合的最高境界。其神秘经历和与上帝的直接相遇为她们赢得了作为妇女参与教廷政治的合法性。加大利纳仙娜一直因其神秘经历和政治热情而被怀疑为异端和虚假宣圣者。她花了很长时间才被教会承认为神秘主义教徒。玛丽亚·阿涅塞是否也具有相同的命运呢?

起初一切看起来都非常顺利。罗马高层站在了年轻的异象者一边。圣基娅拉修道院的主教保护人、极具影响力的红衣主教朱塞佩·阿尔巴尼[27]激动地认为玛丽亚·阿涅塞应和其新的告解神父朱塞佩·洛雷托·马尔科尼[28]一起改革整个修道院。马尔科尼承诺会联系一群自1773年修会成立就具有世界影响力的耶稣会修士加以支持。特别是之后被封圣的朱塞佩·皮尼亚泰利[29]神父似乎特别信服菲劳的异象并承诺支持其进行革新。但很快圣基娅拉修道院的改革就遇到强化纪律和禁地制度的问题。改革制度遭到老资格修女们的大力反对。因此教宗庇护七世允许玛丽亚·阿涅塞和其他两位修女离开这里重新建立一间修道院,他还特意为此在1804年指派给她们格拉兹奥路上靠近圣母大殿[30]格拉兹的一所房子。1806年1月26日教宗批准了这位圣方济各第三修会修女的改革条规,同年4月10日,教宗批准了这所修道院的建成典礼[31],玛丽亚·阿涅塞成为第一任女院长。

在建成自己的修会之后,马尔科尼还是不断宣传玛丽亚·阿涅塞的众多异象和神迹。特别是模仿耶稣[32]五饼二鱼、使食物增多的神迹,为菲劳赢得了相当的声誉。之后,宗教法庭出现了针对她的控告。而玛丽亚·阿涅塞再一次承受了和圣加大利纳仙娜相同的命运,不仅如此,她还和其他妇女苦修者修会创始人或改革者一样被罗马宗教裁判所进行审判:就如同乌苏拉会的创始人圣安吉拉·莫瑞西[33]和创立英国小姐会的圣玛丽·沃德[34]。这些敬虔而热情的女士们往往会被冠以异端倾向的罪名,她们的纯正信仰必须经过长期的斗争、屈辱、控诉、审判和监禁才能得到承认。对于菲劳的不信任符合罗马宗教裁判所一贯对于女性的判断:夏娃的女儿们必须屈服于教士阶层之下,原因就如同每位读《圣经》的人都明了的一样,是女性始祖在伊甸园里导致一切走向灾难的,也是她给魔鬼打开了大门。

阿涅塞·菲劳被指控为伪圣徒

玛丽亚·阿涅塞·菲劳是在何时因为什么原因第一次被罗马宗教裁判所传唤的,我们已经无从得知。她的支持者们试图将事情由大化小。我们只知道1809年有一起指控在正式开始前就被叫停了,因为当时宗教法庭的委员安杰洛·米兰达[35]被迫流亡国外去了。此外,还有一项针对菲劳的指控,从1814年开始,直至1816年才宣判审决。[36]她的对手则视其一生都为异端。

这一看法也影响到了1859年末和1860年初的审讯官温琴佐·莱昂·萨鲁埃。他在真正开始提审圣安布罗焦修道院敬礼菲劳的证人之前,必须对所有旧案件有所了解。

这一大胆行为遇到不少困难，因为教宗国恰巧在 1798 年至 1814 年不断被法国军队占领，所谓的拿破仑时期充满了混乱，以至于裁判所不得不停止他们的工作。[37] 在萨鲁埃为主教大会所总结的对于旧案件的历史注解里，他发展出了一套与菲劳支持者完全不同的年代算法。[38] 他认为既然 1806 年 1 月宗教法庭开展了对菲劳的全新审判，那么很明显，1796 年的神迹审判就肯定不是她所面临的第一项指控。

无论如何，萨鲁埃报告了 1806 年针对菲劳的一起审判。之后曾大肆宣传过她的灵魂导师马尔科尼不能够再担当告解神父，阿涅塞·菲劳失去了女院长的职位。此外人们还废除了其主动或被动的选举权。法令还特别禁止神父和修女之间通信，否则会处以开除教籍的处罚。由于当时政局混乱，这一法令并没有得到落实。萨鲁埃对这一点非常确定。

这一解释并不能够令人信服。因为这段时间判处马尔科尼和菲劳的恰好就是批准他们设立修道院的庇护七世。萨鲁埃给人留下一种印象，似乎这位调查法官有意无意地在维护裁判所：宗教法庭自始至终都认识到了菲劳的虚假宣圣的欺骗行为。

他断言 1808 年 2 月 4 日的另外一起审讯也没有得到证实。[39] 萨鲁埃坚持当时人们找到了针对菲劳的"无可辩驳的"证据来证明她的虚假宣圣行为和与彼得·马尔凯蒂的"淫乱行为"。[40] 此外还有她和她的修女们遵行的"寂静派的反常原则"。当然，菲劳还促使人们写了大量的文章，用以宣传自己的圣徒地位。菲劳的灵魂导师和告解神父常常写一些牵涉广泛的理想化文章，特别是马尔科尼的七卷著作《圣徒传》，他在其中引用了一位还在世的圣徒的言语。[41]

宗教法庭的指控集中于两个方向。首先是关于神学上的奸淫罪，当然这种罪行的起因普遍被认为是女性主动，而非教士主动，这在当时是典型的观点。其次是异端的罪名，特别是寂静派。[42] 裁判所给菲劳的行为贴上了几个标签，然后再按照现象去一一对应。令人非常怀疑的是，19世纪初期到底存不存在寂静派，菲劳当时有没有听说过这个名词。

在寂静派这一神学方向和敬虔实践的背后，隐藏着恩典神学的模型。寂静派认为，只有在人否定自己、放弃一切自己的主动性、坚持"绝对无为和完全被动"的时候，才可能找到上帝。[43] 人必须从一切俗世事物当中分离出来，他对自己的救恩必须无所贡献，而是将一切交给上帝来做。对裁判所来说寂静派是一种隐性的新教信仰。

这一审讯和裁决再次未得到落实，因为拿破仑1808年2月再次占领了罗马。庇护七世被监管起来并于来年夏天流亡法国。格拉兹奥路上的修女们也遭受了混乱中的流亡和驱逐。直到教宗1814年返回罗马以后，她们才得以在蒙蒂区的圣阿加塔小镇上落脚。[44] 裁判所也开始了自己的工作，现在菲劳就是他们首先要处理的对象。

天主教当局现在使用萨鲁埃整理的关于菲劳事件的历史资料作为自己审判的根据。女院长玛丽亚·阿涅塞于1814年被捕并被拘禁在罗马不同的修道院里。除了超自然现象和吹嘘自己为圣徒之外，她还被指控犯有"以魔鬼的淫荡和感官"进行性行为的罪名。关于这一点需要说明的是，菲劳最终确实是怀孕了。圣灵医院[45]的外科医生在她忍受了极大痛苦的情况下取出了两个胎儿。马尔科尼在其著作中声称菲劳的贞洁丝毫未受影响，因为她仅仅是邪恶力量的受害者。萨鲁埃则认为这怀孕是与彼得·马尔凯蒂神父从1810年初持续到1812年12月关系的最佳证明。两人常常在接见室相会。"为了挑起他的性欲，她假装出心醉神迷的样子，以不正派的方式扑到他身上，还灌他酒喝。"

宗教裁判所 1816 年的裁决

明显站到菲劳对立面的宗教裁判所于 1816 年 2 月 15 日在罗马的圣彼得大教堂、万国庙旁边的神庙遗址圣母堂、鲜花广场以及"其他的惯例地点"张贴出了大字报。[46] 裁判所委员多名我会修士安杰洛·马里亚·米兰达大张旗鼓地通报了有关菲劳"虚假宣圣"的裁决[47]：

> 罗马修女玛丽亚·阿涅塞·菲劳，四十二岁，曾是罗马圣基娅拉修道院的修女，后来成为圣方济各第三会所谓改革修道院的创始人，通过长期秘密的努力，将自己塑造为一个圣徒；她宣称自己拥有基督的圣痕和异象、启示、魂游境外、神迹显现及其他恩宠，并从神那里获得特别恩赐。但在宗教法庭着手调查这些事情并将菲劳关押到丽弗吉奥圣母堂[48]的监禁室后，法庭调查发现这些所谓的圣痕、异象、启示、出神、显现和其他上述神迹以及上帝恩赐不过是欺骗、吹嘘、伪造和虚假事物的伪装。

根据这一调查，裁判所判处菲劳"在一所最严格的修道院终生监禁，且这所修道院要由红衣主教来决定。她之后还因在穿麻衣时未蒙黑纱而被更加严格地要求与对话栅栏、门房、修道院接待室都保持距离。并且不得在没有上级允许的情况下写信与收信，无论对方是谁"。这些措施的目的是切断菲劳和女院长及众修女的联系。按照裁判所的判决，菲劳最轻微的犯规也会导致一年之久的监禁时间和三个月只许食用面包和清水的处罚。另外，她每周六都必须为赎

宗教裁判所于 1816 年 2 月 15 日以大字报的形式公开宣告了玛丽亚·阿涅塞·菲劳"虚假宣圣"的罪名

罪而进行念珠祷告[49]。经教宗和主教审判官考虑之后，通告上还写有："未来不得有任何人厚颜无耻地宣称修女玛丽亚·阿涅塞·菲劳是圣徒。"

2月8日，宗教法庭的红衣主教和教宗庇护七世将这份决议与顾问们进行了讨论。这些顾问已经于1月22日研究过了该案件，他们认为这些超自然现象和上帝的恩宠都归咎于她的寂静派观点，因而顺理成章地给菲劳贴上了异端的标签。[50]

关于寂静派，要追溯到西班牙神秘主义者米格尔·德·莫利诺，他于1696年死于裁判所的监禁室里。[51] 他因自己的理念在罗马迅速成名。很多眼红者马上针对寂静派提出控诉，而且事态继续发展。他们针对莫利诺及其拥护者提出了挑衅的问题：如果个人的德行对于灵魂得救没有帮助的话，那么人可以放浪不羁地享受肉体欢乐，而不必向最终审判解释自己的行为。

以宗教裁判所的视角看来，寂静派不仅仅涉及神秘的敬虔形式，还暗指严重的性行为犯罪。[52] 红衣主教们和教宗庇护七世有意识地在裁决中避免了使用这一醒目的字眼，就是为了防止大众猜测修道院高墙后的性犯罪行为——这是改革宗经常批评修道制度的一个重点问题。[53]

红衣主教们在1816年2月8日的会议上决定立即关闭修道院。[54] 阿涅塞·菲劳本人被关押在康契吉欧尼[55]修道院。萨鲁埃认为借助其神父，"母亲"和她的"女儿们"一直"偷偷保持着联系"，并鼓动她们"继续坚持被判决的教条和原则"。她以书面形式下达指示并做出预言，她不久将与"女儿们"团聚。因此她再次被宗教法庭传唤。有如此多的证词和文件证实她的所有罪行，包括长年与马尔凯蒂的性关系。马尔凯蒂本人在审讯中甚至承认"他不仅仅与菲劳，还与玛丽亚·马达莱娜三人一起在一张床上同时进行过性行为"[56]。

萨鲁埃描述裁判所的压力是如何与日俱增的。他们"以书面形式废除了阿涅塞·菲劳的所有越轨行为"。这一宣告是和裁决书一起由法庭官员向"幻灭的女儿们"宣布的。但这对于她们继续尊崇菲劳为圣徒毫无影响。"母亲"和"女儿们"的联系继续保持着。裁判所最后决定将玛丽亚·阿涅塞驱逐到一个罗马之外的修道院，也就是古比奥的圣马尔齐亚莱，以便彻底切断两者之间的联系，但是这个举动又失败了。

为什么审判所在处理菲劳事件时没有按照惯例以内部撤销会籍的方式来结束案件呢？为什么他们决定向公众公布审判裁决呢？首先这是因为玛丽亚·阿涅塞自1796年的神迹事件之后在整个欧洲甚至罗马枢机团中都赢得了一定的名声，在罗马贵族妇女中更是享有极高声誉。[57]圣痕和喜乐使她成为一个受尊崇的圣徒。因此人们认为必须公开对她的谴责，以便杜绝以后的敬礼。

事实上1816年的裁决确实在欧洲范围内引起了关注。[58]3月份的时候人们都获知了这一消息。包括圣痕获得者安娜·卡塔琳娜·埃梅里克[59]曾居住的丢尔门地区也得知了这一审判的消息。埃梅里克生于1774年，自1798年开始她的头部就出现了荆棘冠冕的血痕，自1812年，她的双手、双脚和腹部也都出现了圣痕。这些圣痕起初是一直显现的，后来仅在周五和斋戒日显现。值得一提的是，在1816年的一个周五受难日之后，安娜·卡塔琳娜·埃梅里克流血的圣痕就消失了。[60]人们猜测这一事件可能与罗马宗教裁判所对于菲劳的审判有关，埃梅里克很可能也对此产生了恐惧。[61]《林堡省杂志》曾报道，宗教法庭对于菲劳的裁决表明"宗教法庭受到了世纪启蒙的影响"。尽管菲劳"受到了众多红衣主教和罗马贵族妇女的敬礼，宗教裁判所还是将其认定为一个应承受最严厉惩罚的吹嘘者"。还有一名外科医生和药剂师也涉嫌并被捕，因为他们"可能给菲劳制造了所谓的血痕并为其提供令人窒息的药物"。人们能够在菲劳的房间闻到这种药物的味道，而"她宣称这是被魔鬼诱惑了"[62]。

教宗利奥十二世的神奇认信

罗马发声了，而案件也告终了。罗马宗教裁判所以为菲劳这件事情告一段落了，但事实并非如此。她的支持者们虽然在1816年经历了痛苦的败北，但是他们并没有从内心接受这样的裁决。罗马贵族家庭成员——考斯塔古提女侯爵[63]和福斯蒂娜·里奇夫人[64]、高级教士甚至红衣主教们，当然还有亚历山德罗·马太[65]，都相信菲劳的神迹奇事。[66]其中对耶稣会修士高层具有重要影响力的还有萨丁尼亚国王卡洛·艾曼努尔[67]及其夫人法国公主玛丽·克洛蒂尔德[68]，他们两个都是玛丽亚·阿涅塞的坚定支持者。[69]特别值得一提的是，国王夫妇还与马尔科尼神父（于1811年过世）分享过圣痕事迹。[70]在欧洲强权的压迫下，教宗被迫解散耶稣会。经历了漫长的困难时期以后，1814年庇护七世重新恢复了耶稣会。这种变动带来的归属感在强大的战斗兵团中尤为明显——团体中的袍泽之谊胜过了对罗马教宗的顺服。

一开始支持者们的努力似乎没什么作用。直到红衣主教洛伦佐·利塔[71]于1818年9月23日担任罗马代理主教，情况才有改变。利塔坚信菲劳无罪，并于1819年4月3日说服庇护七世至少撤回关闭圣阿加塔修道院的命令。除了女院长以外，其他修女可以重返修道院。[72]玛丽亚·马达莱娜被选为女院长，玛丽亚·克罗奇斐撒[73]被选为初学修女总管。利塔于1820年5月1日去世。红衣主教安尼巴莱·德拉·真加[74]在6月5日成为他的继任者。1760年出生的安尼巴莱来自马尔凯和翁布里亚一个富裕的贵族家庭。他是泽兰提的拥护者，也是反对枢机团秘书长艾克尔·孔萨尔维的关键人物。他个人以严格恪守道德准则和敬虔而著名——他经常赤足参加游行。圣阿加塔修道院众修女的命运现在由他掌握。[75]事情看起来也没那么乐观：德拉·真加1822年调查修道院时，就坚定要求"驱逐"这些修女们。[76]他也因为"对于玛丽亚·阿涅塞的仇视而成了圣方济各修女们和其神父最可怕的敌人"[77]。安尼巴莱希望彻底贯彻宗教裁判所1816年的裁决。

女院长玛丽亚·马达莱娜曾带领代理主教德拉·真加进入会堂长时间驻留在安慰圣母像面前。这一显灵圣像展示了年轻的圣母和圣婴，圣婴右手拿着地球，左手按在施洗约翰的头上进行祝福。[78]这一圣像被认为能够显灵而受到敬礼。据说圣母会通过图像与众修女说话，圣像的边缘会被刮下来制作成有医治作用的粉末。[79]据说后

这一圣像挂在圣安布罗焦修道院的教堂里，并被包括教宗利奥十二世在内的许多信众认为能够显灵而尊崇

来的红衣主教尼古拉·克拉莱利·帕拉恰尼[80]在孩提时曾被这种药粉治愈过。

这一圣像深深感动了德拉·真加，仿佛神迹一般，他从这些修女们的对立面转变为她们决定性的支持者。[81]这是"一个圣母显现的奇迹，她从画像上直接对他说了话"。玛丽亚·马达莱娜之后也成为主教最信任的人之一。而且根据圣像的启示，她也预言了他来年当选教宗的事情。而选举教宗的秘密会议也确实在庇护七世过世后，于1823年9月28日将德拉·真加选为教宗，并命名其为利奥十二世。

利奥十二世私下经常前往修道院瞻仰那幅圣像并与女院长探讨教廷重要的问题。在一次拜访中他呼喊道："我是我改革派姐妹们中的小狮子。"[82]后来成为威斯敏斯特主教的尼古拉斯·帕特里齐·怀斯曼也记录了教宗对修女们的拜访，他认为这是体现"教宗关怀的出乎意料的证明"[83]。1826年8月19日，教宗利奥十二世亲自给圣阿加塔修道院中这幅显灵的圣母像进行了加冕。[84]

由于现在修道院太小而且非常不适合实行禁地制度，教宗于1828年10月将德拉·玛西玛·圣安布罗焦修道院交给众修女使用。这个修道院成为阿涅塞·菲劳改革的圣方济各第三会中的众修女最终的安身之所。朱塞佩·马尔科尼在世纪之交时为了支持其改革而搭建的耶稣会修士联系网，也得到教宗批准得以继续发挥作用。1828年底，按照教宗意愿，圣安布罗焦修道院的灵魂导师和告解的任务落在了两位耶稣会修士神父身上，这两个职务直到修道院解散都一直由耶稣会修士占据。[85]

1828年，利奥十二世亲自以使徒身份视察了修道院。[86]视察员记录当时修道院一共有十九位修女，庇护七世1806年批准的规章被严格地执行着。对于1828年的视察者来说，教宗1806年的行为是非常奇怪的。这一问题宗教裁判所从1816年一直讨论到1861

年也没有结论。[87]

这次访问为利奥十二世 1829 年 1 月 30 日发布的极具善意的教宗通谕打下了基础。他在通谕中再次大肆肯定了 1806 年的规定以及新修道院的移交。"我们考虑到要把这些修女转移到另外一个更宽敞适宜的地方。最终我们选择了弗拉米广场上的圣安布罗焦修道院。"此外教宗还将"修女们从所有的审查、裁决、革除教籍的处罚、禁止宗教活动的禁令以及其他教会处罚中解放了出来"[88]。

数天后,利奥十二世于 1829 年 2 月 10 日去世。他死后,耶稣会第二大实权派神父彼得·奇诺蒂[89]向修女们表达了最亲切的安慰。耶稣会著名的教条主义者乔瓦尼·佩罗内[90]带领她们进行祷告操练[91]。这以后,利奥十二世的侄子加布里埃莱·德拉·真加[92]一直在保护着修女们,他视女院长玛丽亚·马达莱娜为"非常宝贵的朋友"[93],并与之保持了非常亲密的关系。他还特别在 1833 年 9 月 15 日在圣安布罗焦修道院的圣母圣像下被膏立为大主教。[94]

利奥十二世以其教宗通谕在实质上废除了宗教裁判所 1816 年的裁决。至少是废除了裁决的法律效应。这样阿涅塞·菲劳的圣徒身份再一次变得模糊起来。

真伪圣徒

罗马宗教裁判所的主要目的是排除异端并保持天主教"圣教义"的纯正性。[95]被命名为"圣职部"的宗教裁判所的神圣职责在于发现一切形式的异端和制止一切偏离。在 1563 年天特会议之后的裁判所成立时期,宗教信仰冲突一度加剧,裁判所首先要对付的就是全体新教徒及其先驱者。整个 18 世纪以及法国大革命以来,裁判所要面对的主要是变为天主教内部的问题。宗教裁判所成为教会内部的纪律机构，承担了被罗马和教宗忽视的正统职能。《禁书目录》也印证了这一趋势：越来越多的担任罗马之外职分的天主教神学家被他们的反对者告到禁书审查院或宗教裁判所，并登上了"黑名单"。19世纪的新经院哲学其实本来只是四大学说中的一种，但后来逐渐成为天主教唯一正统的信条，其他神学理论都失去了正统地位。[96]

宗教裁判所对于这些知识分子偏离者的追捕主要依赖其"左右眼"[97]。这位宗教监督者会注意到所有带有强烈神迹和神秘主义色彩的现象：个人启示、上帝显现、上帝权能的异象和异声，特别还有天使和圣徒包括圣母的显现。不少天主教徒听到了"彼岸的声音"或收到"可怜灵魂的信息"。据说他们常常拥有超自然能力并能行神迹：他们能举手医治病人、使饼变多或叫停风雨。一些特别"有恩赐的"信徒还带有标记基督跟随者的圣痕。

这种信仰形式逐渐抽离了理性基础和控制力。"神秘教徒"特别是"神秘女教徒"起了重要作用，他们宣称自己与上帝和圣徒们有直接的接触，这样就会危害到教会的阶层统治。如果有人能够直接与天堂对话，那么他就不那么需要教会作为上帝恩赐的圣礼的机构和中间人了。这些"有恩赐的"信徒如果在世时期就被封圣或被一些单纯的信徒视为圣徒而敬礼的话，宗教裁判所出于保护教会阶层的理由也必须强硬行事。万一普通信徒能够自行决定自己的圣徒而完全不需要教宗的祝福，那么谁还需要去教堂呢？如果某个陌生的神秘教徒支持反对教廷所规定、尊崇并宣判为异端的法令，而"颠覆"对祭坛的尊重呢？

1588年礼仪部成立之后，承担了独立进行封圣程序的职能。"虚假宣圣"这一概念才第一次出现在圣职部的任务分类和标题上。[98]教宗现在要求一个新的垄断权：只能通过教宗的法令才能封圣，不能通过信徒的敬礼。

从1634年开始封圣，经历了一段漫长的实验过程，直到1741年教宗本笃十四世最终确定了封圣的形式，这一礼仪一直持续到1917年《天主教法典》的颁布。[99]之后又发展了一套新的封圣形式。传统圣徒的特征例如出神、预言和其他超自然事件等信徒喜欢的标志几乎完全被忽略了。罗马教廷对于圣痕事迹尤其持怀疑态度。[100]"在道德领域和社会领域的英雄美德"现在成为关键标准。[101]

16世纪末的封圣行为，显示出教宗们大多是按照各自教会的政治准则来进行的：如果某位教宗号召反对新教，那么被新教徒谋杀的殉道者就会被封圣；如果需要强调传道，那么从事福音事业的人会被封圣；如果教宗想和耶稣会走得更近，那么他就会让许多耶稣会修士成圣。[102]这样，从1519年到1758年共有五十二位新的圣徒，四十一位男性、十一位女性。其中只有两位平信徒，大多数都是修会成员、主教和大主教。当然其中还有一位教宗，就是1712年被封圣的庇护五世。[103]1625年宗教裁判所明文禁止在没有教宗批准的情况下将任何一位过世的人当作圣徒敬礼。[104]

毫不奇怪，这种垄断行为不断引起抗议的声音。信徒往往不明白为何他们的圣徒不再是圣徒。相较于日常生活的美德和道德楷模，人们更期待出现一些神迹奇事：一位圣徒可以飘浮在空中，可以行神迹并医治病人，他可以收到彼岸神秘的信息和启示，他可以看透未来进行预言，他可以数月禁食或只食用圣餐。耶稣的圣痕当然是一个圣徒的无伪标志，这些伤痕出现在他身上并强迫他再次亲身领受耶稣的受难之苦。关于圣痕确实出现了许多神秘事件，包括19世纪到20世纪的安娜·卡塔琳娜·埃梅里克事件、孔讷斯罗伊特的特蕾莎·诺伊曼事件以及皮奥神父事件。[105]正是这种无法用理智解释的超自然现象驱使信徒敬礼（仍在世的）圣徒并保持"神秘典范的持续性"。[106]

包括天主教教廷的许多高层人士，例如教宗庇护九世，也不是不为这些超自然现象所触动的。因此裁判所总是不能彻底地根除这些民间信仰，只能尽力引导，以满足教会的政治利益和神学需求。像迈斯特·埃克哈特或圣女大德兰修女那样以默想的形式来静观上帝，这种行为无形中就是一种反改革派功利色彩浓厚的"英雄式"圣徒的抗议。神秘主义者靠着与上帝的直接接触而在信仰上具有一种超凡的魅力，这对于天主教保守派来说就是一种无形的优势。

虚假宣圣这一概念的"发明"源于16世纪、17世纪整个天主教会面对反改革和新教信条化的背景时，形成统一制、集权制和等级制的过程。[107]从多样化的天主教中应当形成统一的罗马天主教信仰告白，以便处理与其他的认信教会的矛盾争议。天主教信仰必须设立明确的、仅由罗马教廷持守和严格监督的基础和规范。这样的目的就是为了严格遵行认信正确的信仰行为。[108]

一开始，假装或模仿圣徒仅仅涉及道德领域，这些被誉为圣徒的人可能会攫取社会、经济和教会的名誉及资本。这仅仅需要教会纪律的规范。随着时间发展，这一行为逐渐被最高信仰守护者——罗马宗教审判所——处以革除教籍的处罚，并被贴上莫利诺派或寂静派异端的标签。"虚假宣圣是一种源自17世纪的伪装和欺骗行为，是一种人性的诡诈，更是一种病态，最终是一种异端。"[109]

安德里亚·德尔·科尔应该算是意大利在1580—1876年一百四十位被判处虚假宣圣罪名案件中的著名案例。此外还有其他三十二起实质上属于虚假宣圣，表面上却被划分为虚假神秘主义的案件。这一时间段产生的"假"圣徒比罗马教廷分封的"真"圣徒多出一倍不止。[110]

这当中，女性虚假宣圣的案件获得了尤为特殊的影响力。裁判所倾向于认为她们更容易受到魔鬼的引诱。这些最高裁判员认为"更加做作的"女性假圣徒自身携带着来自魔鬼的性诱惑。我们不要忘了，女性只有通过神秘主义和超自然现象才能在男性教廷中出人头地。在拥有圣痕标记的人群当中，女性占了绝大多数：从321年到19世纪末所有著名的圣痕人物当中，女性有二百八十一名，而男性只有四十名。拥有完整五伤的七八十人当中，男性仅仅占据两名：圣五伤方济各和圣五伤比约神父。[111]

这些女性圣徒与她们的灵魂导师和教父有着极其特殊的关系。[112] 阿涅塞·菲劳和多梅尼科·萨尔瓦多里之间也不例外。因为神父们是这些女性神秘主义者与外界的连接桥梁，他们可以将出神、预言、神迹和圣痕当作欺骗和迷信打压下去，但他们也可以成为教女们神迹真实性的见证人。所以他们不能作为判定圣徒真伪的关键性人物。有时他们也会受到女性圣徒的影响并对此深信不疑。甚至在一男一女思想如此紧密相连的时候，还会出现身体碰触和性行为。有时是女圣徒引诱神职人员，有时是相反的情况。

为何19世纪没有出现特别著名的虚假宣圣案例呢？[113] 大概有三个原因：一是19世纪确实没有任何此类现象，第二种可能是如今的研究没有涉及那些案例。按照信仰理论部的档案，第三种可能就是确实存在这种现象，但是却不再以"虚假宣圣"的罪名对之加以审判，而是冠之以其他名目，例如忏悔室里面的引诱——"教唆罪"[114]。裁判所也常常将该罪名与莫利诺派及其性犯罪关联起来。这类罪名按照信理部档案属于圣礼相关的道德罪行，也就是所谓的客观上较严重的罪行，人们是无法获取这些资料的。[115] 在这种情况下，菲劳的案例无疑是沧海遗珠。

对菲劳持续敬礼的证据

人们对于菲劳的持续敬礼是庇护九世 1859 年下令进行的调查程序第一部分的主题；第二部分的主题是玛丽亚·路易莎的虚假宣圣；第三部分主题就是圣安布罗焦修道院堕落的道德和犯罪。提审过程中萨鲁埃愈来愈清晰地看到这个大框架，他从三个角度来呈现整体问题。在调查结束后他将自己的报告提交给了红衣主教们。

为了预备提审，萨鲁埃和大会主教们首先了解了一番菲劳的历史案例。一个关键性问题是：在教宗利奥十二世以其教宗通谕废除一切禁令和判决后，1816 年针对菲劳的裁决到底还有没有效力？

如果教宗利奥十二世以其教宗通谕废除了菲劳虚假宣圣的罪名，那么修女们尊崇自己的创始人修女就没有什么问题了。但是对于萨鲁埃来说，这一份通谕并没有实际意义。他坚定地认为 1816 年的裁决是有效的，所以对他而言只需要证明修女们对菲劳进行敬礼，就可以判她们有罪。

卡塔琳娜·冯·霍亨索伦在其控诉中已经指出了对已遭到裁决的修道院创始人修女的长期敬礼问题。萨鲁埃和修道院法务路易吉·弗兰切斯凯迪进行的初期审讯就已明确证实了这一点。[116] 法务官报告说年轻的代理人玛丽亚·路易莎多次提到过创始人的圣徒事迹。19 世纪初裁判所的审讯是一种"毁谤性程序"，很多起诉人都如同"痛苦地死过一次"一般。三十八岁的弗兰切斯凯迪证实，对于玛丽亚·路易莎来说阿涅塞·菲劳是货真价实的圣徒。首先就是她的圣痕的证据：玛丽亚·阿涅塞修女常常在"耶稣受难日周五的时候与耶稣一同受难"。此外，玛丽亚·路易莎曾试图说服法务官，菲劳的尸体在埋葬多年以后仍完好无损地保留在其古比奥的墓地中。

玛丽亚·路易莎这次倒是真的指出了真圣徒的一个标志。在使徒保罗指出肉体是"朽坏"的之后，上帝在《诗篇》十六篇启示"他的圣者必不见朽坏"。这一预言起初仅仅指向耶稣基督，但是不久之后也被用于圣徒身上。中世纪挖掘坟墓的记录中多次出现这样的描述，葬礼数百年后有人的肉体仍然完好。朝圣者和禁欲者尤其倾向于视这些不朽坏的肉体为圣徒的绝对标志。[117]

很明显，路易莎轻易说服了弗兰切斯凯迪，成功地令其相信菲劳神迹的真实性。法务官在审讯记录中说："我对此深信不疑。"

修女们的证词也证实了这一点。审判官甚至能够确定她们的绝对一致：所有人都坚信裁判所对于菲劳的裁决是不公平的，所有人都见证了菲劳所行的神迹奇事，所有人都相信菲劳会在她们死后在天堂引领她们的灵魂，所有人都是众口一词——萨鲁埃如此总结他对三十多位修女的审讯结果。[118]

五十五岁的女院长玛丽亚·维罗妮卡一开始本没有打算实话实说。[119]直到审判官拿出其他修女们的证词，她才放弃了保守"秘密"的努力。萨鲁埃承认他无法说服女院长认为对女创始人的裁决是合情合法的。玛丽亚·维罗妮卡再次提到菲劳格外严格的赎罪和禁食榜样，以及她自我鞭挞到流血的地步。包括她自己的疾病也多次被医治。女院长也承认，菲劳借着众多的异象和现象直接向她下达领导修道院的具体指示。她最终也承认了对于菲劳的敬礼。在初学会堂蜡烛中间有一幅菲劳的画像，修女们会在这幅画像前下跪祷告，也就是向这一画像行敬礼。[120]

女院长还承认，圣安布罗焦修道院的修女们在呼求祷告和连祷[121]时，不会呼求圣克拉拉，取而代之的是："耶稣的圣阿涅塞，请为我们祷告！"也就是将菲劳当作圣徒来呼求。当审判官指责她们将本应向正统圣徒所行的祭仪转而向菲劳行时，女院长回答道：

"您的责备是有道理的,因为我们已经视菲劳为被上帝所称赞的了,就盼着有一天教廷也称赞她。这也是神父们的感受和信念。出于这一原因我们视她为圣创始人母亲。"[122]

表现最为执拗的是在菲劳之后加入修道院的其同伴和老朋友们:圣安妮丝·玛丽亚·凯瑟琳修女、圣伊格内修斯·玛丽亚·格特鲁德修女以及拿撒勒耶稣玛丽亚·科隆巴修女,她们当时都已经七十多岁了。[123]三人都承认其多次担当医治神迹的见证人,且无论在菲劳生前还是去世后她们都坚定地支持她。[124]三位老修女以医学神迹向教廷的封圣程序发起挑战:对某个教徒的封圣不应当在没有任何一个超越自然科学范畴的神迹发生的情况下进行。只有殉道者才是例外,因为他们已经用自己的鲜血见证了基督。[125]

四十年之后,这三名修女仍然认为圣职部甚至教宗庇护七世对创立人菲劳判处虚假宣圣的罪名是一个极大的错误。1860年1月31日玛丽亚·凯瑟琳在审讯上说[126]:"圣职部判处创始人并向我们宣读了那么可怕的裁决之后,我们考虑了女创始人的无辜之处和裁决的错谬之处,教宗在裁决中这样说:'根据圣职部的审讯结果而做出这一裁决。'我们的回应是:'他不是基于教宗和圣彼得后继人做出的裁决,而仅仅是依据圣职部那些完全错误的调查做出的裁决。'因此我们继续坚持我们创始人母亲的无罪和圣徒身份。"对于玛丽亚·凯瑟琳来说,教宗针对阿涅塞·菲劳的裁决是错误的,因为教宗是作为人被罗马宗教裁判所的错误裁决所欺骗了。作为证据,她提出苏格兰同侪保罗·麦克弗森[127]曾对她说过"米兰达神父临终时曾提过:'圣职部对于阿涅塞·菲劳的裁决是错误的,如果能够重来一遍,结果肯定不一样。'"

当着圣职部调查法官的面,这就算是极其放肆的责难了,说他的罗马教廷前任高层明显犯了一个大错。因为这位米兰达神父不是别人，就是宗教法庭的专员安杰洛·米兰达，他于1801年至1820年出任裁判所专员并在其任期内签署了针对阿涅塞·菲劳的裁决。

三位年长的修女曾进一步向圣职部提出过证实其裁决错误的证据，但是教廷高阶人员并不接受这些证据而视其为无效："不少一直敬礼阿涅塞·菲劳的主教在其被审判后仍旧向她行敬礼。"比如普拉西多·祖拉、亚历山德罗·马太或贾科莫·菲利波·弗兰索尼。[128] 玛丽亚·科隆巴修女甚至还说："即使人们把我切成碎块，我也会坚持她是圣徒。"[129]

调查报告的第一个重点内容对于萨鲁埃来说，就是所有的证人都呈现出令人非常惊奇的一致性：圣安布罗焦修道院的修女们在裁判所明令禁止的情况下，依旧向被判为虚假宣圣的创始人修女行敬礼，无论其生前或死后。萨鲁埃记录到，这些修女们非常顽固不化，因为她们就算在审讯过程中也不放弃这一祭仪。

神秘的女院长

第二标题内容的调查对于萨鲁埃来说是不可避免的。[130]1816年的那次裁决不仅禁止了向菲劳行敬礼，而且还禁止修道院的修女们与其进行任何形式的沟通，否则就将面临处罚。但如果第一点都没有做到的话，那么合理的猜测就是"创始人母亲"和她的"女儿们"之间的联系从未中断过。

未被关禁闭的证人和一些手书可以向萨鲁埃证明这一点。证人的话首先包括女院长、副院长、圣马尔齐亚莱神父和古比奥的一些女性，她们曾在菲劳去世前几年失明的时候，为她处理信件往来。萨鲁埃将对这些证人的审讯于1859年11月29日委托给古比奥的地区审判官，整个结果于来年上报给罗马中央政权。[131]

古比奥的女院长马蒂尔德·邦奇证实，菲劳无疑与圣安布罗焦修道院的修女们长期保持着书信往来。"有时候几乎全部修女都给她写信。"无论是"对于她创始人母亲的身份还是作为圣徒的呼召，她们都表现出了极大的尊敬"。圣马蒂尔德修道院的副院长特蕾莎·塞拉菲娜·萨尔维和其他修女也证实了女院长的这一说法。为阿涅塞·菲劳处理信件的菲洛梅娜·莫纳切利修女证实："圣安布罗焦修道院的修女们视阿涅塞修女为圣徒，这个事情影响到了我。她也视圣安布罗焦修道院的一些修女为圣徒。"——即玛丽亚·马蒂尔德和玛丽亚·马达莱娜。菲洛梅娜·莫纳切利为菲劳诵读的这些信件包括来自修女们和罗马耶稣会修士莱兹罗利神父的信件，不仅仅显示出一种深深的崇敬，也包括了她发往罗马信件中所下达指示的工作报告和执行结果。菲劳也直接影响修道院的各项职务任命，她从古比奥发出权威性的属灵异象，决定何人任女院长、初学修女总管或副手，何人能够成为初学修女也是如此决定的。圣马尔齐亚莱修道院的告解神父——主教大教堂教士会成员布鲁诺·布鲁内利[132]对古比奥的地区审判官甚至提到圣安布罗焦修道院的修女们对于菲劳的"绝对依赖"，如同"女儿们对母亲的依赖一样"。[133]

阿涅塞·菲劳在圣马尔齐亚莱修道院待了将近四十年的时间，但是那里的见证人还是无法完全确定她的生命和死亡符合圣徒的标准。"我们从未察觉她身上有什么特别或杰出的美德"是这里修女们统一的意见。她临终时没有举行涂圣油仪式，没有临终赦罪圣礼，也没有领临终圣餐。尽管她已经卧床一年多，有足够的时间请一位神父来为自己举行临终圣礼。

这里涉及一个严重的拖延问题。当时的人们认为只有临终圣礼才能保障一个"好"天主教徒"顺利"过世并进入天堂。直到20世纪，死亡讣告中都会写着："他死亡时已经接受教会举行的临终圣礼。"[134]

与之相反的是,护士在菲劳死亡时感受到了极大的恐惧。菲洛梅娜·莫纳切利证实菲劳过世时出现"类似铁链子解开的噪声"。一般敬虔的女信徒或女圣徒离世时绝不会这样。"咯吱咯吱"的铁链可能意味着魔鬼在菲劳临终时来临[135]——当然这是圣马尔齐亚莱修道院护士的看法。圣安布罗焦修道院的修女们还是要求将菲劳从圣马尔齐亚莱修道教堂外围的修女墓园迁到一个独立的墓穴里。人们希望将她的尸首移至罗马,以便在圣安布罗焦修道院附近建立一个圣徒墓地供人敬礼。[136]圣安布罗焦修道院的女院长玛丽亚·维罗妮卡于1859年6月15日写信给古比奥女院长:"我们一直挂心我们在贵处的珍宝,您定能理解我所谈的是我们宝贵亲爱的创始人母亲。"

对于萨鲁埃来说,这些来自古比奥的审讯记录明确表明了:尽管菲劳已经遭受裁决,但自1816年至其死亡的1854年,她与圣安布罗焦修道院一直保持着联系。在被驱逐后,菲劳仍然是修道院实际上的领导者,她就是那个实质上的神秘女院长。

圣髑

天主教徒认为对圣徒的敬礼理所当然包括能够确定敬礼感的、带来触觉的事物,例如,圣徒坟墓或圣髑。[137]此外还有圣像和圣徒所有的各类事物,修女的话,则包括她们的会衣和用具,如念珠或祈祷书,也就是所谓的圣触。[138]圣徒编纂或手写的书信还能起到某种特殊的作用。除了信件之外还包括祷词、连祷词或对灵性生活的思考。此外还有独成一体的圣徒传和第三方编写的敬礼书信。[139]

裁判所推测类似的敬礼物品也保存在圣安布罗焦修道院里。卡塔琳娜·冯·霍亨索伦的控诉也明确指出了菲劳的书信以及"可能存在的神迹事物"和画像问题。回答萨鲁埃的询问时，她甚至能够指出这些事物的具体保存位置，在管风琴阁楼后面图书馆入口的档案馆、靠近女院长房间过道的一只箱子里。两个工作室和医护室上方的阁楼间被用作秘密保存处。卡塔琳娜猜测人们在阁楼上放了一块木板，以便攀登上去。

女院长和大部分修女首先否认了收藏这些事物。[140]女院长玛丽亚·维罗妮卡在1860年1月13日的审讯中勉强承认修道院有一份马尔科尼神父写作的菲劳生平。[141]然后她宣称早已将其上交给圣职部。萨鲁埃在评估时确认了她的说法，在教宗探访修道院前她把这份文件和其他书信一起烧毁了。女院长也承认她当时并不清楚有一些书信放在了哪里。萨鲁埃认为"她自己把所有其他书信保存了起来"。女院长最后承认"有些修女至今还保留着创始人母亲的书信并将这些材料用于日常功课、指引、诵读、祷告、灵修指导和安魂祷告等"。此外，腰带、鞭子、两件会衣以及其他的衣物也被保留了下来。据说这些事物可以带来"特殊的祝福"。人们还藏起了菲劳的两幅油画像和一幅纸画像。面临裁判所的巨大压力，女院长最终承认为了不给圣职部留下把柄，她确实焚烧了大量书信笔记，其中包括菲劳为了领导修道院而写自古比奥的和女院长、修女们以及神父们交换的全部书信。耶稣会修士皮尼亚泰利神父的通信和莱兹罗利神父所写的圣徒传也赫然在列。

其余的审讯也表明女院长一直顽固地抗拒。她甚至多次欺骗萨鲁埃。审判官言简意赅地在总结中写道："我必须非常遗憾地确定，女院长的行为表明她有意识地做了伪证。"

几位年老的修女也有同样的行为。特别是玛丽亚·格特鲁和塞拉菲娜。她们将创始人的书信和物件隐藏起来，作为可触摸的圣髑，并将之作为圣母真正的"可敬礼"之物。塞拉菲娜首先承受不住调查法院的巨大压力而交代了隐藏地点。之后裁判所又获得了尚未被烧毁的文件[142]：首先是修道院的死亡之书，以创始人母亲开始并记录了"其英雄般的美德、神迹、荣誉、显现以及最重要的其符合圣徒的离世方式"。这本书被医务室一名重病的修女藏在草褥中。然后是修道院从成立至1858年的编年史，被发现于房屋底层房间的护墙板里。此外还有一个装满菲劳和神父们的信件、皮尼亚泰利神父的一幅小肖像、"创始人母亲的一些小衣物和一块曾浸润过她肋骨处伤痕的手巾"。还有杯子、餐具、眼镜、耶稣受难像以及祷告念珠，这些全都被作为圣髑保留了下来。女院长这样招供："我怀着敬礼和期盼的心情收集了这些事物，以便它们被用作敬礼对象和圣髑，如果有一天创始人母亲能够被教会封圣并列品的话。"

众多的修女们在面对裁判所的审讯时都众口一词。特别愤怒的是六十二岁的玛丽亚·马达莱娜，她被神父强迫指出了女院长隐藏东西的地点。她对女院长做出了严厉的指责，如同记录显示："如果您没有和调查神父说了这么多的话，我也不需要交出这么多东西。"也就是说马达莱娜当面拒绝与调查人员进行谈话。这显示出她对于创始人母亲及其圣髑是多么深信不疑，也就因此而多么缺乏对于最高教廷人员的尊敬。她身上经历过什么属灵的经验呢？

七十多岁的玛丽亚·格特鲁德修女也是如此行事。当调查员再次搜查修道院内菲劳的书信时，她大声对一名修女同伴说："可怜的神父们！他们当真以为我们会告诉他们东西在哪里吗？他们永远找不到的！"

对于修女们的问讯结果非常清晰：在圣安布罗焦修道院以圣

髑、敬礼对象和神迹事物敬礼圣徒阿涅塞·菲劳是一件完全合规的事情。第三个标题内容对于萨鲁埃来说也就清晰了。

被圣灵充满的文字

第四个主题涉及萨鲁埃向主教们报告的一种非常特别的文章类型[143]："女院长和修女们之所以如此敬礼创始人并坚信她在天上已被尊荣，是有原因的。有一次女院长充满崇敬和惊叹地来参加审讯，她极其谨慎和惶恐地将一些精致的信件藏在最隐蔽的地方。她说：'这些信是创始人母亲在天上写的。'"

为了证实其真实性，女院长提到修道院里面没有这样的纸张，而由于严格的禁地制度又不可能是外界写来的信。此外，这信上明显是创始人母亲的笔迹，涉及的却是她生前无法知道的当前事件。女院长深信是创始人母亲在天上带领修道院。

专家很快确认菲劳确实宣称她的文字被圣灵启示，而修女们也深信不疑。[144] 修女们认为这些信件的神迹性也证实了其属灵程度。每年圣诞前夜都会有一个奇怪的仪式："女院长必须在仪式后发表一段演说，她会受到创始人母亲的启示，而每次圣子像也都会移动位置并显现。"

人们一般使用灵感一词的时候，指的是某个创造性的主意或突然的认知，但是神学概念中的灵感一词指的是上帝亲自作为作者书写。[145] 这涉及神学历史中原作者和人性作者之间的不同关系，后者一般被视为前者的工具。按照逐字默示的观点，圣灵不仅默示了《圣经》内容，甚至逐字逐句指示《圣经》作者写出《圣经》。或者按照真实的灵感观点，上帝虽然保证了《圣经》的无误性，但是并没有直接启示单独的字句。

无论怎样，宣称一位被审判的"假"圣徒的书信是上帝默示的，这是一大挑战。如果它们的作者是上帝，那么就一定要求其阅读对象具有绝对顺服和无条件的信心。

但是不仅仅修女们相信这些文字是被上帝默示的，菲劳自己也宣称是圣灵在运行她的笔尖。圣安布罗焦修道院的仪式发言据说都是阿涅塞·菲劳和神父编写的，而且"词语和写作都受到上帝默示"[146]。裁判所的神学家们迅速反馈，修道院的仪式发言都是从其他修道院抄写来的。类似的属灵指导也是一样，是菲劳从不同的苦行主义者的作品那里拼凑来的。上帝的默示绝对谈不上，正如萨鲁埃所预料的一般。更严重的是：菲劳曾以严酷的惩罚、折磨和精神惩罚威胁不服从她权柄的修女们。

告解教母

天主教教会，特别是其中修女修道院的一个主要任务就是处理罪行和违规行为。神父则有临终赦罪的权柄。与之不同的是众多修道院内部的过失规定[147]是不同的。违背修道院外部纪律的过失会当着全体会员公布。修道院上层，一般是男院长或女院长对这些行为做出惩罚措施。

裁判所发现圣安布罗焦修道院的修女们形成了一种只面向女院长的自我惩罚措施。[148]于是"修女们必须在女院长面前为自己的犯罪和美德过失进行悔改，如同在基督面前悔改一样"。这在裁判所看起来如同行"忏悔礼"一样。事实上菲劳也确是将自己定位为上帝话语的出口，当然她也有权力进行圣礼并赦人罪过。这一点也被众多修女们多次确认。

创始人母亲试图以此举发挥按照天主教教义只能由神职人员

起到的作用，只有神父或牧师才有权柄代替基督行动。天主教徒只有面对他们时才表现出自己的顺服，以体现自己对基督当尽的义务。[149] 虚假宣圣会导致一个问题，就是直接威胁到天主教廷的等级制度。如果未被授予圣职的人员甚至女性都可以拥有上帝恩典的出口，那么这些神职人员将何去何从呢？

罗马当局必须制止这种对教会圣礼制度形成攻击的行为。裁判所就是为了保护教廷等级制度而设立的，所以他们必须严肃处理这位没有任何圣职却靠着直接神观就号称可以实行赦免的女教徒。

萨鲁埃在自己的报告中还提出了一个教父的观点。他谈到"严肃的灵性艰难"以及特别年轻的修女们从这一危险的忏悔实践中引发的"属灵缺点"。这当中涉及修道院上层管理的外部纪律问题以及仅仅由神父们管理的内部纪律问题，包括属灵生活、信仰和灵性问题。按照教会法，这两大领域必须加以严格区分。但是圣安布罗焦修道院却不是这样做的。因此修女们不得不在忏悔密室外就自己的私密罪行进行忏悔。

我们必须知道，尽管教廷大力遏制，但教会传统中确实有"平信徒辅礼人员"的说法。中世纪的女修道院中，女院长确实常常倾听修女们的忏悔。许多教宗如英诺森三世都曾猛烈地批评这一行为，这表明女院长们的赦罪行为确实是存在的。教廷压制这一传统浪潮的余波也许也波及菲劳。严格区分忏悔和纪律过失是罗马最高层和天主教教义的主导思想，也是其历史现实。[150]

神父们宣布的错谬祭仪

宗教裁判所特别留意的还包括神父们在事件中的明显失败。[151]受过高等教育的耶稣会修士竟然敬礼一名假圣徒，这对教廷来说不当于一场丑闻。两位神父怎么能这样受骗呢？他们又是如何监管这些修女们的呢？

针对修女们的审讯结果已经很清楚："莱兹罗利和彼得神父将创始人阿涅塞·菲劳的成圣向圣安布罗焦修道院的修女们，以谈话、暗示等各种方式进行了宣传，而且时间分别长达三十年和十年之久。"所以萨鲁埃的第五大标题就是对两位神父长期敬礼菲劳的归责问题。

对于萨鲁埃来说，事情甚至比他一开始担心的还要糟糕。因为他迅速认识到，两位神父是自发敬礼菲劳的。"修女们在审讯中多次重复，她们关于所谓圣创始人母亲的生平、神迹、杰出的圣洁、崇敬、教导和灵性都是通过两位神父的影响而了解、传说、学习、阅读和实践的，特别是莱兹罗利神父。"尽管两位神父明知道针对菲劳的裁决和禁令，包括对其的驱逐和禁止其与修女们往来。但是他们故意忽视了最高裁判所的判决，这就是一桩非常严重的犯罪。

女院长的证词也进一步证实了两位神父如何一致地敬礼菲劳。莱兹罗利神父无论在修道院内部还是外部，始终戴着菲劳的一顶被其祝圣过的便帽。他一直站在菲劳的一边。玛丽亚·朱塞帕声称目睹过创始人母亲的多次显现："当修女们更新誓词并领圣餐时，创始人母亲向莱兹罗利神父显现了，当时他把自己的手放在她头上了。"玛丽亚·塞拉菲娜修女称有一次莱兹罗利神父病重，在快死的时候因着菲劳的代求而得到医治。玛丽亚·伊格纳修亚修女证实："莱兹罗利神父向我们说有一位耶稣会神父病得极重，后来他得到了有创始人签名的一张纸片并将其撕成碎片化在水里喝了，结果这位耶稣会修士得到了完全的医治。他认为是那个签名起的作用。"修道院法务弗兰切斯凯迪也证实他们的敬礼完全出自个人。他也报告了有关两位神父试图从裁判所手里抢夺菲劳手迹和备忘录的事情。

莱兹罗利神父所著的《怀念玛丽亚·阿涅塞的一生》备忘录，显示了神父在敬礼菲劳事件中起的关键作用。莱兹罗利总是提到菲劳的神迹和恩赐。"人们会读到她被洗无罪直升天堂并在之后显现，以揭示她的圣品。"[152]

两位神父行被禁止的敬礼之罪目前是清晰了。莱兹罗利神父似乎是主犯，彼得神父则只是副手。

宗教裁判所花了一年多时间审讯修女们、普通证人和法务弗兰切斯凯迪。对于萨鲁埃来说，1861年的第一项指控已经非常确定了：玛丽亚·阿涅塞·菲劳确实被视为圣徒而被敬礼。她的圣髅、文字都被视为被上帝所默示，她本人也作为修道院的神秘女院长在古比奥流亡时依然掌控着整个修道院，同时她还行忏悔礼。这样不仅事实非常清楚，对其的评判也很明确了：此处无疑涉及敬礼假圣徒的罪行。萨鲁埃顺理成章地以1816年的裁决为基础继续进行评判。这一论断当然还需要证实。利奥十世1829年发出的教宗通谕赋予了玛丽亚·阿涅塞·菲劳的改革事件以完全不同的意义，对菲劳的敬礼也不再被禁止。为什么萨鲁埃一再忽视这一重要问题？是因为他想要保护自己的当局，使裁判所不需要承认以前的错误裁决吗？

注　释

[1] Inventario del Monastero di S. Ambrogio della Massima 1710；ASV, Vista Apostolica 97, Nr. 21, Kap. 9. 1592年成立的"调查委员会"负责定时监督罗马各个修道院的灵性和物质水平并向教宗进行汇报。参阅 Arbeitsweise der Kongregation und der Invertarisierung ihrer Bestände vgl. Pagano, Visite,

S. 317-464。佩歇里阿要么指的是圣安布罗焦修道院，要么是圣安布罗焦修道院所在街道的名称，此处因有鱼市场而得名，是圣安布罗焦修道院东侧沿线街道。

[2] 参阅 ACS，Collegio di Sant'Ambrogio。有些修会团体设有总会长一职，此职务由罗马天主教廷任命并代表其行使相应权力。加西尼联会亦被称为苏皮亚修会或苏比亚科修会，由彼得·卡萨雷托（1810—1878）在 19 世纪上半叶建立，共同生活、禁欲苦修和传教活动是其重要标志。早在 1856 年卡萨雷托就曾请求教宗允许他在罗马兴建一所学院。经过多次寻找，他于 1861 年春季得知圣安布罗焦修道院即将被废除的消息，1861 年 5 月 14 日教宗将此修道院转交给他使用。参阅 Art. Casaretto，in：Biographia Benedictina，online：http://www.benediktinerlesikon.de/wiki/ Casaretto,_Pietro（11.10.2011）；G.Paolo Carosi，Art. Subiaco，in：DIP 9（1997），Sp. 538-541；Pietro Casaretto e gli inizi della Congregazione Sublacense（1810-1880）. Saggio storico nel I Centenario della Congregazione（1871-1972），in：Studia monástica 14（1972），S. 349-525。苏比亚科修会参阅 die Statistik in：DIP I（1974），Sp. 1331。

[3] 参阅 Bianchi，Notizie；Cutrì，Scuola；Gurisatti / Picchi，S. Ambrogio，S. 49-60；Lombardi，Roma，S. 235-240；Pietrangeli，Rione XI，S. 56f. und S. 90。

[4] 参阅 Dreuille，S. Ambrogio，S. 21。

[5] 第一次出现在教宗正式编年史的 803 年的一条记录 "monasterio sanctae Mariae quae appellatur Amgrosii"，亦即一所圣母修道院并被命名为 "圣安布罗焦"。Louis Duchesne，Le Liber Pontificalis. Texte，Introduction et commentaire，Bd. 2，Paris 1892，S. 23. 中世纪早期不同文献中除了圣母修道院还有别的小型修道院出现，例如考古学已证实的圣斯特凡诺修道院。

[6] Dreuille，S. Ambrogio，S. 29 f.

[7] 同上，S. 32。

[8] 1719 年的使徒视察直接导致了第二年初学部的重建。Inventario del Monastero di S. Ambrogio della Massima 1710；ASV，Vista Apostolica 97，Nr. 21. 自此以后，圣安布罗焦修道院完全达到了成立一家严格的闭关修道院的条件。参阅 Dreuille，S. Ambrogio，S. 49-74. Armellini，Chiese，S. 110

f.；Lombardi，Roma，S. 240。

[9] 参阅 Dreuille，S. Ambrogio，S. 77。

[10] 圣欧费米娅音乐学院由一群处女居住并于 1812 年被法国军队摧毁。庇护七世 1814 年将圣欧费米娅音乐学院的修女们迁移至圣安布罗焦。1828 年利奥十二世给她们换了住所，以便方济各会修女们能顺利开设修道院。参阅 Dreuille，S. Ambrogio，S. 77 f.；Art. Francescano, Ordine religiose, in：Moroni, Dizionario 26（1844），S. 48-199, hier S. 195；Giancarlo Rocca，Art. Zitelle, in：DIP 10（2003），Sp. 682。

[11] 参阅相关文章 in：DIP 4（1977），Sp. 446-511 und Sp. 823-911；Gieben（Hg.），Francesco；Heimbucher, Orden Bd. 2，S. 9.53；Edith Pásztor, Art. Franziskaner, in：LexMA 4（1999），Sp. 800-807。

[12] 第三修会不同规则参阅 Degler-Spengler, Terziarinnen，S. 609-662；Giovanni Parisi / Rfaffaele Pazzelli, Art. Terz'ordine regolare di San Francesco, in：DIP 9（1977），Sp. 1077 f.；Pazzelli, San Francesco；Pazzelli Terz'ordine。规则基础参阅 "Regola del Terz'ordine claustrale di san Francesco d'Assisi"，Rom 1898。

[13] 第三修会管理制度的学术研究格外有限，不仅是因为第三修会修道院从一开始就"存在形式多种多样"，而且"每所修道院除了遵从第三修会管理制度以外，还会遵从创始人或属灵领袖自己制定的宪章或制度"。Degler-Spengler, Terziarinnen，S. 610. 关于修道院服饰参阅 Sales Doyé，Trachen, besongders die Tafeln S. 133-135 und S. 137。

[14] 历史上圣安布罗焦修道院的修女曾被误认为属于贫穷修女会。参阅 Pietrangeli, Rione XI，S. 56。

[15] 参阅 die Bestimmungen der Regel von 1806：Regola della Riforma delle Monache del Terz'Ordine di S. Francesco；ACDF SO St. St. B 6 r I。关于日常流程、颂咏、职位和受验者、初学和正式修女参阅 DIP 中重要文章。

[16] Costituto Sr. Maria Luisa，II. Juni 1860；ACDF SO St. St. B 6 n, fol. 1-4.

[17] 阿涅塞·菲劳的生平主要参阅 "Copia dell'antico piccolo ristretto per il P.Priori"；"Vita della Serva di Dio. LaM. Maria Agnese di Gesù"；ACDF SO St. St. B 6 e I und B 6 1 I。

[18] 卡洛·奥代斯卡尔基1785年出生在一个意大利北部著名的亲王家族，1808年成为神父，早在1814年他就想加入耶稣会但受到家族拦阻。1838年他为了加入维罗纳的耶稣会，放弃了在教廷的所有职务和红衣主教身份。成为灵魂安慰者不久后，他于1841年在意大利去世。Wolf（Hg.），Prosopographie，S. 1064-1066。

[19] Appendice al Ristretto informative；ACDF SO St. St. B 6 e I und B 6 1 I. 1582年教堂和圣阿波罗尼亚修道院被设置在罗马贵妇帕卢扎·皮耶莱奥尼的庄园上，1585正式启用。又见 Roma antica Bd. I, S. 181 f。

[20] Notizie per l'anno 1789, S. 25. 圣克拉拉及其位于罗马皮尼亚区的同名广场参阅 Armellini, Chiese, S. 187 f。

[21] 参阅 Diario ordinario di Roma Nr. 2200 vom 30. Januar 1796，S. 12 f。

[22] 同上，Nr. 2226 vom 30. April 1796，S. 16-19。

[23] ASVR 中文章 "Atti della Segreteria del tribunale del Vicariato" 并未提供更多线索。

[24] Diario ordinario di Roma Nr. 2270 vom 1. Oktober 1796，S. 23 f.

[25] 关于萨尔瓦多里进一步的生平信息不明。朱塞佩·洛雷托·马尔科尼承认曾与罗马教廷研究院的告解神父讨论过本笃会士拉布尔被神迹医治的事情。参阅 Beatificationis et canonizationis V. S. D. Benedicti Joseph Labre：summarium super dubio... de virtutibus theologalibus... positio super virtutibus..., Rom 1828, S. 785。

[26] Copia dell'antico ristretto per il Rmo P. Priori；ACDF SO St. St. B 6 e I.

[27] 阿尔巴尼1750年出生，1801年成为红衣主教，1829—1831年担任枢机处秘书长，1834年去世。DBI 1（1960），online：http://www.treccani.it/enciclopedia/giuseppe-andrea-albani_（Dizionario_Biografico）/（22.05.2012）.

[28] Notizie per l'anno 1786, S. 35 bis 1788, S. 35. 马尔科尼被记载为罗马学院 "神学道德" 课程的教师。Notizie per l'anno ab 1789, S. 35 bis 1808, S. 109. 马尔科尼同样以《圣经》研究"课程的教师身份出现。参阅 Conservatorii di Roma, in：Moroni, Dizionario 17（1842），S. 9-42, hier S. 33。令人讶异的是有关马尔科尼的生平和著作几乎没有，尽管他创作了大量甚至在国外都广为流传的著作，这当中包括了他创作的本笃会

士约瑟·拉布尔的生平，这本书被翻译成德语、英语、法语、荷兰语、波兰语和西班牙语，参阅"Fagguaglio del vita del servo di Dio Benedetto Giuseppe Labre", Rom 1783。马尔科尼是拉布尔的告解神父，也是萨丁尼亚王国国王卡洛·艾曼努尔的告解神父和其妻子法国公主玛丽·克洛蒂尔德的灵魂导师，后者于1808年4月10日被封为上帝的使女。参阅 Art. Maria Clotilde di Francia, in: Moroni, Dizionario 42（1847）, S. 316-318; Luigi Bottiglia, Erbauliche Lebensgeschichte der Dienerin Gottes Marie Clotilde von Frankreich, Königin von Sardinien。译自法语, 3 Bde., Augsburg 1819。除了菲劳生平故事，他还写过某一位玛格丽特·穆齐的传记"vergine di specchiata virtù", 参阅 Qualifica del volume manoscritto sulle memorie della vita di Suor Mariea Agnese di Gesù del Rmo P. Maestro Girolamo Priori Priore Generale de'Carmelitani Calzati Consultore del S. Offizio; ACDF SO St. St. B 7 f。

[29] 皮尼亚泰利1737年出生，1753年加入耶稣会。初学之后在西班牙塔拉戈纳学习哲学和神学，1762年成为神父。1803年被俄国高层（耶稣会未在俄国被禁）任命为意大利教区大主教。1804年拿破仑的军队占领意大利帕尔马省后，耶稣会修士们不得不逃亡到德国内佩尔。1804年庇护七世利用特别机会宣布恢复西西里岛的耶稣会。之后的两年间，许多1773年成为世俗神父的耶稣会修士纷纷重返耶稣会。他们在罗马圣潘塔莱昂成立了共同居住地，之后在蒂沃利成立了更多分支机构，在奥尔维耶托成立了初学机构。皮尼亚泰利去世前几年患上了胃出血病症。他1811年去世，1933年被庇护十一世宣福，1954年被封圣。参阅 Giuseppe Boero, Istoria della vita del Ven. Padre Giuseppe M. Pignatelli della Compagnia di Gesù, Rom 1856 und Monza 1859; José Antonio Ferrer Benimeli, José Pignatelli S. J. 1737-1811. La cara humana de un santo, Bilbao 2011; Johannes Hellings, De heilige schakel: de zelige Joseph Pignatelli S. J., 's-Hertgenbosch 1935; Konstantin Kempf, Joseph Pignatelli. Der neue Selige der Gesellschaft Jesu, Einsiedeln 1933; José M. March, El restaurador de la Compañía de Jesusu Beato José Pignatelli y su tiempo, 5 Bde., St. Joseph Pignatelli della Compagnia di Gesù, Rom 1833; Robert Nash, Saint of the

displaced. St. Joseph Pignatelli, Dublin 1955; Sommervogel, Bibliothèque Bd. 9, Sp. 770. 又见 Qualifica del volume manoscritto sulle memorie della vita di Suor Maria Agnese di Gesù del Rmo P. Maestro Girolamo Priori Priore Generale de'Carmelitani Calzati, Consultore del S. Offizio; ACDF SO St. St. B 7 f。宗教裁判所调查菲劳和皮尼亚泰利关系时曾仔细研究过后者宣福过程。相关档案号码为 S. Cong.ne de'Riti per la causa del Pignatelli P. Giuseppe della Comp. di Gesù 1845-1846; ACDF SO St. St. B 6 u i。

[30] 此处可能指的是波罗米奥音乐学院,由皮尼亚泰利在红衣主教维塔利亚诺·波罗米奥的支持下创建并领导。又见 Art. Conservatorii di Roma, in: Moroni, Dizionario 27(1848), S. 9-42, hier S. 33 f。格拉兹奥路位于罗马蒙蒂区埃斯奎林山坡上(乌尔班那大街和雷奥尼那大街的交会处),直到帕尼斯帕尔纳大街。如今成为卡沃尔大街的一部分。

[31] 参阅庇护七世 1806 年 1 月 26 日通谕 "Nuper dilectae in Christo filiae"; ACDF SO St. St. B 6 r i,无后续。又见 Erasmo Pistolesi, Vita del xommo pontefice Pio Ⅶ, Bd, 2, Rom 1824, S. 24。

[32] 参阅《马可福音》6: 35-44;《马可福音》8: 1-10。

[33] 安吉拉·莫瑞西 1470 年出生,1535—1536 年创建乌苏拉会,1540 年去世。参阅 Karl Suso Frank, Art. Merici, Angela, in: LThK^3 1 (1993), Sp. 647。又见 Käthe Seibel-Royer, Die heilige Angela Merici. Gründerin des ersten weiblichen Säkularinstitutes, Graz 1966。

[34] 玛丽·沃德 1585 年出生,1609 年成立以耶稣会规则培养女童教育的英国小姐会,1645 年去世。Imolata Wetter, Art. Ward, Mary, in: DIP 10 (2003), Sp. 583-586, zum Einschreiten der Inquisition v. a.Sp. 584; Dies., Ward; Gabriela Zarri, Art. Ward, Mary, in: DSI 3 (2011), S. 1707.

[35] 米兰达 1752 年出生,多名我会会员,1801 年起成为宗教裁判所委员,1814 年 7 月至 1815 年 8 月无法完成其职务工作,1820 年去世。Wolf (Hg.), Prosopographie, S. 991-993.

[36] Vita della Serva di Dio. La M. Maria Agnese di Gesù; ACDF SO St. St. B 6 q I.

[37] 拿破仑曾将宗教裁判所所有档案运送到巴黎,直至 1815 年以后才将不完全档案返还梵蒂冈。参阅 Andrea Del Col, Art. Archivi e serie

documentarie: Vaticano, in: DSI 1 (2011), S. 89-91, hier S. 90; Wolf, Einleitung, S. 38。梵蒂冈档案馆相关的档案被命名为引人瞩目的《拿破仑时代》。参阅 Karl August Fink, Das Vatikanische Archiv. Einführung in die Bestände und ihre Erforschung unter besonderer Berücksichtigung der deutschen Geschichte (Bibliothek des Deutschen Historischen Instituts in Rom 20), Rom ^{2}1951, S. 87 f。

[38] Relazione informativa con Sommario, Cenni storici sull'antica causa, e relariva condanna della Fondatrice Sr. Maria Agnese Firrao, e di altre religiose; ACDF SO St. St. B7 c. 见后续。

[39] 检查 ACDF 后,特别是 SO 裁决经检查后并无结果。

[40] 彼得·马尔凯蒂知名度并不大。《取证总结第二号附录》中提到了红衣主教们 1816 年 5 月 15 日的裁决:"Insuper addiderunt, quod scribatur Episcopo Tudertino, ut sub alio apaetextu removeat in sua Dioecesi sacerdotem Petrum Marchetti ab audiendis confessionibus sacramentalibus, et a quacumque directione animarum"; ACDF SO St. St. B 7。

[41] Relazione informativa con Sommario, Cenni storici sull'antica causa; ACDF SO St. St. B7 c. 马尔科尼的封圣要求符合一般流程,修会一般会花数十年时间确认封圣的合法性,以便确认信徒与其美德和神迹的真实性,并将一切细节都记录下来。参阅 Gotor, Chiesa; Samerski Himmel, S. 81-83。

[42] 参阅 Adelisa Malena, Art. Quietismo, in: DSI 3 (2011), S. 1288-1294; Anthony Meredith, Art. Quietismus, in: TRE 28 (1997), S. 41-45; Modica, Dottrina; Petrocchi, Quietismo; Schwedt, Quietisten, S. 579-605。寂静派和魔鬼敬礼的结合参阅 Orlandi, Fede。

[43] Louis Cognet, Art. Quietismus, in: LThK^3 8 (1963), Sp. 939-941, hier Sp. 939.

[44] 参阅 Art. Conservatorii di Roma, in: Moroni, Dizionario 17 (1842), S. 9-42, hier S. 40 f。

[45] 撒西安圣灵医院设有六百四十五张病床和超过三十名医学工作者,是罗马最大的医院。内科部门设立在靠近梵蒂冈一侧的天使桥的下面并覆盖多个建筑物。参阅 L. Tutschek, Aerztliche Mittheilungen aus Rom, in:

Aerztliches Intelligenz-Blatt Nr. 12 vom 19. März 1865, S. 163 f。

[46] 参阅 Wolf, Einleitung, S. 21 und S. 46-64。

[47] Notificazione di affettata santità, 14. Feb. 1816; ACDF SO St. St. B7 a（Abschrift）. 大字报样本位于卡萨纳塔图书馆, Per. Est. 18/115, Nr. 82. 见后续。

[48] 丽弗吉奥圣母堂又名桑特奥诺弗里奥, 位于特拉斯泰韦雷区的同名街道桑特奥诺弗里奥大街上。参阅 Armellini, Chiese, S. 493 f。该栋建筑物的历史可以回溯到1703年并归功于神父亚历山大·布西……一般避难所都收留更广泛的人群, 这所修会只选择13—20岁的孤儿或无人依靠的年轻女孩, 这也赢得了更多的赞誉。参阅 Jean Joseph Gaume, Rom in seinen drei Gestalaten, oder das alte, das neue und das unterirdsche Rom, Bd, 2, Rgensburg 1848, S. 284 f。

[49] 参阅 Andreas Heinz, Der Rosenkranz. Das immerwährende Jesus-Gebet des Westens, in: Liturgisches Jahrbuch 55（2005）H 4, S. 235-247。

[50] Sitzung der Konsultoren des Heiligen Offiziums, 22. Januar 1816; ACDF SO St. St. B7 a.

[51] 参阅 Gotor, Chiesa, S. 115-120; Heppe, Geschichte, S. 110-135 und S. 272. 282; Adelisa Maalene, Art. Molinos, Miguel de, in: DSI 2（2011）, S. 1059 f.; Modica, Dottrina, S. 17-42 und S. 117-136（"Santità finta e atti sessuali illeciti"）; Romeo, INquisizione, S. 87-94; Schwedt, Quietisten, S. 579-605。

[52] 参阅 Jacobson Schutte, Saints, S. 201-221。

[53] 参阅 Hans-Wolf Jäger, Mönchskritk und Klostersatire in der deutschen Spätaufklärung, in: Harm Klueting u. a.（Hg.）, Katholische Aufklärung-Aufklärung im katholischen Deutschland（Studien zum achtzehnten Jahrhundert 15）, Hamburg 1993, S. 192-207; Franz Quarthal, Aufklärung und Säkularisation, in: Nicole Priesching / Wolfgang Zimmermann（Hg.）, Württembergisches Klosterbuch. Klöster, Stifte und Ordensgemeinschaften von den Anfängen bis in die Gegenwart, Ostfildern 2003, S. 125-138。

[54] Sommario del Ristretto contro il P. Leziroli, Nr. I: Cenni storici delle vicende

di Sr. Maria Agnese Firrao, e del Mosastero di S. Ambrogio estratti dagli Annali manoscritti, che comprendono la Storia dell'Istituto dall'anno 1804 fino a tutto il 1857 dibisi in 26 fascicoli e pagine 628 in foglio; ACDF SO St. St. B 7 e. 菲劳的同伴和共犯被派往不同修道院。参阅 Copia dell'antico piccolo ristretto per il Rmo P. Priori; ACDF SO St. St. B 6 e I; Vita della Serva di Dio. La M. Maria Agnese di Gesù; ACDF SO St. St. B 6 q I。

[55] 17 世纪建造的罗马卡斯特罗比勒陀里奥区的修道院和旁边的圣玛丽亚教堂为了延伸加富尔大街而被拆毁,如今已经不存在。参阅 Armellini, Chiese, S. 404 f.; Ottorino Montenovesi, Il monastero della Concezione ai Monti, in: Archiv d'Italia e rassegna internazionale degli archivi: periodico della Bibliothèque des annales institutorum 26(1959), S. 313-341。

[56] Relazione informativa con Sommario, Cenni storici sull'antica causa; ACDF SO St. St. B 7 c. 有趣的是,菲劳似乎曾大力反对过这一罪名。参阅 Copia dell'antico piccolo ristretto per il P.Priori; ACDF SO St. St. B 6 e I。

[57] Sommario del Ristretto contro il P. Leziroli, Nr. I: Cenni storici; ACDF SO St. St. B 7 e. 首先是英国掀起对菲劳的敬礼热潮,方济各会修士彼得·伯纳丁·科林格里奇曾与她保持密切的书信往来,并多次与主教约翰·米尔纳来罗马造访她。克利夫顿教区档案馆保留有马尔科尼所写的传记。菲劳唯一的一幅画像也是委托一位英国敬礼者所作。根据科林格里奇叙述,还曾有一位查理斯·巴特勒先生委托他绘制一幅菲劳的微型人像画。参阅 John Berchmans Dockery Collingridge. A Franciscan Contribution to Catholic Emancipation, Newport 1954, S. 285-287; Bernard Ward, The Eve of Catholic Emancipation. Being the History of the English Catholics during the first thirty years of the Nineteenth Century. Bd. 2: 1812-1820, London 1911, S. 113-116。

[58] 例如 The Orthodox Journal and Catholic Monthly Intelligencer Nr. 40 vom September 1816, S. 370 f.; Gazzetta di Milano Nr. 56 vom 25. Februar 1816, S. 216; Österreichischer Beobachter Nr. 62 vom 2. März 1816, S. 339; Baireuther Zeitung Nr. 58 vom 2. März 1816, S. 214; Lemberger Zeitung Nr. 31 vom 11. März 1816, S. 141 f.; Real.Zeitung Nr. 21 vom 12.

März 1816, S. 88 f.; Journal de la Province de Limbourg Nr. 75 vom 28. März 1816, S. I。

[59] 埃梅里克 1824 年去世，参阅 Clemens Engling, Anna Katharina Emmerick. Mystikerin der Nächstenliebe, Kevelaer 2011; Anna Katharina Emmerick. Leben und Wirken der Seherin von Dülmen, Leipzig 2008; Weiß, Seherinnen, S. 48-56。

[60] 参阅 Winfried Hümpfener (Hg.), Tagebuch des Dr. Med. Franz Wilhelm Wesener über die Augustinerin Anna Katharina Emmerick unter Beifügung anderer auf sie bezüglicher Briefe und Akten, Würzburg 1926, S. 198。

[61] 参阅 Peter Groth, Die stigmatisierte Nonne Anna Katharina Emmerick – Eine Krankengeschichte im Zeitalter der Romantik – zwischen preußischer Staatsraison und "katholischer Erneuerung", S：110, online：http://www.in-output.de/AKE/akekrank2.html（17.02.2012）。

[62] Journal de la Province de Limbourg Nr. 75 vom 28. März 1816, S. I.

[63] 可能是教宗近卫队贵族考斯塔古提侯爵的妻子。参阅 Notizie per l'anno ab 1828, S. 216; Art. Vessillifero di Santa Romana Chiesa, in：Moroni, Dizionario 94（1859）, S. 98-130, hier S. 109。

[64] 可能是第一任宫女皮克罗美尼男爵夫人。参阅 Diario di Roma Nr. 71 von 1828, S. 4。福斯蒂娜·里奇似乎被称为罗马的"仁慈女士"。参阅 Piano dell'istituto generale della carità e sua appendice, Rom 1816, S. 48。福斯蒂娜·帕拉恰尼嫁给某位里奇先生，参阅 Archivio di Stato di Firenze, Fondo Raccolta Ceramelli Papiani, Fasz. 6784（Famiglia Ricci）, online：http://www.archiviodistato.firenze.it/ceramellipapiani2/index.php?page=Famiglia&id=6339（10.07.2012）。

[65] 马太 1744 年出生，1777 年成为费拉拉大主教，1779 年成为派托地区红衣主教（1782 年公布），1815 年成为圣礼修会长老，1817 年成为圣彼得大教堂石匠工会长老，1820 年去世。Wolf（Hg.）, Prosopographie, S. 963-967.

[66] Vita della Serva di Dio. LaM. Maria Agnese di Gesù; ACDF SO St. St. B 6 e I und B 6 q I.

[67] 卡洛·艾曼努尔1751年出生，自1775年与法国公主玛丽·克洛蒂尔德结婚，1796年成为萨丁尼亚王国国王和萨伏依亲王，1802年退位。他将王位传给自己弟弟维克托·艾曼努尔一世，保留了萨伏依的亲王位置。1815年加入耶稣会，1819年去世。Giuseppe Locorotondo, Art. Carlo Emanuele IV di Savoia, re di Sardegna, in：DBI 20（1977），online：http://www.treccani.it/enciclopédia/carloemanuele-iv-di-savoia-re-di-sardegne_%28Dizionario-Biografico%29/（05.07.2012）.

[68] 法国公主玛丽·克洛蒂尔德1759年出生，1775年与萨丁尼亚王国王储卡洛·艾曼努尔四世结婚，1796年成为萨丁尼亚王国王后，1802年去世。Luigi Bottiglia, Erbauliche Lebensgeschichte der Dienerin Gottes Marie Clotilde von Frankreich, Königin von Sardinien. 译自法语，3 Bde., Augsburg 1819；Pietro Cavedoni, Biografia della Venerabile Maria Clotilde di Borbone, Regina da Sardegna, in：Continuazione delle Memorie di religione, di morale e di letteratura, Bd. 2, Modena 1833, S. 93-159；Art. Maria Clotilde di Francia, in：Moroni, Dizionario 42（1847），S. 316-318。

[69] Sommario del Ristretto contro il P. Leziroli, Nr. I：Cenni storici；ACDF SO St. St. B 7 e.

[70] 几乎所有与菲劳相关的耶稣会修士都于1816年之前去世了。教宗内阁礼仪主管和道德神学教师弗朗西斯科·安东尼奥·斯帕奇亚尼1810年去世，马尔科尼和皮尼亚泰利1811年去世，约瑟·多兹1813年去世。皮尼亚泰利去世前，将菲劳灵魂导师一职移交给耶稣会神父奥古斯丁·蒙佐。参阅Sommario del Ristretto contro il P. Leziroli, Nr. I：Cenni storici；ACDF SO St. St. B 7 e.

[71] 洛伦佐·利塔1756年出生，1793年成为泰邦大主教，同年成为教宗在波兰的使节，1797年成为圣彼得大教堂的门徒代表和使者，1801年成为红衣主教，1803—1816年为禁书审核院长老，1818年为罗马代理主教，1820年去世。Wolf（Hg.），Prosopographie, S. 873-877.

[72] Vita della Serva di Dio. La M. Maria Agnese di Gesù；ACDF SO St. St. B 6 q I.

[73] Sommario del Ristretto contro il P. Leziroli, Nr. I：Cenni storici；ACDF SO St. St. B 7 e.

[74] 德拉·真加 1794 年成为特鲁斯大主教，同年为科隆使节，1814 年为巴黎特驻使节，1816 年成为红衣主教，1823 年被选为教宗，1829 年去世。Notizie per l'anno ab 1820, S. 25；Wolf(Hg.), Prosopographie, S. 464-466.

[75] 参阅 Notizie per l'anno ab 1822, S. 27。庇护七世 1806 年 1 月 24 日下达的教宗通谕；Regola della Riforma delle Monache del Terz'Ordine di S. Francesco, Cap. XII. Del Protettore e Visitatore；ACDF SO St. St. B 6 r I。

[76] Ristretto con Sommario dei Costituti sostenuti dall'inquisita Abbadessa Sr. Maria Veronica Milza；ACDF SO St. St. B 7 d.

[77] Appendice al Ristretto informativo：Sr. Maria Luisa rifericse della Relazione e premura, che aveva Leone XII per il monastero di S. Ambrogio；ACDF SO St. St. B 7 f.

[78] 圣安布罗焦修道院似乎拥有多幅圣母画像，其中一幅早在 18 世纪就被敬礼。参阅 ACDF SO St. St. B 6 s；Bianchi, Notizie；Dreuille, S. Ambrogio, S. 30 und S. 78；Ragguaglio storico intorno alla sacr Immagine della SS. Vergine Consolatrice venerata nella chiesa di SantÁmbrogio delle Monache riformate del terz'Ordine di S. Francesco。此处的圣母画像来源于 1801 年去世的红衣主教弗朗西斯·萨弗里奥，后被玛丽亚·马达莱娜的父亲所购，并被带入修道院。参阅 Wolf(Hg.), Prosopographie（1701-1813）, S. 1324。

[79] Ragguaglio storico；ACDF SO St. St. B 6 s. 包括那不勒斯大主教、路易吉红衣主教以及萨丁尼亚国王卡洛·艾曼努尔等。Über ersteren Ekkart Sauser, Art. Ruffo-Scilla, in：BBKL 17 (2000), S：1172 f.

[80] 克拉莱利·帕拉恰尼 1799 年出生，1821 年成为宗教裁判所委员会顾问，1844 年为红衣主教，1860 年为主教和修会长老，1870 年为圣彼得大教堂石匠工会长老，1872 年去世。参阅 Wolf(Hg.), Prosopographie, S. 377 f。

[81] Sommario del Ristretto contro il P. Leziroli, Nr. I：Cenni storici；ACDF SO St. St. B 7 e.

[82] Appendice al Ristretto informativo：Sr. Maria Luisa riferisce della Relazione e premura, che aveva Leone XII per il monastero di S. Ambrogio；ACDF SO St. St. B 7 f.

[83] Wiseman, Recolletions, S. 261-263, hier S. 262.

[84] 参阅 H. W. van Os, Art. Krönung Mariens, in：LCI 2（1970）, S. 671-676; Heinrich Schauerte / Torsten Gebhard, Art. Corona, in：Marienlexion 2（1989）, S. 96 f. Die Krönungsinschrift auf dem Kuperstich des Gnadenbildes bei Dreuille, S. Ambrogio, Abb. 40。

[85] "教宗将其全部的特殊照顾和帮助与期待都放在了前人再建的耶稣会中。" Schmidt, Papstgeschichte Bd, 1, S.460. 又见 Martina, Pio IX Bd. 1, S. 243。

[86] ASV, Monasteri femminili soppressi, S. Ambrogio Busta 1 Vol. 3 Visitatio Apostolica 1824.

[87] Ristretto con Sommario dei Costituti del P. Leziroli, In nota, Oktober 1861; ACDF SO St. St. B 7 e.

[88] "Leone Papa XII. per la futura memoria del fatto." Breve Leos XII., 30. Januar 1829; ACDF SO St. St. B 6 r I.

[89] 奇诺蒂属于当时的实权派，曾创作多部重要著作。Notizie per l'anno 1861, S. 377.

[90] 佩罗内 1794 年出生，1851 年加入耶稣会，1823 年成为罗马学院教授，1830 年为费拉拉耶稣会修士学院教授，1850 年成为学院院长，1876 年去世。参阅 Erich Naab, Art. Perrone, in：BBKL 7（1994）, S. 227-229。

[91] Sommario del Ristretto contro il P. Leziroli, Nr. I：Cenni storici; ACDF SO St. St. B 7 e.

[92] Appendice al Ristretto informativo：Sr. Maria Luisa riferisce della Relazione e premura, che aveva Leone XII per il monastero di S. Ambrogio; ACDF SO St. St. B 7 f. 加布里埃莱·德拉·真加 1801 年出生，自 1852 年担任主教团和修会长老，1861 年去世。参阅 Weber, Kardinäle Bd. 1, S. 456; Wolf（Hg.）, Prosopographie, S. 467 f。

[93] Ristretto con Sommario dei Costituti del P. Leziroli, In nota, Oktober 1861; ACDF SO St. St. B 7 d.

[94] "Stato Pontificio. Roma 21 settembre. Domenica 15 del corrente, fiorno sacro al glorioso nome della Vergine SS. Ma, l'Em. Cardinal Pacca, vercovo ostiense e decano del S. Collegio, si portò com treno nella chies adi

Sant'Ambrogio, detta volfarmente alla Massima, ove consecrò, il nuovo arcivescovo di Berito monsignor Gabriele della Genga Sermattei canónico della basilica patriarcale Lateranense. LÉm. S. fu assistita nelláugusta ceremonia dai monsignori Genovesi, arcivescovo di Mitilene, e Mazenod, vescovo d'Iconia. Il sacro rito fu amministrato com dignità e decoro." Gazzetta Privilegiata di Milano Nr. 272 vom 21. September 1833, S. 1193.

[95] 参阅 Schmidt, Konfessionalisierung, S. 131-151。

[96] 参阅 Wolf, Ketzer, S. 141-190 und S. 379-382。

[97] 参阅 Bottoni, Scritture; Del Col, Inquisizione, S. 659-680; Gotor, Chiesa, v. a. S. 139-141; Anne Jacobson Schutte, Art. Finzione disantità, in: DSI 2（2011）, S. 601-605; Dies., Saints; Modica, Dottrina; Prosperi, Tribunali, S. 430-464; Zarri（Hg.）, Finzione。

[98] Zarri, Santità, S. 14.

[99] 参阅 Gotor, Chiesa; Samerski, Himmel, S. 61-92。

[100] 参阅 Miguel Gotor, Art. Canonizzazione die santi, in: DSI I（2011）, S. 257-260。

[101] Zarri, Santità, S. 15.

[102] Samerski, Himmel, S. 492-499.

[103] 参阅 Del Col, Inquisizione, S: 660。

[104] 参阅 Miguel Gotor, Art. Canonizzazione die santi, in: DSI I（2011）, S. 258; Ders., Chiesa, S. 110-120。

[105] 参阅 Overback / Niemann, Stigmata.。特蕾莎·诺伊曼1898出生在德国巴伐利亚农村科纳斯罗伊德。在一次灭火行动中后脊柱意外受伤而瘫痪在床，随后失去了视觉和听觉。1923年特蕾莎·冯·利西乌被宣福的那一天，诺伊曼突然恢复了视力，1925年对方被封圣时能够重新行走。1926年起民众开始敬礼她身上的基督圣痕。Die Heiligen und Seligen des 20. Und 21 Jahrhunderts, Düsseldorf 2010, S. 135-138. 又见 Paola Giovetti, Teresa Neumann ³1990. 皮奥神父1887年出生，1918年得到圣痕，1968年去世，2002年被封圣。参阅 Del Col, Inquisizione, S: 815 f.; Turi, Stigmate, S. 84 f; Pios Luzzato, Padre Pio, S. 54-96。

[106] Zarri, Santità, S. 15.

[107] 信仰告白这一概念来自海因茨·席林和沃尔夫冈·莱因哈德。Reinhard, Konfessionalisierung, S. 419-452, hier S. 420；又见 Ders., Konfession, S. 107-124.

[108] Reinhard, Konfessionalisierung, S. 427.

[109] Zarri, Santità, S. 20.

[110] Del Col, Inquisizione, S. 661. 又见 Gennari, Misticsimo。

[111] 数据来自 Weiß, Seherinnen, S. 44 Anm. 6。

[112] 参阅 Blackbourn, Marienerscheinungen, S. 54-63。

[113] 由于罗马宗教裁判所中心档案馆的资料直至 1989 年才开放，对于虚假宣圣的研究主要集中在地方案例上，参阅 Malena, Inquisizione, S. 289 f. Anm. 3。研究重点在 17 世纪和 18 世纪上半叶，因为当时严格的信仰告白是主流。Jacobson Schutte, Saints, S. Ⅻ. 又见 Malena, Inquisizione, S. 289-306。令人惊讶的是 19 世纪第二次信仰告白的相关文献还未出现。Blaschke, 19. Jahrhundert, S. 38-75. 罗马教廷对于信仰教育也集中在较早期。Processi del Santo Officio per affettata santità (1617-1771)；ACDF SO St. St. B 4p. Venerazione di persone non canonizzate o beatificate (1615-1783)；同上，B 4 b I. 又见 Del Col, Inquisizione, S. 814-816。

[114] 参阅 Wietse de Boer, Art. Sollecitazione in confessionale, in：DSI 3 (2011)，S. 1451-1455；Georg Holzherr, Art. Sollizitation, in：LThK[2] 9 (1965)，Sp. 868；Julius Krieg, Art. Sollicitatio ad turpia, in：LThK[1] 9 (1937)，Sp. 656 f.；Adriano Prosperi, Art. Sessualità, in：DSI 3 (2011)，S. 1417-1420。

[115] Congregazione per la Dottrina della Fede, Archivio. Rgolamento per gli Studiosi, Vatikanstadt 2003, S. 3 (Nr. 12)；Schwedt, Archiv, S. 267-280.

[116] Esami di Franceschetti, 22. Dezember 1859 und 7. Januar 1860；ACDF SO St. St. B 6 b, fol. 18r-28r.

[117] 见《圣经》哥林多前书 15：42，诗篇 16：10。参阅 Angenendt, Corpus incorruptum, S. 320-348；Ders., Heilige, S. 149-152 u.ö。

[118] Relazione informativa vom Januar 1861, Titolo I, zusammenfassender

Kommentar Salluas；ACDF SO St. St. B 6 c.

[119] Esami di Maria Veronica, 13. und 16. Januar 1860；ACDF SO St. St. B 6 c.

[120] 圣安布罗焦修道院众人以一种敬礼圣徒的典型方式来敬礼菲劳。圣徒画像有时充当圣髑的功能，特别是教会史上充满了类似圣徒画像发生神迹异象的记载。"不仅仅因为天国人物可以通过画像最大程度地展示其形体和外貌，而且他们可以通过画像彼此区别并生动起来。"Angenendt, Heilige, S. 188. 又见 Anton Legner, Vom Glanz und von der Präsenz des Heiltums – Bilder und Texte, in：Ders. / Louis-Ferdinadn Peters, Reliquien. Verehrung und Verklärung. Skizzen und Noten zur Thematik und Katalog zur Ausstellung der Kölner Sammlung Louis Peters im Schnütgen-Museum, Köln 1989, S. 33-147。

[121] 一种特殊祷告形式，呼唤每位圣徒之后，众人以相同内容进行回应。参阅 Balthasar Fischer, Art. Litanei, in：LThK^3 6（1997），Sp. 954 f；Carl Kammer, Die Litanei von allen Heiligen, Innsbruck 1962, S. 7。

[122] Relazione informativa con Sommario, Titolo I, Zitat Salluas aus dem Verhör der Äbtissin vom 13. Januar 1860；ACDF SO St. St. B 6 c.

[123] Esami di Maria Caterina, Maria Gertrude und Maria Colomba, Ende Januar / Anfang Februar 1860；ACDF SO St. St. B 6 c.

[124] Relazione informativa con Sommario, Titolo I：La condannata Sr. Agnese Firrao è sempre stata in venerazione di Santa in vita e dopo morte presso le monache di S. Ambrogio；ACDF SO St. St. B 7 c.

[125] 其封圣和历史参阅 Angenendt, Heilige, S. 74-80 und passim；Sieger, Heiligsprechung。

[126] Relazione informativa con Sommario, Sommario Nr. Ⅱ：Esame di Suor Maria Caterina di S. Agnese vom 31. Januar 1860；ACDF SO St. St. B 7 c.

[127] 其姓名在意大利文献中一般被误写为"Mosferzon"。保罗·麦克弗森1756年出生，1779年成为神父，1792年为爱丁堡教区负责人，1793年作为罗马专员，1798年被法国人驱逐出罗马流亡苏格兰，1800年重返罗马，1818—1826年和1826—1834年担任罗马苏格兰学院院长，1846年去世。参阅 Edinburgh Review, Bd. 119, Januar-April, New York 1864,

S. 98；Journal and appendix to Scotichronicon and Monasticon, Glasgow 1869, S. 595；David McRoverts, Abbé Paul MacPherson 1756-1846, Glasgow 1946。

[128] 普拉西多·祖拉1769年出生，1795年成为圣米歇尔学院神学讲师，1817年成为维也纳帕特里克学校道德神学教授，1823年成为红衣主教，1824年成为罗马代理主教，1834年去世。参阅 Wolf(Hg.)，Prosopographie, S. 1596-1600。贾科莫·菲利波·弗兰索尼1775年出生，1822年成为匈牙利的教宗使节，1826年成为红衣主教，1830年成为教会豁免会议长老，1834年成为信仰传播会议长老，1851年成为圣母无染原罪教义推广委员会成员，1856年去世。同上，S. 614-616。

[129] 引用萨鲁埃总结：Relazione informativa con Sommario, Titolo I；ACDF SO St. St. B 7 c。

[130] Relazione informativa con Sommario, Titolo II：Relazione continuata per oltre 10 anni, e direzione temporale e spirituale della Firrao verso le Monache di S. Ambrogio, e la totale dipendenza di queste da quella fino alla sua morte；ACDF SO St. St. B 7 c. 见后续。

[131] 萨鲁埃1859年11月29日在古比奥的亲笔记录，ACDF SO St. St. B 6 a, fol. 49r。

[132] 布鲁诺·布鲁内利应该于1805年或1810年出生，1830年成为古比奥教区的执事，1832年成为神父，1878年去世。古比奥教区档案馆。

[133] 卷宗自30页后提供古比奥当地裁判所进行的审讯材料，ACDF SO St. St. B 6 b。

[134] 参阅 Nikolaus Gihr, Die heiligen Sacramente der katholischen Kirche. Bd. 2：Die Buße, die letzte Ölung, das Weihesacrament und das Ehesacrament, Freiburg i. Br. ^{2}1903。

[135] 参阅 Jeffrey Burton Russel, Biographie des Teufels. Das radikale Böse und die Macht des Guten in der Welt, Wien 2000, S. 114。

[136] 此处选择了这一圣徒墓地用词。参阅 Hans-Jakob Achermann, Translationen heiliger Leiber als barockes Phänomen, in：Jahrbuch für Volkskunde 4 (1981), S. 101-111；Martin Heinzelmann, Art. Translation, in：LexMA 8

(1999), Sp. 947-949. Zu den Heiligengräbern vgl. Angenendt, Heilige, S. 460(Register)。

[137] 参阅 Angenendt, Heilige, S. 149-189。

[138] 圣触圣髑被视为"二等圣髑",例如圣徒生前使用或穿戴过的物品或衣物。参阅 Arnold Angenendt, Art. Reliquien / Reliquienverehrung Ⅱ: Im Christentum, in: TRE 29(1998), S. 69-74。

[139] 关于圣人们生活描述和研究,参阅 René Aigrain, L'hagiographie. Ses sources, ses méthodes, son histoire, Paris 1953。"生平"指的是特别的圣徒传记,"传奇"指的是亲自见证过圣徒的作者所记录下的故事。参阅 Peter Dinzelbacher, Der Kampf der Heiligen mit den Dämonen, in: Santi e demoni nell'alto medioevo occidentale(secoli Ⅴ-Ⅺ)(Settimane di studio del centro italiano di studi sull'alto medioevo 36), Bd. 2, Spoleto 1989, S. 647-695, hier S. 653。

[140] Relazione informativa vom Januar 1861, Titolo Ⅲ: Scritti ed altri oggetti conservati nel monastero di S. Ambrogio nonostante la proibizione. Perquisizione die medesimi; ACDF SO St. St. B 7 c.

[141] Esami di Maria Veronica, 13. Januar 1860; ACDF SO St. St. B 6 c.

[142] 该证词一部分保留在 ACDF SO St. St. B 6 w a—B 6 w e。

[143] Relazione informative con Sommario, Titolo Ⅳ: Brevi riflessi sù di alcuni scritti interessante al mérito della causa; ACDF SO St. St. B 7 c.

[144] 参阅不同修女的证词。玛丽亚·纳萨雷纳说:"女创始人给我们写信说上主向她启示了他的旨意,并指示我们如何将修道院管理得完全合他心意。她的指示被公开宣读,我毫不怀疑她是被圣灵所感写下这些内容的。"Esami di Sr. Maria Nazarena, 9. Februar 1860; ACDF SO St. St. B 6 d. 年长的修女玛丽亚·格特鲁德:"我们一致认可女创始人的圣洁,尽管她自己不读书,但她能直接从圣灵那里得到要写下来的内容。"Esami di Sr. Maria Gertreude, 12. April 1860; ACDF SO St. St. B 6 g.

[145] 参阅 Helmut Gabel, Art. Inspiration Ⅲ, in: LThK^3 5(1996), Sp. 535-538。

[146] Zeremoniale von Sant'Ambrogio; ACDF SO St. St. B 6 h I, fol. 9.

[147] Gabriel Ghislain, Art. Capitolo delle Colpe, in: DIP 2(1975), Sp. 176-

179; Hans-Jürgen Becker, Art. Schuldkapitel, in: LexMA 7 (1999), Sp. 1581 f.

[148] Relazione informative con Sommario, Titolo Ⅳ; ACDF SO St. St. B 7 c.

[149] 参阅 Bernard-D. Marliangeas, Clés pour une théologie du ministère. In persona Christi, in persona Ecclesiae (Théologie Historique 51), Paris 1978; Egidio Miragoli (Hg.), Il sacramento della penitenza. Il ministero del confessore: indicazioni canoniche e pastorali, Mailand 1999, S. 25-40。

[150] Engelbert Krebs, Art. Laienbeichte, in: LThK[1] 6 (1934), Sp. 340 f., hier Sp. 341.

[151] Relazione informative con Sommario, Titolo Ⅴ: Quale parte e responsabilità risulti a carico dei PP. Confessori Leziroli e Peters circa i titoli suddetti; ACDF SO St. St. B 7 c. 见后续。

[152] Relazione informative con Sommario, Salluas Resümee von Titolo Ⅴ; ACDF SO St. St. B 7 c. 莱兹罗利著作 *Sulle memorie della vita di Suor Maria Agnese di Gesù* 位于同上, B 7 f。

第 四 章

"把我洗干净些，因为神父要来了"
玛德蕾·比卡利亚的伪装成圣

通往权力之路的异象

玛德蕾·比卡利亚·路易莎的伪装成圣是调查程序的第二项控诉。[1] 萨鲁埃在对圣安布罗焦修道院三十多位修女的审讯中或多或少都会碰到这一主题。调查重点很快明晰——玛德蕾·路易莎的迷狂、异象和其他超自然经历几乎接近神秘的魂游世外状态。[2]

按照众人的证词，特别是年长修女们的证词，玛丽亚·路易莎成为女先知是相当早的事情了。她十三岁进入修道院，1847年成为初学修女并举行授衣仪式。那时起就有人说她"是特别被神恩宠的人"。当时的初学修女主管，亦即后来的女院长玛丽亚·维罗妮卡供认她在进入修道院第一年就看到了"耶稣的心被许多长矛刺穿"的异象。

这位年轻的修女完全沉浸在庇护九世所推崇的耶稣圣心敬礼的内心世界中了。耶稣圣心这一圣像主题后来被印刷了上千次，被用于进行宗教引导敬虔操练，几乎成了19世纪罗马敬虔表现的标志。[3]

玛丽亚·路易莎很快看到了其他的异象。特别是之前过世的女院长玛丽亚·马达莱娜据说曾多次向她显现。正是在其庇护之下路易莎得以进入修道院。身在古比奥的阿涅塞·菲劳曾经质疑过这一显现的真实性，她警告了玛丽亚·路易莎的上级以及告解神父莱兹罗利要当心，"因为这个女人似乎被魔鬼欺骗了"。在阿涅塞·菲劳1854年10月去世以后，玛丽亚·路易莎在修道院到处宣扬女创始人向她显现并"请求她的原谅，因为自己生前曾经质疑过她的美德和恩赐"。

几周之后，1854年12月，当时的女院长阿涅塞·塞莱斯特·德拉·克罗切也去世了。她过世之后仅仅几个小时，玛丽亚·路易莎就去找初学修女主管玛丽亚·维罗妮卡报告前女院长玛丽亚·马达莱娜在异象中向她显现并告知：阿涅塞·塞莱斯特·德拉·克罗切太过柔和亲切，"所以她要在炼狱之火中度过许多年，只有创始人修女阿涅塞·菲劳的代求和恩典才能使她得到自由。过世的克罗切说道：'新任的女院长必须致力于严格遵守规章制度。'她的命令是任命玛丽亚·维罗妮卡成为下一任女院长，初学修女主管成为副院长而玛丽亚·路易莎则应该成为初学修女主管。"这一异象被转达给莱兹罗利神父后，众修女一致做证她们被立刻通知出于"她们的义务"必须按照这一异象放弃自己提名的权利。就这样，根据玛丽亚·路易莎独自获得的属灵指引，她被正式提名并成为初学修女主管，而维罗妮卡也成了女院长，她的上任完全归功于玛丽亚·路易莎。

玛丽亚·葛苏阿达修女是为数不多的、以怀疑的目光审视玛丽亚·路易莎的"属灵"职位升迁事件的修女之一。她在1860年5月7日的审讯中说道："当我还是初学修女的时候，玛丽亚·路易莎曾给我念过女创始人信件的一部分，她在信里责备了路易莎的头疼和异象，认为是愚蠢之举。事实上在阿涅塞·塞莱斯特·德拉·克罗切生前，玛丽亚·路易莎确实一直被抑制着。在阿涅塞·菲劳和阿涅塞·塞莱斯特·德拉·克罗切去世之后，她才开始大肆宣扬自己的超自然经历，这当中包括了女创始人因曾经不信任她而请求原谅的显现。还是初学修女的时候，玛丽亚·路易莎就显露出对于权力强烈的企图心，她说过：'让我做一小时的主，我就可以把一切都纠正过来。'"

三年以后的1857年，副院长去世了。玛丽亚·路易莎给女院长玛丽亚·维罗妮卡带来一张纸条，并宣称是圣母亲自默示给她抄下来，并命令她将纸条转交给告解神父的，而神父"应当向候选修女们宣布她的意愿"。纸条上写着："根据圣母的旨意，玛丽亚·路易莎应该被选为修道院的副院长并同时兼任初学修女主管。"莱兹罗利再次在没有验证其真实性的情况下，毫不迟疑地照吩咐执行了。但这次他遇到了一些困难，多个修女表示了反对意见，她们一致认为玛丽亚·路易莎同时兼任两个职位太过年轻，并且表达了对于这一启示真实性的质疑。但萨鲁埃总结道，她们的意见还是被神父强行压制了下去，不得不保持沉默。他还补充道，一些修女本应当识破了玛丽亚·路易莎的"诡诈多端"。

一场有效的选举必须在圣安布罗焦修道院保护者，亦即代理主教在场的情况下举行。[4] 玛丽亚·路易莎再次传达了一个圣母的启示，告知红衣主教如果他当天不来参加圣安布罗焦修道院选举的话，他就会被家里由魔鬼伪装的仆人"用巧克力毒杀"。魔鬼是如此憎恨"热衷于推崇圣灵感孕教义"的莱兹罗利神父。他在这一事件中也扮演了传信人的角色。而帕特里齐神父也确实在1857年10月17日当天出席了圣安布罗焦修道院的选举。不出意外，一切事情都按照圣母的指示落实了。[5] 玛丽亚·路易莎借助其异象成功地铺就了自己在圣安布罗焦修道院的成功之路。她以仅二十四岁的年纪成为初学修女主管和负责人事部门的副院长。下一步就是成为女院长。但为此她必须等到现任院长去世或辞职，或者自己重新组建一家修道院。

这一职位变动在修会历史上是极为罕见的，因为负责管理事务的副院长和负责年轻修女们灵性生活的初学修女主管应该是彼此不搭界的。帕特里齐神父同意这一双重任命，表明他对于玛丽亚·路易莎的品格能力有多么地深信不疑。

玛丽亚·路易莎也利用其超自然恩赐来分配圣安布罗焦修道院的工作、决定修道院的精神主旨并特别用其来招募新人。众多年轻修女一致表示玛丽亚·路易莎利用其属灵天赋吸引年轻修女们加入修道院，并促使她们在初学期后决定发愿入会。有些证人说玛丽亚·路易莎在第一次与她们见面时就表示早已在灵里见过她们了。甚至有一些不符合规定的修女也会被吸收到初学期甚至举行授衣仪式。

一个典型的例子是玛丽亚·克罗奇斐撒修女。这位二十二岁的修女在1860年4月25日的审讯中招供[6]："我进入修道院时想着能马上再离开的，因为有个修女病得很厉害。但几天后我得知的一件神迹令我改变了主意，玛丽亚·路易莎的一个朋友安妮斯·伊蕾塔告诉我，路易莎在进行九日连续祷告寻求圣母安慰时，耶稣向她亲自显现并说如果我短时间离开修道院的话，就再也不会回来。而他特别希望我作为修女留在这里，如果我这样做的话他会特别赐福给我的家人。莱兹罗利神父在告解时也向我传达了相同的恩典和异象，并且补充道，他可以亲自给我家寄一封信阐明这一切恩典。但无论他还是修道院都不会在这封信上署名，他也警告我不要告诉别人谁写了这封信。这封信后来也得到了我母亲和叔叔的证实。"

玛丽亚·路易莎也断言过基督曾亲自在一个异象中披戴过她的斗篷。莱兹罗利神父将这件斗篷视为圣髑保存起来并在重要场合才拿出来展示。一些修女证实玛丽亚·路易莎曾向她们的脸"吹气"，以便她们"接受圣灵的浇灌"。玛丽亚·路易莎自己曾三次被女创始人在脸上吹气，而阿涅塞·菲劳也通过"这种方式得到圣灵的浇灌"。玛丽亚·路易莎在此是影射《圣经》中的一个例子，耶稣基督曾经向他的门徒吹气并说："你们要领受圣灵。"[7] 玛丽亚·路易莎想借此强调女创始人已经全权授权给她，如同基督授权给门徒一般。而且她还再次超越了《圣经》的榜样：像耶稣一样吹一次是不够的，必须三次才可以。

玛丽亚·路易莎还在圣礼中进一步强化自己的属灵合法性。有一次在受难礼拜五时，她在全体初学修女面前宣讲耶稣的受难并"拿着一个大玻璃杯宣称是圣餐杯"。在她自己从这杯中喝了以后，她将这杯递给修女们并说："我的女儿们，这是基督的杯，你们不要忘记你们领受这杯如同门徒当日从主领受那杯一样。你们要鼓起勇气来。"一位年轻的修女表示这杯中的液体喝起来相当苦涩，像是一种苦涩的利口酒，"一种奇怪的医院味道的阿月浑子"。玛丽亚·路易莎甚至模仿耶稣在最后晚餐时说的话，如同《路加福音》所记述的一样[8]，并将自己视为最后晚餐的主。玻璃杯、利口酒和阿月浑子给这一幕增添了一种荒谬的色彩。

相当多的修女证实上帝赐给玛丽亚·路易莎特别多的属灵"恩赐"，当中包括她被提到天堂、地狱和炼狱的神秘经历。玛丽亚·路易莎也多次向修女们讲述自己被带到天堂参与圣母升天瞻礼[9]的经历。她还在那里更深地了解了三位一体的奥秘并拥有了其他更深的神秘经历。圣母也将她多次带往地狱，她在那里"用脚践踏了魔鬼"并命令魔鬼不得再耍任何阴谋诡计。这里玛丽亚·路易莎使用了圣母节的普通概念，圣母"将地狱的蛇的头踩在脚下"。[10]

玛丽亚·路易莎在地狱的行动引起了魔鬼特别强烈的憎恨。魔鬼因此常常在深夜搅扰她。"清晨的时候她的脸部和嘴角常常有被打伤的痕迹，她修会服装的无袖外衣[11]也常常被扯成长条。"

玛丽亚·路易莎还声称她常常被引导前往炼狱，并在那里释放了多位修女直登天庭，大大缩减了她们的净化时间。她在炼狱还得到"神赐的特权，能够出席每一位去世修女的特别法庭"并为之代求。为过世的人代求，是天主教传统概念中圣徒[12]的一项重要任务。反之可以推论：如果人们相信某人可以在上帝那里进行代求，则这个人会被视为圣徒。

玛丽亚·路易莎被圣安布罗焦修道院的众多修女证实，常常能够与天堂里的人物交流。她也常常流露出先知的用语，人们可以听到她在神秘的经验里与基督交流。她"始终和圣母、天使、过世的女创始人和玛丽亚·马达莱娜进行谈话"。

圣徒们一般都有说预言的恩赐。[13]其他修女们能够证实玛丽亚·路易莎也满足这一要求。特别有趣的是在调查法庭上她说了一条关于庇护九世的预言：教宗有坠入永恒咒诅的危险，但是玛丽亚·路易莎通过祷告拯救了他。玛丽亚·路易莎的所有这些经验都非常符合中世纪女性神秘主义的要素。

神秘主义和神秘论主义

人们在日常生活中提到"神秘"一词时，往往带有一系列的意指。一般来说这个词指的是测不透和笼罩着神秘气氛的意思，也可能指魔术般的和灵异的，也可指隐蔽的和超自然的，也可指无法解释和无法理解的，甚至魔鬼般的和属灵的。[14]在一个现代理性的世界，这个词看起来似乎格格不入。但近十年的新灵性运动及秘传教义的复兴，使神秘主义实践再次获得生机。首先是基督教以外的萨满教和泛神秘主义、新印度教宗师、瑜伽修行以及禅宗冥想。后来基督教内部也受到神秘敬虔主义的极大影响,特别是1981年默主歌耶的圣母显现事件以及意大利皮奥神父事件。

在天主教教会历史上,出于神学和教会政治原因,人们大多会以怀疑的态度看待神秘经验。天主教认为,上帝亲自启示的耶稣的信息由使徒向其继任者,也就是主教们传递下来,形成了一系列不间断的见证人。教会最重要的任务就是要传递这一来自上帝的启示信息。信道是从听这些受膏的男性见证人宣讲而来,因此更有保障的信仰只有通过教会介绍才有可能达到。[15]

此外,神秘主义被认为是通往基督的第二条特殊而直接的道路。作为神秘运动最重要的要素就是对绝对存在的直接经验、灵魂直升至上帝面前以及与基督的联合。[16]唯一的奥秘肯定来自上帝。神秘主义者可以通过冥想、苦行或禁食来进行预备,最终会"充满恩典地被上帝的真实所抓住"。[17]这一直接神观的可能性多发生在女性身上,她们利用这一特殊途径可以与属灵机构的排外性进行抗争。[18]

教会对于这些所谓的个人启示持相对怀疑态度。[19]因为众多的神秘主义者会在自己的神秘经历中牵涉教会政治,并要求进行等级制度改革。也正因此,他们中的许多人被逼迫、追踪、囚禁,甚至被视为异端而遭到裁决。锡耶纳的凯瑟琳、宾根的希尔德加德以及大德兰修女,都是通过长期的奋斗才获得了教会的认可。对于裁判所来说,真正的神秘主义者是非常罕见的,更多的都是假的神秘论者。

这类由神秘主义者"获得的上帝的知识"和"直接的对于上帝本质的观察",一般是灵性的,但也有可能是肉体甚至带有色情意味的。尤其是中世纪的女性神秘主义总是使用《圣经》旧约《雅歌》中充满色情意味的词语来描述神秘经验。"神秘合一"也常常被理解为在天上与基督的婚姻或联合。[20] 作为这一联合的标志，神秘主义女性们甚至会得到一枚属天的戒指，就如同婚戒一样成为上帝新妇的标志。[21]

最著名的新妇神秘主义应该数锡耶纳的圣凯瑟琳[22]的神秘婚姻。多明我会修士卡普阿的雷蒙德[23]在描述这位女性的传记里详细地报道了这一事件。凯瑟琳在"熊熊燃烧的爱火烈焰中"再次向其"永恒的灵魂新郎"基督提出与其进行"最深联合"的请求。主如此回答："我已决意与你共同庆祝婚姻盛筵：如同我向你应许的一样，我会与你在信仰中联合！"之后，圣母抓住凯瑟琳的右手并将它递给基督耶稣："戴上这个镶了四颗珍珠和一颗闪耀钻石的戒指。基督拂过凯瑟琳的右手无名指。看呐，他发愿娶她为妻。之后他们都消失了，但戒指却留了下来，从此这枚只有凯瑟琳能看到的戒指陪伴了她终生。"[24] 卡普阿的雷蒙德特别强调了这一点。这枚戒指来自天堂。由于只有神秘经验者被提到天上，所以也只有她能看到这枚戒指。就算凯瑟琳回到尘世，这枚戒指也成为超自然经历的一部分保留了下来。告解神父由于没有参与这一神秘经历，也就无法验证这枚戒指的真实性。这戒指只存在于神秘世界中。[25]

神秘主义作为一条认识上帝的特殊途径，一直影响着教会历史的发展直至宗教改革时期。但在17世纪的时候，神秘主义陷入了一场危机。神秘主义者们，尤其是神秘主义女性受到了宗教裁判所的严格审视。特别是神秘经验中越来越被强调的人的绝对"被动性"，意思是所有行为都是上帝发出的，这一对于恩典的错误理解使很多人陷入神秘更正主义。在理性启蒙时期，神秘经验往往被视为一种理性主义的怪胎而被普遍怀疑。

但是仍然存在相反的思潮。在唯物主义和自然科学的年代，人们再次掀起了超自然主义热潮。新兴的灵性主义以其降神会、灵媒和飘移成为19世纪理性的现代主义和科学信仰的推动力。[26]个人敬虔主义实践领域里,启蒙运动和浪漫主义、理性主义和神秘主义、世俗化和强烈的去世俗化不停地轮番上演。[27]包括受过教育的天主教徒也渴望着"世界的再魔幻化"。浪漫主义的早期代表人物常常就是天主教徒,或至少是对于天主教有好感的人士。克莱门斯·冯·布伦塔诺就在其作品中颂赞了圣痕者卡特琳娜·埃梅里克。[28]

从这一角度来说,神秘主义再次被教会视为文雅和合乎礼仪的。更正主义出现了强调复兴"内心"的敬虔潮流。特别值得一提的是所谓的阿尔戈伊尔觉醒运动。[29]尤斯蒂努斯·克纳1829年出版的畅销书《女先见》中描述的弗里德丽克·豪费的事件世界闻名。一名年轻的新教妇女可以听到彼岸的声音、看到超自然光亮显现并能够进行超自然力量的预言。[30]

在天主教内部,评论员约瑟夫·格雷斯首先发展出一套神秘主义的新观念。[31]格雷斯对于可视的和可感知的神观特别感兴趣。人可以成为媒介,成为彼岸世界的入口——无论圣灵或邪灵。[32]"成圣的馨香"和"狂喜的光环"中,神秘主义者的身体会在神秘的联合中得到神圣的"伤痕"。[33]

这种伤痕被视作上帝在历史中持续的作为,且被解读为其强而有力的同在的神迹。对于天主教徒来说,"以明确的灵异显现作为上帝之灵效果真实性的自然科学的证据,恰好是解读自然科学的有效方法"。[34]圣母显现和神迹奇事按照这一理念就不是非理性的迷信现象了,而成为符合科学可信性和物质主义的证据。

从这一角度来说,神秘主义的"肉体伴随显现"就显得愈发重要。[35]神秘主义现象愈发被理解为天主教上帝信仰的"明确的、可实验式的确据"[36]。但是魔鬼也会利用神秘主义者作为进入世界的入口。超自然界邪恶的一面也会在此岸世界显形。因此面对神秘主义时始终需要谨慎和分辨。

天主教内部对于神迹的信仰，一直持续到19世纪中叶，就如同1846年出版的作品《神迹信仰》的书名一样。编纂者J.W.卡尔兴奋地报道了大量圣母显现、狂喜和圣痕女性的事件。否定所有启示和超自然事实的年代终于过去了，冷淡主义也已经消退。基督和使徒的"神迹一直延续到我们的年代"[37]。"整个神秘主义重新获得了复兴，一度被视为老生常谈的寓言重新被看作事实。"[38] 神秘主义神迹奇事的意义不仅仅在于神秘主义者自己获取了超自然经验，更重要的是与基督的神秘联合的"恩典的超自然效果"会在自然界显明出来，也就是显明在神秘主义者身上。[39] 对于神迹奇事的相信已经不仅仅是个别神学家的个人理念问题，而是"无误教会"教导的、"不可怀疑的"信仰真实。[40]

19世纪天主教神秘主义的一个关键标志就是超自然在自然界中的明确显现，彼岸着陆在此岸。天堂人物以可视化形式显现在世界中，圣痕也理所当然如同属灵馨香一般，从与基督联合的新娘身体里冒出来。天堂戒指作为这一婚姻的标志，锡耶纳的圣凯瑟琳所拥有的戒指还是别人无法看到的，现在上帝临到的标志则必须成为可视的和物质化的。

这样看来，圣安布罗焦修道院发生的超自然现象也属于这一范畴。《神迹信仰》包括了日常发生的异象、狂喜和其他神秘现象。此外，修道院的修女们一直不断被教导，将锡耶纳的圣凯瑟琳、圣女大德兰直到圣女格特鲁德等伟大的神秘主义圣徒作为她们的榜样。玛丽亚·路易莎是如何看待自己的属灵恩赐的？她是真正的神秘主义者吗？还是说她的作为来自魔鬼？

戒指和玫瑰馨香的世俗来源

带着这些问题萨鲁埃开始了对修女们和其他证人的审讯。[41] 在萨鲁埃提交给主教们的莱兹罗利神父写给帕特里齐神父的信件中，早在19世纪40年代末他就提到了玛丽亚·路易莎"与基督耶稣的属灵婚礼"。圣母、圣方济各以及两位过世的修女玛丽亚·马达莱娜和特蕾莎·马达莱娜当时也在场。[42] 萨鲁埃的报告中记录到玛丽亚·路易莎得到了一枚修女们和女院长"多年以来在不同场合"能够看见的属天戒指。这一戒指不断改变着自己的形状和大小，一直增添着自己的"装饰和美丽"。这枚戒指"有时显得如此巨大灿烂，以至于能遮盖整个手指"，有时变成一个镶嵌着一个小十字架的金戒指，有时又变成一个镶嵌着巨大"树桩般的"十字架的戒指。玛丽亚·路易莎在谈及这一变化的秘密时羞得满面通红，她偷偷告诉女院长，主送给了她不止一枚，而是多枚戒指来"装扮"她，而"最耀眼夺目的那一枚"曾属于圣母玛利亚所有。

起初只有女院长知道这一属天婚礼和戒指的事情，但后来当然整个修道院都以恰当而神秘的方式了解了这一秘密。女院长曾告知大家：有一天玛丽亚·路易莎的头痛被众修女和告解神父视为"属天而特别的"。她曾发现玛丽亚·路易莎在床上奄奄一息，她戴着两枚戒指，"一个比一个贵重"。之后女院长叫来莱兹罗利神父并向他透露这一"奥秘"。神父立即聚集了一些敬虔谨慎的修女来玛丽亚·路易莎房间，并向其宣布其中最华贵耀眼的、镶有红宝石和钻石组成的百合花和玫瑰花的那枚戒指曾经属于圣母。正是圣母将这一枚戒指送给了"特别受恩宠"的玛丽亚·路易莎。众修女应当"跪拜玛丽亚·路易莎并向其念圣母经祷文"。之后她们应亲吻这一枚令人敬畏的戒指，以"解救出一些遭受炼狱之火的灵魂"。同时修女们还看到了证明这位年轻漂亮修女神圣性的一个附加证明：当人们把失去意识的玛丽亚·路易莎胸前的薄被揭开时，马上"从她心脏处飘出一股充满整个房间的神圣馨香"。

玛丽亚·路易莎凭借着拥有属天戒指获得了两位耶稣会修士告解神父的支持，这戒指变成了她的主权标志。在她当选为副院长之后，违背一切禁地限制允许两位神父进入修道院。彼得斯神父在装扮一新的修女会堂里导演了一出效忠大戏，他命令所有修女们排队轮流以极其敬畏的态度来亲吻这枚"神迹戒指"。之后两位神父也亲吻了玛丽亚·路易莎手上的这枚戒指。一般来说只有紧急状态下男性才能够进入修女修道院，玛丽亚·朱塞帕在审讯中特别强调了这一明显违规的事件。"我注意到神父们进入修道院进行庆典时，并没有人生病，他们也没有去探访任何一个病人。"四十七岁的玛丽亚·朱塞帕当时是修道院的护理人员，她应该是非常清楚当时的情况的。

玛丽亚·路易莎透露其"秘密"之后，两位神父都建议她在公众场合也一直戴着这戒指。莱兹罗利神父充满骄傲地在修道院年鉴中提到这枚戒指镶嵌着六十五块宝石。[43] 修女们也因着许多的疾病得医治的案例而深信玛德蕾·比卡利亚的戒指能够行出"神迹"。

许多修女提到，在沉默进餐时"她处女之身散发出一阵阵天堂般的馨香"。萨鲁埃也记录道，许多人见证了数天之后她的身体散发出强烈的浓香，如同玫瑰萃取物或玫瑰精油一般。女院长声称这一馨香是从天上赐下并见证了玛丽亚·路易莎的"纯洁和圣洁"。两位神父也确认了这种说法。

最后修女们还发现了第二个散发馨香的地方：在圣坛里有两块瓦砖会散发出这种愉悦的馨香。神父和修女们都相信"圣母玛利亚曾经踏足在这两块砖上并留下了芬芳的香气"。

当然也有人持不同意见。医生皮亚佐利曾多次问过女院长："玛德蕾·比卡利亚所佩戴的那枚闪闪发光的贵重戒指到底是什么样的？"女院长回答说，玛丽亚·路易莎佩戴这枚戒指是为了祝福初学修女们。医生反驳道："这违反了圣方济各倡导的贫穷。"医生还在其他场合警告过女院长："请您多注意玛德蕾·比卡利亚，她太傲慢了。"但是反对派还是少数。多名修女也证实，除了两位神父以外，还有几位协助忏悔的耶稣会修士进入了修道院欢庆玛丽亚·路易莎为圣。

玛丽亚·路易莎的成就超过中世纪以来所有的女性神秘主义的榜样。她的戒指能够让所有人看见并摸到，这非常符合19世纪的神秘主义新理念。她能够拥有多枚属天戒指是非常罕见的现象，正如她借着戒指成圣一样。玛丽亚·路易莎还散发出玫瑰和百合的香气，更证实了她的独特性。早在奥古斯丁的年代，玫瑰就被视为圣母玛利亚的象征，人们也坚信在主的花园里，少女们会散发出百合的馨香。[44] 玛丽亚·路易莎成功地以其大量的圣洁香气确保自己圣徒的地位，不再有人对她加以怀疑。

对于萨鲁埃来说，需要揭露玛丽亚·路易莎成圣的假象。很快，修道院律师路易吉·弗兰切斯凯迪在这一点上起到了关键作用，他作为证人被提审了五次。[45]

第一次提审时，弗兰切斯凯迪就表示出于工作原因他与女院长和副院长常常有联系。有一次他得知修道院处于极大的轰动状态中，因为圣安布罗焦1859年秋天要迎接使徒性的检查。女院长告诉他，这次苦难是对修道院的一次试炼，但她坚信一切都会安然度过。当时涉及两个事件：一个是对女创始人的封圣，一个是玛丽亚·路易莎遇到的神秘事件，特别是属灵戒指。弗兰切斯凯迪有充足的理由对此表示极度震惊。

他不情愿地告诉了调查法庭戒指的来源。玛德蕾·比卡利亚在两年前就通过他在罗马一名金匠处预订了一枚镶有黄金十字架的戒指，但并没有向他透露戒指的用途。一段之间以后，她小心翼翼地订购了第二枚更贵重的戒指，并警告弗兰切斯凯迪不得向修会里的修女和神父透露任何一点信息。之后她订购了型号更大、镶嵌着不同颜色宝石、比前两枚都要贵重许多的第三枚戒指。

这事之后，玛丽亚·路易莎对律师表示她非常喜欢这些戒指，所以她打算再订购一个手镯和戒指。她希望戒指上面镶有红宝石花瓣和绿宝石花叶构成的玫瑰和百合花交织的装饰。据弗兰切斯凯迪坦白，玛丽亚·路易莎如此喜欢这枚戒指，她甚至表示这枚戒指是为修道院中另外一人预订的。他最终也向法庭坦白了涉及的金匠是罗马的托法内利和科拉列蒂，并透露了戒指的价格。玛丽亚·路易莎也没有亏待他：她送了他几个利用多余材料制成的镶宝石的金手镯。弗兰切斯凯迪非常详细地描述了这枚戒指，萨鲁埃从中了解到玛丽亚·路易莎曾要求能从底部打开这枚戒指。调查官猜测她是为了能够突然藏起手指上的戒指才提出这个要求的。玛丽亚·路易莎也要求弗兰切斯凯迪要严格保密，并警告他必要时要对检查员说他是为某位陌生人定制这枚戒指的。

弗兰切斯凯迪也承认玛丽亚·路易莎多次从圣伊格内修斯休药房购买了价值一个保罗银币[46]的七八十滴玫瑰精油。她解释说是为了医治一名叫玛丽亚·贾钦塔的姐妹才购买这些东西的。

玛丽亚·路易莎肯定是想法支付了戒指和玫瑰精油的账单。这对她恰逢其时，因为她作为修道院副院长正负责管理修道院的资产。特别是她有权力管理修女们进入修道院时捐赠的嫁妆。调查法庭的案卷显示，玛丽亚·路易莎差遣了某位初学修女的母亲安娜·卡瓦奇去购买"一些小东西"。这位母亲在某次审讯中承认，修女主管非常秘密地命令她去修理一枚镶有宝石和钻石的金戒指和手镯。当她把首饰带回去时，路易莎对她说这是为了帮卡塔琳娜·冯·霍亨索伦解决问题。受侯爵夫人委托，玛丽亚·路易莎又订购了四枚镶有十字架的金戒指。安娜·卡瓦奇总是按照副院长的吩咐每次只买一件首饰，以方便支付账单。此外，她还按照吩咐以每瓶十个贝阿科[47]的价格购买过三次玫瑰精油，据说也是为了侯爵夫人。

其他的审讯也证明了玛丽亚·路易莎在被捕前几天曾秘密命令她信任的玛丽亚·伊格纳修亚将她所交托的戒指和圣母印章藏到安全的地方去。副院长被捕后，年仅二十多岁的伊格纳修亚打开了密封的信封，发现里面是一枚大戒指、两枚小戒指和圣母印章。之后她将"这些东西连同信封扔到了秘密地点"，也就是粪坑里。

根据这一线索，萨鲁埃终于可以开展具体的搜查工作。"在得到上述线索之后马上采取了必要的法律措施，以便得到所述物品。多次为神圣法庭效劳过的泥水工师傅在进行发愿后，（与其他三人一起）开始在圣安布罗焦修道院的厕所进行搜查工作。他小心谨慎地开展这项工作。女院长得到告诫必须开放整个修道院进行协助。因为有的地方必须秘密进行，这些工人必须发誓不得透露自己的姓名和来历，同时要保证使修会修女们远离搜查地点。由于他们不熟悉修道院内部场所，在执行任务过程中也遇到一些难题。女院长断言所有的厕所都汇聚于下水道，她非常不愿意见到让人在修道院的墙上钻出个大洞这类的损失。调查官却十分坚定地要把搜查工作进行到底。他安慰女院长墙上的大洞不会引起什么大的损失，这只是必要的步骤而已。第二天泥水工就在厕所的排水闸发现了上述物品并将其上交。墙上的洞被修补完好，整个行动谨慎、秘密地结束了。"

这样，戒指和玫瑰馨香的世俗来源得到了证实，从萨鲁埃的相关问询报告中可以明显看出他对于成功揭露了玛丽亚·路易莎的"神圣"假面是多么满意。[48]

圣母来信

在审讯女证人的过程中，萨鲁埃遇到了第二个愈发明显的神秘现象：几乎所有圣安布罗焦修道院的修女们都证实圣母曾从天堂给她们写信，这些信件出现在修道院里并在整个修道院群体生活中发挥着重要作用。[49] 早在调查菲劳的时候萨鲁埃就知道据说女创始人曾在死后从天堂写来"一些精美信件"。现在圣母居然亲自动笔了。

萨鲁埃提出的第一个问题就是：圣母在天堂所写的信件到底是如何降临到圣安布罗焦修道院的？修女们一致见证：天堂来信通常物化在一个木质小匣子里。告解神父彼得斯掌管唯一的一把钥匙。一般来说总是在他打开木盒时，就会发现一封天堂来信已经躺在那里了。如果有谁想回复这信，她可以请求彼得斯神父将自己的回信放在匣子里然后上锁。第二天这封回信会消失升天。或许因为这匣子被放在显灵圣像的祭坛上，所以它与圣母有着更为直接的联系，也能保存其信件。

第二个肯定引起萨鲁埃兴趣的问题就是信件的内容。根据女院长和修女们的证词，这些信件一再重复着圣母如何盛赞玛丽亚·路易莎。萨鲁埃这样总结，在信里，"被审讯的玛丽亚·路易莎被称为极珍贵的珍宝，得到极大的赞扬，特别是她还具有不可比拟的谦卑和忠贞"。信中还称："忤逆或蔑视她的人将承受来自圣母的愤怒。"圣母还给出了进一步的具体指示，玛丽亚·路易莎得以凭借这些指示掌握并控制整个修道院。圣母玛利亚威胁众人将在此世和永生中严厉地惩罚那些不顺服者。

萨鲁埃开始关注彼得斯神父，因为只有他拥有小匣子的钥匙。但是他为什么会卷入这种事情中？

彼得斯神父被呼召成为圣安布罗焦的第二告解神父，就是由于女创始人的一封天堂书信。玛丽亚·路易莎将其递交给女院长，女院长又递交给了耶稣会总会长。这位总会长立即执行了这一天堂任务。这封书信使原本第二告解神父贝内代蒂的名誉大大被损坏。他被指责与去世的玛丽亚·阿格斯蒂娜修女有过一段亲密关系。耶稣会总会长将尼古拉·贝内代蒂神父撤下，换上了朱塞佩·彼得斯神父。萨鲁埃着重指出，有些修女明确意识到玛丽亚·路易莎"偏爱彼得斯神父并对他抱有一种特殊的好感"。很显然，早在神父偶尔在圣安布罗焦修道院主持礼拜和告解时，玛丽亚·路易莎就已经认识他了。

耶稣会总会长在耶稣会内部的权力几乎没有限制。[50]修会的成员必须按照士兵一般的顺服态度接受他的命令。一般修会的标志是某一家固定的修道院、统一的会衣和共同的祈祷文，依纳爵·罗耀拉（耶稣会修士创始人）在耶稣的指引下，有意识地构建了一套区别于传统修道方式的、全新的修会类型。耶稣会修士在其发第四次誓愿（绝对效忠教宗）时具有极高的灵活度：在贫穷、贞洁和服从的基础上还有对于教宗的绝对顺服，这使得他们也同时成为教宗的预备军。正因如此，耶稣会修士的任务交替由一纸文书就能决定。当时的耶稣会总会长是彼得鲁斯·约翰·贝克[51]，1795年出生于布拉班特，1819年接受教区神父受职仪式，同年10月成为耶稣会的初学修士，1852年被提名成为奥地利会省主教，1853年成为耶稣会总会长。

由于总会长的身份地位，1860年3月对其进行的审讯并非是萨鲁埃主持的，而是按照教宗指示由专员莫纳科·拉·瓦莱塔主持。总会长承认，他的确曾应"修女们的请求"撤销圣安布罗焦修道院告解神父贝内代蒂。总会长将莱兹罗利神父描绘为"一个善于顺服规章制度的、头脑简单的人"。总会长还断言"彼得斯神父在敬虔德行方面的声誉不如莱兹罗利神父那么有影响力"。[52]

萨鲁埃当然也很想知道圣母和彼得斯神父之间的通信到底是如何实现的。很显然除了这两人就只有女院长明白这一点了。[53] 萨鲁埃明显非常努力想将这些天堂来信当作呈堂证供，但是失败了。因为玛丽亚·路易莎和彼得斯神父早就设计好，为防止这些信件落入宗教法庭手里，他们把一切信件都烧毁了。萨鲁埃只能被迫重新构建每封信件的内容，信件总量估计达到数十封。

但我们的审讯官还算幸运，耶稣会总会长贝克在其审讯中向裁判所陪审法官莫纳科·拉·瓦莱塔承认自己也曾收到过一封天国来信。虽然一开始他并没有想起来，但后来他承认已经把这封信烧掉

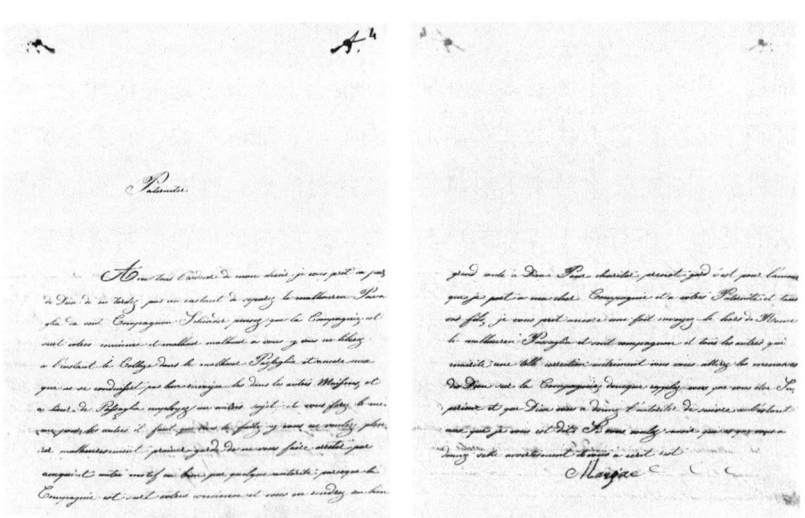

这封信由童贞女圣母玛利亚写给耶稣会总会长贝克

了。在瓦莱塔步步紧逼之下,贝克答应再到自己的文件堆中去找一找。最后,总会长找到了这样一封信并交给了裁判所。[54] 这封信以法语写成,信里并未注明日期,其德文版如下[55]:

> 神父:
>
> 我以上帝之名衷心地恳求您千万不要耽延将帕萨利亚和他弟兄施德尔分开;请想想您对于整个团契的责任。哀哉,您未能立即将教廷同不幸的帕萨利亚分开,也没有将那些举止不当的人转移到别的地区,并另外找一个人代替帕萨利亚。如果您不想变得不幸的话,就请务必做到这一点,同时请注意:千万不要被任何人或权力机构所拦阻,因为您对于整个教廷负有责任,要知道最后您必须为此向上帝交账的。看在上帝的分儿上,请务必做到我的要求!这都是出于我对于我的宝贵团契、你们神父以及众教子的爱护之情。我再次要求您尽快将不幸的帕萨利亚以及其他配得此惩罚的弟兄送出罗马,否则您将为此而招致上帝的怒火。请您好好想清楚,作为教团的首领,上帝赐予您这权威立即执行我的命令。若您想知道给您写信的是谁,就是玛利亚。

这位"玛利亚"在信中没有使用教会官方语言拉丁文或其母语阿拉姆语,原因不能确定。不过19世纪的通用官方语言确实是法语,许多人写信都使用法语。[56] 也许这是这封"天国"来信选择了法语表现形式的原因。也有可能教父比较偏爱这一门语言,或者单纯因为耶稣会总会长彼得鲁斯·约翰·贝克的母语是法语。

此外,这封信中的许多文法错误表明起草者的法语水平非常有限,或者仅仅具备口语表达能力。其中决定性的一点是:圣母在这封信中的要求,切切实实地发生在了1857年。遭厄运的帕萨利亚确实被迫与施德尔——其实应该是施拉德尔——分开了。1857 年 8 月 3 日克莱门茨·施拉德尔按照耶稣会总会长的命令从格列高利大学调到维也纳大学的天主教神学院。彼得鲁斯·贝克顶着巨大的反对声音将两位教父直接送走。[57] 于是帕萨利亚不得不卸下在耶稣会的所有职务和格列高利大学的教授职位。

生于 1812 年的卡洛斯·帕萨利亚[58]是罗马教廷一位最具有鲜明特色的神学家。他于 1827 年加入耶稣会，1840 年举行神甫受职仪式后成为宗座德国学院的年级长并于 1844 年取得格列高利大学教义学的教职。在那里，帕萨利亚与生于 1820 年来自希尔德斯海姆的伊祖姆的学生，亦即之后成为他同事的克莱门茨·施拉德尔成为了朋友。[59] 施拉德尔在 1840—1848 年就读于宗座德国学院并于 1848 年加入耶稣会。同一年由于罗马大革命，耶稣会修士纷纷受到流亡迫害。两人同时流亡到德文郡的昂格布鲁克并在那里继续教学生涯。在这一过程中，帕萨利亚由于支持传统托马斯主义而陷入日益增长的新托马斯主义（新经院哲学）的反对浪潮。同时他对于意大利统一运动采取务实态度并努力在教宗统治和发展中的意大利国家达成沟通桥梁，也正因这一点而遭到很多教廷同僚的质疑。帕萨利亚关于这一方面的著作也在之后被列入了罗马教廷的《禁书目录》。[60] 帕萨利亚在教宗庇护九世时期因捍卫教廷无误论和 1854 年确立圣母无染原罪教义而获得极高声望。天国来信当中提到的"不幸的"帕萨利亚主要是出于未提及的对于帕萨利亚与克莱门茨·施拉德尔同性恋关系的指控。[61]

现在的问题是圣母来信到底是两人分开的原因，还是一种对未来的先知性预言，尽管"先知时代"早已结束。贝克下达的施拉德尔调动命令日期是 1857 年 8 月 3 日，如果这封来信的撰写日期早于调动日期，那么它确实有可能对于总会长的决定产生影响。

萨鲁埃一定被这个问题深深触动：作为"黑衣教宗"的耶稣会总会长，如果确实按照这封信而做出了相关决定，那么意味着他承认了这封天国来信的权威性。

这封致贝克的天国来信一定在教廷传得沸沸扬扬，而莱兹罗利也听到了风言风语。所以他命令玛丽亚·路易莎给他一个书面的详细解释。玛丽亚·路易莎不情愿地在1857年8月5日完成了这个任务。[62]

仅仅为了表达一种顺服姿态，玛丽亚·路易莎告诉莱兹罗利圣母玛利亚如何在修道院向她亲自显现，并"向她解释了整个罗马教廷和相关两位神父的事情"。圣母如此对她说："请听好，我的女儿啊，教廷上层的失误……我曾对你说过，你应当为我所深爱的教会祷告，我也给总会长写了一封信，内容正如同我对你解释的一样。"圣母也表达她的"好儿子彼得斯"会负责"将野兽般的此人驱除出教廷"。圣母还不顾路易莎的求情，坚决判了帕萨利亚死刑。她直接表示："可怜的卡洛斯，可怜的卡洛斯，他的高傲毁灭了他。"

如果玛丽亚·路易莎是于1857年8月5日给莱兹罗利回信的话，圣母来信的时间就很有可能早于调动命令的8月3日，也就是说，这封天国来信确实有可能影响到耶稣会总会长的决策。这在今天看来简直是一件不可思议的事情，但是在当时，圣母来信究竟是一件非同寻常的事情呢，还是圣母几乎天天在干涉教廷的工作呢？

圣母玛利亚世纪

19世纪是一个宗教女权主义化的时代。[63]女性和男性在世俗世界扮演不同角色：男性操控政治，女性则负责家务和宗教；男性投身于天主教组织和党派，女性则较多出现在主日敬拜和宗教性节日中。所谓"教团之春"的这一世纪，从事扶贫济困、儿童抚养或女童教育的女性宗教团体犹如雨后春笋般纷纷涌现。她们不仅更多地操练敬虔，同时也变得愈发感性化，注重感受、委身、谦卑，同时还有狂热情绪。反教权主义者们，尤其是耶稣会修士的反对者们充分利用了这一现实，他们认为耶稣会修士不具有男性气概。女性成了"耶稣会化的性别"，而男性耶稣会修士被批评为"柔弱且女性化"。[64]

在这一背景之下，圣母玛利亚愈发成为更多人的祷告对象。圣母的形象与玫瑰花冠、灵修和玛利亚式连祷紧密结合。不仅社会上的普通人，社会高层人士包括神职人员甚至教宗在内都热情崇拜圣母玛利亚。

这一现象非常符合神学的发展。天主教历史中，《圣经》里曾描述过上帝的女性化特征，但这些在上帝的画像中被完全杜绝。教会历史中称19世纪到20世纪中叶圣母崇拜大行其道的时期为圣母玛利亚世纪。1950年教宗庇护十二世宣布圣母升天是天主教的确定教义，这标志着玛利亚世纪的正式结束。

教宗庇护九世1854年确立圣母无染原罪教义是玛利亚世纪正式开启的标记。[65] 这里的焦点在于圣母玛利亚作为救主耶稣基督的肉身母亲，是否能够免于所有人出生即背负的原罪瑕疵。

这是一个长久以来具有广泛争议性的命题。多明我会于13世纪提出反对圣母无染原罪这一观点，因为他们不论从《圣经》还是从教会传统来看，都找不到圣母无染原罪的有力证据。19世纪的时候这一观点已经不存在讨论空间，因为当时大众普遍相信圣母无染原罪。同时教廷认为这不属于天主教核心教义范围，更多是一种操练敬虔祷告的新形式而已。

庇护九世坚定推行这一教义。特别是1848—1849年欧洲自由主义革命，庇护九世逃离罗马期间。在避难地加埃塔城堡逗留时，他更加坚定了要推行这一教义的决心。事实上，庇护九世更希望圣母可以直接干涉世界历史进程，以便协助他夺回罗马。

1854年12月8日，教宗庇护九世凭借一己之力在众多红衣主教面前将本应于1870年第一次梵蒂冈理事会上才通过的"圣母无染原罪"信条进行正式通谕："为了尊崇神圣不可分的三位一体，为了荣耀童贞女和圣母，为了强化天主教信仰并增加教众人数，我们在此宣布并确认，荣福童贞玛利亚，曾因全能天主的圣宠和特恩，看在人类的救主耶稣基督的功绩分上，在其受孕之始就被保护，未受原罪的任何污染。"[66]

耶稣会修士们在《天主教文明月刊》中，不仅从神学角度，还从政治角度对这条教义加以解读。这条教义"再度确立了教廷的权威原则"，并"针对当下的市民主权潮流做出了审判"。[67] 这样，毫无瑕疵的圣母被完全塑造成一个女斗士的形象。"未受原罪的任何污染这一点，成为教会和信徒能够拒绝堕落理性和诱惑性自由并战胜试探和魔鬼的典范和榜样。"[68]

伴随着这一新的玛利亚教义，产生了众多的圣母显现事迹。[69] 仅1803—1917年，世界范围内至少发生了一百一十九起圣母显现事迹，其中占绝大多数的一百一十五起发生在欧洲境内。意大利的圣母显现事迹数量在19世纪50年代达到顶峰。这一方面是由于新的教义产生，另一方面也受到意大利统一运动浪潮的影响。整体而言，发生政治或经济危机的时候，天主教国家的这种现象就会显著增多。非常有趣的一点是，在一百一十五起事件中，受到教会承认的仅有八起而已，而其中闻名世界的则数1846年的拉萨莱特事件和1858年的洛德斯事件。

第四章　玛德蕾·比卡利亚的伪装成圣

这种新的敬虔崇拜潮流促成了一种特殊气氛,在这种气氛中圣母的异象或显现的可能性比之前大大提高,教会也愈发认可这一趋势。"教宗庇护九世证明教会能够强而有力地影响市民敬虔形式风潮,让他们在畏惧和欲望中与圣母显现事迹产生共鸣并有组织地进一步推广。"教宗巧妙地将这一现象引入与现代主义的斗争之中,并"为支持圣母崇拜发展出了一套卓越的现代沟通方式"[70]。圣母显现主要针对的是平民阶层的女性和孩童,对他们来说,见证这种现象无异于一次社会价值的提升。圣母显现见证者的命运反过来又是由当地教会领袖,特别是相关神父所决定的。大多数的见证女教徒会被迅速转移出大众舞台并被移交至修道院,因为大多数圣母圣谕都是与教会和教廷圣职人员密切相关的。

玛利亚显现的肉体存在性问题也在当时引起了许多神学上的争议。现代派的神学家比较倾向于认为圣母形象是投射在见证人脑海中的,而新经院派哲学家则认为见证人能够确实以其五官感受到圣母,因为圣母是以物质化形态显现的。这一讨论和新经院主义神学家在19世纪发展的超自然与自然关系理论形成了完美对照。

如果圣母玛利亚能够以肉身形式显现的话,那么有几封天国来信也就不奇怪了。如果超自然存在以物质形式转变为自然存在,那么按理说除了玛利亚,也会有其他天国圣徒显现在世界上。但是事实并非如此,19世纪虽然圣母显现事迹纷纷出现,但是圣母来信事迹还是比较少的。事实上存在两种玛利亚来信:一种是玛利亚生前在巴勒斯坦写成的次经;第二种才是我们说的天国来信,是玛利亚升天之后写成,并以各种形式临到这个世界的。第一类比较著名的是公元42年6月27日由耶路撒冷寄出的墨西拿次经。[71]众多教宗也认可这本次经的真实性。

6世纪时,圣母来信才伴随着神秘主义经验[72]渐渐出现。正因为涉及的往往都是个体事件，才更加引人注目。例如 18 世纪法国发现一封法语写成的圣母来信就在社会上得到了广泛传播，"仁慈的母亲，天使一般，温柔纯洁，与任何人都可和平共处"[73]。

圣母显现神迹有一个媒介角色是必不可缺的，就是女见证人。她既见到了玛利亚，同时也能向外界传播这个消息。天国来信则自身就承担了媒介功能，将天国信息以白纸黑字的形式进行传播。异象和听觉是非常主观的片刻经验，信件则提供一种感受天国的长期的触觉方式。这样一来，天国来信的来源就成了唯一可以讨论并质疑的证据。如果来源可靠，则信件可靠。

玛利亚来信的伪造作坊

既然萨鲁埃手头仅有一封天国来信，又无法确认这封信对于贝克的影响，那么他只能竭尽全力搜罗更多信件的相关证据。在抗拒了两个月之后，女院长最终向萨鲁埃坦白了事情的关键——天国来信到底是怎么产生的[74]：她从玛丽亚·弗兰切丝卡修女处得知"玛丽亚·弗兰切丝卡按照玛丽亚·路易莎的命令起草了这封信件，并被其命令不得向任何人提起此事"。审讯者向她提出疑问，为何过了这么长时间才透露此事，女院长如此回答："我认为透露这件事将会铸成大错，因为审讯伊始我就给彼得斯神父致信询问过，他回信让我一切如实相告。但他之后让弗兰切斯凯迪转达，让我不必透露所有我通过担当院长或者在告解中得知的秘密，以及可能给别人带来损害的信息。"

通过女院长揭发弗兰切丝卡修女，萨鲁埃得到了揭开天国来信秘密的关键证据。弗兰切丝卡修女历经长达四个月的密集审讯，以一种令人惊异的坦白诚实回答了所有问题，甚至包括这些不同天国来信的细节。决定性的审讯开始于 1860 年 2 月，玛丽亚·弗兰切丝卡修女承认其年龄为二十三岁，在修道院待了三年并于一年前完成修女初学。对于"她是否知道自己被拘留和审讯的原因，或者自己能够猜想到的原因"[75]这一问题，她如此回答："我认为自己被召来是为了初学修女主管玛丽亚·路易莎的事情。"之后审讯法官要求她如实坦白，她如此回答："我成为初学修女两个月后，玛丽亚·路易莎修女主管要求我给耶稣会总会长彼得鲁斯·约翰·贝克写一封法语信，这封信将帕萨利亚神父描述成了一个会败坏耶稣会的坏人。信件内容指示总会长监视并驱逐帕萨利亚神父。我以如下字句结束了这封信：'如您想知道是谁撰写了这封信'，之后她没有问我别的而是直接问我法语'玛利亚'怎么写。我如实告诉她之后，她让我直接用法语'玛利亚'署名。然后玛丽亚·路易莎严禁我向任何人吐露这封信件产生的任何相关事项。"

这样，萨鲁埃就明白了这封天国来信的产生背景，并终于能够更加精确地认定信件的产生时间，亦即 1857 年伊始玛丽亚·弗兰切丝卡修女就起草了这封信，时间远远早于同年 8 月 3 号帕萨利亚和施拉德尔的分离日期。

由于玛丽亚·弗兰切丝卡修女受托所起草的天国来信不止这一封，萨鲁埃继续他的审讯和调查。最开始，信件署的是修道院女创始人的名字，几个月之后，弗兰切丝卡在审讯中坦白："玛丽亚·路易莎让我多多撰写关于母亲的事迹，然后我将她的草稿翻译之后发现，这位母亲不是别人，而是我们的圣母玛利亚。"随后，创始修女和圣母都不能满足玛丽亚·路易莎了，她想要让天国中更大的人物来成为她的信件署名人。"玛丽亚·路易莎将我锁在自己的房间长达数月，让我抄写许多她亲自起草的草稿，里面是主耶稣亲自对她说的话，她也将自己称作耶稣的新娘。之后主耶稣将话语转移至彼得斯神父身上,并以第三人称讲述了玛丽亚·路易莎从出生到今日所有的恩赐、贤德和才干。玛丽亚·路易莎的草稿我都已经还给她。我将所有信件写在手工纸上,她将其装订成一小捆并在外面刻上了耶稣的名字。"

现在不仅仅是圣母,耶稣基督也亲自写信了!虽然这种神迹不是没有发生过,但是与圣母玛利亚显现相比就非常罕见了。基本上只有两封耶稣来信比较知名:第一封是写给 3 世纪中叶的亚历山大的教父克莱门特,第二封则是 6 世纪出现的,指责周日圣化的问题。第二封信是由拉丁语还是希腊语写成一直具有争议,甚至之后它还被分解成了两三封信。[76]

年轻的弗兰切丝卡修女还描绘了天国来信临世的显现方式。关键是"存放天国来信的小匣子,玛丽亚·路易莎将我写成的信件放进去",这些信件分别是给女院长、莱兹罗利神父以及彼得斯神父的。其中一封给彼得斯神父的信件是这样写的:"可怜的儿子!难道你没有闻到我长女的馨香之气吗?多去闻闻吧,这是于你有益的。"玛丽亚·弗兰切丝卡还补充道:"那段时间玛丽亚·路易莎非同寻常地散发着玫瑰的香气。"圣母还写道:"正如我乃玄义玫瑰玛利亚[77]一样,我女儿也是玫瑰,从她心中散发出玫瑰馨香之气。"这样玛丽亚·路易莎不仅成为圣母玫瑰馨香之气的有形显现,还将自己置于和主耶稣基督同等位置之上了。正如耶稣基督是天父上帝的独生子[78]一样,玛丽亚·路易莎成为圣母的头生女儿。这是一个多么可怕的说法。

弗兰切丝卡修女在第二场审讯中继续揭露自己作为天国来信伪造者的行为[79]。她的供词如此扣人心弦,以至于审判官一次都没有打断过她的陈述。当博洛尼亚和意大利各处不断发生起义、罗马充满不安时[80],圣母给庇护九世也写了信:"教宗在收到的两封信中得到建议前往奥地利逃亡。"根据玛丽亚·路易莎交给自己的草稿风格来看，弗兰切丝卡认为是彼得斯神父起草了这封信。至少玛丽亚·路易莎利用了从彼得斯神父那里得到的信息。信中确实涉及在罗马广泛讨论的问题，比如教宗应当在当前的困境中如何行动。

弗兰切丝卡继续陈述："我受玛丽亚·路易莎委托，以耶稣基督的名义给彼得斯神父写了责备他的信件。"神父应更加确信天国来信的内容，特别是与玛丽亚·路易莎有关的事情："她受洗时曾被提到天堂，天父曾将她抱在怀中并给她起名玛丽亚，圣子称呼她为满有荣光的阿加莎[81]，圣灵称呼她为圣格特鲁德[82]；圣父、圣子、圣灵将她交给圣母作为头生女儿，圣母将她抱在怀中并乳养了她三十三次；耶稣基督将她从睡梦中唤醒并向她显现，给她梳头并与她一起用餐等。当她发愿加入教团时，耶稣基督与圣母一起显现，并视玛丽亚·路易莎为锡耶纳的凯瑟琳的女儿而娶了她；这份爱情如此热烈以至于她折断了三根肋骨。"

另一封信这样写道："主将玛丽亚·路易莎的灵魂交在彼得斯神父手里，他睡卧之时他的灵魂会被提到天堂并在那里与玛丽亚·路易莎的灵魂合二为一。"其他的信件则涉及神父的回应。玛丽亚·弗兰切丝卡从这些信件中得出结论："彼得斯神父向圣母询问为何自己没有感受到任何这种合一带来的益处，相反他感受到一种叛逆感和罪恶影响。玛丽亚·路易莎以圣母名义写信要求他屈服并告诉他事情没有那么坏。然后我以一位贵族受洗的比喻解释这种联合，还使用两根蜡烛燃烧时强光照顾弱光的例子来进行解释。"圣母来信在之后也揭示了这种联合到底意味着什么："我已说过彼得斯神父是玛丽亚·路易莎灵魂的特殊仆人。通过亲吻她的嘴唇，上帝以一种极其特殊的方式临到她；神父或主亲吻她的心房；圣母也命令他给予玛丽亚·路易莎我不知道的特殊祝福；但是我明白圣母将彼得斯神父视作玛丽亚·路易莎永远的父和主，以便伴随主耶稣探访她。"信中原文要求的嘴上之吻无疑指的是舌吻，这一行为在天主教教义中属于被严令禁止的纵欲行为，甚至已婚夫妇之间也不被允许做出这一动物性本能行为。圣母来信要求彼得斯神父做出这一行为来传递上主的恩典和祝福是闻所未闻的，也必定引起了神父的警觉。

还有其他几封以保护天使或主耶稣基督或圣母名义署名的信件中也包括类似内容："彼得斯神父如此热爱上帝，以至于他将玛丽亚·路易莎的灵魂拥入怀中并以一种特殊形式与她交通。"弗兰切丝卡认为："这件事我多次写过，但是并没有进一步的解释，信中只写着'您明白的'以及其他一些模棱两可的话。"

玛丽亚·路易莎无疑希望与彼得斯神父进行性接触。而神父并没有透彻理解这一意思或故意不愿理解。天国来信中非常明确地表明了玛丽亚·路易莎的巨大失望："几个月前彼得斯神父为了帮助垂死的玛丽亚·贾钦塔而在修道院过夜时，我以保护天使的名义给他写了一封信：'您还没有了解头生女儿的重要性，主让您在修道院过夜不是为了玛丽亚·贾钦塔，而是主自己想以特殊形式晓谕玛丽亚·路易莎。'"这一责备的言下之意是由于这件丧事而能够在修道院过夜，你却挥霍了这个难得的机会。之后玛丽亚·路易莎多次利用装病的借口要求神父的灵里帮助，终于还是将彼得斯神父多次留宿在修道院。女院长和莱兹罗利神父也明确同意了这件事。

弗兰切丝卡在第三次审讯中也滔滔不绝地讲述了许多她以圣母名义给彼得斯神父写信的情景。[83]信中不断提到肉体相亲和情欲祝福的事。神父被不断催促进行这种肉体交通。矛盾不断尖锐化，圣母甚至宣称魔鬼会占用玛丽亚·路易莎的身体来损害她。当然这是来自上帝的试炼。卡塔琳娜·冯·霍亨索伦的被投毒事件是否也与此有关？

这些圣母来信不仅代表了玛丽亚·路易莎与其忏悔神父的亲密关系，也揭露了女同性恋行为。弗兰切丝卡供认："玛丽亚·路易莎生病时期，修女玛丽亚·贾钦塔也病倒了。我以圣母名义给彼得斯神父写信，魔鬼占据了玛丽亚·路易莎的身体，为了败坏她的名誉而逗留在玛丽亚·贾钦塔床上。后者也堕落而屈从于这些猥亵行为，上主允许这一切的发生，是为了打压她的骄傲。"弗兰切丝卡接着说："现在我所讲述的皆是我亲眼目睹。当我在玛丽亚·贾钦塔房间里时，我看到被魔鬼上身的玛丽亚·路易莎走了进来，靠着贾钦塔的床抚摸她的脸和胸部，她们还互相拥抱并亲吻。当我扶着她的腰部时，我发现她是赤裸的，我就赶紧走开去祷告。我并没有产生一丝怀疑，我认为这是对我的试探。有时候我看到路易莎毫无禁忌地进入贾钦塔房间并将她推倒在床上做那些事情，我就会立刻离开。我认为这一行为在基督降临节贾钦塔生病期间一直在持续着。有时候会有其他的初学修女在场，但我记不太清楚了。因为玛丽亚·路易莎变得如此淫荡，毫无疑问是魔鬼占据了她的肉体。初学修女阿涅塞·埃莉塔也对我说：'您还记得玛丽亚·路易莎和玛丽亚·贾钦塔在床上的那些事吗？那是魔鬼借着她的身体所为。'"

玛丽亚·弗兰切丝卡在最后的审讯中表示玛丽亚·贾钦塔很快就后悔并开始怀疑圣母来信的真实性。[84]起初贾钦塔非常嫉妒卡塔琳娜·霍亨索伦，修女主管玛丽亚·路易莎在其进入修道院后非常关心对方而明显忽视了之前最重视的贾钦塔。为了缓和与贾钦塔的关系，玛丽亚·路易莎让弗兰切丝卡给彼得斯神父写了一封圣母来信，信中写道："阿涅塞·埃莉塔离开以后，我选择贾钦塔成为我头生女儿的陪伴者。但请您不要告诉她我女儿的秘密。"

萨鲁埃成功地通过弗兰切斯凯迪弄清了信件的下落：朝圣者们进来的时候，玛丽亚·路易莎将信件交给了弗兰切斯凯迪，而他不知如何是好。女院长和莱兹罗利神父认为应该烧毁这些信件，而弗兰切斯凯迪最终将信件交给了彼得斯神父。[85] 可以说，萨鲁埃对调查结果非常满意，他不仅证实玛丽亚·路易莎是虚假的神秘经验者，也证实了她是天国圣母来信的伪造者。这种虚妄的圣洁不仅表现在信仰和宗教领域，也体现在了性行为的实践上面。

床上的灵魂帮助者

彼得斯神父收到的圣母来信要求他与圣母的头生女儿、年轻漂亮的修女主管玛丽亚·路易莎建立特殊的亲密关系。他应该吸入对方身上的玫瑰馨香，将她的心脏贴近自己心脏，并通过与其联合而得到更多祝福。萨鲁埃经过审讯已经知道这些不过是玛丽亚·路易莎假借圣母明白表达的性幻想和性需求。但是事实上她成功诱惑神父了吗？

众多受到审讯的修女都表示两人之间关系非常亲密。[86] 特别是阿涅塞·塞莱斯特、朱塞帕·玛丽亚、玛丽亚·杰苏阿尔多、玛丽亚·福尔图娜塔和女院长都供述了许多细节。阿涅塞·塞莱斯特[87]陈述："玛丽亚·路易莎头疼时，彼得斯神父会在她床边站大半天直到深夜。有一次他在她房间待了整整一夜。我记得那天晚上房间门帘多次被关上，也听到修女主管房门'砰'地一声被关上。我曾有机会看到他俩去禁室并在靠近接待室的一个房间把自己锁起来。这房间门上有个小玻璃窗可以透入光线。他俩几乎天天做这些事，神父没有一天不来的。我记得两人在一起一待就是半天时间。玛丽亚·伊格纳修亚姐妹和我说过修女主管头疼，而神父在她房间时，她总是滚来滚去从被子中露出来,当玛丽亚·伊格纳修亚要给她盖好被子时,神父说:'没关系的,她还穿着紧身衣呢。'"

当时年仅十九岁的阿涅塞·塞莱斯特修女试图不去联想两者存在性关系,玛丽亚·朱塞帕修女在1860年3月31日的审讯中则表述得更加直接[88]:"头疼症状一般发生在早上起床时,也就是凌晨4点左右,一旦她开始头疼,第一件事就是召唤彼得斯神父,后者会观察她除了午饭时间的一整天。有天早上我按时去叫醒她时,发现彼得斯神父已经陪了她一整夜。由于圣母对她说的话只有神父能听,所以修女们都不能进入她的房间,两人基本上都是独处。彼得斯神父这样在修道院一个单独的房间里住了两个月,玛丽亚·路易莎常常拜访他。我注意到两人见面的频率,并观察到:有天晚上玛丽亚·路易莎当着女院长的面跟我再三保证晚上不会有什么状况,彼得斯神父可以安心去休息。之后,我看到她最后一个出来并踮着脚尖偷偷摸摸往神父房间的方向走去。她当时也看到我进入病房并大大责备了我,命令当时还是初学修女的我待在病房不得出来。我必须听命于她,但是我心里有很多怀疑。于是我继续趁她不备仔细观察她的行动,果然她又偷偷返回进入了神父的房间。我在病人房间里面一直在考虑这两个人的关系问题。几个小时或者大半夜过后,病人醒来了。我利用这机会装作害怕病人再度窒息而去叫她。当我敲门时,彼得斯神父来开的门。他看过病人之后发现没有什么问题,就问我为何叫他。我回复他说我本想叫修女主管过来看看是否需要做些什么。

"神父不耐烦地问我:'您自己不知道需要做些什么吗?修女主管在哪里?'

"我回复他:'在阁下的房间里。'

"他接着说:'并不在我房间里。'

"我坚持：'就在您房间里，我亲眼看到了。'

"当我要离开房间去取一些东西时，彼得斯神父急切地叫我回到病房并禁止我去他的房间，如果我需要什么的话必须先敲门，他随后就会赶过来，但是我不能离开病人房间。当天夜里我光着脚在他门口偷听时，听到了玛丽亚·路易莎模糊的声音，但是具体谈话内容我没有听清。

"玛丽亚·路易莎自己或和神父一起在他房间逗留的时候，如果女院长知道的话会让他们把门打开，但是一般门都是关上的。这件事情不止我一个人知道。玛丽亚·路易莎在神父房间过夜后，再来探望病人时，她的双手、头部和肩部都有烟草的味道。玛丽亚·路易莎自己不抽烟，彼得斯神父却是个大烟枪。当我亲吻她的双手时，我对她说：'我的母亲，您闻起来臭极了。神父用他双手碰您了吗？'她并不回答而是一直微笑。玛丽亚·贾钦塔也问过她同样的问题。因为特殊的偏爱，我能够亲吻她的双肩和头部，她全身都是烟草的臭味。

"朱塞帕·玛丽亚修女曾经想和莱兹罗利神父在忏悔告解中谈论自己对两人关系的怀疑，却遭到了拒绝。一切都被归咎于魔鬼。1858年朱塞帕·玛丽亚直接和彼得斯神父在告解中谈到了修女主管身上的烟草味道问题。他承认玛丽亚·路易莎有时会和他待在一起，并向我解释为何她会沾上烟草味道。玛丽亚·路易莎谈论灵界事情时，有时候会在椅子上摇晃得过于厉害而摔倒在地板上，所以他必须扶住她的双臂以免她摔跤。'您不明白当时的景况，而我认得出玛丽亚·路易莎有关天堂讲论的宝贵。'"

两人的关系变得如此密切，以致彼得斯神父都忘记了自己作为灵魂帮助者的本职工作，而这正是他能逗留在修道院禁室中的正式理由。初学修女们知道得非常清楚，她们的主管突然间没有时间理会她们而一门心思扑在神父身上了。玛丽亚·福尔图娜塔在 1860 年 3 月 7 日的供词如下 [89]："有时我们会抱怨根本见不到初学修女主管，因为她总是在和彼得斯神父交谈或者一直待在接待室里。但我并不清楚他们在谈什么内容。修女主管往往面红耳赤地从接待室出来，有时甚至无法睁开眼睛。有次我问她：'母亲，您的脸怎么这么红？'她回复我说：'再不许跟我说这样的话，否则我就要给你一个严惩！'"

玛丽亚·路易莎准备会见神父之前会仔细装扮自己。玛丽亚·福尔图娜塔于 1860 年 3 月 14 日的供词揭露了相关细节 [90]："出于良心我必须坦承，玛丽亚·路易莎躺在床上时有时会对我说：'把我洗干净些，因为神父要来了。'"此外，她还会显得非常激动。最终女院长在 1860 年 3 月 23 日的审讯中也不得不承认她对于两人的相处是盲目信任的。两人会面的日期最后是由天国来信推断出来的。[91]

两人的亲密会面形成了一个小仪式：圣母写信宣告新的属灵战争和她头生女儿的超自然疼痛。之后神父的帮助和安慰就成为必不可少的步骤。带有会面日期和地点的信件会被放在小匣子里。神父读完之后回信给圣母，表示自己随时准备帮助灵魂争战。之后玛丽亚·路易莎会感到头痛，这始终是之后与魔鬼争战的先兆。然后神父会被立刻召来，并被允许进入禁室。

通过各个证人的证词，萨鲁埃逐渐能够形成新的双重指控。一方面是针对彼得斯和玛丽亚·路易莎之间的亲密关系是出于撩拨诱惑。这一指控涉及彼得斯神父以告解为借口，诱惑其忏悔人犯下第六条诫命（毋行邪淫）的重罪。另一方面年轻漂亮的修女也诱惑了她的神父并与之发生性关系，她还给整个事件涂抹上一层圣爱色彩，声称一切都是出于上帝的旨意。

在萨鲁埃的审讯过程中还产生了很多下流谣言。据称彼得斯神父当着玛丽亚·路易莎的面，在圣母前告解了与某位亚历珊德拉的风流韵事。如果彼得斯确实通过与这位漂亮修女的关系得到圣母来信中提到的"特殊祝福"，并为自己谋得了一个大好前途，那么这就不算伤风败俗的事情。要应对这些谣传和质疑，萨鲁埃除了直接审问两位当事人以外别无他法。

修道院房间里的同性亲密行为

玛丽亚·路易莎与多个同性之间的性行为形成了另一项指控。[92] 仅仅是阿涅塞·埃莉塔的供词就非常可观了。众多见证者也证实了她故事的真实性。玛丽亚·路易莎在对埃莉塔感到厌烦之后，就将其远远打发到圣帕斯夸莱去了。

三十九岁的阿涅塞·埃莉塔真正被排挤的原因在于出现了一位比其年轻六岁的新的受宠者，三十三岁的初学修女玛丽亚·贾钦塔。后者和前者一样，出于巨大的恐惧而无法在审讯中陈述相关事实。于是1860年3月贾钦塔向萨鲁埃提交了一份详细的书面供词，在审讯中逐字念出并由其签名承认[93]：

"修女主管从一开始就对我很有好感，她时常在穿好衣服后拥抱我、亲吻我并称我为'我的女儿，我的心肝，我的灵魂，我的爱'，她还跟我说耶稣基督和圣母也都非常偏爱我并让她特殊对待我，他们也告诉她要为我的灵魂和身体负起责任来。阿涅塞·埃莉塔修女离开以后，我就被安置在修女主管的房间了，但我已记不清具体时间。晚上回来后我们会进行属灵交谈。有一天晚上当我跪在她床边时，她希望我把脸放在她胸口并向我展示她的心跳有多剧烈，然后她让我吸吮她的乳头，这种事每晚都重复发生，总是印证着她对我的偏爱。最后她跟我说也许看起来并不是这样，但是她确实是没有肉体的，所以我可以抚摸她身体各个部位，包括令人害羞的部位。

"之后的几天相反，她先让我顺服地躺到床上去，然后点着蜡烛观察我全身的各个部位。还用一枚勋章在我的性器官上画十字圣号。这种事情发生了两三次。这四五个月里，白天的时候我们也会频繁地拥抱和接吻，但具体时间我记不清了。这些淫荡行为通过双手、身体部位和舌头实施。修女主管显得对于身体接触非常饥渴，她将这些行为称之为'赠予'行为。她让我把双腿抬高紧紧并拢，同时她进行一些行动，发出一些声响，是我无法用言语描述的。然后她让我摆出一些姿势来接住她的体液。有时候她会让我以口对口、身体对身体的姿势躺在她上方。她说这些体液是上帝为了医治疾病而赐予她的。有时候在完成一些姿势以后，她会让我用湿润的手指在自己身体部位画十字圣号，也会让我用舌头吸吮，以便得到痊愈。有一段时间每晚都是这样，我们会在我的床上逗留一两个小时，之后就没有这么频繁了。

"因为我的性器官确实有疾病需要敷药，她会亲自为我敷药。有一天晚上，可能就是我正式发愿就职的前一晚，我们照常在我的床上活动之后，她对我说这是最后一次了，一切都结束了，而我也已经痊愈。最后她希望我把这些身体部位的毛发都剃掉。这之后她要求进行亲密接触的次数少多了，尽管如此，她还是会想抚摸我并希望我抚摸她。在我发愿之后我发现自己好多了，但是仍没有痊愈，所以她就继续和我进行这种行为。她跟我解释是因为还有残余病症的缘故。"

阴道的体液交换、激烈的情爱和最后"完成式"，在审讯官看来无疑就是同性性行为。玛丽亚·贾钦塔出于良心而位于两难之中：一方面她知道不该这样发生性行为，另一方面天国而来的声音让她不得不顺服。她写道："早在第一次这样碰触之时我就知道这是犯罪，想要悔改，我一直不断和玛丽亚·路易莎说这是犯奸淫。我死都不想继续这些行为。但是她用尽办法说服我不让我告诉神父这些事，她告诉我如果没有感觉如同一块木头这就不算是犯罪。主已经把我全部身体都交到她手里了，特别是某些部位要从罪中得医治。她常常强迫我顺服让步，如果我说顺服不能强迫我犯罪，她则回答一切来自上帝的命令都不是罪。

"我多次拒绝她说：'您现在肯定是魔鬼伪装的，不再是我的修女主管。'

"'不，我还是我本人。'她如此回答。

"然后我要求她亲吻耶稣十字受难像，她也照做了。

"她也佩戴着一个十字架，每当她亲吻耶稣十字受难像时，我就能相信面对的乃是她本人而非魔鬼。"

由于十字架是最有权能的驱魔圣器[94]，玛丽亚·贾钦塔曾经在床上尝试用十字架试探玛丽亚·路易莎是否被魔鬼附身。朱塞帕·玛丽亚修女给她提供了一个血腥的建议，让她在玛丽亚·路易莎进行性行为时去咬她的脸。这样第二天大家就都知道魔鬼借着玛丽亚·路易莎的肉体做了什么事情了，但是玛丽亚·贾钦塔并没有听从她的建议。[95]

为了抚慰自己的良心，玛丽亚·贾钦塔肯定和某位神父谈过此事。玛丽亚·路易莎之前一直禁止她联系彼得斯神父，但最终她还是向彼得斯神父进行了告解。但神父明显违背了告解保密原则："有许多次在我告解之后，玛丽亚·路易莎径直来找我并重复了我告解的内容，甚至在提到我时带出了彼得斯神父的名字，但她总是修正说是另一个人告诉她这些话的。我完全有理由认为当我们告解时，玛丽亚·路易莎在一旁偷听，因为我注意到接待室（彼得斯神父听取告解的地方）的窗户是开着的，尽管在告解开始前我确认过窗户其实是关闭的。"

玛丽亚·贾钦塔一直未能逃脱修女主管的掌控，就连神父也不能帮助她，恰恰相反，她开始把魔鬼伪装一事当作真的了。在她卧病在床期间，玛丽亚·路易莎想要探访她时，她大声喊道："退去吧！你这恶魔！"1860年2月22日玛丽亚·弗兰切丝卡的发愿供词也证实了这一点。[96]

玛丽亚·路易莎并未停止在仅仅与玛丽亚·贾钦塔体液交换这一步上。几乎所有初学修女都可以证实与她发生了亲吻、拥抱和抚摸的行为。阿涅塞·埃莉塔[97]供认："在我进入修道院后修女主管就来找我，拥抱并亲吻了我。"玛丽亚·贾钦塔身上发生的事情照样发生在其他初学修女身上。[98]

在圣安布罗焦修女主管的庇护之下，许多初学修女都提到了同性恋标志性行为。在授衣仪式的前一夜，所有初学修女都被要求与修女主管同宿一夜，规则是两人必须采取脸对脸、胸对胸的紧密相拥姿势入睡。如果有多个初学修女要预备授衣仪式，那么大家会一起在玛丽亚·路易莎的房间过夜。整个场面如同"一个不停歇的窑子"[99]。修女主管会仅着一件衬衫与大家拉着手跳一晚上舞，取代一般原则规定的发愿前夜的通宵祷告。

向红衣主教大人提交报告时，审讯官在证词方面能够补充的实在有限，"披着特殊美德外衣的同性性行为"成为玛丽亚·路易莎伪装成圣的另一项指控。

圣安布罗焦体系

玛丽亚·路易莎成功地建立了一套基于自身神秘经验和成圣身

份的"圣安布罗焦体系",使得她在修道院拥有非常牢固的权力势力。修道院律师路易吉·弗兰切斯凯迪在自己1860年9月12日的审讯中证实"圣安布罗焦拥有一套与其他修道院截然不同的运行体系和原则"[100]。审讯官花了六个月时间对此进行了研究。[101]

首先,修道院的女院长在外在言行方面极其严格约束着修女们,玛丽亚·路易莎则在内在思想方面管控着修女们,而内在思想的管教本应该是神父的责任。女院长玛丽亚·维罗妮卡能够当上院长也是出于玛丽亚·路易莎的恩惠。初学修女们一进入修道院就需要在玛丽亚·路易莎面前进行共同告解,平时也是"先找玛丽亚·路易莎告解,然后才是神父"。玛丽亚·路易莎听取告解之后会向告解神父莱兹罗利传达内容要点,并评价每个人行为的优劣。正如萨鲁埃总结众多证词后提交的总结那样,"玛丽亚·路易莎能够让女院长向她透露修女们的告解和悔改内容"。这样修女主管坚持并发扬了修道院创始人的传统,当时创始人都没有达到这样的程度。

第二,玛丽亚·路易莎擅自给自己增加了许多超过教会法规规定的职能权力。她靠着自己的绝对权力免除了天主教修女们在一天内的指定时间进行祈祷的规定。许多习惯性操练诗篇祷告的修女们被她禁止祷告长达数天、数周甚至数月。给病人安排的圣餐礼也非常随便。一般而言,一名天主教修女一年至少要行三次圣餐礼,分别是复活节、圣诞节和圣灵降临节。[102]

第三,圣安布罗焦修道院没有严格执行禁食规定。按规定修女们在冬天只能食用两顿简餐,夏天三顿。圣诞节和复活节前的大斋期期间以及每周一、周三、周五和周六不得食用肉食和奶制品。[103]但有为数众多的修女见证玛丽亚·路易莎在她们在场情况下在周五和斋期食用肉类食品。据称,她可以免除于这些规定的限制。五年期间她甚至没有参加过任何规定的定时祷告。

第四，圣安布罗焦修道院管理体系不仅基于"圣玛丽亚·路易莎"的超自然恩宠、异象、祝福和狂喜，也建立于她这些属灵恩赐的真实物质化体现之上。这些所谓的圣髑成为审判官的另一个控诉点。[104] 比如玛丽亚·路易莎从灵魂出离的天国旅途归来时带了"一缕圣约瑟夫赠送的圣母头发"装在保存匣子里。她还从耶稣基督那里得到"十字架的一部分"木材。这些馈赠都被圣母来信一一证实，彼得斯神父也要求大家供拜这些圣物。存放圣母头发的匣子在女院长那里。此外还有一块耶稣基督赠送的围布，莱兹罗利神父就此表示："这个堕落的世界根本不配使用这圣物一晚。"玛丽亚·路易莎宣称自己与耶稣基督举行婚礼时使用的婚纱也被小心地保存起来并接受人们供拜。在这一点上，玛丽亚·路易莎也远远超越了修道院创始人。

第五，审判官尤其注意到的一点是两位神父在这些恶劣的言论和行为上的赞同态度。出于上帝旨意的可能性，使他们对于修道院经历特殊的属灵恩典以及两位修女的属灵经历[105]深信不疑。

第六，修道院盛行圣礼般的保密策略。在玛丽亚·路易莎的授意下，两位神父暗示修女们对访客和审讯人员保持沉默。她对大家表示："即使是被拘留，也最好不要透露我们的秘密，我会给大家做个榜样，哪怕需要起誓。侯爵夫人指控我们，我也会想办法让人说服她来我们这里支持我们。我要求大家和我一样行动一致。"[106] 这就直接涉及做伪证的要求。两位神父也在背后支持玛丽亚·路易莎。女院长在1860年5月19日供认："两位神父指示我们尽可能对玛丽亚·路易莎相关的秘密保持沉默。"[107] 这两位神父甚至更进一步要求修女们把伪证行为当作自己的一种不可避免的赎罪。玛丽亚·伊格纳修亚承认彼得斯神父强迫她保持沉默，所以她确信"自己可以随便发誓并否认一切指控"，即使真相并非如此，甚至"宁可粉身碎骨也不会透露一句"。[108]

这里的指控指的是玛丽亚·路易莎的伪装成圣行为。萨鲁埃在自己 1861 年 1 月提交的报告中写道:"就其意义和重要性而言,这点无疑是第一条指控,因为所有其他指控都会聚到这一条或由这一条罪行发展出去的,伪装成圣是所有罪行的中心。"[109]这一点也确实在调查中得到了证实。

注 释

[1] Relazione informative con Sommario, Titolo Ⅵ: Affettata Santità della M. Vicaria Sr. Maria Luisa di S. Francesco Saverio Maestra delle Novizie; ACDF SO St. St. B 7 c.

[2] 异象和超自然显现参阅 Dinzelbacher, Vorbedingungen S. 57-86; Zahn, Einführung, S. 462-575。

[3] 参阅 Busch, Frömmigkeit, S. 132-142。

[4] Regola della Riforma delle Monache del Terz'Ordine di S. Francesco, Cap. Ⅸ: Degli Uffizj; ACDF SO St. St. B 6 r I.

[5] 莱兹罗利神父写信给帕特里齐神父, ACDF SO St. St. B 6 a, fol. 102rv. Memorie di tutte le cose più rimarchevoli occorse in questo nostro S. Istituto nelle diverse epoche incominciando dal principio della fondazione; 同上, B 6 a, fol. 612。

[6] Sommario della Relazione informativa, Nr V: Esame di Sr. Maria Crocifissa, 25. April 1860; ACDF SO St. St. B 7 c.

[7]《约翰福音》20:22。

[8] 参阅《路加福音》22:14-20,《哥林多后书》11:23-25。

[9] 这一节日亦被称为圣母升天节,按照教会年历每年 8 月 15 日。参阅 Adof Adam, Das Hochfest "Aufnahme Marias in den Himmel", in: Klerusblatt 64 (1984) H 8, S. 201-204。

[10] 参阅圣母颂《众人中最美丽》第二段内容, Gotteslob. Ausgabe des Bistums

Rottenburg, Ostfildern 1975, Nr. 895。

[11] 修会服装的一部分,套在长袍外面。参阅 Giancarlo Rocca, Art. Scapolare, in: DIP 8(1988), Sp. 1015-1018。

[12] 参阅 Auffahrt, Himmel, S. 515-523; Lang, Himmel, S. 524-533。关于特别法庭、炼狱和圣徒的代祷参阅 Angenendt, Heilige, S. 106-108。

[13] 参阅 Speyer, Verehrung, S. 50。

[14] 很多人猜测神秘主义者必须使用麻醉剂才能进入神秘感知状态。参阅 Peter Gerlitz, Art. Mystik I, in: TER 23(1994), S. 533-547, hier, S. 543 f。

[15] 参阅 Wolfgang Beinert u. a.(Hg.), Das kirchliche Amt in apostolischer Nachfolge. Grundlagen und Grundfragen, 3 Bed., Freiburg i. Br. u. a. 2004-2008; Max Seckler, Der Begriff der Offenbarung, in: Handbuch der Fundamentaltheologie, hg. von Walter Kern, Hermann Josef Pottmeyer und Max Seckler. Bd. 2: Traktat Offenbarung, Freiburg i. Br. u. a. 60-83。

[16] 神秘主义参阅 Bürke, Mythos; Leppin, Mystik; McGinn, Mystik; Wehr, Mystik; Zahn, Einführung. Zur Mystik in den franziskanischen Orden vgl. Freyer, Mystik。

[17] Helga Unger, Art. Mystik, in: Lissner u. a.(Hg.), Frauenlexikon, S. 795-805, hier, S. 795.

[18] "异象和狂喜成为女性夺回天主教会内部话语和权力的工具。" Weber, Ultramontanismus, S. 31。

[19] 参阅 Dinzelbacher, Frauenmysitk, S. 251-284; Alois Stöger, Art. Erscheinungen, in: Marienlexikon 2(1989), S. 395-398, hier S. 398; Helga Unger, Art. Mystik, in: Lissner u. a.(Hg.), Frauenlexikon, S. 804。关于真假神秘主义者,参阅 Lhermitte, Mystiker. Zur Untescheidung von Revelatio privata und Revelatio publica vgl. Georg Essen, Art. Privatoffenbarung, in: LThK[3] 8(1999), Sp. 603 f。

[20] 参阅 Dinzelbacher, Frauenmysitk; Schmökel, Hochzeit; Weiß, Ekstase。

[21] 早在 2 世纪的罗马女朝圣者阿涅塞就曾得到过一枚象征着与主联合的天国戒指。参阅 Marianne Heimbach-Steins, Art. Brautsymbolik Ⅱ: Braumystik, in: LThK[3] 2(1994), Sp. 665 f. 中世纪盛期马格德堡的梅希蒂尔德掀

起了女神秘主义者与某位属灵新郎在其感官层面的结合传统，参阅 Gisela Vollmann-Profe，Mystische Hohelied-Erfahurngen. Zur Brautmystik Mechthilds von Magdeburg, in: Das Hochlied. Liebeslyrik als Kultur erschilißendes Medium? Bern 2007，S. 57-68；Weiß, Ekstase, S. 462-468。关于文化史和戒指的礼仪传统，参阅 Rupert Berger / Michael Schmauder, Art. Ring in: LThK[3] 8（1999），Sp. 1192-1194。

[22] Craveri, Sante, S. 65-85；Dinzelbacher, Mystik, S. 356-364；Doornik, Katharina, S. 37-46；Poppenburg, Leben.

[23] 卡普阿的雷蒙德1330年出生，多名我会修士，1347年成为锡耶纳的圣凯瑟琳的告解神父，1379年成为伦巴底大主教，1380—1399年为罗马多名我修会的总会长，1399年去世，1899年被封圣。参阅 Walter Senner, Art. Capua, in: BBKL 7（1994），S. 1279-1281。

[24] Raimund von Capua, Leben, S. 90-94, hier. S. 91 f.

[25]《少数传奇》一书中也强调："即使我们无法看到这枚戒指，凯瑟琳也一直能看到自己手上的这枚戒指。"Caffarini, Caterina, S. 90. 这枚隐形戒指能够帮助凯瑟琳克服尘世的一切困难。同上，S. 92。又见 Malan, Geschichte, S. 232 f。

[26] 参阅 Wilhelm Horkel, Spiritismus. Geheimnisse des Jenseits, Stuttgart 1987；Felizitas Küble, Voodoo, Spiritismus, magische Kulte. Ritual aus der Finsternis, in: Theologisches 42（2012）H I/2, S. 27-44；Sawicki, Leben。

[27] 参阅 Nils Freytag / Diethard Sawicki, Verzauberte Moderne. Kulturgeschichtliche Perspektiven auf das 19. Und 20. Jahrhunder, in: Dies., Wunderwelten. Religiöse Ekstase und Magie in der Moderne, München 2006, S. 7-24；Weiß, Redemptoristen, S. 31-38。

[28] 布伦塔诺特别对卡特琳娜·埃梅里克神秘现象感兴趣，参阅 Wolfgang Frühwald, Das Spätwerk Clemens Brentanos（1815-1842）. Romantik im Zeitalter der Metternich'schen Restauration, Tübingen 1977；Gerd-Klaus Kaltenbrunner, Die Seherin von Dülmen und ihr Dichter-Chronist. Clemens Brentano, Anna Katharina Emmerich und die Folgen einer seltsamen Seelen-Symbiose, Gersau 1992；Thomas a Villanova Wegener, Anna Katharina

Emmerich und Clemens Brentano. Zur Orientierung einer viel besprochenen Frage, Dülmen 1900, online: http://sammlungen.ulb.uni-muenster.de/hd/content/pageview/827203（26.06.2012），又见布伦塔诺生平。

[29] 参阅 Dussler, Feneberg。

[30] 弗里德丽克·豪费1801年出生，1829年去世。她所谓的"恩赐"常常与梦行症和神秘学有关。2 Bde., Stuttgart 1829.

[31] Görres, Mystik. 又见 Naab, Auflösung, S. 53-74; Weiß, Ort, S. 79-130.

[32] Weiß, Ort, S. 94.

[33] 同上, S. 95。身上的馨香是基督教圣徒的标志，参阅 Angenendt, Heilige, S. 119-122 及各处。

[34] Weiß, Ort, S. 119.

[35] 参阅 Thurston, Begleiterscheinungen; Weiß, Seherinnen, S. 43-48。

[36] Weiß, Ort, S. 120.

[37] Karl, Glauben, S. 7.

[38] 同上, S. 6。

[39] 同上, S. 9。

[40] 同上, S. 24。

[41] Relazione informative con Sommario, Titolo Ⅵ: Affettata Santità della M. Vicaria Sr. Maria Luisa; ACDF SO St. St. B 7 c.

[42] 莱兹罗利神父写信给帕特里齐神父，ACDF SO St. St. B 6 a, fol. 101rv。

[43] 年鉴标题为"Memorie di tutte le cose più rimarchevoli occoerse in questo nostro S. Istituto nelle diverse epoche incomincinando dal principio della fondazione（3. Januar 1857）", 628 S.; ACDF SO St. St. B 6 s I。

[44] 关于圣母所属的玫瑰和玫瑰芬芳，参阅 Angenendt, Heilige, S. 119-122; Art. Rose, in: Forstern / Becker（Hg.）, Lexikon, S. 280-282. 关于百合花，参阅 Margarete Pfister-Burkhalter, Art. Lilien, in: LCI 3（1971）, Sp. 101-103。

[45] 弗兰切斯凯迪1859年12月7日和22日，以及1860年1月7日、5月9日和6月19日的证词尤为重要。Sommario della Relazione informatitva, Nr. Ⅶ: Esami di Franceschetti; ACDF SO St. St. B 7c.

[46] 保罗银币是一种重量达 4 克的罗马银币。当时教宗保罗三世为了取代朱里奥钱币而引入保罗钱币。参阅 Johann Jacob Volkmann, Historisch-kritische Nachrichten von Italien, Bd. 2, Leipzig 1771, S. 764 f. "罗马的钱币兑换都按照十进制进行，因而十分便利。一枚斯库多金币可以换十枚保罗银币，一枚保罗银币换十枚贝阿科，一枚贝阿科换五枚夸特里尼。"又见 Art. Monete pontificie, in: Monori, Dizionario 46（1847）, S. 104-125。

[47] 贝阿科是教会国的一种十二克的硬币，一枚斯库多的百分之一，一枚保罗币的十分之一。参阅 Meyers Großes Konversations-Lexikon 2（1905）, S. 284。

[48] Relazione informative con Sommario, Titolo Ⅵ: Affettata Santità della M. Vicaria Sr. Maria Luisa: Perquisizione delli anelli nei luoghi comodi del Noviziato; ACDF SO St. St. B 7 c.

[49] Relazione informative con Sommario, Titolo Ⅵ: Affettata Santità della M. Vicaria Sr. Maria Luisa; ACDF SO St. St. B 7 c.

[50] 总会长"是通过总会长大会选出的终身制职位，总会长当然要向修会宪章、教会法律和教宗负责，但在个别情况下总会长有权否决大会决议决定并修改宪章"。Art. General（Praepositus generalis）, in: Koch, Jesuiten-Lexicon Bd. 1, Sp. 656-659. 关于耶稣会组织，参阅 Hartmann, Jesuiten, S. 19-29; Martina, Storia; Sommavilla, Compagnia。

[51] 贝克 1887 年去世，参阅 A.R.P. Petrus Beckx, in: Stimmen aus Maria Laach 32（1887）, S. 265 f.; Koch, Jesuiten-Lexicon Bd. 1, Sp. 170-172; Schoeters, Beckx; Sommervogel, Bibliothèque Bd. I, Sp. 1118-1125。

[52] Appendice al Ristretto informativo, Esame di Becks, März 1860; ACDF SO St. St. B 7 f.

[53] Esame di Sr. Maria Veronica, 15. Februar 1860; ACDF SO St. St. B 6 d, fol. 48 f.

[54] Appendice al Ristretto informativo, Esame di Becks, März 1860; ACDF SO St. St. B 7 f.

[55] Lettera della Vergine Maria al Preposito Generale della Compagnia di Gesù; ACDF SO St. St. B 6 z. fol. 4rv; Appendice al Ristretto informativo,

Sommario Nr I；ACDF SO St. St. B 7 f.

[56] 克拉夫特王子的信件中曾提过教宗庇护九世在面见他时很自然地使用法语，Aus meinem Leben. Bd. 2：1856-1863, Berlin 1905, S. 160。

[57] 参阅 Carlin, Ecclesiologia, S. 29-34, hier, S. 30。

[58] 帕萨利亚1887年去世，参阅同上，S. 11-52；Martina, Storia, S.145-164；Peter Walter, Art. Passaglia, in：LThK^3 7（1998）, Sp. 1414；Walter, Passaglia, S. 165-182, hier S. 165-171。

[59] 施拉德尔1875年去世，参阅 Schauf, Schrader, S. 368-385；Peter Walter, Art. Schrader, in：LThK^3 9（2000）, Sp. 248。

[60] 参阅 Wolf（Hg.）, Repertorium Indexkngregation, S. 406。

[61] 参阅 Giovagnoli, Teologia, S. 107-109。

[62] Appendice al Ristretto informativo, Sommario Nr. II：Lettera consegnata dal P. Leziroli, 5, August 1857；ACDF SO St. St. B 7 f.

[63] Schneider, Feminisierung, S. 123-147. 又见 Duby, Modell, S. 187-220。

[64] Borutta, Antikatholizismus, S. 218 und auch S. 366-389.

[65] 参阅 Horst, Dogma, S. 95-114。

[66] 庇护九世《莫可名言之天主》，1854.12.8；拉丁—德文版：Denzinger / Hünermann, Enchiridion, Nr. 2800-2804。罗马学院对圣母无染原罪教义 参阅 Schumacher, Konzept, S. 207-226。

[67] Das Dogma und die Civilisation, in：augsburger Postzeitung Nr. 210 vom 2. August 1855, S. 694 f. und Nr 211 vom 3. August 1855, S. 698 f, . hier S. 698. 德国原版，Civiltà Cattolica 1855, S. 204-229。编辑为彼得斯神父的一位朋友，参阅 Schäfer, Kontroverse, S. 66。

[68] Schwedt, Döllinger, S. 133.

[69] Alois Stöger, Art. Erscheinungen, in：Marienlexikon 2（1989）, S. 395-398. 又见 Bernhard Schneider, Ein deutsches Lourdes? Der "Fall" Marpingen（1876 und 1999）, die Elemente eines kirchlichen Prüfungsverfahrens, in：Ders.（Hg.）, Maria und Lourdes. Wunder und Marienerscheinungen in theologischer und kulturwissenschaftlicher Perspektive, Münster 2008, S. 178-197。

[70] Blankbourn, Marienerschinungen, S. 85 f.

[71] 参阅 Cavarzere, Suppliche, S. 145-168, hiere S. 160; Schneider, Maria als Symbolgestalt, S. 122 f.; Schreiner, Maria. Jungfrau, S. 132 f。

[72] 参阅 Blankbourn, Marienerschinungen, S. 39-103; Ludwig Boer, Art. Briefe, in: Marienlexikon I (1988), S. 584-589; Stübe, Himmelsbrief。神秘主义经验和天国来信参阅 Spamer, Himmelsbriefe, S. 184-192。

[73] 信件内容: Camile Fraysse, Les Lettres d'origine céleste aux pays de baugé, in: Revue de Folklore Français 5 (1933/34), S: 119-122。

[74] Relazione informative con Sommario, Titolo VII: Sr. Maria Luisa per più anni sostiene la vantata sua Santità presso il suo confessore P. Giuseppe Peters col mezo di scritti, e lettere pretese sopranaturali; ACDF SO St. St. B 7 c.

[75] Esame di Sr. Maria Francesca, 18. Februra 1860; ACDF SO St. St. B 6 d, fol. 25r-29r.

[76] 参阅 Bittner, Himmel; Graf, Himmel, S. 10-23; Riedel, Kirchenrechtsquellen, S. 166-175. 又见 die Übersicht bei Johann Michl, Art. Briefe, apokryhe, in: LThK^2 2 (1958), Sp. 668-693。

[77] 玄义玫瑰是圣母的代号,特别是在连祷中。参阅 Walter Dürig, Die Laurentanische Litanei. Entstehung Verfasser, Aufbau und mariologischer Inhalt, St. Ottilien 1990。

[78] 《圣经》保罗书信系列歌罗西书中,耶稣被描述为"首生的",4世纪以前耶稣基督也被称为上帝的独生子。参阅 Denzinger / Hünermann, enchiridion, Nr. 42。

[79] Esame di Sr. Maria Francesca, 18. Februra 1860; ACDF SO St. St. B 6 d, fol. 30v-34r.

[80] 1856年起,教会国局势日益紧张,皮埃蒙特大区站在法国一方,促使意大利国民军起来反抗教宗统治。1859年博洛尼亚的起义迅速扩展到了别的地区。参阅 Schmidlin, Papstgeschichte Bd. 2, S. 66-80。

[81] 此处指的是卡塔尼亚的圣阿加莎,她在罗马皇帝德基乌斯因追随基督信仰而受到迫害。在她拒绝嫁给当地执政官之后被罚割去双乳。参阅 Maria-Barbara von Stritzky, Art. Agathe von Catania, in: Steiner (Hg.),

Lexikon, S. 24 f.。

[82] 上下文并未指明是尼凡拉的圣格特鲁德还是赫尔特塔的圣大格特鲁德。参阅 Matthias Werner, Art. Gertrude von Nivelles, in: Steimer (Hg.), Lexikon, S. 109 f.; Margot Schmidt, Art. Gertrude von Helfta, in: Steimer (Hg.), Lexikon, S. 108 f.。

[83] Esame di Sr. Maria Francesca, 21. Februra 1860; ACDF SO St. St. B 6 d, fol.34r-40r.

[84] Esame di Sr. Maria Francesca, 22. Februra 1860; ACDF SO St. St. B 6 d, fol.40r-45r.

[85] Sommario della Relazione informatitva, Nr. VII: Esami di Franceschetti, 22. Dezember 1859, 7. Januar und 9. Mai 1860; ACDF SO St. St. B 7c.

[86] Relazione informative con Sommario, Titolo VII: Sr. M. Luisa per più anni sostiene la vantata sua Santità presso il suo confessore P. Giuseppe Peters col mezo di scritti, e lettere pretese sopranaturali; ACDF SO St. St. B 7 c.

[87] Sommario della Relazione informatitva, Nr. X: Esami di Sr. Agnese Celester, 29. März 1860; ACDF SO St. St. B 7c.

[88] Sommario della Relazione informatitva, Nr. X: Esami di Sr. Giuseppa Maria, 31. März 1860; ACDF SO St. St. B 7c.

[89] Sommario della Relazione informatitva, Nr. X: Esami di Sr. Maria Fortunata, 7. Mai 1860; ACDF SO St. St. B 7c.

[90] Sommario della Relazione informatitva, Nr. X: Esami di Sr. Maria Fortunata, 14. Mai 1860; ACDF SO St. St. B 7c.

[91] Sommario della Relazione informatitva, Nr. X: Esami di Sr. Maria Veronica, 23. Mai 1860; ACDF SO St. St. B 7c.

[92] Relazione informative con Sommario, Titolo IX: Disonestà com false massime praticate da Sr. M. Luisa com alcune religiose; ACDF SO St. St. B 7 c.

[93] 贾钦塔 1860 年 3 月 24 日的供词, ACDF SO St. St. B 6 e, fol. 77r-79v。

[94] 参阅 Scala, Exorzismus, S. 357-386。

[95] Sommario della Relazione informatitva, Nr. XIV: Esami di Sr. Giuseppa Maria, 2. April 1860; ACDF SO St. St. B 7c.

[96] Sommario della Relazione informatitva, Nr. XIV: Esami di Sr. Maria Francesca, 22. Februar 1860; ACDF SO St. St. B 7c.

[97] Sommario della Relazione informatitva, Nr. XIV: Esami di Sr. Agnese Celeste, 27. März 1860; ACDF SO St. St. B 7c.

[98] Sommario della Relazione informatitva, Nr. XIV: Esami di Sr. Maria Fortunata, 7. Mai 1860; ACDF SO St. St. B 7c.

[99] Relazione informative con Sommario, Titolo IX: Disonestà com false massime praticate da Sr. M. Luisa com alcune religiose; ACDF SO St. St. B 7 c.

[100] Esame di Franceschetti, 12. September 1860; ACDF SO St. St. B 6 m.

[101] Relazione informative con Sommario, Titolo X: Massime erronee e pratiche perniciose; ACDF SO St. St. B 7 c.

[102] Regola della Riforma delle Monache del Terz'Ordine di S. Francesco, Cap. V: Del Confessore, e dei Sagramenti della Confessione, e Communione; ACDF SO St. St. B 6 r I. 又见 Cornelius M. Rechenauer, Seelenleitung, Beichte und Kommunionempfang in Frauenklöstern und den übrigen religiösen Genossenschaften mit Laienoberen Regensburg 1909, S. 9-18。

[103] Regola della Riforma delle Monache del Terz'Ordine di S. Francesco, Cap. VI: Del cibo, e dell'astinenza; ACDF SO St. St. B 6 r I.

[104] Relazione informative con Sommario, Titolo VIII: Perquisizione degli oggetti; ACDF SO St. St. B 7 c.

[105] Relazione informative con Sommario, Titolo X: Massime erronee e pratiche perniciose, Salluas Schlussbewertung; ACDF SO St. St. B 7 c.

[106] Esami di Sr. Giuseppa Maria, 18. Mai 1860; ACDF SO St. St. B 6 h, fol. 104 f.

[107] Sommario della Relazione informatitva, Nr. XV: Esami di Sr. Maria Veronica, 19. Mai 1860; ACDF SO St. St. B 7c.

[108] Relazione informative con Sommario, Titolo X: Massime erronee e pratiche perniciose; ACDF SO St. St. B 7 c.

[109] Relazione informative con Sommario, Titolo VI: Affettata Sanitità dela M. Vicaria Sr. Maria Luisa, Einführung Salluas; ACDF SO St. St. B 7 c.

第五章

"一件荣耀上帝的行为"

按照圣母命令进行的谋杀

美国人的猥亵信

截至目前,调查结果已经明确两项主要控告内容——对修道院创始人玛丽亚·阿涅塞·菲劳的错误敬奉和初学修女主管玛丽亚·路易莎的伪装成圣。现在调查的重点是卡塔琳娜·冯·霍亨索伦被投毒事件。然而,萨鲁埃面临几个难题。首先,教宗对于整个事件持比较怀疑的态度。其次,宗教法庭也缺乏处理这种刑事犯罪案件的经验。后者也体现在调查记录的管理中——信仰犯罪卷宗的条理清晰与刑事犯罪卷宗的混乱不完整形成了鲜明对比。而且他还犯了一个小错误,忘记调查卡塔琳娜投毒事件的证人证词,这证词是后来补充的。[1]萨鲁埃在1861年给红衣主教提交的控诉书中也承认了这一点,并对自己提出批评。萨鲁埃还曾经为此案拜访过诺伊兰,因为"我们宗教裁判所没有处理这样重型刑事案件的经验"[2]。

卡塔琳娜和霍亨索伦家族严厉指控玛德蕾·比卡利亚·玛丽亚·路易莎多次企图以毒药谋杀卡塔琳娜。但仅凭这些来定罪是远远不够的。萨鲁埃需要更为客观的证据和证词。首先他的任务就是弄清犯案动机。[3]卡塔琳娜提到一个关键点，就是在玛德蕾·比卡利亚将那封美国人的来信给她看之后，两人之间本来非常和谐的关系受到很大破坏。这封信就成了萨鲁埃调查的切入点。

萨鲁埃从不同证人那里得到证实，彼得·克鲁兹伯格是由彼得斯神父引荐到圣安布罗焦修道院的，后者在其孩提时代就认识他了。彼得斯神父还曾经试图驱逐过他身上盘踞的"五个魔鬼"。19世纪的驱魔概念与今天有很大不同。[4]撒旦及其恶魔同伙被视为由上帝创造的堕落天使。人们将它们想象成没有实体的存在，也因此能够通过人体上的孔窍侵犯进来并占据这个躯体，特别是性交时这种事情很容易发生。驱魔行为是一种将魔鬼从人身上赶出来的仪式。[5]1614年的《圣事礼典》将驱魔人限定在了特别有经验的神父们身上，他们的驱魔行动必须取得主教的同意。一般人和女性是不能举行驱魔仪式的。这种驱魔仪式一般规定有三个步骤，分别是话语、符号和封印。首先驱魔人要呼唤上帝之名，然后直接以上帝的话语威胁魔鬼，最后命令魔鬼离开。被魔鬼附身的人往往会出现叫喊、不停抽筋、流鼻血和筋疲力尽等状况。整个过程通过按手、画十字圣号、涂圣油来完成。由于恶魔一般会进行强烈的反抗，整个驱魔过程会持续很长时间，并需要多次重复驱魔仪式。被恶魔附身者在恶魔被驱逐出去以后，仍然容易再次被其附身。

彼得·克鲁兹伯格在修道院对外开放的教堂做弥撒的时候认识了玛丽亚·路易莎。克鲁兹伯格认为对方是一个充满特殊神圣恩赐的圣人。在彼得斯神父给他驱魔失败以后，玛丽亚·路易莎就不仅成为他的精神领袖，也成为他的驱魔人，而这是明显违反教会法规的。凭借这一理由，两人常常见面，有时甚至会在修道院以外的地方会面。

修道院的律师路易吉·弗兰切斯凯迪同样是通过彼得斯神父结识了彼得·克鲁兹伯格。他向萨鲁埃透露了更多此人的信息："彼得斯神父在我答应完全保密的情况下跟我偷偷透露了克鲁兹伯格医生被鬼附身的事情，也正因如此，他和耶稣会修士在瑞士有个房产纠纷。"[6]当时涉及一个失败的驱魔仪式，"人们听到一声巨响，然后发现原本闩着铁闩的大门倒在了地上"。彼得斯神父本来希望重新帮克鲁兹伯格驱魔的，这是他作为教父应尽的职责。但他看到了这个美国人为了打扫教堂油画而在空中飘浮，向这些圣画像行忏悔礼。克鲁兹伯格被魔鬼"提到不同空间"，"有时越过海洋，有时穿过空中"。这是一种人体在空中的悬浮状态，不少神秘经验者都有过这种行为。[7]但彼得斯神父认为克鲁兹伯格的悬浮是魔鬼的作为。但克鲁兹伯格常常从圣母得到帮助，所以彼得斯神父基本上还是认同他的。克鲁兹伯格告诉过律师弗兰切斯凯迪魔鬼总是附在猫和老鼠的身上来折磨他，还和对方说过胡言乱语的政治言论。[8]弗兰切斯凯迪骄傲地透露，克鲁兹伯格身上的恶魔也曾试图诱惑并附身于玛丽亚·路易莎，但最终没有成功。他曾在修道院接待室目睹过两人进行驱魔仪式。

多名修女和女院长本人都证实了玛丽亚·路易莎曾给彼得·克鲁兹伯格违规驱魔。之后，两人就开始频繁通信并有私下数小时的会面。在彼得斯神父的同意之下，玛丽亚·路易莎还强迫彼得·克鲁兹伯格把他所有的书籍，特别是和医学相关的书籍交给自己。玛丽亚·贾钦塔曾见到过她在自己房间小桌上放着一本这类型的书，还"怀着极大热情和好奇看了许多男性和女性赤裸的性器官图片"。

萨鲁埃其实并不满意调查结果。他既没有得到那封猥亵信件的具体内容，更别提信件的下落了。他只能依赖于卡塔琳娜告密信中的内容。但信中提到的这位"美国人"已经逃到美国去了，萨鲁埃能做的只是确认玛丽亚·路易莎和克鲁兹伯格之间的可疑关系。

这位"美国人"的传记给今天的历史学家们也添了很多不解之谜。[9]彼得·玛丽亚·克鲁兹伯格1815年出生于奥地利的普斯特。所有迹象都表明他在布里格的耶稣会圣灵学院接受了高等教育,也是在那里认识了彼得斯神父。但是没有任何记录显示他学过医学或曾以医生资质执业。医生也许是他在罗马的伪造职业。可以确定的是,1850年他和其妹婿约瑟夫·努尔一起在美国辛辛那提开了一家书店。他一生共有六个孩子,分别是1846年出生的女儿凯瑟丽雅、1849年出生的女儿玛丽亚、1854年出生的儿子约瑟夫、1857年出生的女儿玛丽、1861年出生的女儿格特鲁德和1863年出生的女儿安吉拉,其中约瑟夫和玛丽幼年夭折。1857年3月彼得·玛丽亚·克鲁兹伯格得到一本欧洲护照,护照显示此人身高5英尺6英寸,接近1.7米,灰色眼睛,高耸额头,棕色头发,椭圆脸形,五官匀称。他用这本护照来到了罗马。

看起来1859年年底时,彼得·玛丽亚·克鲁兹伯格已经因着圣安布罗焦修道院审讯的事情而处于一个危险境地,所以他回到了美国。1860年他以出版商和书商的身份与其太太一起出现在汉密尔顿的米尔克里克,这一地区现在属于美国俄亥俄州辛辛那提市。1862年他带着太太离开了美国,可能到1874年为止都生活在瑞士,之后又去加拿大待了五年,最终1879年定居在法国瑞朗松地区的波城。在法国他又开始了自己的医生生涯,据他女儿凯瑟丽雅记录,他由于中风长期瘫痪在床,并于1889年3月14日死亡。同年,其太太格特鲁德死于波城。他的两个女儿凯瑟丽雅和安吉拉在波城一所学校当老师,这所学校就坐落在当地著名的"克鲁兹伯格大道"上。

卡塔琳娜脖子上的绳子

侯爵夫人说与修女主管两人之间的关系越来越恶化,这一点被众多修女所证实。[10] 修女们告诉审讯官,玛丽亚·路易莎越来越生卡塔琳娜的气,不断在她背后说她的坏话。修道院中流传着这样的话:玛丽亚·路易莎"让侯爵夫人读了一封有失修女身份的德语信"。玛丽亚·路易莎认为这件事是侯爵夫人的诽谤,并与两位神父一样将这件事归咎于魔鬼的作为。由于谣言愈演愈烈,莱兹罗利神父和彼得斯神父应该与玛丽亚·路易莎讨论过此事,但是后者否认了一切关键点。由于"事实无可置疑,两位神父最后得出结论,这一切都是魔鬼借着玛丽亚·路易莎的肉体所为"。

平时非常顺服的卡塔琳娜在这件事上却不打算让步,也不打算屈服于神父们的解读。恰恰相反,由于她"非常肯定所发生的事情,所以试图让玛丽亚·路易莎承认一切"。卡塔琳娜在自己的控诉书上非常详细地记载了与玛丽亚·路易莎的谈话正是在12月8日天主圣母节[11]的早上。在唱完赞美诗去晨祷的时候,卡塔琳娜邀请对方进行谈话。两人开始对峙。这一事件也被在场的众多修女所证实。1860年4月2日[12]朱塞帕·玛丽亚向萨鲁埃承认,玛丽亚·朱塞帕、阿涅塞·塞莱斯特、朱塞帕·玛丽亚都是此事的直接证人:

"1858年天主圣母节的早上,我在去找修女主管的路上惊讶地发现她和侯爵夫人一起在圣坛,后者跪在她面前正从脖子上拿下一根腰带。看到我叫她之后,修女主管带着一副捉摸不定的表情和我离开了。路上她很肯定地跟我说:'谁能想到这良善之地存在着如此邪恶的灵魂呢?'

"不久后我问玛丽亚·贾钦塔发生了何事,她跟我说侯爵夫人在圣坛勇敢地用绳子把自己脖子缠住并要求玛丽亚·路易莎坦白发生的一切，后者回答说对方作为一个初学修女对自己说话的态度竟如此狂妄而大胆。第二天玛丽亚·贾钦塔对我说修女主管在领圣餐时见到主耶稣基督显现愤怒并判处侯爵夫人死刑。"

1860年3月17日，也就是不到两周之前，萨鲁埃亲自审问了玛丽亚·贾钦塔修女，两者的证词完全吻合。[13] 她提到玛丽亚·路易莎在一场异象中看到主向她启示，侯爵夫人因自己的傲慢而必须被判处死刑，而且主已经安排好了这件事。阿涅塞·塞莱斯特则直接表示："侯爵夫人在初学修女中就如同犹大在门徒中一样。"

玛丽亚·路易莎将侯爵夫人的行为与背叛者犹大联系了起来。对她来说，侯爵夫人就是女性版的犹大，背叛了整个修道院，因为侯爵夫人不相信她的圣洁并要将她驱逐出修道院高层，如同犹大将耶稣驱逐出当时的教导层一样。侯爵夫人脖子上的腰带在天主教里一般被认为是犹大自杀的象征。但在教团史中，绳子与背叛其实毫无关系，而是象征一种谦恭态度。[14] 在脖子上围绕绳子或腰带意味着这位修士或修女绝对的自贬和无条件的顺服。一位初学修女只有在向其上级修女主管提出责备时才会采用这种姿势，表达出一种强迫对方听从自己的恭顺。弗朗茨·冯·保拉膝行前进，并缠绕着扣带领圣餐，并推荐他同僚也这样做。[15]

卡塔琳娜有意识地采用这一传统。但为什么玛丽亚·路易莎面对其指控有这么极端的反应？两人谈话的具体内容在不同证人口中总是存在出入，唯一能确定的是这场谈话是关于"美国人"那封信的。侯爵夫人对于信中鼓励她如同玛丽亚·路易莎一样成为"无丈夫的母亲"非常愤怒。但玛丽亚·路易莎为何没有将这封信直接当作一个被鬼附身的病态人的狂妄性幻想？如果一切只是想象而非事实，那么没有人能够对一个疯子追究责任。为何她不像卡塔琳娜一样愤怒？她先是完全否认，然后搬出魔鬼附身，这样不得不让人猜测这封信不仅仅是一个人的狂妄想象，或许暗示着玛丽亚·路易莎和美国人的隐秘性关系。卡塔琳娜当面要求玛丽亚·路易莎说出真相并收回关于魔鬼作为的说辞，但是玛丽亚·路易莎并没有这个打算。这次沟通以失败告终，两人的关系完全破裂。

天国来信预示卡塔琳娜的死亡

卡塔琳娜的死亡在修道院已经不是秘密，耶稣基督在一场异象中已经预言了这件事情，现在就差书面的肯定了。玛丽亚·弗兰切丝卡修女不得不再一次拾起笔来听命而行。1860年2月21日，她向审讯官承认了这一事件[16]："我现在所说的，已经被我以圣母之名告知彼得斯神父多次了，也就是魔鬼凭着自己的自由夺取了我们一位亲爱女儿的肉体并毁坏了她的名誉。魔鬼上百次地以路易莎·玛丽亚（亦即信中的卡塔琳娜）的形象显现并逼迫她离开修道院。卡塔琳娜总是高傲自大、顽固不化并且只听从自己心意而行。她本应讨得上帝女儿的喜悦，却被魔鬼所拦阻。但是上帝的权能是无往不胜的，卡塔琳娜将会死于一场中风并被诅咒。信里还写道，彼得斯神父可以宣告卡塔琳娜的命运，而圣母的女儿玛丽亚·路易莎已经预见了她的命运，神父可以为着卡塔琳娜向玛丽亚·路易莎祷告，因为只有玛丽亚·路易莎才能拯救卡塔琳娜。另一封信记载着圣母的头生女儿为卡塔琳娜祷告，她为此站在地狱中数个钟头，卡塔琳娜虽然会中风，但出于公义和慈爱命不至死。

"我以圣母名义给神父写了许多类似的信件：'我的女儿肉体被魔鬼占据并将告诉卡塔琳娜她应恐惧死于毒药。'第二天阿涅塞·塞莱斯特修女确实问了卡塔琳娜哪种毒药最能致命。紧接着，魔鬼又利用玛丽亚·伊格纳修亚和已去世的玛丽亚·费利切修女的肉体，对她们说按照上帝的旨意，彼得斯神父会混合侯爵夫人的毒药，但她的灵魂仍在上帝手中并会通过死亡得到拯救。两人还向卡塔琳娜坦白了毒药来源于玛丽亚·路易莎房间的文件包装盒。我记得自己还写了三个人一起去了卡塔琳娜的房间并在她药罐中投入了毒药。此外，魔鬼还让其他修女见到了三个人准备毒药的过程。所有这些事情都发生在侯爵夫人病重期间。圣母来信的结尾如此记载，玛丽亚·路易莎虽然被魔鬼占据了肉体，但她仍为卡塔琳娜在暗处祷告。我最后补充，当卡塔琳娜康复时，莱兹罗利神父向我们证道说，魔鬼可以以人形出现，他能够触摸并欺骗人类，所以人们必须相信上帝的仆人。"

第二天，玛丽亚·弗兰切丝卡修女继续她的供认[17]："为了更明确地说明此事，我在侯爵夫人病重期间也以圣母名义给彼得斯神父写了信：'魔鬼把我的文件盒带到药房并装上了毒药，我希望能还给我女儿。'另一封信中圣母希望彼得斯神父转告侯爵夫人她所看到修女主管的一切都是魔鬼制造的幻象，这一点也要转告红衣主教赖萨赫。其他信件显示彼得斯神父在等候一个兆头来说服侯爵夫人相信这一切。但圣母回复：'不，我不会给任何兆头，一个不相信神仆人的人也不会相信神迹。'接着圣母表示魔鬼自己会给出一个兆头，就印在卡塔琳娜房间的砖块上。不久又出现了另一个带着兆头的砖块。魔鬼骚扰了两位神父三个月之久，他们还特别为此实行禁言。"

这些天国来信首先的作用是免除了玛丽亚·路易莎一切可能的责任，因借着圣母的口证实一切都是魔鬼的作为。其次造成了圣洁的玛丽亚·路易莎与不信的卡塔琳娜之间的鲜明对比。然后根据天国的决议，卡塔琳娜必须因其骄傲而死去。最后在实际操作上，玛丽亚·路易莎在咨询了作为医生女儿的阿涅塞·塞莱斯特有关最强烈毒药的事情之后，选择了玛丽亚·伊格纳修亚和玛丽亚·费利切成为投毒小组人员。

决定性的信件写于圣坛一幕当天，也就是 12 月 8 日。女院长的供词记载着这天之后的第二天，侯爵夫人就突然病重，玛丽亚·路易莎非常担忧地去探望并多次重复说[18]："上帝会惩罚侯爵夫人并使她患上致命的疾病。"女院长表示："第二天饭后侯爵夫人确实感到很不舒服，开始呕吐并伴有腹痛，第二天就病得很沉重了。"

为了配合天国来信中预告的中毒事件，必须进行特殊的敬虔操练。玛丽亚·路易莎要求大家一起进行九连祷，要尽快显明天国来信中预示的那一位是谁。很快大家就都知道指的是病重的侯爵夫人了。[19] 九连祷是天主教一种特殊的祷告形式，目的是恳切地祈求上帝达成某种心愿。审讯官记录显示，这里众人应当是连续九天迫切祈求侯爵夫人死去，这真是天主教教义的堕落和歪曲。

一场投毒大戏

萨鲁埃在试图拼凑起整个投毒过程时发现了很大的问题，特别是修女们的供词无法达成统一。大多数修士和修女只是风闻此事而已，在两年后的审讯时又添油加醋，但对整个事实的贡献并不大。萨鲁埃很快意识到只有极少数修士和修女能够提供客观证据。通过弗兰切丝卡，萨鲁埃已经很明确需要锁定哪几个人了。首先就是复杂的核心人物玛丽亚·路易莎、玛丽亚·伊格纳修亚、玛丽亚·费利切、医生女儿阿涅塞·塞莱斯特、执笔天国来信的玛丽亚·朱塞帕以及护士玛丽亚·贾钦塔。玛丽亚·费利切在 1858 年 12 月事发之后很快过世，玛丽亚·贾钦塔则于 1858 年 12 月就卧病在床。修士的话则是常常与玛丽亚·路易莎碰面并能协助她处理院外事物的律师路易吉·弗兰切斯凯迪。

针对这些人员的审判确实给审讯官提供了投毒事件的决定性证据。一系列的投毒者投下了足以杀死一头大象剂量的毒药。[20] 但萨鲁埃还是无法给红衣主教会议提交一份按照时间顺序整理的事发经过。这是因为萨鲁埃本人是第一次接触刑事案件。如果是一个更有经验的审判官，早在调查一开始就会特别留意侯爵夫人和众多证人之间的时间点问题。如果这样的话，很多记忆带来的混淆就能更早得到澄清，整个投毒事件阴谋的发展顺序也会更加清晰。[21]

玛丽亚·路易莎在与卡塔琳娜对峙之后开始直接着手策划针对对方的谋杀行为。第一步就是将侯爵夫人和其他修女隔绝开来。所以玛丽亚·路易莎禁止卡塔琳娜参加玛丽亚·萨韦丽亚修女的终敷圣事，而其他修女们 12 月 8 日的时候都聚集在萨韦丽亚房间里。玛丽亚·朱塞帕证实玛丽亚·路易莎在萨韦丽亚死后突然离开了一段时间。后来她借口说自己神游天国并与主谈论了萨韦丽亚的最终审判，过程中主也向她揭示了"路易莎·玛丽亚的结局"。侯爵夫人会很快死亡并被诅咒，因为"她的眼泪和祷告没有达到上帝面前"[22]。当天晚上玛丽亚·路易莎给侯爵夫人送去了那份肉汤。阿涅塞·塞莱斯特和其他人都看到玛丽亚·路易莎捣碎玻璃碎片，众人都提醒她这是非常危险的。这些碎片会对口腔黏膜、胃部甚至肠子都造成伤害并引起内出血。玛丽亚·路易莎在晚课的时候，大约晚上 6 点，开始实施计划。当时卧病在床的玛丽亚·贾钦塔问她为何偷偷摸摸地经过她的房间，对方假惺惺地回复因为怜惜她的身体而不想吵醒她。"然后我就开始怀疑侯爵夫人会被杀死，特别是我注意到玛丽亚·伊格纳修亚、玛丽亚·费利切、阿涅塞·塞莱斯特以及玛丽亚·路易莎如何凑到了侯爵夫人的床前。"[23]

玛丽亚·伊格纳修亚应该是被预定要给侯爵夫人端上掺了玻璃碴的肉汤的人选。她记得修女主管"玛丽亚·路易莎如同往常一样对我说[24]：'我的女儿，请对我说的话保守秘密，不要对其他人透露，我没有对玛丽亚·费利切提过什么，因为她会让我尴尬，您知道顺服的人是有福的，我们带神父（我认为她指的是彼得斯神父）过来吧。'她们取了一块海绵并把玻璃碴倒入碗里掺到肉汤中，并让我端给她喝。我当时非常混乱，只能尽力回复：'我的主人，如果上主如此命令，那遵从是最好的做法。但您可以想象，路易莎·玛丽亚会察觉到此事而曝光出来的。'

"对方一开始抱以沉默，然后问我：'您还知道哪些药物可以当作毒药吗？'我回答：'鸦片。'于是事情暂告一段落，玛丽亚·路易莎陪着彼得斯神父走到门口，而我愁绪满怀地走向小圣坛，去那里向上主和圣母祷告并寻求引领，到底要不要顺服修女主管，那是她本人还是她又被魔鬼所占据？"

看到玛丽亚·伊格纳修亚的迟疑之后，玛丽亚·路易莎决定自己采取行动。阿涅塞·塞莱斯特看到玛丽亚·路易莎在卡塔琳娜房间，端来了那碗掺了毒药的肉汤。[25]虽然看起来恶心欲吐，卡塔琳娜还是吃下了那碗肉汤。12月9日礼拜四早上，卡塔琳娜要了一杯红茶并马上有人给她送去。但是并没有任何好转的迹象，相反，红茶引起了强烈的胃痛、晕眩和呕吐。

这种呕吐很可能是茶水中的吐酒石（酒石酸锑钾）引起的，护士兼药剂师玛丽亚·朱塞帕向调查官坦白修女主管曾跟她要过这种药。而她严重警告过对方："这药只要一滴就能让人呕吐不止。"[26]化学中锑和砷属于同族，酒石酸锑钾有一种令人恶心的甜味，能够带给人强烈的呕吐刺激。19世纪时人们使用小剂量的吐酒石来治疗咳嗽时的痰堵反应，但最高剂量不可超过 0.5 克，否则会影响人的胃肠部，出现剧烈呕吐和腹泻。

卡塔琳娜周四早上肯定过得非常悲惨，修女主管对此却抑制不住地幸灾乐祸。玛丽亚·贾钦塔回忆了玛丽亚·路易莎看上去特别高兴并对她说[27]："您知道吗？卡塔琳娜已经开始疼痛了。"此外她还回忆："之后我见到了玛丽亚·伊格纳修亚并询问她侯爵夫人的病情，她回复说：'情况很糟，她睁着眼睛躺在床上，像个鬼魂。她既不吃药也不喝柑橘发汗茶。她害怕被毒死，连饭都不太动。'我问她：'我们难道是法约拉的污点吗？'"

贾钦塔在这里玩了一个文字游戏，借用了 19 世纪意大利布里甘蒂的法约拉的一伙强盗的名称[28]，证明这次投毒事件对于贾钦塔来说是多么地不可思议。

玛丽亚·路易莎希望更加稳妥低调地行事，毒药的效力大大出乎她的意外，所以她又去找阿涅塞·塞莱斯特，后者坦白两人谈话内容如下[29]：

"傍晚时候修女主管来到我房间跟我说她要问我一些事情，让我必须对其他人保守秘密，特别不能向玛丽亚·贾钦塔和彼得斯神父提起我们的谈话内容。我发了誓，然后她问我：'作为外科医生的女儿，你能否告诉我如何毫无痕迹地利用毒药杀死一个人？'我回答之前问她：'母亲，您昨晚试过用玻璃碴了吗？'

"她回复说：'啊，玻璃碴一点用都没有。'

"我说：'都沉底了吧？'

"她说：'我们试过了，但是确实沉底了。'"

阿涅塞·塞莱斯特继续："尽管我猜测这次谈话的目标人物是侯爵夫人，但修女主管回复我：'请不要这样想，女长老有许多提出这样问题的理由。'

"接着我回复她大量的鸦片可以致死,并回复她关于颜色的问题,告诉她鸦片的颜色是黑的。她还问我具体致命的剂量,我回复她:'很少剂量就是良药,多一分则可以致命。'我提醒她玛丽亚·贾钦塔曾服用过两次鸦片,随后得了很严重的炎症,然后她向我打听别的致命毒药还有哪些。我告诉她透明的松节油也可以起到同样作用。

"她说:'这可不好掺进去,会被发现的。'

"我现在终于能确定她是要毒死侯爵夫人了。然后我提到了石灰,好像还有颠茄和汞。离开我房间的时候,玛丽亚·路易莎让我继续再想想别的药物,并要我对这段对话保守秘密。"

松节油和生石灰可以腐蚀人类消化器官并导致其死亡,但玛丽亚·路易莎应该是先就着手头的药物开始行动的。12月9日晚上,玛丽亚·朱塞帕得到命令要为侯爵夫人准备甘菊茶,玛丽亚·路易莎往这杯茶里倒进了一些不明物体。卡塔琳娜品尝之后拒绝喝下这杯茶。茶水颜色发黑而且看上去"令人作呕"[30]。她请求一位护士品尝一下这杯茶,护士也觉得难以下咽,这时修女主管突然进入卡塔琳娜的房间并狠狠训斥了大家。玛丽亚·伊格纳修亚的证词记载着:"我认为菊花茶肯定是被人掺了什么东西进去,玛丽亚·朱塞帕很懂药理,而且修女主管对我们大喊大叫,只因为我们品尝了一下而已。玛丽亚·路易莎通过玛丽亚·伊格纳修亚让我赶紧倒掉这杯茶。"[31] 要掩盖好犯罪事实,毒药绝对不能落到陌生人手中。

玛丽亚·朱塞帕和朱塞帕·玛丽亚两位护士自此刻起终于能确认,玛德蕾·比卡利亚是真的想要毒死侯爵夫人。卡塔琳娜不仅在服下鸦片和吐酒石之后跟她们坦露一切,而且还要求直接拿到药房存放药品的柜子钥匙。面对这种情况,为了避免最糟糕的事情发生,两位护士晚餐时决定,趁大家都在食堂的时候,用无害的同色药粉[32]替代了毒药。她们使用酒石酸氢钾代替了吐酒石，欧亚甘草代替了鸦片。之后她们勇敢地将这些毒药交给了女院长。

12月10日早上晨祷时，两位护士注意到药房有灯光，然后看到玛丽亚·路易莎和玛丽亚·伊格纳修亚提着灯笼从药房出来。很明显她们没有找到想找的东西。从修道院拿到毒药的最简单路径被堵死了。但是就在当天，又出现了一种可能性。因为医生给侯爵夫人开的处方包括"含有蓖麻油的泻药"，在卡塔琳娜拿到药之前，修女主管往药里面滴了几滴清漆。这清漆是正在修道院食堂工作的工人使用的含有颜色和硫酸的液体。朱塞帕·玛丽亚确实在前往卫生站的路上遇到玛丽亚·路易莎双手沾满油彩。卡塔琳娜服用了蓖麻油以后继续产生强烈的恶心感并伴随呕吐。

玛丽亚·路易莎将蓖麻油拿给朱塞帕·玛丽亚时，后者马上从颜色和气味上分辨出来里面混有清漆。但谨慎起见，她让同事玛丽亚·朱塞帕进行验证，后者马上证实了她的判断。朱塞帕·玛丽亚"异常震惊并马上拿着瓶子去找女院长"。她喊道："这是背叛！这根本不是蓖麻油。给我拿个勺子我来尝尝。"瓶中仅剩的蓖麻油确实尝起来不是蓖麻油的味道。因此女院长命令她将瓶子拿到修道院外的一家药房进行验证。朱塞帕·玛丽亚马上开始行动，但是玛丽亚·路易莎在门口拦住了她，拿走了药瓶并说："这只是拿错了的有哈喇味道的油。"

另一位因卡塔琳娜服用蓖麻油之后反应剧烈而服侍她的修女做证：卡塔琳娜"因剧烈的腹部疼痛而备受折磨，甚至吐出了白色脂肪块一样的东西"。此处指的可能是胃黏膜的部分组织。在腹泻终于消退之后，卡塔琳娜在周五似乎还是慢慢复原了。

玛丽亚·路易莎狂热地寻找新的一次性下毒方式。很快她对玛丽亚·伊格纳修亚[33]说："阿涅塞·塞莱斯特姐妹对我说颠茄萃取物是最有效的毒药，我要想办法搞到手。但不能通过管家，而是通过律师路易吉·弗兰切斯凯迪。为了不引起他怀疑，我给他的清单上需要列上苦土、酒石和其他药物以及颠茄萃取物和鸦片一起。"而律师也很快就带来了这些药品。律师证词记载他带来了九、十种药品，包括氧化镁、酒石和鸦片。[34] 当然他也惊讶于玛丽亚·路易莎的清单中包含颠茄萃取物。本来他还怀疑能否顺利在药房买到这些东西，结果非常顺利地完成了任务。萨鲁埃也找到相关药房并对上了购物收据。修道院药剂师表示当时药房根本没有订购任何药物，因为病人所需要的一切修道院都很充足。这证明了玛丽亚·路易莎是这些毒药真正的采购者。

12月10日晚上，玛丽亚·路易莎再次询问阿涅塞·塞莱斯特是否想到别的毒药。[35] 对方回答："如果将东西浸泡在铜里面，就会产生毒性。"

"这会引起副作用吗？"

"会引起胀气。"

"这没什么用，请告诉我如何准备鸦片。"

"可以制成丸剂。"

"不行，这样她不会吃下去的。"

阿涅塞·塞莱斯特说："之后我建议她将同样颜色的鸦片和山扁豆混合在一起，她又询问我剂量问题，我告诉她量多一些总比量少一些管用。她再次警告我要保守秘密就离开了。我一度有些不安，害怕侯爵夫人真的被毒死，但是我随后想到《圣经》里尤迪特砍下荷罗孚尼[36] 的头颅是遵行上帝旨意的，是讨上帝喜悦的。"

现在玛丽亚·路易莎缺的就是一个合适的时机。之后的几天她非常警觉并且没有和任何人再谈论与毒药相关的事。然后12月11日、12日和13日，很多人证实玛丽亚·路易莎又再次给卡塔琳娜送去了气味刺鼻的肉汤和米汤。卡塔琳娜不再轻信他人,她12月12日从自己的肉汤中灌了一小瓶交给彼得斯神父去化验是否含有毒药成分。药剂师除了明矾以外并未发现任何毒药。明矾在12世纪被当作腐蚀剂、止血剂或用来除疣,其味道先苦后涩,很有刺激性。若内服的话会腐蚀人体肠胃黏膜,剂量过多则可致命。此外,肉汤中应该还有钾、钙与明矾,但这三种化学成分如何混合在一起发出的刺鼻味道只有彼得斯神父知道。他是否真的去化验了,也没有别人能证实。

路易吉·乔瓦尼·马尔基医生随后给卡塔琳娜开出了山扁豆和罗望子果的药方来解毒。玛丽亚·路易莎欣喜异常,因为朱塞帕·玛丽亚修女之前曾在整个修道院大肆宣扬她想要毒死侯爵夫人,但现在医生的药方和她的药剂不谋而合,她大可以说这是医生早交代她的解毒药材。为了更好地与山扁豆混合[37],玛丽亚·路易莎13日带着一瓶液体鸦片出现了。很多人证实她将一个锡盘放在煤炭锅上,在里面将鸦片和油混合在一起并倒入一个杯子里。

玛丽亚·伊格纳修亚证实她当天去了玛丽亚·路易莎的房间[38],其证词记载着:"我闻到一股刺鼻的味道,修女主管说这是药物的味道。我说这味道简直令人难以忍受,她说:'明早您起来以后请尽早更衣并把这药配着热水稀释以后送给侯爵夫人。'"玛丽亚·伊格纳修亚还注意到:"山扁豆和罗望子果的剂量明显被加大了,整个药水有着不一样的颜色。"然后她详细描述了这药水的作用:"第二天一早第一遍起床号之后,我就来到了修女主管的房间,她让我赶快叫玛丽亚·费利切把热水从厨房拿来,然后我来稀释药水,这期间她对我说:'您知道吗?我担心侯爵夫人不会喝我们昨晚准备的药,因为太浓稠了,我们最好重新准备一份,请您千万注意可别给错药了。'我回复她:'您放心,我一定不会拿混的。'她说:'好的,请把文件包装盒拿来。'于是我拿来了文件包,她则取来钥匙,我给她点着灯照明。她就在床上打开了文件包并拿出了一份用蜜蜡封好的带有药房印章的药泥。修女主管取了一小包然后用剪刀剪下蜡纸,将药物都倒进玻璃杯。包装上刻着'颠茄萃取物'的字样。她命令我把玻璃杯放到她桌子上,合上文件包后对我说:'找个合适的地方把药盒扔掉再把剪刀弄干净。如果来不及赶回来的话我会让玛丽亚·费利切给卡塔琳娜送药去。'

"为了完成任务,我提着灯到了起居室,进去的时候我闻到了昨晚在修女主管房间闻到的同样味道,我还看到一个沾着油污的盘子和地上一团黑漆漆的东西。为了避免别的修女注意到,我耐心地清理了地板、剪刀和盘子。然后我返回并告诉修女主管,她回复我说:'啊,我忘了昨天把药放在那里了,也忘了让您清理那里。'我问她到底那些油和黑色物体是什么,她告诉我说是鸦片,鸦片太硬了很难捣碎,所以她把鸦片放在盘子里用油来溶解。最后一次圣坛钟响的时候我要求她去晨祷,她却让我自己去,说如果侯爵夫人需要什么的话她会让人去叫我。"

玛丽亚·费利切给卡塔琳娜端上了一个托盘,上面放着两个杯子。其中较浓稠的一杯是山扁豆和玛丽亚·路易莎溶解的鸦片,另一杯是原本要阿涅塞·塞莱斯特预备的、含有颠茄的饮品。第二杯没有那么浓稠,但一小份的颠茄就足以致命。出乎意料的是侯爵夫人选择了较浓稠的那一杯混合了鸦片而非颠茄的饮品。"病人从玛丽亚·费利切手里喝了六勺药水之后就喝不下了,如同中风一样倒回床上,昏昏沉沉气喘吁吁的。"[39] 这时,玛丽亚·路易莎进入卡塔琳娜的卧室并让人马上从圣坛那里叫回了玛丽亚·伊格纳修亚,后者对当时的情景供认不讳:"我马上往回走并开始害怕要发生的事情,当我推开房间门时,尽管当时光线很暗,但我发现了修女主管向我走来并轻声对我说:'赶快去看看侯爵夫人,她快不行了。'我马上走到侯爵夫人床前,发现玛丽亚·费利切撑着病人的头部,非常害怕地对我说:'亲爱的姐妹快来看看这是怎么了。'

"我看到侯爵夫人浑浑噩噩地躺着,就呼唤她的名字'路易莎·玛丽亚'。

"她喘着气回答:'玛丽亚·伊格纳修亚,我要死了。'

"我慌乱地跑出来找人,修女主管马上问我:'路易莎·玛丽亚怎么样了?'

"'非常糟糕,您快来吧,天啊!也得赶快叫神父和医生。'

"'何必这么着急,您跟我说剩下的药在哪儿呢?'

"我迅速回到房间,看到侯爵夫人服用了修女主管昨晚用鸦片调和的药水,侯爵夫人对我说:'您看到了吗?我还剩了一点药水。'

"我回复她:'放着这药别动,您就别多想了。'

"我还看到另一杯在修女主管房间调好的药也在那里,我返回到修女主管身边告诉她两个玻璃杯都在,而且侯爵夫人喝了不少混有鸦片的药。修女主管命令我:'别管侯爵夫人了,您赶快把两个杯子拿出来,把药倒在合适的地方再清洗干净杯子。'

"我提醒她就算把杯子洗干净了,这臭味也不会消失。她补充说:'把杯子和药水随便找个地方都扔了,抓紧时间,如果侯爵夫人问起来,就告诉她您要把药拿给阿涅塞·塞莱斯特修女。'

"于是我又回到侯爵夫人那里并告诉她受阿涅塞·塞莱斯特委托要把药水拿走,然后去了厨房用热水洗杯子,但是味道还是很臭,我就把杯子摔碎找了个地方给扔了。"

玛丽亚·伊格纳修亚当时的表现非常机智果断,而且想到了很多方面的问题。"我找到修女主管并汇报了一切,然后我问她:'如果护士问到缺一个玻璃杯怎么办?'对方回复:'就说您在回寝室

的路上摔倒了，把杯子给打碎了。'

"于是我就这样回复每个问我的人。在我回到侯爵夫人房间后，我发现她很虚弱，我再次和也在场的修女主管说需要请医生。她再次回复：'着什么急？可以等等再说，不过您来决定吧，如果让她看到医生一切就结束了。'

"这话让我想到她可能不想让医生过来，以防事有偏差。于是我又回去，侯爵夫人的状态已经非常糟糕了，她一会儿请求我给她拿这个瓶子，一会儿请求我拿那个瓶子。看到她病情越来越重，我就决定帮助她做些什么，于是我想去找女院长并和修女主管再次反映病人情况。后者同意我去找女院长。我找到对方并告诉她侯爵夫人的相关状态，我预计是中风。女院长说：'哦，主啊，我在这里。'在去侯爵夫人房间时，我遇到了修女主管，她已经让人去叫医生了。女院长看到侯爵夫人的样子时表现得非常不安，急着叫来了两名医生和两名神父。"

接着玛丽亚·伊格纳修亚给审判官形容了医生们的诊断和神父的作用："马尔基医生最先到达并表示：'这是心源性晕厥，赶紧用水蛭放血疗法。'大家按照他的指示行动了。

"里卡尔迪医生来以后说：'这是脑源性晕厥，已经侵蚀了大脑神经。'他进行了第二次水蛭放血疗法。

"医生们离开以后，两位神父来到并给侯爵夫人实行终敷礼。由于侯爵夫人的体温不断攀升，午餐以后他们给她行了最后一次涂油礼。两位神父、女院长、修女主管和几位修女见证了她在病床上行宣誓礼。"

一般来说临终的初学修士或修女都可以在去世之前提前行宣誓礼。但卡塔琳娜就是一直拖着而没真正去世。玛丽亚·路易莎无法理解，两盎司的鸦片早该置人于死地了才对，因此12月14日晚上她表现得极度不安。玛丽亚·伊格纳修亚对她说:"她还能撑着简直不可思议,您觉得她能熬过今晚吗?"

两位医生和众多修女也证实了卡塔琳娜的病情。[40]但是众人并没有能联想到这突然的发病与毒药有关。格雷戈里奥·贝尔纳多·里卡尔迪医生认为:"没有任何迹象表明值得怀疑药物滥用或有害食物导致。"[41]玛丽亚·路易莎成功地使她所使用的毒药无法被鉴定出来,但她的最终目标还没有实现。为了加速事件进程,玛丽亚·路易莎对她信任的玛丽亚·伊格纳修亚说:"您能否帮我办件事?侯爵夫人睡着的时候请您拿着这小瓶氯仿放在她鼻子前给她闻,让她失去知觉。"卡塔琳娜曾告诉自己的医生她涂圣油时常常使用氯仿[42],以便进入某种麻醉状态。19世纪贵族女性常会使用氯仿,但这种麻醉剂味道过于强烈,卡塔琳娜同屋的人一般都受不了。后来医生完全禁止她使用氯仿。玛丽亚·伊格纳修亚明显也不想在卡塔琳娜卧室冒这个险,而是把药剂拿到了另一个房间。

12月15日周三上午,玛丽亚·路易莎委托弗兰切斯凯迪再次买来两盎司鸦片。玛丽亚·伊格纳修亚证实:"她从包里取出鸦片时我看到了。

"'拿着,'她对我说,'我让人买来的,我们把它混到侯爵夫人要吃的药里面。'但医生们并没有再开什么药,因为卡塔琳娜身体实在虚弱到无法吞下任何药物的地步,鸦片也就派不上用场了,只有水蛭吸血法还在使用。"

玛德蕾·比卡利亚再次前往药房搜寻其他可用的毒药。玛丽亚·伊格纳修亚证词记录如下:"第二天彼得斯神父做了弥撒,修女主管让我去女院长那里拿药房的钥匙,然后她让玛丽亚·费利切陪着侯爵夫人,并对我说:'您跟我来。'然后她说:'请到我们房间拿上小药瓶然后带到药房来。'等我拿好找到她后,她补充说:'请待在门口注意一下是否有人来,玛丽亚·朱塞帕修女过来的话请立刻告诉我。'然后她在药房里面待了很长时间,最后出来时她说:'咱们圣安布罗焦修道院的药房可真是够乱的!'我俩分开后,晚上她又带我去药房拿小药瓶并带回了她的房间。"

在修道院药房柜子里,玛丽亚·路易莎一定是找到了自己需要的东西。因为第二天她就给玛丽亚·伊格纳修亚一个装着木头颜色粉末的小纸袋并对她说:"把这个倒到侯爵夫人的柠檬水里,这药可以让她失去理智并引发呕吐。"玛丽亚·伊格纳修亚按令而行,并告诉审判官:"我最后决定只给侯爵夫人的柠檬水里倒了一点点药粉。因为如果药物反应太强烈的话,我就没有足够时间把柠檬水从她面前拿走了。她喝了一口没有什么反应,我就迅速地把柠檬水撤下去了。路上碰到修女主管并告诉她一切都顺利进行,侯爵夫人也没有发现。她回答我:'当然了,我能想象您只放了一点点进去吧,这样肯定没有什么效果。'"

紧跟着玛丽亚·路易莎想再次尝试柠檬水的方法,还是用鸦片当毒药。玛丽亚·伊格纳修亚再次熟门熟路地进行操作:"她对我说:'往里面放三滴鸦片药水。'我提醒她这样白色柠檬水的颜色会变深,她反驳:'您必须顺服。'她还没出房间就碰到了玛丽亚·朱塞帕修女,后者大喊大叫:'这算什么?这算什么?上帝的家不应该发生这样的事。您如果没往柠檬水里洒东西的话,玛丽亚·伊格纳修亚在干吗?'我回答:'我只是站在门口。'

"修女主管拿起盛着柠檬水的玻璃杯走到女院长面前说:'玛丽亚·朱塞帕认为这饮料里被洒了什么东西,但是并没有。'修女主管和女院长当着玛丽亚·朱塞帕的面喝了这杯柠檬水,以显示里面没有什么毒药。事实上也真的没有,因为我还没有来得及滴入那三滴鸦片药水。"

这次之后玛丽亚·伊格纳修亚不想再受玛丽亚·路易莎差遣给侯爵夫人下毒了，她要求返回初学机构，后者也同意了。这样玛丽亚·路易莎就失去了最重要的帮手。

但玛丽亚·路易莎并不打算放弃，她想起了阿涅塞·塞莱斯特曾提过的松节油，然后通过弗兰切斯凯迪成功搞到了松节油。两人交接时律师提醒她："这药碰到皮肤，那里就像火烧一般。"玛丽亚·路易莎吓得把手中药片给扔了。[43]

最晚到1858年年末的时候，毒杀行动渐渐停止了。按照卡塔琳娜的证词，这与12月16日早上与玛丽亚·路易莎的一场谈话有关。这一点还待证实。卡塔琳娜逐步恢复过来，但在之后的几个月几乎没有碰什么食物和饮料。特别是早上再没有喝过巧克力，她的菜单基本只有面包和白水，卡塔琳娜认为这样才不会中毒。因为她还有很严重的消化问题，女院长在春天时给她从药房拿来的"乳浆制成的封存好的泻药"。但有几次封口是被打开的。保险起见，女院长最后亲自送来。她的目的是千方百计留住侯爵夫人不让她退出修道院。

1859年初夏，玛德蕾·比卡利亚又重新开始了毒杀行动。她对卡塔琳娜的仇恨从未止消，1859年复活节前有个事件再次证明了这一点。当她在绿色星期四效法耶稣基督最后晚餐前[44]给门徒洗脚而给初学修女们洗脚时，她告诉大家他们当中有个犹大，但并不在场。当时唯一不在场的修女就是路易莎·玛丽亚，即卡塔琳娜·冯·霍亨索伦－西格马林根。如此一来，玛丽亚·路易莎再次提醒了大家1858年12月8日她对于卡塔琳娜背叛者身份的指控。

在侯爵夫人被接出修道院以后，女院长收到一封圣母来信："您明白所领受的巨大恩典吗？我将那恶者从你身边驱除了，您所认为的金玉，在上帝眼中不过是粪土。"正因为她这半年来非常友善地对待侯爵夫人，所以才收到这封信。彼得斯神父也承认收到一封同样内容的来自圣母的信件。卡塔琳娜·冯·霍亨索伦被接出圣安布罗焦修道院对于玛丽亚·路易莎来说无疑是一场失败。自从卡塔琳娜收到那封"美国人"来信之后，玛丽亚·路易莎所有行动的最终目标都是谋杀对方。但现在卡塔琳娜已经在外面，无法控制了。更重要的是，有太多人能见证玛丽亚·路易莎通过帮手在卡塔琳娜饮料中动手脚的事情。很明显，本来她可以直接寻求卡塔琳娜的原谅和处罚，但是玛丽亚·路易莎走上了一条完全相反的道路——她再次选择了人性恶的一面，直至最终沉沦。

"这肯定是魔鬼干的"

审判官萨鲁埃要揭露玛丽亚·路易莎恶魔般的行径绕不过一个人——玛丽亚·伊格纳修亚，其本人在证词中也承认自己是"帮凶"。萨鲁埃在给红衣主教提交的控诉书中指出玛丽亚·伊格纳修亚的坦诚在混乱的毒药事件中起到"决定性的作用"[45]。她在1860年3月2日的证词中描述了玛丽亚·路易莎和神父们的辩驳战略[46]：

"侯爵夫人再次康复之后的一天晚上，我去找玛丽亚·路易莎做祝福祷告。她和我说：'女儿，您要好好表现，可不要像别的初学修女一样给我惹麻烦。'我向她保证没有向任何人透露任何事情。她说：'您说什么呢？您一直在想这些事情吗？我都不知道您在说什么？'我就开始流泪并提醒她在给侯爵夫人投毒的事件中为她所做的事情。修女主管异常惊讶并很保留地对我说：'这是怎么回事？我既不知道也没说过更没做过这些事情。您刚才在斋堂没有听到圣勿洛尼迦·久莲尼[47]的生平吗？有些事是会重复发生的。'勿

洛尼迦在世时曾被魔鬼附身而做了许多恶事。然后她对我说：'去睡觉吧，明天晨祷时来找我，我会打消您这些可笑的念头。'

"第二天我准时出现在她面前，说出她毒杀侯爵夫人所有安排我做的事情，甚至包括时间、地点和人员的细节。

"但是她说：'女儿，你讲的这些我都不知道。'她说她只是很担心侯爵夫人的身体，去她床前给她话语上的支持而已。

"我：'这是没错，但是您背后让我做的可完全是另外一套。'

"她：'女儿，这不是我做的。'

"我：'不是您是谁呢？我造成了这么多伤害，或许我应该把一切都告诉彼得斯神父？'

"她：'不，女儿。您没有造成什么伤害，您只是顺服而已。您必须保持沉默，不告诉别人一个字。就算被问起也必须一直否认，只有这样才能抵抗魔鬼。'

"我回复：'难道是魔鬼附身您了吗，尊驾？'

"她说：'很遗憾，是这样。魔鬼曾有很多机会附在我身上，这次也是一样。您和我说已经扔掉了玻璃杯并处理了其他事情，您尽管放心，这可以一笔勾销，因为我知道魔鬼也夺取了您的肉体。'

"'那您那些日子到哪里去了？'

"'我能提前知道所有要发生的事情，所以我退出去，在圣坛下面一间小房间祷告，只在不得已的时候才离开。'

"她重复：'您要保持沉默，不能说出去一个字。'

"我向她保证她的话绝不会被泄露出去。"

玛丽亚·路易莎再次玩起了老花样，将一切事情推脱到魔鬼身上，证明不是自己所行。但她的修女姐妹们并不太相信这套说辞。后来在食堂早课时大家得知圣勿洛尼迦·久莲尼也曾被魔鬼冒充的事。这位著名的来自意大利佩鲁贾的卡斯泰洛城修道院嘉布遣会的修女死于1727年，但直到1839年才被当时的贵族和高层所认可，中间经历了漫长的教会内部斗争。玛丽亚·路易莎利用这位圣人的事迹作为一个绝妙的榜样："尽管魔鬼如此玷污她的形象和肉体，要假扮她并将她污蔑成一个假冒为善的玷污上帝的人，以她的形象一会儿去食堂，一会儿去厨房，一会儿出现在装食物的坛子那里，不按时按规地进食。修道院其他修女对此都很愤怒，因为勿洛尼迦行事越来越古怪。但是上帝亲自保护他的女仆，并解开了真相。有一天早上晨祷之时，有几名修女又碰到了魔鬼伪装的假勿洛尼迦在偷吃东西，她们就急匆匆跑到圣坛去找女院长告状，但发现真正的勿洛尼迦已经坐在那里祷告了。魔鬼被她如此彻底战胜，也就对她越来越嫉恨。魔鬼尝试了一切办法要使勿洛尼迦离开她的新郎耶稣基督，在她面前展示了所有的诱惑手段，甚至假扮她与其他恶魔扮成的少年人行了那可羞耻而又违背天性的事。"[48]

与勿洛尼迦一样，玛丽亚·路易莎也落到了类似的境地，修女们都怀疑玛丽亚·路易莎要谋杀卡塔琳娜。沉陷在罪恶感里的玛丽亚·伊格纳修亚认为玛丽亚·路易莎冷酷无情又要求她严格保密，最终她还是和彼得斯神父进行了谈话。后者虽然很不安但并未拒绝。具体供认经过如下："当侯爵夫人逐渐康复时，修女主管叫我去找她，并对我说：'彼得斯神父会找您谈话，请记得您对我承诺过不向别人透露一个字。您只需要说我去找侯爵夫人只是为了鼓励她，您和玛丽亚·费利切修女有一晚上见到过我站在侯爵夫人床边，之后侯爵夫人反应很奇怪，而我向她保证我一直待在自己床上，玛丽亚·贾钦塔会给我做证。'

"于是我去找了彼得斯神父并被问到侯爵夫人服用的毒药问题，按照修女主管的要求，我否认了一切指控，特别是一切相关细节。他跟我解释他想知道一切背景，所以才问得这么细，他并不相信修女主管会干这种事情，更何况她本人早就预言了这一切事情会发生。侯爵夫人本应由于上帝惩罚而自然死亡，但魔鬼插了一手，让这一切看起来好像一场谋杀。我问起明矾的事情，他还告诉我魔鬼很容易做到把明矾混到饮料里。我去找彼得斯神父之前，修女主管告诉我一样的答案。主的旨意是让卡塔琳娜死去，但魔鬼插手了这件事，要把谋杀责任推给她。

"之后我和莱兹罗利神父谈话时，他说：'事实上侯爵夫人身边发生的一切事情都是魔鬼的作为。经过必要的调查，我们确信这是魔鬼的设计，修女主管玛丽亚·路易莎既没有想到这些诡计也没有谈论过，更别提实施了。'

"我：'那我是和魔鬼说的话？'

"他：'当然了，肯定是魔鬼给您造成如此多的困扰。'

"莱兹罗利神父在全体静修时宣称所有修女担心的有关侯爵夫人病情的事情，都是魔鬼的诡计和欺骗。魔鬼可以假扮成任何人去下毒，目的就是摧毁修道院的安宁。我们应该冷静下来，因为不是我们中间的某个人做了我们所看到的那些事情。这场布道侯爵夫人也在场。我知道莱兹罗利神父想说服大家相信玛丽亚·路易莎是无辜的，一切都是魔鬼的责任。他的讲道证明他有确切证据。"

玛丽亚·伊格纳修亚的证词为众多修女和女院长所证实。[49] 就算卡塔琳娜离开修道院以后，大家还是不断被灌输这一观点。玛丽亚·弗兰切丝卡修女的天国来信再次受玛丽亚·路易莎指示而出现，这次借用的署名人是已经去世的玛丽亚·费利切。信中宣称侯爵夫人"常与魔鬼打交道"，是一位"少见"的人，被魔鬼所欺骗而以为有人要毒死她。信里面还告诉大家当时执笔人就在侯爵夫人床边侍奉并看到了一切。玛丽亚·斯坦尼斯拉证实了这点，并供认玛丽亚·路易莎委派她抄写了这封信。

1859年教宗派遣的视察团还在的时候，圣安布罗焦修道院的修女们就被教导要牢牢记住是魔鬼假冒了玛丽亚·路易莎的形象，如同牢牢记住使徒信经的教义一样。任何其他不同观点都会遭到打压，倔强的玛丽亚·朱塞帕首当其冲。她在告解时坚持宣称玛丽亚·路易莎要为侯爵夫人的中毒事件负责。莱兹罗利神父强迫她撤回这一说法，并手按《圣经》发誓承认玛丽亚·路易莎的"圣洁和无与伦比的恩赐"，同时承认对她的怀疑是一项大罪。玛丽亚·朱塞帕的供词记载："我必须全身心信仰玛丽亚·路易莎的圣洁，否则我的灵魂就不能得救。"

这还不算全部。有一度修道院都在疯传据说是"美国人"写的小字条，上面写着："魔鬼如何取了玛丽亚·路易莎的形象来毒杀侯爵夫人。"[50] 这些字条是"美国人"通过彼得斯神父递进来的，为的就是给玛丽亚·路易莎做辩护。玛丽亚·伊格纳修亚的供词如下："她给我读了这些字条来说服我相信她的无辜。修女主管被带走前和我说我应该见证她的无罪，如同我要见证自己的无罪一样。但现在我知道她为何这样讲了，她真的害怕自己所做的一切。"

其他的谋杀

玛丽亚·伊格纳修亚在审讯中交代的玛丽亚·路易莎的谋杀行径，不仅涉及卡塔琳娜·冯·霍亨索伦，也包括别的受害者。[51]

首先就是1859年上半年左右发生的玛丽亚·贾钦塔修女事件。玛丽亚·贾钦塔是修道院律师路易吉·弗兰切斯凯迪的妹妹，她看到过玛丽亚·路易莎给侯爵夫人的饭食掺入碎玻璃碴，也曾听过她提起背叛者。经过和女院长、彼得斯神父及其他修女的对质，她越发坚定自己的证词。

玛丽亚·路易莎认为玛丽亚·贾钦塔是一个非常具有威胁性的知情者。玛丽亚·弗兰切丝卡随即接到指示，以天使和圣母的名义给彼得斯神父写了多封信件。信中提到圣母曾给"心爱的小女儿"玛丽亚·贾钦塔预备了一个宏伟的人生计划，但现在她仍是一个"高傲自大"的修女，必须要从神父和女院长那里学习"谦卑"。最后信中提到："玛丽亚·贾钦塔将会死于疾病，她的人生年限会被大大缩短，因为她失落了本应有的在其修女主管身旁的荣耀。"

玛丽亚·贾钦塔受到神父很大的压力，并非常害怕自己被毒死。朱塞帕·玛丽亚做证玛丽亚·贾钦塔因严重肠炎和脖子脓肿而服用过量鸦片或类似药物。玛丽亚·贾钦塔的兄弟也证实了她确实服用玛丽亚·路易莎给她准备的两片鸦片。如果不是生命最后一刻修道院医生给她开了解药，玛丽亚·贾钦塔早就死了。这位医生甚至断言她所服下的鸦片药量足以杀死一匹马。

基于以上和其他相关证据，萨鲁埃可以证实玛德蕾·比卡利亚在玛丽亚·贾钦塔服下鸦片之后还给她端来了更大剂量的别的毒药，想要一次性解决她。这种毒药可能是提取自秋水仙花的秋水仙碱，其少量可以用于痛风，但是过量的话绝对可以致命。这次投药也是以圣母来信作伏笔，信中再次提到玛丽亚·贾钦塔的死亡是上帝的惩罚，甚至具体的死亡时间和细节都被预言出来。玛丽亚·贾钦塔觉察到这一阴谋，于是拒绝服用饮品。这样一来预言就失败了。玛丽亚·路易莎又让人重新写了一封圣母的宣告，由于她头生女儿玛丽亚·路易莎的祷告、忏悔和功劳，玛丽亚·贾钦塔可以免于死亡。

另一名修女玛丽亚·阿格斯蒂娜就没有这么幸运了，她的悲剧发生在1858年10月。这位年轻的修女以拥有出神和异象而出名。女创始人曾多次向她显现。修道院很多修女追随她并相信她的预言。对此，玛丽亚·路易莎妒火中烧并竭尽全力要将对方的能力定位为虚假幻象。一开始她凭着修女主管的权威要求对方向自己"像面对神父一样坦诚交代"自己一生的经历。之后玛丽亚·路易莎又向其他修女论断玛丽亚·阿格斯蒂娜的软弱和缺点。比如她长期谈论对方在意大利北部城市费拉拉的时候与一名耶稣会修士温琴佐·斯托基——其告解神父——之间的不道德关系。[52] 玛丽亚·路易莎也强迫对方公开收回她的预言，不仅是在初学修女当中，更是在整个修道院圣坛之前。这还不够，她还给对方施加了强大的肉体压力，希望对方能失去理智并最终丧命。

　　玛丽亚·朱塞帕在审讯中回忆道："玛丽亚·阿格斯蒂娜在最后一个夏天是这样卧病在床的……本来年轻健康的一个人，病情却来势汹汹，我之后曾怀疑她的饮食被人下毒。她躺在那里持续发着高烧，日渐消瘦。本来每隔八天应该给病人领圣餐，但是她间隔了好久。10月份的时候她突然发起高烧，别人说是中风。当时她才二十一岁或是二十二岁。那次之后她变得神志不清、结结巴巴，嘴巴和咽喉全是溃疡，然后瘦得只剩一副骨头架子，最终去世了。"[53]

　　众多修女都一致表示玛丽亚·路易莎对于玛丽亚·阿格斯蒂娜有一种狂热的执着和敌意，以至于她禁止对方的亲姐妹——非常顺服玛丽亚·路易莎并成为她帮手的玛丽亚·伊格纳修亚——来探访病重的年轻修女。玛丽亚·伊格纳修亚说[54]："我从没找过我姐姐，因为我知道修女主管不喜欢这样。最后主管和神父去我姐姐那里并给她领了圣餐，最后临终时我也去看望了她，但是她病得太重都无法认出我了。修女主管带神父去主要是为了祛除她身上的恶魔。她对我说神父将圣带放在姐姐头上而她强烈地抗拒，修女主管还看到彼得斯神父最后从她身上赶出了七个鬼。之后我姐姐又活了八天，但是已经昏迷了。"

第五章　按照圣母命令进行的谋杀

朱塞帕·玛丽亚也做证玛丽亚·路易莎"给病人喂了一口粉末,导致了胸部发炎、流黄脓、完全昏迷和溃疡"[55]。这名护士之所以这么肯定,是因为她自己服用这种粉末之后,出现了一模一样的症状。两人曾经密切交谈过,朱塞帕·玛丽亚的相关证词记载如下[56]:"我怀疑修女主管给她下了毒,因为前几天我也碰到类似情况。由于肚子痛,医生给我开了珊瑚和蛔蒿的药。这药在病房准备的时候,修女主管也一直在场。我第一次吃就觉得晕眩、头痛,看什么都是黄色的。但这事我跟谁都没说。"这些症状都是蛔蒿里面的成分山道年所引发的。"第二天我又吃了药,感受和头一天一模一样,所有事物看起来都是黄色的。我本应服用八次,但我决定不再吃了。第三天我的状态更糟了,医生来时我有机会和他单独交谈,听了我的描述之后,马尔基医生非常惊异。这药本不应该引起这么强烈的副作用,但我吃了后明显有呕吐反应,吐沫也是火热的,我的咽喉和嘴里都是溃疡。"

玛丽亚·路易莎并没有就此打住,1859 年玛丽亚·费利切的去世也和她脱不了关系。[57]费利切是玛丽亚·路易莎两个主要帮手之一。后者启动谋杀计划时还利用圣母给彼得斯神父的信件做了宣告。很明显,玛丽亚·路易莎害怕对方受不住审讯的压力而吐露一切投毒阴谋,所以强迫对方装病,医生们就总是给她放血,久而久之她就持续地虚弱下去乃至最后去世,享年不到二十二岁。这事件已经不是顺服两字能够解释的了,玛丽亚·费利切显示出了一种病态的宗教狂热信仰。审判官萨鲁埃一再提及的罗马教廷原则在这里显露无疑,错误的信仰导致错误的道德观、虚假的圣洁,甚至谋杀和死亡。

根据不同修女的证词,玛丽亚·路易莎对于 1858 年 1 月玛丽亚·科斯坦扎修女的死亡也负有责任。这位修女反对当时年轻的玛丽亚·路易莎当选修女主管。科斯坦扎后来得了严重的肺炎，病情突然恶化时，护士要求立刻叫医生过来。玛丽亚·路易莎却多次拒绝了这一请求。马尔基医生第二天赶到时已经太晚了，医生说："如果我们及时赶到的话本来可以救下她的，但现在一切都无济于事了。"玛丽亚·科斯坦扎因肺炎于1858年1月23日去世。

综上所述，玛丽亚·路易莎手上至少有三条人命。

天国降财

玛丽亚·路易莎犯下的罪行远不止谋杀，还有贪污和其他经济犯罪，当然也是打着属灵的幌子。圣安布罗焦修道院常常冒出钱款。[58] 玛丽亚·科隆巴修女的证词提到玛丽亚·路易莎常常给她一笔钱款让她立刻交给接待室的彼得斯神父，当作玛丽亚·贾钦塔的治疗费用。当玛丽亚·科隆巴回头汇报的时候，玛丽亚·路易莎又说自己完全不知道这笔钱和金额。修女主管解释应该是女创始人取了玛丽亚·路易莎的形象显现在修道院并给了她这笔钱。女院长补充这笔钱是十二枚崭新铸造的斯库多金币，她要好好保存这些金币，而用世俗的旧钱币去支付医疗费用。

女创始人不止一次干过这种事情，有一次女院长从"天堂的"阿涅塞·菲劳处收到一封信，其蜡封是"圣母无瑕疵的指纹"。女创始人宣称彼得斯神父将会在存放天国来信的匣子里发现一笔欠款，这是去世的玛丽亚·费利切寄来的自己在世时的医疗费用。之后神父也确实发现了一百枚斯库多金币、五十枚斯库多尼金币[59]以及五百二十五枚银币。小纸条上写着："此笔奉献款项是玛丽亚·费利切对于神圣女儿玛丽亚·路易莎许下的承诺。"

修道院教堂装修期间，人们也在连接外部世界和禁室之间的递菜窗处发现了两次装着五十枚斯库多金币的信封。经过萨鲁埃的长期调查，律师弗兰切斯凯迪最终承认自己受玛丽亚·路易莎委托准备了金币，所用黄金也是对方提供的。作为女院长助手，玛丽亚·路易莎用钱一向很慷慨。"天国戒指"、玫瑰油、天国来信的花瓣信纸以及昂贵的装天国来信的匣子都需要花大笔金钱。此外，彼得斯神父还会替他的忏悔者从天国得到大量金钱馈赠。曾有一次他替某位维克托里亚·马切斯从天国得到了五百七十斯库多金币，另外一次甚至达到七百斯库多。

也许这些钱是众多初学修女进入修道院时的奉献，本来应被用于修道院的建设，最终却被滥用。在玛丽亚·路易莎领导之下，修道院整体财务状态非常混乱。律师弗兰切斯凯迪本应监督她的行为，但 1860 年 9 月 12 日律师供词表明他承认[60]："现在我要描述一下圣安布罗焦修道院的管理体系。如上所述，基本是完全违法的。首先我们没有一个总管收入和支出的统一账户，只有一些没有录入总账的单独款项的账户。就算这些众多的账户也缺少转账凭单。这点在嫁妆总额上体现得特别明显。我的意思是这些凭单没有记录具体金额，更准确地说是没有在银行支付款项的存款中注明。除了这些混乱的账户以外，我能明显看到这位修女特立独行的管理方式是如何与其他修道院和规定背道而驰的，她视自己为唯一权威。可惜的是仅仅在最后阶段我才认识到这一点。"

萨鲁埃列出有关谋杀和贪污的证据之后，在提交给红衣主教的控诉书中提到最后一个主题，也是他特别关注的：两位神父的角色。

作为知情者和共犯的神父

在审阅证人供词之后，萨鲁埃得出一个结论："有时这位，有时那位，有时两位一起，对于所发生的犯罪行为是知情的。"[61]两人可能是"支持者"、知情者，甚至是"共犯"。此结论的证据在于众多犯罪行为的基础都是虚假的圣人敬奉，而这是两位神父千方百计宣传的。萨鲁埃"非常确定，可以从十二捆诉讼卷中的每一页得出这个结论"——两位神父是玛丽亚·路易莎"成圣和恩宠的主要支持者"。

莱兹罗利神父甚至当着女院长的面表示他"永不会质疑玛丽亚·路易莎的成圣，即使有一位天使当面告诉他实情相反"。彼得斯神父则多次表示，他"手里握有玛丽亚·路易莎成圣的证据"。归根究底，两位神父要为修道院内的良知强迫现象负责。玛丽亚·路易莎当选为修女主管和院长助手的事实就基于莱兹罗利神父很大推动和压力，而对圣髑的敬奉则主要由彼得斯神父推动。后者对于年轻漂亮的玛丽亚·路易莎的推崇到了一种地步，甚至多次公开亲吻这位修女的双脚。

玛丽亚·路易莎和其他修女之间的"亲密关系和亲吻"，两位神父也是知情的。此外，他们还以极其轻率的态度对待告解内容并常常告诉玛丽亚·路易莎"告解内容和当时的心情"。许多修女因此而感到非常忧虑，因为修女主管"常常和她们谈到刚刚发生的告解内容"。玛丽亚·福尔图娜塔在审讯中直接提到这点："修女主管常和我提到我向彼得斯神父所做的告解内容。我对她说：'您要么偷听我们，要么是彼得斯神父告诉您的。'"萨鲁埃因此能够确定这种破坏告解秘密的不法行为是一种常态。

两位神父也被牵连进投毒事件。玛丽亚·路易莎"以书面和口头形式向他们揭示侯爵夫人将要得病和死亡的事情"。萨鲁埃笔记提到律师弗兰切斯凯迪曾做证："两人也知道投毒的相关事情，他们还问医生鸦片的事，或者拿错了药物有没有可能导致侯爵夫人现在的病症。"律师认为彼得斯神父从一开始就知道这件事并曾提及。彼得斯神父还提前警告过律师将要面对的审讯，并断言："我不会被召到宗教裁判所的，因为我是神父。如果真有那么一天，我会以良心缘故和告解保密原则尽量回避很多事实。"[62]

在女院长起疑的时候，莱兹罗利神父不仅亲自请求她原谅玛丽亚·路易莎，而且还强迫她免除了两名见证事实的护士的职位。修女们在审讯中还指责两位神父共同策划并实施了推卸责任的策略，也就是把一切责任推给魔鬼。神父们还是首先宣告玛丽亚·路易莎收到"天国馈赠的金钱"一事的人。最后两位神父做伪证的罪名被确定下来。萨鲁埃总结："鉴于目前所陈述事实，很明显所提到神父是之前审判过程中产生的控诉事项等的知情者和共犯。"

取证过程的结果

经过一年多的调查审讯，萨鲁埃终于在1861年总结了取证过程的结果。在他的起诉书里公布了有关圣安布罗焦修道院事件他作出的结论。[63] 但裁决结果不是由裁判所的下层部门得出，而是直接由宗座法院上层部门、红衣主教会议甚至教宗所决定。其裁决的基础主要就是控诉书及附件中最重要证人的证词记录。

萨鲁埃的总结陈述与证人们的证词非常吻合，处处借鉴证人的原文和意向。他根据手头资料提出主要的三项指控（菲劳的敬奉、玛丽亚·路易莎的伪装成圣、投毒行为以及其他犯罪），并在其中又细分了十四项单独控诉。萨鲁埃一直强调他列出的事实和证人证词丝丝入扣、处处吻合，字里行间当然也会流露出他个人的观点和意见，红衣主教们应当根据事实材料做出自己的判断。

在萨鲁埃提交具体的决议草案之前，他再一次强调侯爵夫人提出控诉并非出于任何"微不足道的"动机。控诉人侯爵夫人和被告人玛丽亚·路易莎互相之间从不存在任何敌意。两人和其他修女以及两位神父之间也不存在任何私人性复仇。针对卡塔琳娜的谋杀事件，其真正的动机是为了保守圣安布罗焦修道院的秘密。所有的审讯并不会为了解决私仇而被滥用，最后萨鲁埃向红衣主教们提出以下建议措施：

一、向莱兹罗利神父和彼得斯神父提出起诉。前者罪名是支持菲劳和玛丽亚·路易莎的虚假成圣及敬奉、系列投毒事件的共犯和知情者以及"毁谤上帝的良善和权威"和"不断违背禁条"。后者罪名是与其忏悔者直到最后都保持着性关系以及教唆罪。有意思的是，萨鲁埃这里并没有明确指出神父没有遵守告解保密原则的事情，尽管多个修女证实了这一点。

二、向女院长玛丽亚·维罗妮卡提出起诉。罪名是她持续不断地做伪证以及所提到所有罪行的共犯，至少是知情者。

三、向女创始人阿涅塞·菲劳的三位七十多岁的修女同伴玛丽亚·格特鲁德、玛丽亚·卡特琳娜以及玛丽亚·科隆巴提出起诉，原因是她们支持菲劳虚假成圣，支持不道德的语言和行为以及玛丽亚·路易莎的虚假成圣。

四、在审讯中维护菲劳和玛丽亚·路易莎的敬奉的其他修女，被视为是"共犯"，尽管其中有一些明显更加狂热而固执。萨鲁埃还是同意一些年轻修女和初学修女"其实是受到诱导而本身没有犯什么罪行"。艺术家玛丽亚·玛达莱娜、修女主管的床伴玛丽亚·贾钦塔、帮手玛丽亚·伊格纳修亚、秘书和天国来信的作者玛丽亚·弗兰切丝卡、"懂毒药的"阿涅塞·塞莱斯特、两位护士朱塞帕·玛丽亚和玛丽亚·朱塞帕在审讯过程中"了解到整个恶行和欺骗而感到真诚的后悔"。她们以其真诚和无伪赢得了萨鲁埃的尊敬和赦免，但被那些顽固不化的修女所仇视。最后她们并没有被起诉。如果不从根本上改变的话，圣安布罗焦修道院之后也不会有什么改观。

1861年2月27日，红衣主教会议详细讨论了萨鲁埃起诉书的内容，当时教宗并不在场。红衣主教们普遍接受了萨鲁埃的建议。具体决议如下：受到起诉的女院长玛丽亚·维罗妮卡被送往里弗基奥圣玛利亚修道院。两位被起诉的神父暂不撤职，耶稣会总会长负责将两位神父隔离开来，以防止两人互相串通。总会长贝克必须向宗座法院提交与圣安布罗焦修道院相关的一切信件和文件。针对被控方的审讯由陪审推事拉斐尔·莫纳科·拉·瓦莱塔、调查官萨鲁埃以及检察官安东尼奥·班博齐负责执行，宗教裁判所一个二级机构负责协助。[64]班博齐的参与有点出乎意料，他于1841年5月至1851年7月担任检察官一职，之后进入国家秘书处，由朱塞佩·普里马韦拉接任检察官。在圣安布罗焦修道院事件中，教宗特别又委任班博齐担任检察官。[65]

庇护九世从调查一开始就担心的卡塔琳娜·冯·霍亨索伦告密的合法性问题，已经通过后来的调查和证据得到解决。教宗当天即同意了红衣主教会议的决议，还补充下令立刻撤销两位神父的职务。之后庇护九世还私下交代陪审推事将所有尚未行宣誓礼的修女立即从圣安布罗焦修道院转出去。教宗郑重地将对被告人的审讯和未来的调查任务交给了陪审推事、检察官以及调查官，并给予他们一切必需的权利和职能。[66]经过所有红衣主教的同意，真正的审讯于一周后，亦即1861年3月6日正式启动。[67]这意味着取证过程之后的第二调查阶段拉开了帷幕。宗座法院作为原本的判决机关，指派了原本只应负责审讯四项指控的调查机构执行此案的诉讼程序。

注　释

[1] Ristretto con Sommario dei Costituti Sr. Maria Veronica Milza, Sommario Ⅵ: Estratto dagli Esami di Sr. Maria Ignazia; ACDF SO St. St. B 7 d.

[2] Relazione informative con Sommario, Titolo Ⅺ: Avvelenamento, Einleitung Salluas; ACDF SO St. St. B 7 c.

[3] 萨鲁埃使用的控诉项参阅 Relazione informative con Sommario, Titolo Ⅻ; ACDF SO St. St. B 7 c。

[4] 参阅 Art. Teufel, in: Gerlach, Lexikon, S. 200-203; Dinzelbacher, Realität, S. 151-175; Schwerhoff, Hexerei, S. 325-353, 以及相关文章, in: LThK^2 10(1965), Sp. 1-5。

[5] 参阅 Marshman, Exorcism, S. 265-281; William Nagel, Art. Exorzismus Ⅲ, in: editum, Rom 1614, Tit. Ⅷ; Adolf Rodewyk, Art. Exorzismus, in: LThK^2 3(1959), Sp. 1314 f.; Scala, Exorzismus, S. 350-436.

[6] 此处所指的是瑞士布里格的圣灵学院，1662年由耶稣会修士成立。1773年被撤销。再次开放后培养了许多著名耶稣会修士，1834年被国有化。参阅 300 Jahre Kollegium Brig. 1662 / 63-1962 / 63. Jubiläumsfeier der kantonalen Mittelschule des Oberwallis, Brig 1963; Strobel(Hg.), Regularklerus, S. 384-407。

[7] 参阅 Michael Rosenberger, Art. Levitation, in: LThK^3 6(1997), Sp. 846。

[8] Relatione di Luigi Franceschetti al Santo Uffizio intorno a cose intese o vedute di uma persona creduta indemoniata, 19. Juni 1860; ACDF SO St. St. B 6 m, fol. 52r-65v.

[9] 之后的克鲁兹伯格生平依据的不同文献来源：Census 1850 und Census 1860; NARA Washington。他与孩子的护照信息，1889年死亡登记信息，Archives de la Communauté d'agglomération Pau-Pyrées, online: http:// archives.agglo-pau.fr/(02.05.2012)。

[10] Relazione informative con Sommario, Titolo Ⅺ: Avvelenamento; ACDF SO St. St. B 7 c.

[11] 圣母节在每年的 12 月 8 日，这一天也是圣母无染原罪教义颁布日。参阅 Theodor Maas-Ewerd, Art.Marienfeste, in: LThK³ 6（1997），Sp. 1370-1374, hier Sp. 1371；Franz Courth, Art. Unbefleckte Empfängnis Marias, in: LThK³ 10（2001），Sp. 367-379。

[12] Sommario della Relazione informatitva, Nr. XXIII: Esami di Sr. Giuseppa Maria, 2. April 1860; ACDF SO St. St. B 7c.

[13] Sommario della Relazione informatitva, Nr. XXIII: Esami di Sr. Maria Giacinta, 17. März 1860; ACDF SO St. St. B 7c.

[14] 文学作品中不断出现这一仪式作为忏悔的标志，参阅 Wilhelm David Fuhrmann, Handwörterbuch der christlichen Religions- und Kirchengeschichte, Bd. I, Halle 1826, S. 208; Pierre Hélyot, P. Hippolyt Hélyots ausführliche Geschichte aller geistlichen und weltlichen Kloster- und Ritterorden führ beyderley Geschlecht, Bd. 4, Leipzig 1754, S. 129。此仪式也出现在本笃会中，参阅 Joseph Huguet, Die Andacht zum allerheiligsten Heirzen Jesu in Beispielen。又见 Leben der Heiligen unserer Zeit, Regensburg 1863, S. 164-166。

[15] 参阅 Paolo Regio, La miracolosa vita di S. Francesco di Paola, Neapel 1581, S. 91; Giuseppe Maria Perrimezzi, La Vita di San Francesco di Paola, fondatore dell'ordine de'Minimi, Venedig / Mailand 1764, S. 279。

[16] Sommario della Relazione informatitva, Nr. XXV: Esami di Sr. Maria Francesca, 21. Februar 1860; ACDF SO St. St. B 7c. 同上 B 6 d, fol. 34r-40r。

[17] Sommario della Relazione informatitva, Nr. XXV: Esami di Sr. Maria Francesca, 22. Februar 1860; ACDF SO St. St. B 7c. 同上, B 6 d, fol. 40r-45r。

[18] Relazione informative con Sommario, Titolo XI: Avvelenamento; ACDF SO St. St. B 7 c.

[19] Esami di Sr. Agnese Celeste, 27. März 1860; ACDF SO St. St. B 6 e, fol. 52-54. 又见 Sommario della Relazione informativa, Nr. XXIII; 同上 B 7 c。

[20] 关于各种所使用的毒药，参阅哈格尔的手册；zur Verwendung von

Quecksilber und Atropin Eikermann。

[21] 证人的证词主要涉及毒药种类、准备方式和地点等相当可靠的细节。但是具体时间的表述则显得相当混乱，究竟是星期几往往被混淆，这是证人面对法庭时常发生的现象。现代对大脑的研究表明，人们对于地点和事件的记忆要比对时间记忆更加精确。参阅 Fried, Schleier, S. 49-56 及文中各处。

[22] Sommario della Relazione informatitva, Nr. XVI: Esami di Sr. Maria Giuseppa, 2. April 1860; ACDF SO St. St. B 7 c.

[23] Sommario della Relazione informatitva, Nr. XXVI: Esami di Sr. Maria Giacinta, 21. März 1860; ACDF SO St. St. B 7 c.

[24] Sommario del Ristretto dei Constituti Sr. Maria Veronica Milza, Nr. VI: Estratto dagli esami di Sr. Maria Ignazia; ACDF SO St. St. B 7 d.

[25] Sommario della Relazione informatitva, Nr. XXVII: Esami di Sr. Agnese Cleste, 27. März 1860; ACDF SO St. St. B 7 c.

[26] Sommario della Relazione informatitva, Nr. XXVII: Esami di Sr. Maria Giuseppa, 9. März 1860; ACDF SO St. St. B 7 c.

[27] Sommario della Relazione informatitva, Nr. XXVI: Esami di Sr. Maria Giacinta, 21. März 1860; ACDF SO St. St. B 7 c.

[28] 法约拉及其附近山区以强盗组织出没而闻名。参阅 Hermann Reuchlin, Das italienische Brigantentum, in: Unsere Zeit. Deutsche Revue der Gegenwart. Manatsschrift zum Conversationslexikon NF 6 (1870), S. 145-166; Heinrich Wilhelm Thiersch, Friedrich Thiersch's Leben. Bd. I: 1784-1830, Leizig 1866, S. 247。

[29] Sommario della Relazione informatitva, Nr. XXVII: Esami di Sr. Agnese Cleste, 28. März 1860; ACDF SO St. St. B 7 c.

[30] Sommario della Relazione informatitva, Nr. XXVI: Esami di Sr. Maria Giacinta, 9. März 1860; ACDF SO St. St. B 7 c.

[31] Sommario del Ristretto dei Constituti relativi a Sr. Maria Veronica Milza, Nr. VI: Estratto dagli esami di Sr. Maria Ignazia; ACDF SO St. St. B 7 d.

[32] Relazione informative con Sommario, Titolo XI: Avvelenamento; ACDF

SO St. St. B 7 c.

[33] Sommario del Ristretto dei Constituti relativi a Sr. Maria Veronica Milza, Nr. Ⅵ: Estratto dagli esami di Sr. Maria Ignazia; ACDF SO St. St. B 7 d.

[34] Relazione informative con Sommario, Titolo Ⅺ: Avvelenamento; ACDF SO St. St. B 7 c.

[35] Sommario della Relazione informatitva, Nr. ⅩⅦ: Esami di Sr. Agnese Cleste, 28. März 1860; ACDF SO St. St. B 7 c.

[36] 犹太女人尤迪特砍下了亚述将军荷罗孚尼的头颅,从而拯救了犹太人。

[37] 卡塔琳娜被喂下两种鸦片聚合物,一次是鸦片粒渗滤后浓缩制成的鸦片酊,一次是捏成小药丸状的生鸦片球。这两种状态下的鸦片都会散发出强烈的臭气。当时每日鸦片最大剂量为 500 毫克,超过则有致命危险,可见弗兰切斯凯迪所购买的 60 克生鸦片是一份非常巨大的分量。将山扁豆与鸦片混合在一起是很容易成功的,因为山扁豆的果肉泥不仅味道比较好,而且和鸦片的颜色一模一样。何况卡塔琳娜曾经由于肠胃问题服用过山扁豆,所以毫不突兀。再加上罗望子果的味道如同"酸枣"一般,更能起到遮掩作用。

[38] Sommario del Ristretto dei Constituti relativi a Sr. Maria Veronica Milza, Nr. Ⅵ: Estratto dagli esami di Sr. Maria Ignazia; ACDF SO St. St. B 7 d.

[39] Relazione informative con Sommario, Titolo Ⅺ: Avvelenamento; ACDF SO St. St. B 7 c.

[40] Esami del Dr. Marchi, 3. Und 5. Dezember 1860; ACDF SO St. St. B 6 m, fol. 81-87.

[41] Esami del Dr. Riccardi, 5. Dezember 1860; ACDF SO St. St. B 6 m, fol. 85.

[42] 19 世纪治疗神经痛和神经衰弱等可能引起身体和精神双重崩溃的病症时,越来越依赖兴奋剂或镇静剂。氯仿在 1847 年首次被用于麻醉,之后也常被用于治疗妇科疾病,例如缓解痛经。但也随之产生依赖性问题,例如奥地利著名诗人格奥尔格·特拉克尔。参阅 Mike Jay, High Society. Eine Kulturgeschichte der Drogen, Darmstadt 2011; Untersuchungen über die Wirkung des Chloroform (The Lancet Juli 1864), in: Medizinisch-Chirurgische Rundschau. Monatsschrift für die gesammte praktische

Heilkunde 5（1864）H 3, S. 28-33。

[43] Relazione informative con Sommario, Titolo XI: Avvelenamento; ACDF SO St. St. B 7 c.

[44] 参阅《约翰福音》13: 1-17; Thomas Schäfer, Art. Fußwaschung, in: LThK^2 4（1960）, Sp. 476-478。

[45] Relazione informative con Sommario, Titolo XI, Einführung Salluas zu diesem Anklagepunkt; ACDF SO St. St. B 7 c.

[46] Sommario della Relazione informatitva, Nr. XXVIII: Esami di Sr. Maria Ignazia, 2. März 1860; ACDF SO St. St. B 7c. 见后续。

[47] 朱利亚尼·圣勿洛尼迦·久莲尼（1660—1727），嘉布遣会修女，于1696年获得圣痕，1804年被追封宣福，1839年才被封圣。玛丽亚·路易莎在此借用比喻，说明经过长期奋斗才能得到承认。Ekkart Sauser, Art. Giuliani, in: BBKL 12（1997）, S. 1277.

[48] 勿洛尼迦生平参阅 Aus dem Italienischen des Philipp Maria Salvatori von Michael Sintzel, Köln 1841, S. 108-110。

[49] Relazione informative con Sommario, Titolo XI: Avvelenamento; ACDF SO St. St. B 7 c.

[50] Sommario della Relazione informatitva, Nr. XXIX: Esami di Sr. Maria Ignazia, 7. März 1860; ACDF SO St. St. B 7c.

[51] Relazione informative con Sommario, Titolo XI, ab dem Zwischentitel: Sr. M. Luisa tenta con veleni ed in altre maniere procura ed influisce nella infermità e morte di altre religiose; ACDF SO St. St. B 7 c. 见后续。

[52] 可能指的是温琴佐·斯托基，1820年出生在锡纳伦加，1851年成为神父，曾在塞尼加利亚当过三年修辞学教师，之后成为灵魂导师，1881年去世。参阅 Sommervogel, Bibliothèque Bd. 7, Sp. 1582 f。

[53] Sommario della Relazione informatitva, Nr. XXVII: Esami di Sr. Maria Giuseppa, 10. März 1860; ACDF SO St. St. B 7 c.

[54] Sommario della Relazione informatitva, Nr. XXIX: Esami di Sr. Maria Ignazia, 5. März 1860; ACDF SO St. St. B 7 c.

[55] Relazione informative con Sommario, Titolo XI: Avvelenamento; ACDF

SO St. St. B 7 c.

[56] Sommario della Relazione informatitva, Nr. XXX: Esami di Sr. Giuseppa Maria, 3. April 1860; ACDF SO St. St. B 7 c.

[57] Relazione informative con Sommario, Titolo XI: Avvelenamento; ACDF SO St. St. B 7 c. 见后续。

[58] Relazione informative con Sommario, Titolo XIII: Sr. Maria Luisa più volte ha fatto comparire di denaro ricevute miracolosamente dal Cielo; ACDF SO St. St. B 7 c. 见后续。

[59] 一枚斯库多尼金币等于一枚罗马斯库多金币的三分之二价值。参阅 Oskar Ludwig Bernhard Wolff, Neues elegantestes Conversations-Lexikon für Gebildete aus allen Ständen, Bd. 5, Leipzig 1842, S. 369。

[60] Sommario della Relazione informatitva, Nr. XXVI: Esami di Franceschetti, 12. September 1860; ACDF SO St. St. B 7c.

[61] Relazione informative con Sommario, Titolo XIV: Padri Confessori Leziroli e Peters risultano fautori, complici e conniventi; ACDF SO St. St. B 7 c. 关于耶稣会修士在修女修道院担当告解神父, 参阅 Moos, Disziplinierung, S. 82-86。

[62] Relazione informative con Sommario, Titolo XI: Avvelenamento; ACDF SO St. St. B 7 c.

[63] Relazione informative con Sommario, Titolo XI; ACDF SO St. St. B 7 c. 见后续。

[64] 红衣主教大会决议, Feria IV., 27. Februar 1861; ACDF SO St. St. B 6 w f。

[65] 参阅 ACDF SO St. St. B 6 z, fol. I. 班博齐 1795 年出生, 自 1856 年担任罗马所有囚犯的总负责, 1863 年去世。参阅 Wolf(Hg.), Prosopographie, S. 103 f. und S. 1609。

[66] Privataudienz des Assessors und Entscheidung des Papstes, Feria IV., 27. Februar 1861; ACDF SO St. St. B 6 w f.

[67] Beschluss der Kardinäle, Feria IV., 6. März 1861; ACDF SO St. St. B 6 w f.

第 六 章

"这是天国所赐液体"

诉讼程序和玛丽亚·路易莎的审讯

"我一直以来都想当修女"

不同于其他三位被告人（两位神父和女院长），来自圣弗朗兹·克萨韦尔的院长助理及修女主管玛丽亚·路易莎在调查开始前就已经是嫌疑人。因此按照教宗命令，她于1859年12月7日被从圣安布罗焦修道院转移到意大利大圣玛利亚附近的普利费兹卡修道院。[1]

玛丽亚·路易莎长达三个月没有听到关于自己案件的消息，已经变得非常不安而主动要求开始审讯。"尽管不断地拷问自己的良心"，她仍对于自己被"转移"的原因不甚清楚，甚至对她的神父提出要求，希望能"自愿地"出现在宗座法庭上。萨鲁埃在1860年3月20日和26日确实也给了她机会进行陈述。[2]

玛丽亚·路易莎于1832年出生于罗马圣奎里科教区，父亲是多梅尼科·里多尔菲，母亲特蕾莎·乔利。[3]这一教区位于里奥内蒙蒂区域，19世纪中叶拥有两万多人口。蒙蒂是当时罗马最贫穷的区域之一，主要居民都是短工、酿酒工人和园林工人。玛丽亚的父亲以贩卖一种意式甜甜圈为生，明显属于社会底层人士。[4]玛丽亚在方济会一所小学接受了基础的读、写、算教育。由于母亲早逝，玛丽亚必须承担家务，所以她在学校没待几年就辍学了。她有一个姐姐、一个妹妹，两人都是终生未婚。

玛丽亚很快就对繁重的家务活感到厌烦。"我六岁时在一位年长女士的建议下发了守贞愿，这位女士现在已经去世。我发愿前，她曾多次带我去找她在蒙特马拉诺教堂的一位神父。"她所提到的这座教堂就是现在的奎琳岗圣西尔维斯特堂。正是这位玛丽亚已经忘记名字的神父建议她这样做的："这位名叫弗兰切丝卡·帕拉齐的女士带领我在圣母节[5]的时候在这座教堂发了永远的守贞愿。"九岁或十岁的时候，玛丽亚在圣奎里科教区第一次领了圣餐。之后她就下定决心不仅要在世界上做一个奉献给上帝的处女，而且要在修道院成为一名修女。她的神父也极力劝说她如此行。

十一岁或十二岁的时候，玛丽亚认识了贾科莫·萨尔瓦蒂的太太玛达莱娜·萨尔瓦蒂，前者曾和被宣圣的圣温琴佐·帕洛蒂一起紧密合作过，还曾为弱势女童建立过一座公寓。这座慈善院位于波尔古圣亚加塔，阿涅塞·菲劳就曾被安置在这座房子里。[6]萨尔瓦蒂一家了解到玛丽亚全家根本负担不起进入修道院的费用。当时要加入一家罗马教廷的修道院，申请者必须准备三百到五百斯库多作为嫁妆。这笔金额基本是当时一个富裕市民家庭的全年收入。玛丽亚一家全年最多能够支出七十到一百斯库多，差距甚大。玛丽亚的出路就是找到一个大市民或贵族的资助者。另一个方法是加入新特西莫·罗萨利欧地区的兄弟会，该组织每年会挑选一个普通家庭出身的女童，奖励其一笔嫁妆。[7]玛丽亚·里多尔菲最终看起来是成功入选了，现在只剩下选择一家合适的修女修道院了。

玛丽亚·里多尔菲的家人一开始是强烈反对她加入修道院的，但是在其神父帕斯塔卡尔迪阁下[8]和玛达莱娜·萨尔瓦蒂夫人的帮助下，她最终还是得到了家人的同意。玛丽亚花大量时间逗留在玛达莱娜·萨尔瓦蒂夫人家里，这位夫人送她到过不同的修道院，但都因为年纪太小而被拒之门外。最终玛丽亚被送到圣安布罗焦修道院，并被允许逗留一天。由于她恳切地祈求女院长，第二天被留了下来。但这一天她一直被锁在房间里直到晚上，女院长给她进行了一次测试。"她对我说要等一年，但过了一会儿她说我可以在修道院度过这一年。这样，我于 1846 年 6 月 22 日行了宣誓礼并开始使用教名玛丽亚·路易莎。"

由于 1848—1849 年的局势动荡，圣安布罗焦的修女们必须离开一段时间并在四殉道堂[9]避难长达一年。"之后我们回到了圣安布罗焦修道院，我在这里几乎从事过所有职位。1854 年我被选为修女主管，三年之后兼任女院长助理。这两个职位我保持至离开圣安布罗焦为止。

"1859 年 7 月 12 日晚上 12 点半或 1 点的时候，按照通知我来到守门人处会见宗教特使阁下，他要求我登上一辆马车，车里有我不认得的一男一女，之后我被直接送到普利费兹卡修道院，交给那里的女院长。"

一只无辜羔羊的故事

玛丽亚·路易莎利用被拘禁的四个月时间（1859 年 12 月至 1860 年 3 月）想好了应对策略。3 月 20 日晚上她给萨鲁埃提交了一份八十八页的亲自书写的报告。[10]

在这份报告中，玛丽亚·路易莎口头禅似的不断重复自己"没有理由"被从修道院驱逐出来，但是她完全清楚自己被拘禁起来的原因，她也知道霍亨索伦侯爵夫人是她的主要控方。因此她把卡塔琳娜描绘成一个在修道院期间始终不安分、需要特殊照顾的激进的德国贵族。

首先玛丽亚·路易莎提起了侯爵夫人和不同见证人都描述过的圣坛事件，1858年12月8日卡塔琳娜脖子上缠着带子跪在她面前。这根带子确实是一根腰带，这是方济各修女都佩戴的。玛丽亚·路易莎深知很多修女都看到了这一幕，所以她从自己的角度来解释这件事情，内容与卡塔琳娜和其他修女见证的大相径庭：玛丽亚·路易莎根本没有提到那封"美国人"的猥亵信，她认为卡塔琳娜以一种常人无法理解的方式想要"影响"她。路易莎根本不明白对方的目的是什么。几天之后卡塔琳娜得了中风和昏厥的病，却断言自己是被人下了毒。这仅仅是一个病人的胡言乱语。此外路易莎表示她在侯爵夫人病重期间从未接近过她的床铺，更没有给她的食物或饮品中下过毒。如果有人说看到过她出现，那只是错觉，或者是出于魔鬼的行为。

玛丽亚·路易莎的对策是将卡塔琳娜定位成一个精神错乱甚至病态的形象，并随之使其失去做证资格。因此她尽可能详尽地描述了很多侯爵夫人"疯狂"的情景，比如侯爵夫人"千方百计要牺牲自己拯救教宗生命"。当时隆巴德战争很激烈，到处谣传罗马会被攻克，庇护九世会被俘虏。[11]玛丽亚·路易莎还提到"卡塔琳娜以两名农妇的名义给教宗写过几封信，信中充满了对教宗的指责和警告，她自己也从卡塔琳娜那里接受过大量的"秘密任务"，其中相当多任务涉及不同的首饰。卡塔琳娜曾经让她秘密打造一只昂贵的手镯，碍于修道院禁令她"费尽功夫"才完成。这就能够解释律师路易吉·弗兰切斯凯迪提到的与罗马金匠接触的事情，是要打造侯爵夫人的手镯，而非她自己的天国戒指。

第二位被玛丽亚·路易莎大肆评论的修女是她以前的床伴阿

涅塞·塞莱斯特。这位曾经的院长助理将女创始人的这位外甥女描述成一个道德败坏的典范，甚至顺应当时流行的教会女巫学说[12]，把对方说成是女巫。自从四岁加入修道院以来，阿涅塞·塞莱斯特"就与魔鬼有着不同寻常而又亵渎上帝的关系"。后来三十年的时间，她多次与撒旦接触，撒旦取了"一个时髦男子的形象"并跟她"说了许多恶心龌龊的话语，并满足了她各样的欲望需求"。他们之间的魔鬼契约甚至是用她的月经血所写成。[13]为了讨魔鬼的喜悦，阿涅塞还"亵渎了圣人画像和十字圣号"，甚至污蔑了"圣饼"。按照天主教教导，圣饼代表了耶稣基督的圣体[14]，而"阿涅塞将其放入自己阴道来亵渎上帝"。

玛丽亚·路易莎认为阿涅塞是"一个没有得到呼召的修女"，并且是整个修道院唯一的"灾祸源头"。她自己曾多次试图赶出阿涅塞身上的恶魔。一开始效果还不错，对方向她做了真诚的忏悔，坦白了一生所行，而这也是玛丽亚一切信息的来源。之后阿涅塞表现得"贤德而顺服"，并成为玛丽亚的亲密祷告伙伴，所以两人"常常夜里同寝"。1860年3月时的玛丽亚还无从得知阿涅塞·塞莱斯特已经把一切都交代了，所以这是她针对性关系事件唯一可能的解释，更多的她也没有预备好。根据她的报告，阿涅塞·塞莱斯特很快又开始了和"魔鬼的交易"，甚至开始"谋取修女主管的性命"。仅仅出于这个原因，阿涅塞才被驱逐出修道院的。

玛丽亚·阿格斯蒂娜是第三位得到类似评价的修女。玛丽亚·路易莎将其不明原因的重病和二十一岁早逝的命运归咎于她本人的高傲和狂妄，竟然宣称看到并听到女创始人的显现。当时玛丽亚作为修女主管，强迫玛丽亚·阿格斯蒂娜承认自己的异象是虚假的，并且要她放弃更多的诡计。但这一切都无济于事，这位鲜花一般的年轻修女还是死于撒旦之手。彼得斯神父曾断言玛丽亚·阿格斯蒂娜是被鬼附身。这位修女曾喃喃自语提到阿涅塞·塞莱斯特以及自己要完了。最后是魔鬼或者被魔鬼附身的阿涅塞·塞莱斯特谋杀了玛丽亚·阿格斯蒂娜，玛丽亚·路易莎自己当然与此毫无关系，她希望审讯官能明白这一点。

萨鲁埃对此的评判很简单，他认为这份八十八页长的报告是"最聪明和狡猾的谎言"，将玛丽亚·路易莎"吹嘘成一名热情、谦卑、耐心、贞洁和获得额外恩赐的勇敢的与魔鬼斗争的女战士"。但审判官认为这份报告"从头到尾捏造并歪曲了事实，并有计划地将犯罪行为推卸给别人"。

另外，萨鲁埃称在普利费兹卡修道院度过的四个月并没有让玛丽亚·路易莎改变什么，她在报告结尾提到拘禁期间她再次经历了超自然现象。将自己伪装成圣人已经是刻在她骨血里面的习惯了。"在这些困苦的日子里，她特别蒙了主的恩惠"，因为"在房间中她看到了一个具有具体形象的圣饼"，这件事情极大地安慰了她。但魔鬼也在这期间蹂躏责打了她，魔鬼"将她衣服撕碎、将墨水倒在她写字的纸上并对她说：'可恶的女巫受着吧！你是被从圣安布罗焦赶出去的人，你这该死的，你是倾倒的安布罗焦巨人！哦你这肮脏的白鼬！这是你该得的！去吧，去布道吧！去死吧！去找你该死的弟兄们，告诉他们：我要让你从地上到天上受到控诉！'"

这段隐秘的文字很难一下读懂。圣安布罗焦是修道院的起名人，其本人以博学多才和勇于为教会代言而闻名。白色银鼬代表纯洁和无辜，以及王权的尊严。魔鬼欣喜于玛丽亚·路易莎作为圣安布罗焦修道院的代表而倾倒以及她的无辜被玷污。她毫无尊严的处境和不公的控诉最终是由于魔鬼的作为——这是玛丽亚·路易莎向审判官提出的核心信息。

萨鲁埃在1860年4月底的时候终于确定玛丽亚·路易莎是整

个事件的主要犯人。随后他给红衣主教会议提交的报告也得到了通过。1860年5月2日红衣主教们一致同意他的建议，对玛丽亚·路易莎提出控诉，并将她从普利费兹卡修道院秘密转移至布昂的帕斯托尼的监狱。[15] 正式审讯始于1860年6月11日，止于1861年11月12日。审讯还涉及多名证人。按照惯例，玛丽亚·路易莎一开始有机会为自己进行辩护陈述。

第一次审讯时她被问到是否知道或猜测她被宗座法庭起诉的原因。[16] 玛丽亚·路易莎再次提到了阿涅塞·塞莱斯特和卡塔琳娜·冯·霍亨索伦对自己的指责和毁谤。她还提到莱兹罗利神父、贝内代蒂神父和保罗·米尼亚尔迪神父[17] 也可能参与了对自己的起诉。"莱兹罗利神父生性天真，很容易在遇到超越性事件的时候思想混乱；贝内代蒂神父曾断言一位过世的玛丽亚·阿格斯蒂娜是圣人；米尼亚尔迪神父曾说过圣安布罗焦修道院有一位掌管一切的修女。"玛丽亚·路易莎借此暗示自己是修道院唯一的实权掌控者。"我猜还有玛丽亚·朱塞帕姐妹，可能出于疏忽而提到过我。"但之后玛丽亚强调这位修女基本上是自己在修道院的"敌人"，对自己一直怀有恶意。最后她提到修道院管理者彼得罗·巴尔托利尼以及彼得斯神父都可能是自己的敌人，特别是后两人曾经反对过她管理修道院的方式。

第二天玛丽亚·路易莎为自己被控告事项做出了陈述。[18] 首先她直言不讳地提到同性关系。当然一切都是阿涅塞·塞莱斯特的过错。阿涅塞在她十二三岁时就强迫她做一些令她深恶痛绝的事情。就在玛丽亚进入修道院之后，阿涅塞就借着其姨母（女创始人）的委派"特权"来找她，要检查她的性器官，并要给她注入"贞洁"，从而发生一些"不雅的行为"。

至于自己的异象，玛丽亚·路易莎又有了新的说法。出于保护自己不受阿涅塞搅扰的缘故,"我开始编造一些梦,梦的内容是死去的女院长让我知道要怎么做才能阻止这些混乱状态"。玛丽亚在向莱兹罗利神父做告解时提到这些梦,对方好像认为"这些梦是异象和启示"。当时的女院长阿涅塞·塞莱斯特·德拉·克罗切也立即相信了这些梦境的真实性。这之后玛丽亚成功地远离了阿涅塞·塞莱斯特。在她准备宣誓礼期间,她向莱兹罗利神父坦白这些都是自己想象出来的。但是对方坚持这些梦境是真的,并认为她是出于顾虑和谦卑才这样说。连彼得斯神父也不顾她的强调而认为这是她"宝贵的恩赐",并建议她谨慎行事。

玛丽亚·路易莎特意与虚假宣圣的女创始人玛丽亚·阿涅塞·菲劳拉远了距离,就是想让审讯人员相信她之所以捏造了异象,为的是拨乱反正,并把自己塑造成反对菲劳虚假宣圣的一名女斗士。最后她终于达成了目的,包括成为修女主管也是为了这一目标而服务。最起码她成功地使修道院年轻一代的初学修女能够正确看待菲劳现象。

1854年圣诞节时,为了阻止尊崇玛丽亚·阿涅塞而组织的一场游行,为了影响女院长、院长助理及其他职能部门负责人的选举,玛丽亚·路易莎所谓的异梦都起到了重要作用。她还成功地利用一个捏造的异梦并通过莱兹罗利神父的报告,吸引红衣主教科斯坦蒂诺·帕特里齐来到了圣安布罗焦修道院,梦中预言他若不来就将死于一场毒杀。最后,"红衣主教来了,一如我的梦境所言"。

1860年6月13日的审讯中,玛丽亚·路易莎再一次提到早逝的玛丽亚·阿格斯蒂娜修女,并声称对方的异象一开始就是虚假的。[19]"女院长、修女们和贝内代蒂神父全都深信不疑,我是唯一一个不相信这些异象的人。"贝内代蒂神父曾在讲道中批评修道院中有一位高傲的只吹嘘自己成圣的人,另一位则全力阻止。借助异象的梦境，玛丽亚·路易莎成功地借助总会长将贝内代蒂神父调离了圣安布罗焦修道院，之后她就可以随意处置玛丽亚·阿格斯蒂娜了。当对方继续经历异象及谈到戒指时，玛丽亚·路易莎决定"出于良心的缘故，不再捏造异梦，但是开始直接佩戴戒指，来揭发对方的异象"。第一枚天国戒指来自圣坛的圣母像，"我取下了那枚戴在圣母手上的戒指，这是一枚带有一颗小红宝石的玫瑰形戒指"。这枚戒指确实赋予了她在修道院极大的权力。[20]年轻的修女们不再相信去世女院长的一系列显现神迹，而是自发地接受玛丽亚·路易莎的权威和教导。"借助这枚戒指我能够揭发很多虚假神迹，并维持局面。"

针对卡塔琳娜·冯·霍亨索伦，玛丽亚·路易莎则继续沿用将其塑造成一名糊涂虫的策略。6月14日她公开否认曾给侯爵夫人看过任何德语信件（"美国人"的猥亵信），那全部都是卡塔琳娜的想象，而卡塔琳娜继续胡言乱语时，她甚至将对方灵魂导师红衣主教赖萨赫请来修道院劝说对方。赖萨赫曾短暂成功地安抚了卡塔琳娜一阵子，但对她说过卡塔琳娜的精神承受力非常差，时有混乱，需要周围人的同情忍耐。她经历过太多痛苦，所以脑子里面有时会有幻想出现。

一名高阶红衣主教能够接受一名小小的院长助理的邀请来到修道院，并将自己忏悔者的隐私以这样不甚尊重的方式透露给对方，这实在是一件令人惊讶的事情。两者之间的关系肯定比表面上的要紧密许多。但这怎么可能呢？也许玛丽亚·路易莎提到对方名字只是为了给审讯人员一个印象，她和教廷高层人士关系不一般，也就是说审讯官要小心，红衣主教大人正在关注这里的事情呢！因此，提到赖萨赫更多是一种战略方法，当然也可能有更多内幕。

红衣主教赖萨赫一直以来就对于具有异象和神迹经验的女性有非同寻常的关注,早在他担当德国慕尼黑和弗赖辛大主教时期,他就非常赞赏阿尔特廷的圣痕异象者路易丝·贝克[21],路易丝能够在圣母和"可怜的灵魂"之间传递消息,后者指的是仍在炼狱之中企盼永生的过世者。19世纪的天主教徒普遍相信,人们可以从彼岸世界向此岸世界活着的人传递消息,要么这些活人能够为炼狱中的灵魂得到救赎而代祷,要么给这些活着的人一些警告的讯息。在圣母和路易丝·贝克之间传递消息的就是当时至圣救主会大主教[22]的太太尤利亚妮·布鲁赫曼。其灵魂也被称为"母亲",路易丝·贝克是"孩子",其他的坚信这些指示的拥护者被称为"母亲的孩子们"。众多的至圣救主会会众和会外信徒都敬奉这一偶像。赖萨赫自1848年起也是"孩子"中的一名,有一份生平报告显示他与路易丝·贝克具有宗教从属关系。那么,自他1855年搬迁至罗马后,玛丽亚·路易莎就取代了路易丝·贝克的地位,而赖萨赫重新找到

红衣主教赖萨赫作为宗教裁判所红衣主教成员和教宗密友随时可以插手调查

他的圣女？

玛丽亚·路易莎提到赖萨赫之后，调查重点又回到侯爵夫人的突然病重以及1858年12月8日发生的圣坛事件。她对此的解释是：

"卡塔琳娜说：'如果您对您的灵魂存有怜悯之心的话，就请答应我吧。'

"我说：'您还好吗？请冷静下来。'

"她说：'不！出于对耶稣基督和圣母的爱，您必须答应我，我为您如此祷告，您若回转我就什么都不说，我爱您。'她还说了很多诸如此类的话。我让她不要激动，并问她要我做什么。这时有人叫我，一切就结束了。"

"这一幕的激烈程度"导致了两三天后的中风事件。整个投毒事件不过是一个疯子在脑海中的幻想而已，当然也可能是中风导致的结果，侯爵夫人在中风后大脑受到很大损害。卡塔琳娜退出修道院也是非常顺利地进行的，没有人进行阻拦。其堂兄来接卡塔琳娜时还特别表示，侯爵夫人因她年轻的亲戚——葡萄牙女王——的去世而情绪非常激动，所以他必须带她去蒂沃利的别墅休养。女院长和玛丽亚本人当然曾经担心过神志不清的侯爵夫人会把两人与女创始人的敬奉联系起来。为了防止这事发生，玛丽亚·路易莎一直在审讯中试图将相关责任推卸给莱兹罗利神父。[23] 他独自一人负责搞到了所有创始人菲劳的圣髑：头发、一颗牙齿、众多衣物、鞭子、文件和信件。莱兹罗利神父还为其撰写了人物传记，始终鼓吹并在仪式上敬奉对方，同时视对方写下的文字为被圣灵所感动而成，甚至被众修女们称作"母亲的助手"。玛丽亚·路易莎原本要控制住这一敬奉事态的努力也失败了。

6月上旬时，面对见证者和审讯人员逐步确定的修道院统一的保密原则，玛丽亚·路易莎坚持将这责任推卸给女院长和两位神父。她坚称是他们三位指示修女们把女创始人的稿件、莱兹罗利神父写的传记以及耶稣会修士朱塞佩·皮尼亚泰利的文件藏起来并部分销毁的。女院长还告诉过她不用担心检查的事情："我们一定能度过难关，就算他们要多次来我们这里，我们会听从他们吩咐，我会随他们意愿行事，这样我们一定会胜利。"

玛丽亚·路易莎多次在庭前保证她做好准备请求原谅，但同时也旗帜鲜明地指出她所做的一切，动机都是"既不相信女创始人，也不相信其敬奉"，而且她竭尽全力阻止这一错误敬奉。因为她无法正大光明进行反对，只能谨慎行事，绝非因为她要"自行宣圣或有别的打算"。然而，如同1860年3月一样，玛丽亚并未能成功说服萨鲁埃，审讯官提交给红衣主教们的报告记载着："她开始将自己排除在所有指控事项之外，她以一种对自己非常有利但与事实和证人证词非常不符的方式来描述所有事件和对话。"[24]

明证和首次认罪

玛丽亚·路易莎在初次审讯中否认了每一项指控，所以现在她必须与证人及证据对质。调查法庭现在有权力证实在取证过程中得到的各项指控，并尽可能让被告人认罪。玛丽亚·路易莎本人直到6月才在法庭多次"严重警告"下准备与大量事实证据对质，并逐步承认针对她的所有指控罪名。[25] 当然她所做出的认罪并不完全，有些还自相矛盾。

首先她承认自己参与到对菲劳的敬奉之中。1860年6月24日审讯的供认记录如下[26]："我公开承认自己以不同形式参与，并以不同形式支持了对于创始人母亲的崇拜和敬奉。"——一开始，玛丽亚·路易莎表示自己是为了满足修女们和神父们,其中特别是莱兹罗利神父的要求而如此行。圣安布罗焦修道院的所有人都始终"赞美"并"归荣耀"给玛丽亚·阿涅塞·菲劳,玛丽亚·路易莎明知是虚谎却仍遵从的原因在于,她自幼年进入修道院起就只能看到并学习年长修女和带领人的榜样,只能接触女创始人的文稿。至于她自己的虚假成圣的问题,玛丽亚最终承认:"我不仅从口头上,也从内心承认,捏造了这些事情。"她的动机则为"高傲"。她想要成为"被上帝偏爱的"那一个,以便在修道院得到尊敬和权力。

审讯官特别在意修道院内的告解问题。玛丽亚·路易莎承认曾强迫所有修女在进入修道院前承认自己所有的罪行,特别是与"不忠"相关的性关系过失问题。每周修女们要先在她这里告解,然后她规定修女们可以向告解神父说什么和不能说什么。她还赦免过修女们的罪行。她们必须在她面前下跪,"她会祝福修女们,赦免她们并给她们领圣餐"。从众人告解中得到的信息会被玛丽亚用来特别引导某个修女。"莱兹罗利神父和彼得斯神父会向我透露大家的告解内容,这件事是真的。"[27] 这一违反告解圣事保密原则的行为确实是建立在玛丽亚和两位神父亲密沟通的基础上的。

玛丽亚·路易莎也承认了财务方面的罪行。所谓天国财物是她侵吞修女们的嫁妆所得。她也没有遵守斋戒规定和祷告规定。和"美国人"克鲁兹伯格的关系她也基本上承认了,但没有提出具体描述。对方每天都会来接待室,然后会给他写一封信。这些信件大部分内容杂乱无章,他无法相信"有一天魔鬼要被驱逐而主耶稣基督要降临"。他一生都与"不忠的重担"斗争,他有去平丘的习惯,在那里"和不同的女人见面并与她们犯罪"。这位"美国人"在信中提到各种各样的事,包括"我们修女也容易有这种恶习,我们也会满足自己的邪恶欲望，有一次他断言我也是这样"。

玛丽亚·路易莎和她的初学修女们

1860 年 6 月 21 日，玛丽亚·路易莎被问到了她和修女们同性性行为的问题。[28] 在开口回答之前她就哭了，并请求原谅。"如同我昨晚在审讯结束时所说的，我愿意承认所有的罪行。阿涅塞·塞莱斯特还在圣安布罗焦修道院的时候，我允许了和她发展不应该的亲密关系。我会仔细看她的阴部并用手触摸。"然后玛丽亚解释了她做出这种"恶行"的理由："当我们前往四殉道堂避难的时候，修女们最重要的任务就是抢救并携带女创始人和神父们的作品及诗歌。我负责携带三大卷卷轴文件并阅读了其中一部分，并且发现了女创始人给玛丽亚·玛达莱娜的指示：她将自己的女儿们交给了她，为了这些修女她献上了自己的精神和肉体。玛丽亚·阿涅塞就是她抚养长大的。因此她有义务调查并净化那些沾染过世俗的修女们。"但是何谓净化？"我当时去问了现已故去的院长助理玛丽亚·克罗希费里修女，她逐步慢慢地跟我透露这背后的秘密。她说玛丽亚·玛达莱娜是被女创始人特别呼召进入修道院的，因为已经在世俗中待过一段时间，女创始人就通过碰触她的身体各部分而净化了她。

"因为我想弄明白具体是怎么回事，玛丽亚·克罗希费里给我举了《圣经》里以利沙[29] 的例子：'就如同以利沙为了把去世的孩子复活一样，要平躺在孩子身上。女创始人也被上帝赐予了这恩赐，能够以同样方式将自己的贤德、精神、纯洁传递给其他人。她检查对方的身体各部位，并在阴处画十字圣号来净化对方，同时给对方浇灌一种液体。'

"我回想起来，在女创始人的信件中读到过她给玛丽亚·玛达莱娜也赐予了这种净化能力。玛丽亚·玛达莱娜也曾经让已去世的玛丽亚·朱塞帕修女坚持每周一次使用这种净化方法。我猜测还在世的年长修女都知道这事，最起码玛丽亚·卡泰里娜和玛丽亚·格特鲁德都知道，因为她们曾多次和我说过宗教裁判所调查玛丽亚·玛达莱娜时两人针对其所揭发的一些可怕的事情。当时有人针对玛丽亚·玛达莱娜而在修道院窗户下面写讽刺诗，她受到这些诽谤的很大打击。

"我承认自己被这些教条所鼓动，和阿涅塞·塞莱斯特进行了我所提到的这些行为。我与玛丽亚·贾钦塔之间也发生了类似的事情，虽然没有如阿涅塞那么过分，却更频繁也更持久。而且也没有伴随任何异象或超自然神迹。我要说的是在圣安布罗焦修道院生活的话，根本无法避免这些教条原则和实践行为，因为这都是女创始人所倡导的。只要修道院里还有她的痕迹存在，这种败坏行为就会存在。"

玛丽亚·路易莎的陈词表明圣安布罗焦修道院一直以来存在的一个传统——修道院的上层领袖会特别针对已经拥有性经验的刚进入修道院的修女实行一种同性性行为的成人礼。萨鲁埃非常满意玛丽亚的供认，因为这证实了他之前针对菲劳的部分指控。在净化初学修女性器官的借口之下，发生着真正的性行为，修女之间也存在着阴道分泌的体液交换。这就构成了同性性行为的实际罪名。玛丽亚·路易莎坚信这种性方面的净化是正规教团必不可少的标志，所以她极其自觉地遵守并实践了近半个世纪以来菲劳在修道院的这一"改革项目"。当然，玛丽亚的供述并未完全说服法庭。玛丽亚·玛达莱娜这种做法受到了如此众多的批评，特别是还有人在修道院墙上涂写讽刺诗。审判法庭必须弄清楚，在玛丽亚·路易莎掌管整个修道院以后，是否真的仅仅是在理论上支持这一行为？

性侵事件

玛丽亚·路易莎最终于1860年7月20日和盘托出整个真相[30]：
"在四殉道堂避难期间，我负责保管女创始人的一些作品和诗歌。当我读到她如何向她的神父告解时，她提到主向她显现并将修道院托付给她，但也明确警告她要着重审查大家向上帝发的贞洁愿。为此，上主给她浇灌了一种液体并放置在她身体之中，以便她以后可以净化并医治她的女儿们，特别是那些成年以后进入修道院或在世界上曾经犯过罪的女性。

"我在不同的信里读到过这些事情，其中有两封提到女创始人曾两次见过上主的嘴巴和肋旁流出过这种液体，而且两次用这种液体净化过玛丽亚·玛达莱娜。也是通过这种方式，上主拣选了玛丽亚·玛达莱娜作为女创始人的接班人。我也读到过女创始人写给玛丽亚·玛达莱娜的信件，里面提到她选择对方监视并负责执行这一旨意。信中同样提到了以利沙，如同我之前所说的一样。

"另外一封信中女创始人对神父提到自己没了感觉，上主也不再向她显现。还有她必须接受一名叫玛丽亚·朱塞帕的威尼斯女人进入修道院，这人必须被洁净。圣母向她显现五次，每次都表示允许她吸吮对方的乳房以便引出那种能洁净的液体，之所以是五次，是因为'玛丽亚'由五个字母组成。女创始人借圣母名义提到的事情，我承认自己也对玛丽亚·贾钦塔做了同样的事。"

现在针对新加入修女的性部位的净化，又多了一层圣母玛利亚研究层面上的意义。吸吮乳房这一行为与中世纪广泛流传的马里亚·拉克坦斯创作的一幅圣母画像内容有关，其中圣母以她的乳汁喂养圣徒。[31] 玛丽亚·路易莎本想就此打住，但是审讯官警告她最好把知道的完全说出来，她带着明显的抗拒情绪承认：

"十三岁或十四岁的时候我进入了圣安布罗焦修道院。当时的女院长是玛丽亚·玛达莱娜，直到当年的圣诞节她还在世。那期间我是唯一（另外还有一位，但只在修道院待了很短的时间）的初学修女，很自然地吸引了年长修女们全部的注意力和关爱，这当中女院长尤为偏爱我。她把我安排在她隔壁的房间里，白天的时候总是陪伴着我，向我介绍修道院的美德和精神、女创始人的成圣等。她称呼我为她的'小羊羔'、她的'小宝贝'，她会抚摸我、拥抱我。当教导我谦卑和礼仪时，她格外严厉，因为我必须成为和她一样的人。她对我的关注和偏爱如此明显，修道院里有些修女开始嫉妒我，并说我太幸运了，她们连和女院长说几句话都不能。

"几个月后院长助理玛丽亚·克罗希费里修女在午饭后叫住我，说女院长给我预备了一份礼物。她让我去女院长卧室，礼物就在床上。她说：'您看女院长具有何等的美德和谦卑啊，明明沉浸在祷告之中，却告诉大家她在休息；现在她正被上帝光照，探寻各样事物和人体内部奥秘，您明白吗？她真是美德和谦卑的典范，她脸色焕发的光彩就是上帝之爱的记号。'

"她让我靠近床边并亲吻女院长的手。然后她把女院长的衣服全部脱掉并将其双手遮住阴部。她还让我观察那个时候出现的一种白色液体并说：'这可是她从上主那里获得的一种天国液体。'

"她还说如果我爱女院长，就应该作为她的小羊从她那里偷到这种液体，这样以后才能变得和她一样。她让我把头埋到女院长的阴部，我害怕极了，问道：'她要把我赶出去怎么办？'

"对方回答：'恰恰相反，她绝对不会把你赶出去的，因为这是她按照上帝旨意给你预备的宝贵礼物。'

"之后,她让我用舌头去舔这种液体,把我的手浸入这种液体,并沾着这液体在我的额头和嘴唇上画了三次十字圣号。然后她用我的手在她自己身上也这样做。然后她把头埋在女院长的阴部并舔了她。我们慢慢离开的时候,女院长玛丽亚·玛达莱娜叫住了我。玛丽亚·克罗希费里离开,把我单独留下。女院长充满慈爱地对我说:'小小的偷心贼,过来吧,我可知道你偷走了什么哦。'

"我瑟瑟发抖等着一顿训斥,但她坐起来抱着我说不用害怕,因为我所做的都是按照上帝旨意发生的,是上帝给我的一份礼物。这只是个开始,她收到上帝的命令要令这礼物实现。她拥我在怀里,表情十分柔和,然后她离开床要求我顺服地躺到床上去。这过程中她的手势和眼神都和在祷告时一样。最后她也躺到床上来,把我衣服脱光并躺到我身上,以一种令人羞耻的方式用她的双手搓弄我。在她身体剧烈活动之后将她阴道的液体浇在我现在完全湿润的阴部上。

"她多次对我说:'我的女儿,你现在得到的是天国液体。'

"一段时间以后她才站以来,之后她多次重复这一幕,在休息一段时间以后她问及我的想法,并安慰我不要害怕,因为这不是犯罪,而是上帝圣洁的恩赐。她还提到对世界来说这是邪恶的事,但是在主这里则是给我的礼物。最后一次结束时她躺在床上,我跪在她身边,她把手放在我头上,用主管的口吻说道:'女儿,现在你得到了这一恩典,以上帝的名义,我命令你保存好并不断重复,每天晚上你都必须用一根手指插入阴部然后用湿润的手指在你额头和嘴唇上画十字圣号。这样你会从上帝那里得到更多恩典。'

"然后她往我嘴里吹了三次气,并以慈爱的表情和拥抱让我用嘴含住并吸吮她的胸部,我照着做了。最后她让我一定要保密,我不能和任何人提起这件事。

"过后几天她问起我的祷告,还有是否每晚操练她教我的方法。她让我注意不要向莱兹罗利神父透露这件事,因为他们不会理解这不是罪而是上帝的特殊恩典,是上主为了修道院的将来而通过她散布的恩典。由于玛丽亚·克罗希费里是我在这一方面的引导人,在避难期间读到的女创始人的著作和诗歌时我就去向她咨询,这是我已经提过的。

"女院长在听取了我全部的人生故事之后,指示我要对牧师说什么。我做完告解之后她会要求我报告所谈到的内容。这一体系一直都在圣安布罗焦实行,我自己也是这样对待我的初学修女。我不知道女院长有没有和其他修女做过我上面提到的事情,她可能和玛丽亚·麦蒂尔德做过,因为我看到她们两人之间关系极好。女院长很快去世了,尽管我还是一个初学修女,但我已经想要像主管那样行事。我虚构了女院长的命令和启示,强迫安娜修女每晚向我忏悔并将祝福赐给她。现在我记起来女院长把我独自留在身边,将我的手放入她的阴道七八次,然后让我画十字圣号以得到恩赐。"

玛丽亚·路易莎现在完全收回早前对阿涅塞·塞莱斯特的指控,并不是对方想让她抚摸阴部,相反是玛丽亚强迫阿涅塞做出这种性行为。她还强调在"神圣的宣誓下",一切关于当时女院长的性接触净化的陈词都是真实的。那之后的"不忠"和"同性性行为"则无疑是出于她自己的意愿。一个年幼少女被其长辈强迫进行性行为,而这个受害者玛丽亚·路易莎之后又成为迫害其他人的作恶者。她以同性性行为祝福、净化、医治她的同伴,又遵循修道院自菲劳开始奉行的这项持续长达六十年的传统。

19 世纪流行的反天主教神职人员文学的一大主题就是修士、修女之间以及神父和忏悔者之间的性关系,这与禁欲式的生活方式、宗教狂热和离经叛道的性行为都有关。[32] 但这一偏见到底包含了多少的事实基础，基本已经无法考证。圣安布罗焦修道院发生的事件无疑涉及了性侵犯和侵权行为。[33] 强奸行为的主导人不仅能够得到性方面的满足感，还能得到权力感和被承认感。玛丽亚·路易莎无疑已经在修道院赢得很多话语权，但是通过性侵犯行为她获得了特殊的关注。[34] 当然也不排除她的性侵对象以其"知识、自由和能力"同意这样的行为。[35] 初学修女们本就应当顺服她们的修女主管和院长助理。"玛德蕾·比卡利亚"对于许多人来说都扮演了母亲的角色，玛德蕾也有意识地利用了对方的依赖心理。此外，她还利用了众修女们告解的内容来从心理上操纵对方。玛德蕾还把两位神父收到麾下，而修女们对神父的指示都是奉若神明的。更何况修女主管还严令对方不得向任何人透露秘密，特别是要对神父保守秘密，否则天国来的祝福就失去效力了。这样她成功地令参与的修女们都保持了沉默，而始作俑者以透露秘密当作威胁工具，正是性侵犯的通用手段。[36]

这过程中最具决定性的因素其实是玛丽亚·路易莎占据的宗教制高点。她将自己的所有行为都赋予了一层超然的宗教色彩，称之为上帝的托付和任务。任何针对她的不同意见都是对于顺服诫命的反抗，甚至是对于天国权威和上帝旨意的反抗。众修女和神父都不会妄然拿自己的永世救赎去冒险。"圣母来信"中的针对个人的威胁也确实带来了实际上的巨大影响。犯罪行为和违规行为则被归算到魔鬼头上。正是圣安布罗焦修道院修女们对于圣人的信任，导致她们被玛丽亚·路易莎所性侵。

这些修女一方面作为神职人员根本无法在生活中讨论性方面的话题，另一方面她们所敬奉的众多圣人都以情爱比喻来描写自己的属灵神秘经历。在这种氛围里很难不将被禁止的亲密肉欲关系当作圣洁化的属灵经验。审讯过程中，不止一个修女提到过，要她们在医生面前脱衣服都觉得很羞耻,并且觉得良心不安。修道院的教育导致了修女们对于性的认识相当不成熟。修道院这样完全封闭的环境形成了心理学上所说的"完全机构"[37],修女们无法彼此补充对于世界的看法和认知。神父们的监督职能也完全没起作用。

玛丽亚·路易莎对于其他一些被见证人所证实的"淫荡亲密关系和行为"也供认不讳,承认其担任修女主管和院长助理期间进行的所有"猥亵行为",在其审讯记录上能看到她所承认的一桩桩、一件件都被记录在案。这个过程中玛丽亚也试图给自己找过开脱的借口,比如她提到众多修女面对她表现出一种"过分的热爱",她们会始终围绕她,不断拥抱她,"亲吻她的肩头,亲吻她的胸部,亲吻她的手臂"。她仅仅是回应了这些热情,但是马上这种感情就不受控制了。玛丽亚·路易莎也承认她建立的习惯,即授衣仪式前夜,初学修女必须和她同宿一夜,而且"两张床要被拼成一张"。两人躺下之后,玛丽亚会先用谈到上主和圣母的属灵交谈迷惑对方,然后装作得到上主或圣母的指示,这时候初学修女们会开始亲吻和抚摸她。女院长玛丽亚·维罗妮卡对此事也非常清楚,甚至被玛丽亚告知:"让她们这样做吧。"女院长还曾帮玛丽亚把床拼在一起。

玛丽亚·路易莎做的这些性行为和性侵事件令调查人员极度震惊,以至于在总结报告中放弃了总结陈述和详细评论。他们在原始审讯记录中两次提醒红衣主教们时使用了"无耻龌龊的行为""过分和令人厌恶的罪行"以及"变态的原理"等字眼,并要求"尊敬的最高法官"亲自阅读这些记录。

耶稣会神父及其特殊祝福

现在轮到审讯玛丽亚·路易莎的神父了。在深入了解彼得斯神父之前，审讯官们必须先了解圣安布罗焦修道院的一个秘密——耶稣会修士的祝福。玛丽亚·路易莎于1860年6月26日揭开了这个秘密[38]：

"在阅读女创始人及其伙伴的书信时，我读到以下内容：为了避免将来如同女创始人一样落到宗教裁判所手里，同时也为了维护整个修道院所遵从的当时的神父皮尼亚泰利创立的属灵原则，他们挑选了正直的耶稣会修士作为精神领袖，以便持续这一灵性传统。事实也证明这一决定是正确的，修道院每一代都会挑选一名耶稣会修士成为告解神父并对修道院众人施加耶稣会修士的影响力，并在这过程中引发特别现象。阿涅塞·菲劳以一种很特殊的方式管理她的修道院，她说过：'女儿们，如果你们如此行，就必能维护修道院。要付出代价，否则你们就会走向毁灭。'

"我的证据是玛丽亚·克罗希费里和玛丽亚·弗兰切丝卡曾私下告诉我女院长玛丽亚·玛达莱娜曾从马尔科尼神父、多兹神父[39]和圣蒂内利神父[40]那里得到过浇灌，才得以一次性领受圣母和上帝的灵，同样的灵也浇灌过特蕾莎·玛达莱娜。其具体方式如下：神父亲吻对方的额头、脸颊和嘴唇，然后用舌头在对方脖颈上画十字圣号，有时也会把舌头放入对方嘴里并亲吻对方心脏一侧戴十字架的部位。开始仪式之前，被浇灌者要跪在神父对面，神父以一套固定的话语仪式祝福对方，对方就会陷入狂喜状态，然后神父也会跪下并用右手扶着对方，再进行上述行为。这一套仪式我不仅在女创始人的书信里面看到过，而且还听别的修女描述过整套仪式。她们也曾被浇灌过，我推测这一仪式是秘密举行的，大多数修女都不知道。"

为了跟随女创始人的榜样，玛丽亚·路易莎也同样不想错过这一耶稣会修士的祝福。彼得斯神父在这方面可以帮上她的忙，大概有三年之久她通过伪造圣母来信要求对方对她施予耶稣会修士前辈曾做过的这一祝福。这些信都放在彼得斯神父以为只有自己才有钥匙的一个匣子里。玛丽亚·路易莎当庭承认其实她有第二把钥匙。"在信中我要求他给我浇灌女创始人得到过的那种灵,事实上我曾经跪下来接受过这样的祝福,但我并没有陷入狂喜,而是一直非常专注。祝福过后他也跪下来对我行这样或那样的动作,然后他就离开了。我记不得有几次这样的行为了,因为一有机会他就这样祝福我。他有两次将舌头放入我嘴里。对这些事我没有任何良心不安也没有忏悔过。"

这些"肉体和亲密行为"证实了调查法庭关于圣安布罗焦修道院内普遍存在"特殊祝福"[41]的判断。玛丽亚·路易莎列出四个步骤[42]:"一、认知;二、属灵沉浸;三、转化;四、实质交通。"她进一步解释:"实质交通每年要在神父和当事修女之间发生七次,其他所有行为和祝福仪式每年共发生三十三次。"所谓的实质交通指的到底是什么呢?玛丽亚·路易莎也对此给出了说明:"实质交通发生在神父将舌头放入被浇灌者口中的时候,也要按手在修女身上进行祝福。其他的动作就如同上主受洗时从水得力量、坚信礼时涂油得力量一样,神父也通过这些动作赐予对方力量和祝福。"

玛丽亚·路易莎从女创始人信中得知有五位神父实施过这种祝福仪式:朱塞佩·马尔科尼神父、何塞·多兹神父、奥古斯丁·蒙佐内神父[43]、布鲁奈利神父[44]和尼科拉·贝内代蒂神父。后来被庇护九世封圣的皮尼亚泰利神父并没有具体这样祝福过女创始人。但她提到过这种实质交通要通过舌头的接触来进行的传统正是皮尼亚泰利神父制定的。尽管还只是院长助理,玛丽亚·路易莎就已经决定要通过彼得斯神父把这一传统延续下去了。

这一"特殊祝福"不仅仅局限在祝福本身,也影响到了神父的普遍祝福和告诫赦罪形式。圣安布罗焦修道院的修女们会把这种祝福与"转化"关联起来，这里的转化意味着如同神父接受圣职仪式一样产生的本质上的变化。按手仪式则是师徒时代流传下来的信仰传统，目的是保护，这里则被舌吻所取代。这一通过耶稣会修士进行的仪式，在修道院修女们看来比正式的授衣仪式还要重要。与男人接触而得到的祝福又成为女院长同性之间实行净化和护理仪式的最好理由。这一传统代代流传下来，每位女院长都没有改变。女创始人某种程度上成功地创立了一种女性替代模式。圣安布罗焦修道院的修女们还是离不开男人，每一任女院长就职时都必须通过舌吻从耶稣会修士那里领受这种灵的吹气和浇灌。这种形式只是一种传承耶稣会的方式，耶稣会在 1773 年被教宗克雷芒十四世宣布解散之后又于 1814 年重新恢复。随后耶稣会传统扩展到方济各修女修道院，菲劳的改革也恰逢耶稣会受到打压的时候。限于当时的环境，方济各修会其实就是隐形的耶稣会。直到 1814 年教宗庇护七世才重新认可耶稣会，而圣安布罗焦修道院 1814 年由耶稣会修士和耶稣会学生接收之后保留这些传统就是顺理成章的了。庇护七世如同庇护九世一样都是亲耶稣会派，帕特里齐神父就如同赖萨赫神父一样。

告解神父与亚历珊德拉·N 的情事

天国来信和耶稣会修士祝福带有的密集身体接触和色情实践在玛丽亚·路易莎面对其告解神父时，赋予了她无与伦比的权力。彼得斯神父成了她手中的绕指柔，她对此于 1860 年 6 月 26 日供认[45]：

"彼得斯神父确认了我的意愿之后，跟我说曾有一位更有权威、更有能力的神父被他的领受者所欺骗而受到很大羞辱。我非常好奇，如果他当面跟我说的话我会很好地安慰他。彼得斯神父犹豫了一阵子，但最终我说服了他。我在放天国来信的匣子中发现了一封解释了那位神父相关秘密的信件。但我仍不满意，就要求彼得斯神父写了第二封信做了更详细的介绍。

"这位神父被他的领受者的敬虔所欺骗，这位修女名字是亚历珊德拉·N，于1848—1849年生活在罗马。神父被她自称的神迹所倾倒，也与对方行了猥亵行为，例如亲吻、爱抚、拥抱等，对方曾跪下来并将神父的阳具放到嘴里，然后双方互相行了可羞耻的事。然后他描述了最后一次的情景。"

亚历珊德拉·N这个名字肯定引起了审判官的兴趣，萨鲁埃也曾听过彼得斯神父和某位叫亚历珊德拉的女性有性关系的传闻。修道院里显然萦绕着类似的谣言。现在他从玛丽亚·路易莎这里得到如此劲爆的信息，还是彼得斯神父亲自写给圣母的包括所有细节的信件内容。"信中他提到亚历珊德拉·N曾迷惑了很多神父，并施诡计使神父们无法彼此交流。这位亚历珊德拉曾来过我们修道院探访某位初学修女，我看到她时她问我是否曾向彼得斯神父进行过告解，然后我把她赶出去了。亚历珊德拉有很敬虔的名声，常常穿着黑色外袍。修道院神父却警告大家不要接近这个女人。同一封信中还提到通过肉体的联合本身就是一种自然而然的成功，而这一瑕疵会以一种他们不知觉的方式自动消失。"

萨鲁埃从玛丽亚的供认中还没有弄清这一"自然而然的成功"指的是什么。可能是指亚历珊德拉的怀孕或者如果对方是处女的话床单上的血斑。玛丽亚的供认继续如下：

"按照彼得斯神父的愿望，我给他回了信，并以'萌神之恩'作为蜡封。之前他提到的事情使我有些忧虑，害怕彼得斯神父给我浇灌灵时会更进一步。我读过他的信之后有些害怕，也更谨慎。之后我记不得是以保护天使还是圣母的名义给他写信，告诉他通过我的祷告，上帝恩典已经被赐下，他已不必再对我施行祝福仪式。"

这样一来，彼得斯神父在多年以前就和某位叫亚历珊德拉的女性有过性关系的事情就又构成了一项犯罪事实。为了就此向彼得斯神父提出控告，调查法庭需要更多信息。玛丽亚·路易莎以其"老练"的行为，继续在一个月以后的1860年7月28日吐露了更多细节。[46] 她还上交了亲手写的以圣母名义与彼得斯神父交换的信件抄录。[47] 彼得斯神父称通过"众多超乎寻常的事件"被亚历珊德拉所"欺骗"。

"亚历珊德拉给他许了许多大而超凡的承诺，并说服他克服自己的犹豫和羞耻，与她见面并散步，常常在一起。那时发生了很多事情，如他自己所述：'我们长时间、多次地进行拥抱、亲吻、互相抚摸，还用我的手指头触摸了她的阴蒂。'[48]（神父原话）

"她会突然拥抱他并在他赤裸的大腿间突然昏厥过去，她会拿着他的生殖器并送进自己嘴里。这一神圣婚姻具体过程如下：'亚历珊德拉躺在床上，我（彼得斯神父）将自己置于她身体上方，将我的生殖器插入不幸的亚历珊德拉的阴道[49]，在激烈的运动中她宣称自己在上帝里面，但从她持续的装模作样、苍白的脸色和丑陋的扭动中我能看到这与上帝毫无关系。但我不能解释为何有一些血迹出现在我面前又消失了，这一定是魔鬼的作为，因为这不可能是自然的事情。'

"神父认为自己能逃脱这件丑闻简直是奇迹。从信中可以推测出两人住在一起，而人们想把亚历珊德拉赶出去，尽管具体的词语我记不起来了。信中写到对方一直回应神父的亲吻和拥抱，我记不起信里写这种同房行为是一次性的还是重复了多次，我也不敢判断这种联合是通过那些行为开始还是完成的，具体的互相之间的抚摸和拥抱肯定是重复了很多次。"

根据这一供述，彼得斯神父不仅违反了独身的清规，还犯了教唆罪。有趣的是他犯罪时间是在 1848—1849 年，彼时正是耶稣会修士再次被从罗马驱逐出去的时间。彼得斯利用他上级潜伏在乡下的期间，与自己的情人租了一处房子，在自己的爱巢中不受任何干扰。这一段情事一直持续到革命失败、教廷重建、教宗重返罗马。彼得斯的上级回来后，他不得不搬进自己教团的地方并再次处于其上级监督之下。

玛丽亚·路易莎和彼得斯神父之间的性与祝福

在交代与彼得斯神父的事情之前，玛丽亚·路易莎给审讯官讲了两个有意思的故事：与耶稣会修士的祝福有关的秘密以及彼得斯神父与亚历珊德拉的情事。现在她不得不交代她自己与彼得斯神父之间的关系问题。1860 年 7 月 24 日的她在审讯中给出了答案。[50]

据她自称自己时常"极度糟糕"，这时她要求告解神父不分日夜地守在她床边。"神父进入我房间时我一般都像个疯子一样，他会跪下来握着我的手并亲吻我的手。人们都能理解我们为何要独处。我有时会恢复意识，有时则不能。碰到后者的情况时，他会重复那些动作，以便让我清醒过来。然后他会坐在床边，我会告诉他我看到的异象和预言，或者仅仅是头痛，这时他要通过上主的恩赐祝福我并驱赶疼痛。

"有时我会让他读一些关于祝福的信件，这些信件有些在我枕头下面，有些在抽屉里，有些在信匣子里。有时我让女院长直接把信给他。关于异象和预言的谈话会持续几个小时，有时还会根据我的预言重复。谈话过程中他会给我极大的祝福，就是那些我提过的或圣母来信里解释过的。

"他是这样祝福我的：首先把他的手放在我头上并以圣三位一体上帝、圣母以及自己告解神父的名义祝福我，然后他跪下来给我一个热吻，他会伸出右手并将自己的脸放在我心脏一侧的胸上，亲吻我的嘴唇、脸颊并将自己的脸放在我下巴和脖颈处。我们脸接触的时候他一直保持站立，并用双手扶着我。

"彼得斯神父来的话，这一幕每次都会发生，有时一天重复好几次，但他只在我脖颈处画过两次十字圣号。有时会按照我信件里的规定亲吻我的脚，有时会掀开修女的肩巾，在我脖子和下巴处用舌头画十字圣号。有时我也要求他亲吻我的心脏。

"有的时候我会假装被异象和天国对话所侵袭，我会抬起一点身体然后在床上活动。他会热情地拥抱我，让我在他怀中待一会儿。有的时候他会亲吻我。我有时会谨慎地假装这些动作我都没有意识，以避免他怀疑我的贞洁和圣洁。彼得斯神父有时会长时间逗留，有时只待一会儿，有时几个小时，有时半天或一整天，有时也会过夜。他每月会来四五次，这种关系我们维持了好几年。最初是从他当上我的告解神父开始的。"

玛丽亚后来更改了神父的造访频率："很遗憾，我确实让彼得斯神父进入禁室并从午饭后待到念诵圣母颂德的时候，之后我们还会待在一个偏僻的地方。他很少有一天不来的。我在床上躺着时，他会进来亲吻我的心脏部位和修女服上部。他会重复好多次亲吻并长时间将自己的脸放在我的心脏处。我们待在一起的时候就是不断地重复亲吻、拥抱和其他上述行为。所以我说不清每次他的逗留时间。我只能说我对着他在床上侧躺着，由于床铺很低，他可以方便地做那些动作并将自己的脸贴住我的脸。其间他会不断地说：'我的女儿，我亲爱的女儿，头生的女儿啊，被恩宠的，我的喜乐，我的幸福，我的宝贝。'"

这一切都是发生在告解神父施予父亲般的教导和协助的背景之下，玛丽亚的证词确定了彼得斯神父的教唆罪。萨鲁埃详细记录下了这位告解神父的犯罪行为"涉及声誉良好的告解神父和忏悔者两人之间的行为"[51]。

　　对于玛丽亚·路易莎来说，承受祝福是最重要的。"有一次在这种亲密接触中，我感受到了对于上帝狂热的爱。彼得斯神父抱着我，我躺在他胸口上，他突然把手伸进我的外衣和修女服的缝隙，将耶稣受难像推到一边开始摩擦我的胸口，特别是心脏一侧。他还加倍地亲吻、抚摸和按压我。他有很多次在进行这类动作时会将耶稣受难像推到一边。有一次还把舌头伸进我嘴里，而我努力用嘴唇夹他的舌头。我总是将头放在他胸口假装失去知觉在与圣母交谈。"彼得斯神父"热情地"亲吻、拥抱她，"激烈地"把舌头伸进她嘴里。"之后他和我说感受到了如同圣母一般的美。"

　　玛丽亚·路易莎多次使用的"热情""激烈"等字眼表明彼得斯神父与她相反，在性方面相当激动。玛丽亚试图证明彼得斯神父给予作为圣母女儿的她的上主特殊祝福，完全不同于他与亚历珊德拉的关系。这是肮脏与纯洁、肉欲与祝福、欲望和信仰的对比。"事实上我从没想到这些行为是犯罪而为此不安，我通过圣母来信要求彼得斯神父施予我特殊祝福，同时也想帮他借此洗净与亚历珊德拉的罪恶。我在信中明确告诉他这些行为是出于上帝的旨意，而他只是执行者，所以并不是像与亚历珊德拉那样是罪。更好的是，通过我的不同反应让他确信这是善行，我一再以圣母、上主和保护天使的名义写信告诉他，可以通过这种交通得到上帝的恩典、弥补和赏赐。这样也让他确信我的圣洁。在没有良心斥责的情况下，我一直维持这个系统如此运行。"

　　调查法官并没有减少对于两名被告人之间区分祝福和性的不同

控诉点。审讯也因此总是回到这一主题。玛丽亚·路易莎坚持彼得斯神父虽然想要更多,但她一直保持着把外衣缝起来,使得对方只能用手碰到她的胸部。"对方用牙齿和手碰触我的胸部并在那里逗留很长时间。"[52] 玛丽亚于1860年7月28日指出两人之间从没有发生过类似亚历珊德拉事件的关系。[53] 特别是当对方的手想从胸部"继续往下"走的时候,玛丽亚就会放弃狂喜状态马上醒过来。1860年8月14日,她也以书面供词的形式再次重复了这一点[54]:耶稣会修士从没有"用手或其他方式直接触摸过她的胸部",没有碰过"身体其他耻部",更没有发生过任何已提到的"可羞耻的行为"。1860年9月18日,玛丽亚·路易莎承认她与彼得斯神父之间存在一种充满热情的关系。[55] 她自己愿意与对方发生这些行为,她其实爱着对方。

"我唯一的辩护者是耶稣基督"

对于侯爵夫人的投毒指控,在经过几乎一个月的审讯和与证据对质的过程之后,玛丽亚·路易莎才完全承认了这一罪名。[56] 1860年7月3日她的供词如下:

"为了恰当地回答这一难题,我必须先说明一下情况。过世的玛丽亚·萨韦丽亚修女说过自己从女创始人那里得到很多异象和启示,并断言侯爵夫人对我和彼得斯神父不利。她命令我把侯爵夫人从这个世界上除掉。"让我将"十二粒鸦片和一些药物、山扁豆和罗望子果"混合在一起。之后对方给了玛丽亚"几个装着研磨碎玻璃粉的小袋子"并让她"倒在侯爵夫人的汤里"。玛丽亚·路易莎承认"一周里给侯爵夫人汤里倒过两三次玻璃粉末",但是"有一袋装着白色粉末的小袋子"被她给扔了。

玛丽亚·路易莎假借过世的玛丽亚·萨韦丽亚修女名义，把投毒事件的责任推卸掉了一大半。毕竟萨鲁埃无法审讯或责罚一个已经过世的人。但这是玛丽亚·路易莎第一次提到一个明确的谋杀动机，即使是通过一个过世修女的口吻——侯爵夫人想要对她和彼得斯神父不利，甚至毁灭整个修道院。这里可能指两人之间的关系如果曝光的话，可能引起的丑闻。如同玛丽亚多次强调的，她夺取侯爵夫人的性命不是出于私欲，而是为了保护她的告解神父："我决定解除彼得斯神父的恐惧，因为他跟我说侯爵夫人要毁灭他、我和整个修道院。我认为玛丽亚·萨韦丽亚推荐的这些行动是必要的。我去药房打听到几种药物。"

但当卡塔琳娜没有因投毒死亡时，玛丽亚·路易莎曾宣告对方会在圣诞节前死亡的预言就变得越来越渺茫。玛丽亚被迫决定将卡塔琳娜的幸存包装成自己在上帝面前代祷的结果，她也再次明确彼得斯神父是侯爵夫人去世的唯一受益者。调查法庭对此表示质疑。玛丽亚·路易莎在庭前撒谎的次数太多，有时只说一半真相。玛丽亚吐露的告解神父才是真正的策划者并将从卡塔琳娜过世中获益最大这一情况肯定也得和彼得斯神父当面对质。但玛丽亚面对法庭的尖锐质疑仍然坚持她的说法："我确认在之前审讯所说的一切属实。"

7月6日被告人终于承认了自己的谋杀罪名。对于审讯官来说现在能够确定玛丽亚·路易莎通过多种方式试图毒杀侯爵夫人，包括吐酒石、研磨碎的玻璃、明矾、鸦片、石灰和清漆。松节油和颠茄也在其列，但是最终没有投入使用。这些药品都是混合着棕色的鸦片粉末一起被投入受害人饮品的，直到医生不再给侯爵夫人开山扁豆的药物为止，因为山扁豆可以轻易遮盖住毒药的颜色。当被人怀疑时，玛丽亚就将责任推给取了她形象的魔鬼。她也提到如何设计逐步远离玛丽亚·伊格纳修亚修女："玛丽亚·伊格纳修亚基本处于崩溃状态，为防止落到宗教裁判所手里我得格外小心，毕竟杀人者得偿命。"最终萨鲁埃也证实了玛丽亚·路易莎是如何利用宗教顺服的诫命强迫对方成为自己的共犯的。

玛丽亚·路易莎也承认了在1859年夏天曾对侯爵夫人再度发起袭击。她曾"在侯爵夫人逗留在修道院的最后阶段，多次向对方的巧克力饮料等投毒，目的并非要害命，而是削弱对方体力，强迫对方只能待在自己房间，从而无法离开修道院"。她极度害怕对方离开修道院，因为彼得斯神父曾说："如果侯爵夫人离开并到处提到我们的特殊祝福和女创始人的事情，那将会是你、我和整个修道院的灾难。"她第三次将告解神父牵扯进投毒事件："执行整个投毒计划是我的责任，但这只是出于彼得斯神父跟我提过的结果导致的巨大恐惧。我想他笼统提过整个计划，还有其他修女吐露的信息，他肯定是知道一些此事的具体情况的。"这句话提供的是彼得斯神父极大的罪证，他是最害怕侯爵夫人离开修道院可能导致的后果的，他也是整个投毒事件真正的精神领袖。

关于这一点，玛丽亚·路易莎第四次证实："您之前读到的我关于彼得斯神父的证词也是真实的，因为我发誓要讲真话。您要知道他在给我的回信中要求我向上主祷告，使他能够立即将侯爵夫人从这个世界上消灭掉，以便将我们大家从眼前的危机中拯救出来。当我看到侯爵夫人濒死状态而哭泣时，他劝我说：'您疯了吗？我们这样祷告她死去，这是一种恩典。'之后看到侯爵夫人还没离世，他确确实实地表现出非常遗憾的情绪。侯爵夫人离开修道院以后，他说他再来修道院时非常谨慎，而且还说如果侯爵夫人直接返回奥地利就没什么可怕的，结果她去了蒂沃利，然后又去了罗马，神父就开始担心修道院要发生什么事情。"

最终玛丽亚·路易莎也预备好向上主招供:"我确实从名叫彼得的美国人那里收到一封德语写成的猥亵信并将其带给侯爵夫人,让她给我翻译,但是她很困惑,并告诉我里面都是很不好的内容,我应该把这封信扔掉。为了不让神父知道侯爵夫人曾看过这封信,我把信重新封好交给了神父。当侯爵夫人告诉彼得斯神父这件事的时候,我就宣称是魔鬼的作为而不是我自己。彼得斯神父让我发重誓不吐露'美国人'的事情。为了向神父隐瞒我和侯爵夫人提过此事,我捏造了魔鬼的故事。"玛丽亚·路易莎特别请求调查法庭向卡塔琳娜·冯·霍亨索伦及其堂兄霍恩洛厄大主教转达她的认罪和悔恨。"我希望能得到对方的原谅。"记录上补充着:"说这话时她哭了。"玛丽亚也希望在利用玛丽亚·伊格纳修亚的事上得到原谅,记录评论记载着:"说这话时她哭泣并抽噎得很厉害。"

　　审讯快结束时调查官还特别询问了其他相关的谋杀事件,玛丽亚·路易莎承认:"我对很多起谋杀事件负有责任,这一恶行我做过多次。"她承认自己害怕玛丽亚·贾钦塔向侯爵夫人吐露投毒真相,她也承认曾妨碍过人们及时去召唤医生来救治病重的玛丽亚·科斯坦扎以及出于对玛丽亚·阿格斯蒂娜经历异象和狂喜的嫉妒之情而谋杀对方,"鉴于所有事实情况",她非常反感玛丽亚·阿格斯蒂娜并有计划地羞辱和迫害对方,使其最终肉体和精神都陷于崩溃而毁灭。针对玛丽亚·阿格斯蒂娜使用的毒药是炼金丹中的砷,但是具体配方并未记载在审讯记录上,应该包括高比例的查尔特勒酒(查尔特勒修会修士所酿制的一种甜酒)和一种秘密成分。病人曾对玛丽亚·路易莎说过:"感觉仿佛被电击一样,从头烧到脚。"能够引发这种反应的一般是烈酒或香精油,而查尔特勒酒内含有这两种成分。

　　至此,针对被告人的所有指控都已成立。玛丽亚·路易莎无须再和更多证人对质,她本人也放弃起草书面辩驳和申请辩护律师,尽管可以预见她要面临的刑法不会轻微。最终她的辩护由宗教裁判所的指定律师朱塞佩·奇普拉尼[57]完成。

玛丽亚·路易莎的最终陈词如下:"面对我所犯下的可恶罪行,我承认教宗判我绞刑是完全合理的。因此我请求不要减轻我的刑罚,我现在一心只向往灵魂的救赎,我唯一的辩护者是上主耶稣基督。"

注 释

[1] 1859 年 12 月 6 日教宗决议,ACDF SO St. St. B 6 w f. Fascicolo die Decreti, Decretum Feria Ⅲ. Loco Ⅳ., 6. Dezember 1859;同上 B 6 w f. Relazione sommaria degli atti principali, Sua Santità ordina che Sr. M. Luisa sai traslocata in altro monastero;同上 B 6 e i。普利费兹卡修道院曾拥有一所附属教堂。早在 1589 年罗马贵妇玛丽奥·菲洛·奥斯尼就在此土地上兴建修道院和教堂,阿西西的圣徒克莱尔 1600 年迁入此修道院。参阅 Art. Purificazione della B. V. Maira. Congregazione di monache, in:Moroni, Dizionario 56(1852), S. 99 f。

[2] Ristretto dei Constituti di Sr. Maria Luisa com Sommario, Parte I:Atti spontanei emessi da Sr. M. Luisa durante la sua dimora nell monastero della Purificazione;ACDF SO St. St. B 6 u. 又见 Esami di Sr. Maria Luisa, 20. Und 26. März 1860;Ristretto dei Constituti Sr. Maria Veronica Milza, Nr. Ⅵ:Estratto dagli esami di Sr. Maria Ignazia;ACDF SO St. St. B 6 f. 见后续。

[3] Costituto di Sr. Maria Luisa, 2. Juni 1860;ACDF SO St. St. B 6 n, fol. 1-4。

[4] 参阅 ACDF SO St. St. B 6 w f。

[5] 此处具体指哪一个圣母节,文献来源并不清晰,以下均有可能:天主之母节(1 月 1 日);圣母献耶稣于主堂瞻礼(3 月 25 日);圣母圣名瞻礼(从前是 9 月 8 日,现在是 9 月 12 日);圣母无染原罪瞻礼(12 月 8 日);位于奎琳岗的圣西尔维斯特堂最后被格雷戈里奥十三世重新修建,圣奎

里克教堂位于托尔德康第大街 31 号。参阅 Alfred von reumont, Römische Briefe von einem Florentiner. Bd. 3：Neue Römische Briefe 1837-1838, Erster Teil, Leipzig 1844, S. 386 f。

[6] 参阅 Morichini, Istituti Bd. 2, S. 88 f.；http://pallottinespirit.org/charism/congregational-history/（02-05.2012）。

[7] "Si dotano 3 zitelle povere ogni anno, una dalla collegiate, l'altra dalla confraternita del ss. Rosario, la 3ᵃ dalla confraternita della SS. Annunziata e del Carmine." Art. Viterbo, in：Moroni, Dizionario 102（1861）, S. 3-421, hier S. 65。

[8] 帕斯塔卡尔迪神父是温琴佐·马尔基红衣主教的秘书。参阅 Giornale arcadico di scienze, lettere ed arti, Bd. 68, Rom 1836, S. 366。

[9] 四殉道堂位于罗马切利奥区同名大街上，在大斗兽场和圣乔瓦尼广场之间，该建筑还包括一所 1560 年兴建的奥古斯丁教团修女修道院，教堂和修道院以其湿壁画而闻名。参阅 Maria Giulia Barberini, I Santi Quattro Coronati a Roma, Rom 1989。

[10] Ristretto dei Constituti di Sr. Maria Luisa, Parte I, Zusammenfassung des eigenhändig geschriebenen Berichts Maria Luisas；ACDF SO St. St. B 6 u. 见后续。

[11] 参阅 Feldbauer, Geschichte, S. 30-36；Traniello / Sofri, Weg。

[12] 参阅 Behringer, Hexen；Schwaiger（Hg.）, Teufelsglaube。

[13] 参阅 Angenendt, Pollutio, S. 52-93。

[14] 参阅 Müller, Dogmatik, S. 680-713。

[15] Fascicolo dei Decreti, Decretum Feria Ⅳ., 2. Mai 1860；ACDF SO St. St. B 6 w f. B 6 w f. 布昂神父所属的加赤足加尔默罗会成立于 17 世纪上半叶，也被称为圣衣派，1838 年圣母修道院的修女们重整会规，管理妇女教养所。向往回归自我和隐居生活的妇女们可以在丈夫同意的情况下自愿加入。"这里应发生很多神迹，很多迷失的羊群将被好牧人重新引回正路。"这里的生活是半修道院式的，人们必须操练灵生活、祷告和歌咏。只有休息时候才能说话。亲友可以探访，缴纳不同标准的住宿费。修女们都是法国人，只有很少人讲意大利语。修道院的修女们负责后，效果

非常好。Alfred von Reumont, Römische Briefe von einem Florentiner. Bd. 3：Neue Römische Briefe 1837-1838, Erster Teil, Leipzig 1844, S. 188f. 又见 Art. Conservatorio di S. Croce della Penitenza alla Longara detto del Buon Pastore, in：Moroni, Dizionario 17（1842）, S. 20 f.。

[16] Costituto di Sr. Maria Luisa, 2. Juni 1860；ACDF SO St. St. B 6 n.

[17] 保罗·米尼亚尔迪1790年出生在意大利的马切拉塔，成为耶稣会修士后于1842年成为神父，1860年去世。参阅 Mendizábal, Catalogus, S. 46。

[18] Costituto di Sr. Maria Luisa, 12. Juni 1860；ACDF SO St. St. B 6 n.

[19] Costituto di Sr. Maria Luisa, 13. Juni 1860；ACDF SO St. St. B 6 n.

[20] Costituto di Sr. Maria Luisa, 14. Juni 1860；ACDF SO St. St. B 6 n. 见后续。

[21] 路易丝·贝克1822年出生，自称从孩提时代就能看到圣徒显现、可怜的灵魂和其保护天使。1846年大斋戒后得到圣痕，之后寻求救赎主教会大主教弗兰茨·布鲁赫曼的帮助，后者成为她的灵魂导师。1879年去世。参阅 Weiß, Redemptoristen, S. 522-577, S. 649-652 und S. 668-671。

[22] 弗兰茨·布鲁赫曼1789年出生，1830年10月在度过短暂婚姻生活后其妻子尤利亚妮去世，1831年7月加入救赎主教会，1841—1865年担任巴伐利亚教区大主教，1867年去世。参阅 Weiß, Redemptoristen, S. 573-575。

[23] Ristretto dei Constituti di Sr. Maria Luisa, Parte Ⅱ：Si riportano i detti e i fatti deposti ex se dall Ínquistita durante i costituti；ACDF SO St. St. B 6 u.

[24] Ristretto dei Constituti di Sr. Maria Luisa, Parte Ⅱ：Schlussresümee；ACDF SO St. St. B 6 u.

[25] Ristretto dei Constituti di Sr. Maria Luisa, Parte Ⅳ：Risposte；ACDF SO St. St. B 6 u. 见后续。

[26] Ristretto con Sommario, Sommario Constituti di Sr. Maria Luisa, Nr. Ⅲ：Constituti di Sr. Maria Luisa, 24. Juni 1860；ACDF SO St. St. B 6 u.

[27] Ristretto con Sommario, Sommario Constituti di Sr. Maria Luisa, Nr. Ⅲ：Constituti di Sr. Maria Luisa, 22. Juni 1860；ACDF SO St. St. B 6 u.

[28] Ristretto con Sommario, Sommario Constituti di Sr. Maria Luisa, Nr. Ⅲ：Constituti di Sr. Maria Luisa, 21. Juni 1860；ACDF SO St. St. B 6 u.

[29]《哥林多后书》4：32-37。

[30] Ristretto con Sommario, Sommario Constituti di Sr. Maria Luisa, Nr. Ⅵ：Constituti di Sr. Maria Luisa, 20. Juli 1860；ACDF SO St. St. B 6 u.

[31] 参阅 Peter Morsbach, Art. Lactatio, in：Marienlexikon 3（1991）, S. 702 f.；Schreiner, Maria. Jungfrau, S. 78-213。

[32] 参阅 Otto von Corvin, Der Pfaffenspiegel. Historische Denkmale des Fanatismus in der römisch-katholischen Kirche, Leipzig 1845。关于反天主教主题，Manuel Borutta, Deutschland und Italien im Zeitalter der europäischen Kulturkämpfe, Göttingen ^{2}2011, S. 155-218。

[33] 参阅 Wipplinger / Amann, Missbrauch, S. 29 f。在当时的辩论中，并没有统计数字证实天主教团体中的性侵案例多于其他社会团体。参阅 Christian Pfeiffer, Drei Promille aller Täter. Eine Außenansicht, in：Süddeutsche Zeitung vom 15. März 2010。

[34] 参阅 Klemm, Mißbrauch, S. 12-23, hier S. 18。

[35] 参阅 Wipplinger / Amann, Missbrauch, S. 32。

[36] 参阅 Klemm, Mißbrauch, S. 30；Richter-Appelt, Folgen, S. 230。

[37] 参阅 Richard Utz《完全机构》《贪婪机构》。Verhaltensstruktur und Situation des sexuellen Missbrauchs, in：Marion Baldus / Richard Utz（Hg.）, Sexueller Missbrauch in pädagogischen Kontexten. Faktoren. Interventionen. Perspektiven, Wiesbaden 2011, S. 51-76. 又见 Beiträge in Ammicht Quinn u. a.（Hg.）, Verrat。

[38] Ristretto con Sommario, Sommario Constituti di Sr. Maria Luisa, Nr. Ⅰ：Constituti di Sr. Maria Luisa, 26. Juni 1860, und Ristretto dei Costituti di Sr. Maria Luisa, Parte Ⅱ；ACDF SO St. St. B 6 u.

[39] 约瑟·多兹1760年出生在西班牙塔拉索纳，1752年加入耶稣会，在动荡局势中被从西班牙驱逐到意大利，1813年去世。参阅 Sommervogel, Bibliothèque Bd. 9, Sp. 242。

[40] 路易吉·圣蒂内利1760年出生在意大利佩萨罗的圣安杰洛-因瓦多，1824年成为耶稣会神父，1842年在罗马去世。参阅 Mendizábal, Catalogus, S. 22。

[41] Ristretto dei Costituti di Sr. Maria Luisa, Parte Ⅳ；ACDF SO St. St. B 6 u.

[42] Ristretto con Sommario, Sommario Constituti di Sr. Maria Luisa, Nr. Ⅰ； Constituti di Sr. Maria Luisa, 26. Juni 1860；ACDF SO St. St. B 6 u.

[43] 奥古斯丁·蒙佐内1750年出生，1765年在西班牙加入耶稣会初学，在修会被取缔后逃亡至意大利，1814年成为神父。他的著作《神仆人朱塞佩·皮哥奈特力的一生》在其1824年去世后的1833年才出版。参阅 Sommervogel, Bibliothèque Bd. 5, Sp. 1203 f。

[44] 布鲁奈利是一位前耶稣会修士，在耶稣被取缔后成为在俗修士。此处指的很可能不是乔瓦尼·布鲁奈利，此人1755—1786年担任圣索尼托教堂的档案管理负责人。参阅 Giuseppe Flajani, Methodo di medicare alcune malattie, Roma 1786, S. 31。弗朗西斯科·布鲁奈利的可能性也非常小，此人1822年担任卡尔米内圣母堂的神父，而且此人1814年以后再度加入了耶稣会。参阅 Notizie per l'anno 1822, S. 195。

[45] Ristretto con Sommario, Sommario Constituti di Sr. Maria Luisa, Nr. Ⅰ； Constituti di Sr. Maria Luisa, 26. Juni 1860；ACDF SO St. St. B 6 u.

[46] Ristretto con Sommario, Sommario Constituti di Sr. Maria Luisa, Nr. Ⅷ； Constituti di Sr. Maria Luisa, 28. Juli 1860；ACDF SO St. St. B 6 u.

[47] Ristretto con Sommario, Sommario Constituti di Sr. Maria Luisa, Nr. Ⅷ； Constituti di Sr. Maria Luisa, 28. Juli 1860, fogli manoscritti consegnati in sudetto costituto；ACDF SO St. St. B 6 u.

[48] 意大利原文为"membro"，意为"肢体"。

[49] 阴道的意大利原文为"membro"，意为"肢体"。

[50] Ristretto con Sommario, Sommario Constituti di Sr. Maria Luisa, Nr. Ⅷ； Constituti di Sr. Maria Luisa, 24. Juli 1860；ACDF SO St. St. B 6 u.

[51] Ristretto dei Constituti di Sr. Maria Luisa, Parte Ⅳ；ACDF SO St. St. B 6 u.

[52] Ristretto con Sommario, Sommario dei Constituti di Sr. Maria Luisa, Nr. Ⅶ； Constituti di Sr. Maria Luisa, 24. Juli 1860；ACDF SO St. St. B 6 u.

[53] Ristretto con Sommario, Sommario dei Constituti di Sr. Maria Luisa, Nr. Ⅷ； Constituti di Sr. Maria Luisa, 28. Juli 1860, fogli manoscritti consegnati in sudetto costituto；ACDF SO St. St. B 6 u.

[54] Ristretto con Sommario, Sommario dei Constituti di Sr. Maria Luisa, Nr. IX: Constituti di Sr. Maria Luisa, 14. August 1860, fogli manoscritti consegnati in sudetto costituto; ACDF SO St. St. B 6 u.

[55] Constituti di Sr. Maria Luisa, 18. September 1860; ACDF SO St. St. B 6 o, fol. 116.

[56] Ristretto dei Constituti di Sr. Maria Luisa, Parte IV; ACDF SO St. St. B 6 u. Ristretto con Sommario, Sommario dei Constituti di Sr. Maria Luisa, Nr. VI: Constituti di Sr. Maria Luisa, 3. Juli 1860, und Nr V: Constituti di Sr. Maria Luisa, 6. Juli 1860; ACDF SO St. St. B 6 u. 见后续。

[57] 奇普拉尼 1812 年出生，1838 年成为神父，自 1843 年担任被告辩护。参阅 Boutry, Souverain, S. 680; 参阅 Wolf(Hg.), Prosopographie, S. 330 f。

第 七 章

"那位好神父毁了上帝的作品"
针对告解神父和女院长的审讯

朱塞佩·莱兹罗利：法庭前的告解神父

如果完全按照教会法规定来判断，有两个人要为所发生的一切负全责，这就是女院长和灵性院长。其他所有修女都必须绝对顺服这两位，如同顺服上主耶稣基督一样。这一点尤其在属灵领袖身上特别明显，这位神父在修道院几乎等于是耶稣基督的化身。上层管理人员负责制定修道院的规章制度和各项纪律，告解神父则应当在信仰和灵魂治疗方面完全负责。法律规定这两大领域之间应当有非常分明的界限。修女们需要完全信赖自己在告解神父面前所做的忏悔可以得到完全保密，而不是被传到女院长或修女主管耳朵里去。但在圣安布罗焦修道院，这一基本规定已经被完全打破。此外在取证过程中调查官还发现了大量针对女院长玛丽亚·维罗妮卡、主要告解神父及属灵领袖朱塞佩·莱兹罗利的控诉和指责。因此审判法庭于1861年2月27日开始了针对这两人的审讯。[1]

莱兹罗利于1795年3月19日出生于意大利的里米尼，1817年加入耶稣会的初学机构并于雷焦艾米利亚毕业。[2]在宣发圣愿之后他在特尔尼待了两年，在法诺待了三年，在蒂沃利待了一年。1831 年被派遣到罗马，先是在罗马学院，1839 年起成为圣安布罗焦修道院正式的告解神父和属灵领袖。其间还有一名耶稣会修士充当他的助手，1856—1859 年就是朱塞佩·彼得斯神父担当此职。

莱兹罗利神父的审讯持续了四个月之久，从 1861 年 3 月 16 日直到 7 月 19 日。[3] 同其他的被告人一样，莱兹罗利神父也得到一个为自己申辩的机会。他的策略非常简单："我能为自己说的就是，开端是好的，最后却被欺骗。"这一欺骗与一位他一直"在灵性上陪伴"、具有"超凡的恩赐和能力"的一位修女有关。莱兹罗利神父马上向红衣主教科斯坦蒂诺·帕特里齐汇报了这一位修女的情况，对方建议他谨慎行事，但仍对此事很感兴趣。当然莱兹罗利神父并没有提到红衣主教有过任何干涉行为。萨鲁埃的附注显示莱兹罗利神父要求该修女再次遇到神迹显现时要如此祷告："请通过十字圣号赐我们自由，我们的上帝啊。"五个月以后，当圣斯坦尼斯洛斯[4]向这位修女显现并引导她看到圣母显现时，圣母命令她念诵"基督，我们朝拜你"经文来敬拜她手中的十字架。当她这样做的时候，她也按照莱兹罗利神父的教导进行了祷告。神父由此认为："她对我所说的这一切不可能是魔鬼的作为，肯定是上帝的作为。"因此神父也"从未怀疑过此后对方所遇到神迹的真实性"。

这位修女就是玛丽亚·路易莎。曾有两三名修女做证说在一个地方见过玛丽亚·路易莎"闷闷不乐的样子"，而其实她正"心情很好"地在另一个地方。人们不得不相信魔鬼真的取了她的形象在活动。神父表示："所有这些情况迷惑了我，仅此而已。"但这一观点对于一位受过良好教育的耶稣会修士来说，明显过于轻率甚至幼稚了。面对法庭提出的问题，莱兹罗利神父是在何时且怎样明白过来自己是被骗的，他的回答记录如下：直到 1860 年 12 月他解除了在圣安布罗焦修道院的职务之后的两到三周，他才从耶稣会弟兄那里得知玛丽亚·路易莎"在手上展示的天国戒指，其实是她通过律师弗兰切斯凯迪加工制作的"。这就说明整个与基督的婚礼都是一个大谎言。"我由此得出结论，其他事情肯定也是捏造的。"所以他立刻烧了所有对方的信件资料，但仍保留着他关于女创始人的手稿，因此直到如今他还深信对方的成圣事实。

圣阿涅塞·菲劳的使徒

现在审讯的关键点转移到了对于虚假称圣的阿涅塞·菲劳[5]的狂热崇拜的问题上。首当其冲的就是莱兹罗利花了数年时间写成的《上帝的女儿玛丽亚·阿涅塞回忆录》，内容主要是菲劳一生的总结。该书手稿已由耶稣会总会长彼得·贝克斯连同圣母给他的信件一起交给了审讯官。[6]加尔默罗会白衣修士吉罗拉莫·普里奥里于1861年4月24日被委派负责该手稿的鉴定工作。[7]普里奥里[8]自1852年起就是宗教裁判所的顾问，同时也是其教团副会长，他的判断非常明确：这一本关于伪圣的玛丽亚·阿涅塞"捏造的生平描述"必须被销毁。除了"恩宠、特权和狂喜"等特质之外，莱兹罗利特别突出菲劳的英雄般的美德，就如同红衣主教会议封圣时的描述一样。莱兹罗利只有两条路，要么通过教宗给玛丽亚·阿涅塞进行宣福礼，要么他不通过教会仅凭这本回忆录将其宣圣，后者可是一种极大的狂妄之举。

在这本假圣徒的生平中，莱兹罗利特别详细地描述了玛丽亚·阿涅塞与基督在天国婚礼一事。按照19世纪的普遍观点，一个神秘主义者的成圣标志就是和基督的结合，尽管这一点在教会认可上引起了很多争议，但还是非常流行的观点。加尔默罗会白衣修士在鉴别中特别注意到玛丽亚·阿涅塞的另一位告解神父朱塞佩·皮尼亚泰利的"多次出现"。这位神父在莱兹罗利笔下是玛丽亚·阿涅塞坚定的支持者的形象。普里奥里认为亚纳特里举行的宣圣仪式非常危险，因为如果他支持一位虚假圣徒，那么他本人就没有资格被封圣。皮尼亚泰利应该是在1933年被宣福、1954年被封圣的。按照普里奥里这位鉴定官的观点，莱兹罗利的劣质著作应当立即被禁止销毁，但最终审判还是要留给红衣主教会议做出。

鉴于该结果，萨鲁埃向莱兹罗利神父提出他编写菲劳生平的目的问题。神父回答女创始人是一位"满有贤德的修女"，并且具有"超凡的恩宠"，不该被人们所遗忘。最开始他著书的目的只是想以女创始人作为修道院内部修女们的一个楷模而已。尽管他本人和修女们都知道庇护七世将其宣判为虚假称圣，但是他们认为这只是第三教团仇视并毁谤方济各会导致的结果。玛丽亚·卡泰里娜修女告诉他教宗自身也被这种毁谤所迷惑。莱兹罗利宣传他只是将长久以来修女们口头流传的"女创始人及其伙伴的超凡事迹和启示"用文字形式记录了下来而已。

针对女创始人在古比奥逃亡期间仍与其修道院女儿们保持长期联系一事，莱兹罗利神父举出了利奥十二世的一张许可证来做辩驳，这当中还涉及1841—1855年任古比奥主教的朱塞佩·佩奇[9]。此处的许可证可能指的是1829年解除圣安布罗焦修道院所有修女审查和教会法审判的一张教宗通谕。尽管其中并没有提到女创始人，但是修道院众人却明显将她算入其中。但如果当时菲劳可以自由通信的话，应当也可以从逃亡中回归，但是后来并没有什么显著证据出现。

莱兹罗利明显从1816年起就开始藐视教廷教令，不论这些命令是否还具有效力。对他来说，玛丽亚·阿涅塞·菲劳是真正的圣徒，这是他陈述中的主题思想。莱兹罗利神父宣称自己身上也有一处圣痕，并因支持女创始人而获得痊愈，这是通过玛丽亚·路易莎给他写的一张字条上证实的。莱兹罗利神父在庭前简称自己所写的回忆录目的是让后世流传玛丽亚·阿涅塞的生平和事迹。他认为其中所有的考证来源都是真实的，包括菲劳的自我见证和她同伴的证词，但他也承认"要删除一切玛丽亚·阿涅塞去世之后所有的神迹显现和恩典的相关内容"。因为这些内容都是他从假圣徒玛丽亚·路易莎那里得知的。而在庭前，经他本人承认是其著作的回忆录里也确实缺失了与起诉内容有关的几页。据称这是在获知玛丽亚·路易莎捏造事实之后彼得斯神父撕去的。

  当萨鲁埃在审讯中问到圣安布罗焦修道院是以什么样的具体形式崇拜菲劳的时候，告解神父承认修女们在菲劳去世后一般称呼其为"受到祝福的母亲""有福圣洁的母亲"。他自己私下称呼对方为"有福的女子"，公开时特别是在著作里他会形容对方为"有福的、圣洁的、值得尊崇的母亲"。之后的审讯中神父承认在菲劳去世后他在公开场合也称呼对方为"有福的女子"，对此他解释说他指的是对方已经在天国享有福分。所以在给病人祝福时他也会使用"应你的使女阿涅塞的代祷"这种措辞，此外他还建议修女们"一定要信任你们的圣洁母亲"！神父还承认曾应修女们的要求，将面向圣约瑟夫、圣母玛利亚和其他圣徒的祷告"加工"后变为祈祷女创始人回归的代祷。在其过世后则把玛丽亚·阿涅塞的名字当作"天国之人"加入万圣节连祷之中，仿佛对方已经身处天国受到歌颂一般。这样在审讯官眼中他就以自己取代了教宗和罗马教廷，因为修改圣诗文本一般都是出于在圣坛前封圣的目的。

  莱兹罗利对于玛丽亚·阿涅塞所看到的异象的真实性坚信不疑。对方在古比奥时曾给他写信提到自己看到了过世的女院长玛丽亚·玛达莱娜"进入天国"的过程。他向红衣主教佩奇提过这一异象，对方回复："人能认出一个高贵的灵魂，但他最终的结局只有上帝才能知道。"莱兹罗利深信："他守约的上主一定会有一天荣耀他的使女。"玛丽亚·阿涅塞对他来说一直是一位圣徒，不论宗教裁判所的审判结果如何。因此他让人们敬奉菲劳的遗物，也设法把对方的遗体从古比奥迁葬到圣安布罗焦修道院。当地神父给他写信提到菲劳遗体经过十天仍然丝毫未腐烂。总之，他最终目标就是在圣安布罗焦修道院内打造一个圣徒墓园。[10]

萨鲁埃写道："被告人被众多证人所谴责，他之所以敬奉女创始人就是因为他坚信对方的成圣而以各种方式支持对其的敬奉。"莱兹罗利面对众多证据无法辩驳，最后只能承认："您对我宣读的都是符合事实的。"他也试图将其行为归咎于玛丽亚·路易莎的欺骗。但法庭的意见刚好相反：玛丽亚·阿涅塞向莱兹罗利汇报的女创始人相关异象是与一直以来他在修道院所营造的圣徒形象相符合的，只是莱兹罗利太倾向于借助玛丽亚·路易莎的异象给菲劳锦上添花了。他不仅被阿涅塞·菲劳欺骗了半个世纪之久，也受到玛丽亚·路易莎有意识的欺骗和操控。在莱兹罗利的审讯中，审讯官一语中的地谈到路易莎对他的沟通和控制策略，他在回顾时显得非常失望和恐慌，没有想到自己竟然能够这样受骗。但是他并没有意识到，如同19世纪众多教会长老将极大期待和投影放在那些蒙受恩宠的女性身上一样，对方又返回来利用这一期待，他与玛丽亚·路易莎之间也是这样的。[11]

告解神父和圣洁的玛丽亚·路易莎

下一个控诉事项涉及玛丽亚·路易莎[12]的虚假宣圣。调查官想从莱兹罗利处得知玛丽亚·路易莎在修道院内是如何得到这样一个地位的,对方坦白在1849年女创始人给他写信表示不赞同修女主管玛丽亚·路易莎身上发生的"超凡事件"。这也印证了年长修女的证词。可能修道院老圣徒和新圣徒之间存在一种微妙的竞争关系。莱兹罗利则在回信中着重反对了这一判断。他曾多次试验玛丽亚·路易莎并得到明确的征兆证实她所说超自然神迹的真实性。对方相当于一个"独一宝藏",他还想过要真的授予对方教廷职位。

按照惯例,莱兹罗利又搬出了红衣主教帕特里齐当保护伞。他称曾向对方报告过玛丽亚·路易莎的神迹奇事,对方则指示他立即停止参与玛丽亚·路易莎"所有相关事件",而他也立即"如此行了"。审讯官同样指责莱兹罗利没有遵从上级命令。调查法庭这样记录莱兹罗利关于帕特里齐的证词,原因很简单——罗马审讯官的首领和上级不能被牵扯进这样的大案里面。若帕特里齐这么反对玛丽亚·路易莎的话,在她当选院长助理时为何现身修道院?他是否真的相信若不这样魔鬼就会用巧克力把他毒死,一如玛丽亚·路易莎所预言一般?莱兹罗利解释说正因为红衣主教来到修道院,人们才有机会将这些异象系统化,因为他的现身等于认证了玛丽亚·路易莎的成圣。

之后莱兹罗利承认,崇拜一位假圣徒确实会导致很多后果。他轻率地豁免了玛丽亚·路易莎对祷告和禁食规定的违反,并支持她培养自己力量。他曾在玛丽亚·朱塞帕告解时给对方施压,因为对方不相信玛丽亚·路易莎的成圣。基本上,他以非常草率的态度对待别人的告解秘密,多次将告解内容泄露给别人。他无条件相信天国来信的真实性,还在玛丽亚·路易莎带着天国戒指时安排了其出现的场景,比如周身散发馨香之气。

调查法庭想确认莱兹罗利对于彼得斯神父和玛丽亚·路易莎之间的关系知道多少。他对密集的"灵魂安慰"协助一事,在1861年6月13日[13]发表了如下看法:

"玛丽亚·路易莎早在初学时期就宣称按照过世的女院长玛丽亚·玛达莱娜的指示写了一张字条,内容是令当时的修女主管允许玛丽亚·路易莎躺在床上三天,因为她有中暑导致的严重头疼,之后几天她仍受此病折磨,最后这病被解释为一种灵界的争战。因此她需要的不是医师,而是牧师及其祝福。我被召唤过一次来帮助她克服这病,我给她做了连祷和祝福,希望能安慰到她,而且也确实有效。

"几天后她和我说女创始人向她显现并指示她:'那位神父损害了上帝的作为,因为这痛苦本来要再多一天以换取戒指上更多的宝石。'创始人宣告她还要再多痛苦一天,而事实也如此发生了。

"我也听说她在疼痛期间灵魂出窍并与天国圣徒进行交谈。但因当时她的告解神父是彼得斯神父,所以我并没有在场。彼得斯神父也曾跟我说过玛丽亚和一个手持宝剑的天使向他显现过,玛丽亚拿过天使手里的剑刺伤自己的胸膛,以此来分担圣母的痛苦。"

这里涉及的很可能是在19世纪非常流行的"圣母七苦"主题,表现在圣母画像上就是圣母胸膛被七把宝剑刺穿。[14] 玛丽亚·路易莎试图以这一异象固定自己极度挨近圣母的崇高地位并解释其痛苦的根源。天主教图像里的著名一幕就是圣母与主最爱的使徒约翰站在十字架下,还有圣母抱着死去耶稣的《圣母怜子图》。"悲伤圣母"成为那些充满宗教激情的女性的榜样。[15] 玛丽亚·路易莎也许是想借此为自己创造一个类似基督圣痕的神迹,而基督圣痕是女创始人多次宣告自己拥有的。

1857年复活节前的周六,玛丽亚·路易莎和彼得斯神父让女院长请来莱兹罗利神父，向他展示狂喜的真实性和彼得斯神父安慰的有效性。莱兹罗利神父对此感受如下：

"玛丽亚·路易莎在大喊大叫之后，彼得斯神父亲吻她的戒指，这枚戒指只装饰了一个简单的十字架。之后她陷入昏厥，女院长扶着她坐到了椅子上，这期间无须说话就能明白她用身体特别是头部做出了看起来像诸如敬礼、爱慕和崇拜等动作。她歪着头，好像被一个我们无法看见的存在亲吻着。彼得斯神父解释了这一幕说，上帝随时会显现并拥抱玛丽亚。这一幕持续了大概四十五分钟，然后玛丽亚·路易莎恢复了意识并说她看到了唱歌的天使、众使徒以及死而复活的上主。我记得在她处在狂喜状态时，彼得斯神父让我去旁边的房间等待，因为他必须聆听玛丽亚·路易莎给他的某些秘密宣告。我于是过了几分钟才回来。"

莱兹罗利对于彼得斯神父打破禁令、施行特殊祝福和可能发生的性行为并不清楚。这与阿涅塞·塞莱斯特的情况完全相反。他表示阿涅塞·塞莱斯特是在其知情并同意的情况下与玛丽亚·路易莎共享了一个房间一年之久。"我命令女院长让这两位睡在一个房间，因为这是上主的命令。玛丽亚·贾钦塔作为玛丽亚·路易莎的秘书，为了工作也和她住在一起大概几个月，我和她也说过塞莱斯特的事情。至于初学修女们，我只知道她们在授衣和宣誓仪式之前会在玛丽亚·路易莎房间与其进行几个小时的灵性交通，在她们入睡之前。其他修女之间过分亲昵的举止我并没有听说过。"

这一轻描淡写的供述并不能够说服审讯官，众多修女做证投诉过莱兹罗利神父与玛丽亚·路易莎和一些初学修女之间存在"不道德""不正派"和"亲昵行为"。神父对此的回答是："因为我认为玛丽亚·路易莎是无罪的，做出这些事情的肯定不是她而是魔鬼。当我知道玛丽亚·路易莎曾触碰某个修女的性器官时我确实很震惊。但人们说服我这样能够很快医治那个部位，我就相信了。"

莱兹罗利坚称"整个行为都是出于良善的信仰"，但是法庭却不承认这一供述并警告了对方，但对方直到结束陈词时都没有做好准备要承认任何罪行，仅仅承认："很遗憾上帝允许我这样盲信并将此作为我的罪责。"

莱兹罗利和投毒事件

第三项指控仅仅涉及投毒事件。法庭指控莱兹罗利没有对卡塔琳娜·冯·霍亨索伦的多次投诉认真对待，特别是当对方怀疑玛丽亚·路易莎的美德和圣洁，以及魔鬼取了她的形象活动的事情时。如果莱兹罗利能够相信卡塔琳娜，那么对方也不会经历这些毒杀事件。对于法庭来说，最主要的问题是莱兹罗利作为整个圣安布罗焦修道院的属灵领袖和院长在自己的岗位上玩忽职守。莱兹罗利于1861年6月15日做出如下陈述[16]：

"您所提到的信件之事是真的，侯爵夫人不相信是魔鬼取了修女主管的形象并写了那封信，于是她12月3日来找我讨论这件事情。她说她并不相信这是魔鬼制造的幻象，我当时却深深信赖玛丽亚·路易莎的圣洁，所以我竭力说服侯爵夫人这确实是魔鬼的作为。之后玛丽亚·路易莎告诉我，侯爵夫人在圣母无染原罪瞻礼的早上找到她并要求她坦白真相，玛丽亚·路易莎感到受到极大侮辱，干脆地对对方说：'您不知道我是谁。'

"之后，玛丽亚·路易莎告诉我她得到上主启示，作为傲慢和顽固的惩罚，侯爵夫人将生一场大病并因此过世。她让我向上主祷告不要让红衣主教赖萨赫在侯爵夫人生病之前来拜访她，那时候赖萨赫曾预约要来修道院拜访侯爵夫人。

"事实上，侯爵夫人在圣母无染原罪瞻礼之后一两天内就开始生病，甚至有两三天处于病危状态。彼得斯神父告诉我有人怀疑修道院有某个修女给她下了毒，病人本人上交给他了一小杯液体，是病人本来要饮用的，但是她怀疑里面有毒药。彼得斯神父让人进行了化验分析，发现里面的的确确含有明矾石成分。玛丽亚·路易莎告诉我俩其实是侯爵夫人自己错把明矾当作盐巴放在了汤里。彼得斯神父问我是否需要采取进一步行动来确认侯爵夫人有没有真的被下毒，我的回答是'不'。因为我坚信玛丽亚·路易莎的圣洁和无辜。"莱兹罗利多次试图减轻他教团兄弟的罪责："我必须承认彼得斯神父是听我号令行事，所以我比他的罪过更大。"

审讯官并没有轻易放过莱兹罗利，尽管他并不清楚具体投毒事件的细节，但面对众多的证人证词，他不得不承认在获知侯爵夫人的死亡预言不久之后，修女主管不仅在阿涅塞·塞莱斯特那里打听过各种药物的效果，而且还在罗马不同药店买了许多含有毒药成分的药物。但是他不相信这是玛丽亚·路易莎所为，而说是魔鬼的行为。

玛丽亚·阿格斯蒂娜修女中毒的时候，莱兹罗利也在修道院任职，但他从没有怀疑过玛丽亚·路易莎。[17]使徒调查团来访后，人们渐渐开始怀疑不仅侯爵夫人被下了毒，玛丽亚·阿格斯蒂娜的死亡也和毒药有某种联系的时候，他还是无法相信玛丽亚·路易莎会给别人下毒。彼得斯神父后来告诉他尽管阿格斯蒂娜特别希望能见神父一面，玛丽亚·路易莎还是禁止他拜访病人的事情。

莱兹罗利神父的最终供词如下[18]：

首先，他承认曾经以书面和口头各种形式支持阿涅塞·菲劳修女的成圣、异象、圣痕及其他神迹恩赐；以各种形式支持对其进行的敬礼并向外宣传其是圣徒。"我承认自己做错了，并祈求饶恕。"

第二，他承认曾经以书面和口头各种形式支持玛丽亚·路易莎修女的虚假成圣并容忍对方当被谴责的行为；相信了其宣传的天国来信事件，尽管信中涉及贬低上帝和其他圣徒的事情；面对其他修女公正的质疑和恐惧却偏袒玛丽亚·路易莎修女；且对于玛丽亚·路易莎的过犯行为、有争议行为和其他犯罪行为负有同样责任。"我不知道如何解释当时的这种盲信和顽固，我现在认识到自己糊涂到犯了很大错误。"

第三，他承认在驱逐阿涅塞·塞莱斯特修女一事上自己是知情者、同意者和参与者。"我因此祈求赦免。"

第四，他承认曾支持过不符合正确神学和道德的，甚至是错误的教义和实践，在圣安布罗焦修道院造成严重后果，例如亵渎上帝和做假见证等。"我也因此祈求上帝和裁判法庭的原谅。"

面对法庭指控他犯下的多重罪行，他认为自己是在无意识的情况下犯了这些错误。莱兹罗利熟知审讯过程中的法律标准和审讯文档的精确性。如同玛丽亚·路易莎一样，他也放弃了可以召唤一个证人的自我辩护和其他辩护。他的回答就是他的辩词。他的指定辩护律师是宗教裁判所的朱塞佩·奇普拉尼。在1861年9月17日安东尼·班博齐作为检察官及奇普拉尼作为辩护律师审阅草案之后，针对莱兹罗利审讯的正式总结于10月被分别秘密递交到顾问、红衣主教和教宗手中。

玛丽亚·维罗妮卡·密尔扎——法庭前的女院长

萨鲁埃于1860年1月中旬正式开始针对女院长玛丽亚·维罗妮卡的取证流程。直到面对众多证人指控，被告才承认自己"有意识地隐瞒、撒谎并多次做假见证"。多明我会成员萨鲁埃称其为

"罪恶到了极点"[19]。在女院长正式成为被告之后，萨鲁埃命人将其转移至离玛丽亚·路易莎囚禁地点不远的特拉斯泰韦雷的圣玛利亚附近的丽芙吉奥的音乐学院。按照教宗指示，所有相关修女都不得再身着修会服装，女院长也不例外，只能穿一件简陋的修女外袍。其审讯从1861年3月22日持续到7月31日。[20]

据调查，本名是密尔扎的女院长于1806年出生于意大利拉蒂纳省的松尼诺[21]，其父亲是朱塞佩·密尔扎。来到罗马之后，她在普田西雅修道院待了一年。[22] 由于并未能按照计划在这间修道院成为修女，她于1827年10月加入位于博尔戈圣阿加塔的方济各修会修女团，并于1828年2月行授衣礼，同年该修会整体搬迁到圣安布罗焦修道院，在那里她行了宣誓礼。在圣安布罗焦修道院，玛丽亚·维罗妮卡被委以各样重任。她曾担任下级修女主管、护士、修女主管并两次被选为院长助理，直至1854—1855年被选为女院长。[23]

修道院管理人员在使徒视察团1859年秋天到来之前就收到了副司铎的指示，要上交所有与女创始人阿涅塞·菲劳有关的文字和物品。那时女院长就显得极为执拗顽固。在审讯中她承认当时并没有遵行上级指示。相反她特别命令修道院众修女将菲劳的作品藏匿或焚烧掉，以便阻碍宗教裁判所的调查，因为"否则这将成为她个人和修道院的灾难"。她曾要求玛丽亚·科隆巴修女焚烧掉最不好的文件，但对方回复说："请您冷静下来，我知道该怎么做的。"1838年菲劳曾在信中表示对于神父称呼她为"教廷佞臣"极为不满，而女院长也认为这样一个称号与女创始人的圣徒形象极不相符合，所以竭力阻拦宗教裁判所知道此事。

玛丽亚·维罗妮卡也提到圣安布罗焦修道院的修女持续贿赂女创始人在古比奥的告解神父，一点点殷勤和丰盛的礼物可是非常有利于确保众修女和女院长之间的通信不受阻拦的。法庭着重驳回了玛丽亚·维罗妮卡关于1816年后的判决通信已经获准的观点，当庭出示了罗马宗教裁判所颁布的一系列禁令清单，证实了圣安布罗焦修道院的修女们是对于该禁令心知肚明的。修道院管理人员自1829年起就多次试图推翻1816年的禁令，她们1831年找到红衣主教贾科莫·朱斯蒂尼亚尼[24]，此人在当年2月成为罗马宗教裁判所的红衣主教成员，并于1834年被提升为禁书目录委员会的行政长官。她们请求"允许菲劳以直接或间接的方式与其成立的修道院修女们进行通信往来"。但是宗教裁判所于1834年9月17日和1846年8月12日明确拒绝了这一请愿。[25]

解释了这一行为的违法性之后，法庭要求女院长就"圣安布罗焦修道院的完美灵性及其与女创始人的关系"做出解释，女院长认为正是因为女创始人是一个被上帝拣选的特殊灵魂，才能打造这样一家圣洁的修道院。特别是菲劳的肋旁圣痕更是其圣洁和属灵的象征。审讯法庭发现女院长在对于马尔科尼神父所写的菲劳生平上具有严重的错误认识。在审讯期间，女院长多次否认这本著作的存在，但众多证人证实她绝对知道这本书。对此她报以一贯的回答："我的矛盾只是表面上的，玛丽亚·阿涅塞的生平我以为是一本书，我否认的时候以为被问到的是一本印刷书。现在我才明白指的是一本手稿，我必须承认这本手稿确实存在，尽管我不认为这与马尔科尼神父有关系。"

法庭无法相信女院长宣称自己的供认始终怀着"良善的信仰和确信"，她的道歉也没有莱兹罗利来得恳切。她认为自己只是遵守了修道院盛行的传统并按照其他人的榜样行动。因此她拒不承认敬礼菲劳自己具有什么个人责任，并把一切责任推到修道院自身结构体系上。

在谈到玛丽亚·路易莎时,女院长认为其是一位具有"无辜、美德和质朴"品质的修女,并赞扬了其"圣洁和超自然恩赐"。[26]天国来信和告解神父的肯定是女院长坚信对方信仰真实性的原因。莱兹罗利神父曾说过:"就算有一位天使从天而降告诉我事实相反,我也不会相信的。"而"自身深受红衣主教信赖的"神学家彼得斯神父曾在玛丽亚·路易莎陷入狂喜状态时不分日夜地陪伴她,这对女院长来说都是铁证。

圣安布罗焦修道院里面的角色完全是错位的,按规定,院长助理不过是依赖于女院长而存在的帮手而已,但女院长却要仰仗玛丽亚·路易莎,不仅院长的当选有赖于玛丽亚·路易莎的一个异象,而且在整个就职期间她可以说就是对方手里的提线木偶。最明显的就是在祝福礼时的角色分工。一般来说是女院长祝福她的修女们,但圣安布罗焦修道院却是院长助理来祝福女院长,"玛丽亚·路易莎每晚都祝福我,形式一般是我跪下并亲吻她手指上的戒指,她会在我额头和心脏部位画三次十字圣号。玛丽亚·路易莎曾将此事告诉过告解神父们,他们就我所受到的安慰而言,同意我继续这样行。"

当修道院逐渐脱离女创始人的影响时,女院长曾试图联合一些年长修女的力量来反抗玛丽亚·路易莎的统治,并求助于帕特里齐神父,后者立即向修道院属灵领袖莱兹罗利神父汇报了此事。莱兹罗利神父私下里责备了她们并威胁说继续归责给玛丽亚·路易莎的话,上帝将会惩罚她们。之后她们就屈服于修道院的现实了。

对于修女主管培植自己个人力量的事情,玛丽亚·维罗妮卡也是知情的。例如当时迫于修女主管和莱兹罗利神父的压力而不得不同意安杰莉卡·沃尔皮亚尼进入修道院的事情,虽然在女院长看来此人完全没有被上帝呼召,但是仍然不得不让步。这种赤裸裸违规的操作也暗藏了悲剧性的后果——这位修女在加入修道院以后被玛丽亚·路易莎逼迫而死。侯爵夫人成为初学修女时也是一样，玛丽亚·路易莎向女院长宣告了"圣母赐下的不同启示"，圣母来信中明确提到："无论疾病与健康，侯爵夫人必然属我。"可惜的是女院长对当时具体情况也不甚了解，这当中当然也有红衣主教赖萨赫的推动作用。

这一圣母来信是玛丽亚·路易莎组建圣安布罗焦修道院一个衍生机构的计划的一部分，她自己将是这个机构的女院长。她当时的床伴阿涅塞·塞莱斯特曾向圣帕斯夸莱的副会长提到她早在1857年就有计划"和某位夫人去法国成立一个新的修道院"[27]。卡塔琳娜同年夏天回到罗马找寻一家合适的修道院的事情、她虚弱的身体状况和大笔的资金，玛丽亚·路易莎肯定已经有所耳闻。但是这一切信息，在罗马只有一个人才这么清楚，那就是侯爵夫人的灵魂导师和告解神父红衣主教赖萨赫。只有通过赖萨赫，玛丽亚·路易莎才有可能得到这些信息。1860年4月19日霍恩洛厄在审讯中提到，事实上赖萨赫也确实劝说过侯爵夫人在加入修道院以后立下遗嘱："创建一家新的修道院，一定要让玛丽亚·路易莎来当女院长和创始人。"此外他还补充到，密封的遗嘱在赖萨赫手里。[28]

圣母来信中提到："无论疾病与健康，侯爵夫人必然属我。"这背后隐藏着一个巨大阴谋——圣母不想在天国占有卡塔琳娜，而是想让玛丽亚·路易莎在圣安布罗焦就占有卡塔琳娜。侯爵夫人看起来就像是天国送给玛丽亚·路易莎满足其权力欲望的一件礼物。

供认不讳

尽管法庭指出了女院长供词的自相矛盾和毫无逻辑之处，但是她仍坚信玛丽亚·路易莎的圣洁和神迹的真实性。在经过法庭父亲般的劝勉和警告之后，她才开始承认所犯罪行并请求原谅。"我认识到自己实在是错误并盲信的，竟然允许玛丽亚·路易莎以各种方式犯罪。我承认自己在对方的过犯和狂妄中作为知情人是有责任的。因此我祈求原谅，我请求上帝、宗教裁判所以及特别红衣主教团的原谅，因为我长期欺骗了他们，并隐瞒了真相。我现在感谢主开了我的眼睛使我看到自己和整个团体所处的深渊，他揭去我眼前的帕子，使我能重新做人。"

此外，女院长也承认她不仅知道玛丽亚·路易莎和彼得斯神父之间的关系，而且还曾竭力促成两人。[29] 她早就发现彼得斯神父对于漂亮的修女主管不同寻常的好感。当这位红衣主教助理牧师第一次未经呼召来到修道院时，她不假思索地亲自隐瞒下对方逗留在玛丽亚·路易莎房间这件事，以防帕特里齐神父知道。也是她亲自允许彼得斯神父进入禁室的。

关于卡塔琳娜·冯·霍亨索伦投毒事件[30]，女院长提到修女主管面对侯爵夫人的不信任感，一开始还能"用礼貌的恭维和甜言蜜语来掩饰一二"，后来当侯爵夫人告诉告解神父"那封充满威胁词语的'美国人'信件的时候，玛丽亚·路易莎对侯爵夫人的恨意已经无法猜度了。到了后来，在侯爵夫人在圣母无染原罪瞻礼的早上找到她并要求她坦白真相，玛丽亚·路易莎感到受到极大的侮辱，更是陷入怒火之中"。女院长承认自己当时错在没有相信卡塔琳娜，而是相信了玛丽亚·路易莎的说辞。

在法庭给女院长宣读了玛丽亚·伊格纳修亚的供词之后，她在自己了解情况的范围内加以证实："这上面的事情都是真的，而且描述了事实细节。"因为"有些直接与预备毒药相关的细节我并不知道，所以我也无法相信这是真的。"[31] 玛丽亚·伊格纳修亚在关键点上也没有牵涉女院长，她并没有主动地参与到投毒之中。这一点法庭也接受了。面对无法否认的证据，女院长如同其他人一样将其归咎于魔鬼的作为。

尽管得到了免罪认证，但女院长还是在法庭上承认自己在此事上负有最终责任。她作为修道院的高层管理者，对修道院所发生的一切都负有责任。在她看来，捏造的成圣是所有犯罪和不道德行为的关键。如果她能及时地干涉玛丽亚·路易莎的虚假成圣，那么之后所有的罪行都不会发生。但这一观点是基于女院长自己的思考还是萨鲁埃和审讯法庭的理念，即错谬的信仰总是导致错谬的行为，我们就不得而知了。

同时，女院长严重指责彼得斯神父的过犯，[32] 在她看来对方是鼓吹玛丽亚·路易莎圣洁和圣母来信的主要参与者，也是与玛丽亚·路易莎发展亲密关系最复杂的对象，同时，如果真相大白于天下，他也将会是损失最大的人。彼得斯神父曾经非常不安地对她说道："红衣主教助理肯定知道些什么。"所以神父要求女院长和修女们一直保持沉默，并以宗教顺服原则要求她们这样行。于是审讯中众人都对法庭保持沉默并说了谎。彼得斯神父在书信中写着让大家要坦露一切，私下却口头要求大家什么都不能说出来。

审讯最后萨鲁埃将女院长的供认总结为五点。首先，她承认主动支持过对于女创始人玛丽亚·菲劳的敬礼。其次，她承认特别支持过玛丽亚·路易莎的虚假称圣。第三，她在当选修道院职务时打破过禁令。第四，她曾盲目地相信魔鬼取了人的形象去犯罪，这一点成了很多犯罪行为的借口和遮盖。最后，她对于圣安布罗焦修道院内发生的错误教义和无耻行为负有责任，这里指的是整体上的偏差和社会行为，特别是同性性关系以及对禁食、祷告以及告解的违规行为。

法庭满意地记录下玛丽亚·维罗妮卡进行了"真诚"的悔改，并承认所有五项罪行。"我承认自己做错了，并解释了如果我早知道是这样的恶行，我肯定不会这样去做。我祈求原谅和执行惩罚，以便赎偿我的罪。"对于法官宣布的刑罚，她没有任何异议，"因为我要向上帝和宗教法庭赎罪"。女院长宣布承认对其的宣判是正义、合法的，并放弃了呼召更多证人为自己辩护，也放弃了进入辩护程序来推翻自己的认罪。之后也放弃了为自己找一位辩护律师。如同玛丽亚·路易莎和莱兹罗利一样，法庭指派宗教裁判所的朱塞佩·奇普拉尼律师为其辩护律师。1861年9月12日安东尼·班博齐作为检察官签署了被告人证词，1861年9月16日奇普拉尼作为辩护律师签署了被告人证词，针对女院长审讯的正式总结于1861年10月被递交至红衣主教团。

注　释

[1] 红衣主教决议，Feria Ⅳ., 27. Februar 1861；ACDF SO St. St. B 6 w f。

[2] 参阅 Ristretto dei Constituti del P. Giuseppe Leziroli, Parte I：Sulla veneratione e culto della fondatrice Sr. Maria Agnese Firaao；ACDF SO St. St. B 7 e. Prov. Rom Summ. Vitae 1846-1889, S. 559；ARSI。又见 Catalogus Provinciae Romanae Societatis Iesu..., Rom 1844-1875；Mendizábal, Catalogus, S. 88；Sommervogel, Bibliothèque Bd. 4, Sp. 1771。

[3] Ristretto con Sommario dei Constituti del P. Giuseppe Leziroli, Oktober 1861；ACDF SO St. St. B 7 e. 见后续。

[4] 圣斯坦尼斯洛斯1550年出生，十六岁时逃离家族加入耶稣会。在初学期间即通过他的敬虔、喜乐和对完全的追求而著名。1568年由于逃亡中的过度劳累而去世。1670年被宣福，1726年被封圣。莱兹罗利神父很可能向众修女推荐了此人为学习榜样。参阅 Bernhard Stasiewski, Art. Stanislaus

Kostka, in: LThK² 9 (1964), Sp. 1017 f。

[5] Ristretto dei Constituti del P. Giuseppe Leziroli, Parte I: Sulla veneratione e culto della fondatrice Sr. Maria Agnese Firaao; ACDF SO St. St. B 7 e. 见后续。

[6] Appendice al Ristretto informativo, Esame di Becks, durchgeführt von Monaco La Valletta, I., 5., 8. Und 14 März 1861; ACDF SO St. St. B 7 f und Constituti Peters ebd., B 6 z, fol. 2r-9v.

[7] Appendice al Ristretto informativo, Qualifica del Volume manoscritto "Sulle memorie della Vita di Sr. Maria Agnese di Gesù" del Rmo Maestro Girolamo Priori 20 Oktober 1861; ACDF SO St. St. B 7 f.

[8] 普里奥里1810年出生，1883年去世。参阅 Boutry, Souverain, S. 737 f.; Wolf(Hg.), Prosopographie, S. 1220-1222。

[9] 朱塞佩·佩奇1776年出生，来自古比奥，自1800年担任主教大教堂教士会成员，自1821年担任代理会长，1839年成为主教管区负责人。此佩奇与后来成为教宗利奥十三世的红衣主教阿基诺·佩奇并无亲戚关系。1855年去世。参阅 Weber, Kardinäle Bd. 2. S. 503。

[10] 古比奥的红衣主教朱塞佩·佩奇以及利奥十二世的侄子红衣主教安尼巴莱·德拉·真加的相关修道院干预计划也失败了。

[11] 参阅 Anderson, Piety, S. 702。

[12] Ristretto dei Constituti del P. Giuseppe Leziroli, Parte II: Circa l'affettata santirà di Sr. M. Luisa, massime erronee ed altri addebiti; ACDF SO St. St. B 7 e. 见后续。

[13] Sommario del Ristretto di P. Leziroli, Nr. IV: Constituto di P. Leziroli, 13. Juni 1861; ACDF SO St. St. B 7 e.

[14] 参阅 Elke Bayer, Art. Sieben Schmerzen Mariens In: Marienlexikon 6 (1994), S. 157 f。

[15] 参阅 Schreiner, Maria. Jungfrau, S. 95-100; Karl Woschitz, Art. Schmerzensmutter, in: Marienlexikon 6 (1994), S. 28 f。

[16] Sommario del Ristretto di P. Leziroli, Nr. V: Costituto di P. Leziroli, 14. Und 15. Juni 1861; ACDF SO St. St. B 7 e.

[17] Ristretto dei Constituti del P. Leziroli, Parte III: Attentato avvelenamento;

ACDF SO St. St. B 7 e.

[18] Ristretto dei Constituti del P. Leziroli, Schluss: Il P. Leziroli si rende a pieno confesso su tutti I punti delle conclusioni fiscal e domanda perdono; ACDF SO St. St. B 7 e.

[19] "Un mostro d'iniquità". Relazione informative con Sommario, Titolo Ⅵ: Affettata santirà, Salluas Einführung; ACDF SO St. St. B 7 c.

[20] Ristretto con Sommario dei Costituti sostenuti dall'Inquisita Abbadessa Sr. Maria Veronica Milza, September 1861; ACDF SO St. St. B 7 d.

[21] 松尼诺是意大利拉蒂纳省的一个城市，附近有很多强盗为非作歹，包括著名的松尼诺的加斯帕罗内强盗，其中一名叫贾科莫·安托内里的强盗是庇护九世的叔叔。参阅 Aurelio Bianchi-Giovini, Il Diario di Burcardo. Quadro die costumi della Corte di Roma. Aggiuntavi la Storia del Legno della Croce. Una biografia del cardinale Antonelli ed altri documenti analoghi, Florenz 1861, S. 76; Hermann Reuchlin, Das italienische Brigantentum, in: Unsere Zeit. Deutsche Revue der Gegenwart. Monatsschrift zum Conversationslexikon NF 6(1870), S. 145-166。

[22] 位于罗马大圣母堂附近的乌尔巴纳大街上，曾经的普田西雅大街。附属的修道院先是属于西妥教团，之后归入奥斯定会。此处的房子原属于罗马元老院一位议员，此人后来归信圣彼得。1564年庇护一世首次将该建筑改造成小礼拜堂和教堂。1598年才变成如今的样子。参阅（匿名）Corografia di Roma, ovvero descrizione: e cenni istorici de suoi monumenti colla guida ai medesimi mercé di linee stradali, corredata di elenchi, Rom 1846, S. 28; Armellini, Chiese, S. 565-569。

[23] Ristretto dei Constituti di Sr. Maria Veronica, Parte Ⅰ: Sulla venerazione e culto della fondatrice Sr. Maria Agnese Firaao; ACDF SO St. St. B 7 e. 见后续。

[24] 朱斯蒂尼亚尼1769年出生，1817年成为泰勒斯地区的领衔主教，1826年成为埃莫拉大主教，同年被提名成为红衣主教，1843年去世。参阅 Boutry, Souverain, S. 393-395; Wolf (Hg.), Prosopographie, S. 701-705。

[25] Sommario del Ristretto della Abbadessa, Nr. I: Documenti sull'espressa proibizione fatta alla Firrao di mai più avere comunicazione colle pretese

sue figlie. Documenti che mostrano non essere mais tata né revocata questa proibizione, né tollerata alcuna corrispondenza; ACDF SO St. St. B 7 d.

[26] Ristretto dei Constituti di Sr. Maria Luisa, Parte Ⅱ: Sull'affettata santittà e doni straordinari di Sr. Maria Luisas Ridolfi; ACDF SO St. St. B 7 d. 见后续。

[27] Esame della Priora di San Pasquale, 17 Oktober 1859; ACDF SO St. St. B 6 a, fol. 52r.

[28] Esame di Msgr. Hohenlohe, 19 April 1860; ACDF SO St. St. B 6 m, fol. 7 f.

[29] Sommario del Ristretto della Abbadessa, Nr. Ⅳ: Risposte sull'ingresso del P. Peters in clausura, o. D.; ACDF SO St. St. B 7 d. 见后续。

[30] Sommario del Ristretto della Abbadessa, Nr. Ⅴ: Risposta sulla storia dei pretesi veleni attribuiti ad illusioni diaboliche, o. D.; ACDF SO St. St. B 7 d. 见后续。

[31] Ristretto dei Constituti di Sr. Maria Luisa, Parte Ⅱ: Schluss; ACDF SO St. St. B 7 d. 见后续。

[32] Sommario del Ristretto della Abbadessa, Nr. Ⅶ: Risposta sulla ad una contestazione fiscal sul segreto imposto dai PP. Confessori; ACDF SO St. St. B 7 d.

第八章

"在做这些事时心中的祷告一刻没有停止"
朱塞佩·彼得斯的审讯

彼得斯神父的真正身份

朱塞佩·彼得斯神父自1856年起担当圣安布罗焦修道院的第二告解神父。1861年2月27日,按照教令,诉讼程序正式启动时,他和莱兹罗利神父都成为被告人。教令禁止两位神父互相联系并继续接受他人告解。针对彼得斯神父的审讯开始于1861年8月2日。[1]

最初彼得斯以"敬意的心"接受了法庭对他的所有指控,但当法庭按照惯例确定个人履历的时候,出了一点小意外。[2]朱塞佩·彼得斯这个名字只不过是个假名,虽然修道院内外的人们早已习惯这样称呼他。早在瑞士他成为初学修士的时候,就按照当时的长老意见取了这个别名,目的是躲避当时普鲁士政府的政治调查。自那时起他就在宗教活动中普遍使用彼得斯这个用意大利文也很好发音的名字。碰到"重大事件",比如为教宗或某修会著书或鉴定时,他都使用自己的本名:约瑟夫·克罗伊特根。

作为告解神父和灵魂安慰者,他只是敬虔的耶稣会修士朱塞佩·彼得斯,而在著作中,在处理教廷事务时,在充当红衣主教

（例如赖萨赫）以及教宗的智囊时，他是能够出色掌握哲学辩论和享有极高声望的大神学家和哲学家。这一点也对审讯法庭构成了挑战，他们面对的可不是一般的耶稣会小神父，而是辩论技巧极为娴熟的被告人，而且此人还拥有极广泛的社会、政治和神学人脉关系网。[3]

1811年4月9日，约瑟夫·威廉海姆·卡尔·克罗伊特根[4]作为威廉海姆·克罗伊特根和安娜·凯瑟琳的第五个孩子出生在德国的多特蒙德。那个年代正好是一个天主教会大变革的时代。1789年的法国大革命和1803年的德国教会世俗化运动不仅对梵蒂冈持续近千年的旧有结构造成了巨大冲击，而且也严重摧毁了天主教的古典精神基础。[5]德国的大多数天主教徒都在诸侯的影响下归入新教改革宗。克罗伊特根的家乡多特蒙德属于普鲁士联邦的帕德博恩大主教的辖区。自1648年《威斯特伐利亚和约》确定的"教随国定"原则，在德国已经不适用了。两种宗教在一个国家产生了激烈的竞争，重商主义也在同时不断得到发展。在新教占主导地位的联邦，天主教徒几乎没有可能获得较高的职务。这一切最终导致社会和国家层面的新教阶层主导以及天主教的边缘化和次等化，并形成一种"天主教徒都是叛徒"的效果。

直到19世纪30年代初期，德国大主教们才被重新设立起来，教会体系也得到大半恢复。那些年的天主教内部思想体系也非常不稳定，不同天主教派系都在争取能够上位。除了启蒙派和自由派，还有国教派和浪漫派。这当中有一冉冉升起的新星——教宗极权主义。

1830年七月革命以来，德国自由派天主教徒和不妥协派之间的矛盾越来越激化，一方力争在教会与世界、信仰与知识之间竭力调和，另一方认为革命带来的所有新思想都是不可接受的，旧有的教会和现代世界之间的矛盾基本上是不可调和的。这一思想对抗影响到了不同神学和哲学形式。不妥协派最热烈的拥护者就是浪漫主义者和新学院派，对他们来说托马斯·阿奎那就是典型的榜样，而新时代哲学代表伊曼努尔·康德则是完全无法被接受的异教徒。还有些神学家认为要解决新时代的新问题，必须与从笛卡尔到康德的现代哲学家们深入交换意见才有可能。这些神学家包括图宾根的约翰·塞巴斯蒂安·德雷[6]、弗莱堡的约翰·巴蒂斯特·希尔舍以及维也纳的安东·君特。

约瑟夫·克罗伊特根与其一整个时代的人都处在这样的思潮风暴中央。一开始他偏向自由派，在1830年考入慕尼黑大学学习哲学和古典哲学之后，受到追求自由激情的影响加入了"日耳曼尼亚"学生运动，最后导致慕尼黑大学的暂时关闭和学生被驱逐。克罗伊特根也被驱逐到伊萨尔地区。他成了卡尔斯巴德精神的受害者，当时这一精神是所有危险的革命精神的源头。卡尔斯巴德是捷克著名疗养胜地，德意志各国政府（或各个诸侯政府），尤其是普鲁士和奥地利，都以极度怀疑的眼光看待这类所谓"蛊惑人心的煽动"，并担忧自己将会遭受革命的冲击。因此便在1819年做出了《卡尔斯巴德决议》，对大学和在当时已有极大影响力的新闻媒体做了严格的限制和监控，并将一切倾向于改革的官员赶出政府机构。但克罗伊特根当时已经不是自由派人士了。经历过两名同侪的早亡之后，克罗伊特根的思想发生了根本性转变，现在他以恪守教规为信仰理念。所有自由主义的实验都已是过去，现在他义无反顾地选择了天主教的永恒价值——罗马教宗和古旧神学，正如他之后在1853—1870年给自己四卷著作的命名一样。1832年他开始在明斯特学习神学时，很快遇到了反动的"赫尔墨斯派"。这些人追随他们的导师乔治·赫尔墨斯[7]的学说，支持一种市民化的天主教，追求将信仰和理智、教会禁令和现代哲学相融合。乔治·赫尔墨斯本人是明斯特和波恩的神学教授，教宗格列高利十六世在其去世之后将其著作列入了《禁书目录》，奥地利首相梅特涅也将其列入黑名单。国家首相和教宗联手审判赫尔墨斯一事，给年轻的克罗伊特根留下了深刻印象。

在克罗伊特根1833年的早期神学著作《备忘录》里，他就清晰地表述了自己的神学观点。[8] 他的思想以一种小心翼翼的探求姿态和身处一个冲突不安的时代为标志。毕竟七月革命才刚刚过去三年。克罗伊特根不认为新的时代一定需要新的答案。追求真理的路上也不一定必须精疲力竭地按照启蒙运动精神进行所谓的"独立思考"。他认为"图书馆里的经典著作同样可以让人觉得非常新潮，但人们总觉得要否认一切早先的成绩而打造一个全新的根基，否则就称不上救赎"，这样的话等于是对"教会领袖的领导"和"古旧教会声望"的双重放弃。这一点正是他这个时代天主教徒最大的问题。在他看来最大的责任就在于当时盛行的、由现代哲学特别是法国革命引发的"自由狂热"，这种狂热必然导致混乱和杀戮。

克罗伊特根认为："真正的自由只能通过顺服得到。"[9] "古旧哲学"中蕴含着面对所有时代都通用的永恒答案。对他来说真正的哲学应该具有希腊学者亚里士多德那般的尖锐、圣徒奥古斯丁那般的亮光、哲学家托马斯·阿奎那般的深刻，比如坎特伯雷大主教安瑟伦的神学思想就贯穿了11—18世纪。[10] 他认为当代的天主教神学家的思想已经受到启蒙主义太多的影响，而维护"古旧神学"成了他毕生所愿，这不啻意味着一场经院哲学思想[11]的整体复辟，也就是以新经院哲学回应现代科学与哲学的挑战。克罗伊特根成为新经院哲学的代表人物，同时教宗成为他抵抗现代思潮的"房角石"。梵蒂冈第一次大公会议在1870年正式规定了教宗永无谬误教义，并阐明教宗拥有对全教会的最高管辖权，而1833年年仅二十二岁的克罗伊特根早就已经确立了这样的信念。

自1833年4月起，克罗伊特根在帕德博恩大主教主管教区的神学院继续他的大学学业，并于1834年2月举行了执事职按立仪式。同年4月成为德国耶稣会的初学修士，但因当时耶稣会在德国被禁，他只能前往瑞士。当时克罗伊特根的家乡多特蒙德属于普鲁士联邦，其公使要求克罗伊特根立即返回德国解释当年卷入"日耳曼尼亚"学生社团运动的事情。德国当局希望强迫他去服兵役，对此克罗伊特根当然非常不情愿，于是他采纳了修会长老的意见，给自己取了一个假名约瑟夫·彼得斯。[12]

1836—1840年，克罗伊特根在瑞士于希特兰学习哲学和神学，1837年被按立为牧师，1841—1843年在瑞士布里格耶稣会修士自己的圣灵学院教书。1843年学院被国有化之后，克罗伊特根面临一个人生重大转捩点——他被呼召到罗马日耳曼学院担任耶稣会秘书处的职务。在日耳曼学院，自1847年起，他也教授修辞学。1848年革命时期，克罗伊特根不得不隐匿起来，自加埃塔返回之后，他于1850年被呼召成为《禁书目录》部门的顾问，这主要归功于他对现代哲学的批判态度。[13]1858—1862年他在修会秘书处工作，这一富有影响力的职位使他与耶稣会总会长贝克斯的交往密切起来，同时他也负责教廷内外的沟通联络工作。

自1847年起，他在正式文件中再次使用起他的本名，但修会内部的姓名册上所列的仍是彼得斯。[14]成为圣安布罗焦修道院的第二告解神父，是他以克罗伊特根这个名字取得的一大教会和神学的成就，当然也是修会内级别的一大提升。

克罗伊特根一生充满疾病、失败、冲突和追捕。小时候一场重病使他不得不休学两年，1825年其父去世后母亲再婚并给他带来了五个继兄妹，这样一共加起来他有九个兄弟姐妹。其中的两个带给他很大的麻烦：一个也想成为耶稣会修士的继兄因行为不当而在弗里堡被修会开除；另一个则在帕德博恩大主教主管教区内转而归入基督新教改革宗，结婚后又恰巧成为多特蒙德的牧师。不得不拥有这样一个背叛真正天主教信仰的"异教徒"兄弟，对于年轻的克罗伊特根来说一定相当苦涩。此外，作为耶稣会的一员，他在当时社会"反天主教会和反耶稣会宣传"的风口浪尖上而处于被追捕和迫害的威胁之下。[15]

这些经历，再加上克罗伊特根与生俱来的精神不稳定状态，导致他习惯性地采取自我保护姿态，而且无法承担时代对他的要求和期待，总是试图寻求妥协。他曾在一封信中写道："看来要达成上帝旨意的人是注定要经历波折的，人人都要做出最终决定。'不与我相合的，就是反对我的。'两头摇摆已经行不通了，凡害怕全意支持天主教的，很快就会站到反对者一方。我们的时代要求我们做出这种抉择。"[16] 在这种背景之下，克罗伊特根被看作一个"带有抑郁倾向"和"自我价值感很薄弱"的人，为了确定其性格特征，"需要严惩的制度和明确的权威"，而教宗至上的天主教和"古旧哲学"恰好能够满足这一标准。[17]

这样一个人担当圣安布罗焦修道院的告解神父角色，其任务完成得如何呢？他能否顺利融合不同教义和期待？究竟是彼得斯在修道院实践了克罗伊特根的神学和哲学理念，还是反过来彼得斯的行为充分证实了克罗伊特根的神学？按照克罗伊特根所支持的新经院哲学及其对于自然和超自然的观点，神迹和圣母显现如同超自然现象物化在自然现象中一样。[18] 彼得斯完全按照克罗伊特根的神学观点进行他的敬虔和宗教实操。

在圣安布罗焦修道院案件中有一点不能够被忽略，那就是彼得斯在道德、性行为和刑事方面的过犯，以及轻忽地泄露告解内容和教唆罪，这些都与克罗伊特根所支持的循规蹈矩和死板的新经院哲学道德要求格格不入。这里涉及的关键，并非是没有触及底线而可以被轻轻放过的"疏忽大意的过犯"和人性的软弱。

彼得斯—克罗伊特根两种身份之间存在冲突吗？这个人是否有双重人格？带有反社会倾向的彼得斯可以轻易地允许自己"做错事"，而严守诫命的顶级神学家克罗伊特根绝对不可能这样放纵自己？他是否是一个人格分裂的人？但是那位被附体的"美国人"有医生给他开具的书面证明，[19] 彼得斯却没有任何推托的借口。克罗伊特根完全清楚彼得斯的所行所为，反过来也一样，彼得斯也完全知道克罗伊特根的行为。根据当时的反对声音来看，耶稣会背后进行着一套双重道德标准，一方面要求大众遵行极高的道德标准，另一方面教宗预备军随时准备为教宗的利益而战。耶稣会屡遭人批评的"盖然说"（对某事有两种均非决定性意见时，应由判断者随意决定的教义）来看，发展出一套完全相反的行为准则也并不令人讶异。[20] 这是否也是耶稣会成员呈现多重性格的原因？

被告人的自发认罪

如同其他被告人一样，克罗伊特根也有机会在进入具体指控时，先行自发供认。面对法庭标准问题"是否还有想说的"，他回答道：他猜测对他的指控应该与他担当圣安布罗焦修道院的告解神父有关。[21] 克罗伊特根并未如法庭期待，从一开始就承认自己的罪行，而是选择了以书面方式为自己进行辩护。这一方式对一个知名的神学作家来说也是非常合理的。1861年3月18日和26日他阐明自己立场时提交了非常详尽的陈述报告。在这份卷宗里面，他提到自己有七点"不小心和不恰当"的行为。[22]

第一点是关于玛丽亚·路易莎的异象及自己对其真实性的确信。这位年轻修女向他汇报,见到了三位过世修女向她显现,分别是女院长玛丽亚·阿涅塞、玛丽亚·玛达莱娜以及玛丽亚·阿涅塞·塞莱斯特·德拉·克罗切。显现的原因是为了"帮助满足她或整个全体的属灵需求和世界需求",截至1857年这些异象还在频繁出现,直到她告诉克罗伊特根自己直接达到主前才停止。尽管如此之后又不断出现了上主的、圣母的或其他圣人的显现,这当中也包括去世的女创始人。"有两点我记得很清楚,第一是女创始人由于在地上遭受的极度磨难而在天上被极度重视,第二是她预言自己身上的圣痕有一天将会说话。"在听到女创始人调查过程中做伪证的人被判处死刑以后,他说:"就我所知我没有对当庭表示过任何不敬。"

他认为对于玛丽亚·阿涅塞的敬礼是一种个人呼求,一般而言是被允许的,因为"涉及的是一位过世的、享有极高声誉的修女"。也鉴于玛丽亚·路易莎的神迹性显现和启示,以及教义和生活作风中的矛盾,他对于女创始人的敬礼"保持了沉默"。"我这样说并非想证实自己完全无辜,而是要说明我更多是出于欠缺考虑而不是不顺从,才犯的过错。我再重申一遍,我宣称自己的行为是凭着良善的信心的。这句话并不是说我的信心完全无可指摘,不然我就不会自己承认配得刑罚了。我的意思是说,我不认为人类本性中的那种恶意是要被惩罚的,尽管我自己确实缺乏谨慎,因为我和几位修女及律师提过这些超自然现象。我认为自己更多是由于不谨慎导致的错误,所以我一直严格保持沉默,这点玛丽亚·路易莎可以为我证实。我本可以要求自由释放,但没有这样做的原因就是我承认自己确实犯了错。"

克罗伊特根在此极富技巧地将罪责推给了玛丽亚·路易莎和她宣称的来自天国的沉默禁令。他认为对方的异象是真实的，但作为一个受过科学教育的神学家，他本来可以按照成熟的标准体系来判断一个神秘主义现象的真伪。他的陈述的主要目的是要说明自己作为一个受过教育的神职人员竟然同意听从一个修女的指示而保持沉默，这点上确实是他的过错。天主教会的体系内部在牧者和羊群、神职人员和世俗人员、教师和受教的人之间存在非常清晰的界限。更不要提自保罗以后，女性在教会中就一直是沉默的群体。

陈词的第二点涉及玛丽亚·路易莎在修道院享有的崇高声誉。直到有些修女"自己发现了一些超自然现象来向他汇报，他承认自己当时也深信不疑"。有两件事情广为人知，分别是玛丽亚·路易莎得到的天国戒指和她周身散发出的馨香。克罗伊特根否认自己曾支持修女们主动地去敬礼天国戒指，但是随后指出他无法解释所有修女都去亲吻戒指的事情。"我记得自己并没有就戒指一事表态，但是某种程度上我确实默许了此事。我并不想羞辱玛丽亚·路易莎，其他的我没有想太多。"

第三点是关于天国来信。1856年12月他成为修道院第二告解神父不久之后，玛丽亚·路易莎递给他一些"按她说法是在异象中听写下来的文字"。一开始只是几行字，主要回复他之前的问题，后来逐渐变成"几页厚的正式书信"。玛丽亚·路易莎告诉他在写下这些信件时完全不懂内容的意思，异象中的玛丽亚·路易莎被圣灵完全充满而变成毫无自主意识的写作工具，之后据说是天国圣徒亲自完成这些信件，以便在玛丽亚·路易莎魂游天国时交给她，再在返回地上时交给克罗伊特根。后者对于这件事情深信不疑。在卷宗中他写道："我为自己轻易地认定这些书信来自天国并且对其内容上对自己的要求信以为真而认罪。"

这种相信不仅仅是理论上的，也是实践层面上的。克罗伊特根完全按照信上的指示行事，即使面对的是一些过分的要求。他是如此相信自己在跟圣母通信，以至于暴露了自己人生一大秘密——与亚历珊德拉的情人关系。这一明显违反独身清规的行为使他自己成为极易被攻击的对象。他却相信自己的秘密在圣母那里被保存得很好。

玛丽亚·路易莎在克罗伊特根眼中是一个跟说谎不沾边的纯洁的人。虽然一开始也有一些怀疑，"但很快通过天国来信的回答"解决了。他认为自己每次都把回信密封得很好，"不可能有人能在不损伤封印和信纸的情况下打开。每次给我的回复都在完好无损的信件中"。他认为这一定是超自然的力量才能做到，所以这些天国来信无疑是真实的。还有一件事情加深了这一印象。有一次他在一封字体非常漂亮的天国来信上画了一笔，整个信件变得不成形了，他和玛丽亚·路易莎提过此事，对方只是让他晚上再打开看一遍。整个白天他都带着这封信，到了晚上一看，那道划痕彻底消失了。克罗伊特根认为这可能是神迹，因为没有别的解释。当然他也问过有谁能写出如此漂亮的字体，有人提到玛丽亚·弗兰切丝卡，但是对方面对他的询问时否认自己与天国来信有任何关系。"她否认了一切，我以为她只是一名单纯的修女，没想到她竟然能够欺骗我。"这样克罗伊特根得到确据，自己确实是经历了神迹。

耶稣会修士克罗伊特根详细描述了天国来信，里面主要是经文和默想，还有祝福和祷告，此外还包括对修道院属灵或属世事务的指示。有些来信给他解释了对于"玛丽亚·路易莎修女灵性状态的怀疑并逐步解释了她领受的恩宠"。更为重要的是，克罗伊特根一直希望世界历史能被完全扭转，特别在他面对19世纪的失败时。在这一点上，天国来信让他认为上帝和他不谋而合。"由于我们时代的败坏和令人遗憾的现状，从青年时代起我就怀着上主会更新整个历史的期望。这件事情我曾和玛丽亚·路易莎提到过，也希望她能为此祷告。她利用这次机会捏造了一个异象，上主会逐渐改变世界现状，再次在世上建立他的国度并毁灭现有的世界，再重建一个新天新地。"

克罗伊特根已经在阅读后焚烧了大部分天国来信，剩下的被他放在一个只有他有钥匙的匣子里。当他在调查团来访并逐渐明白修女主管的把戏之后，曾请求律师路易吉·弗兰切斯凯迪保管钥匙并毁掉一切信件。很明显他从没想过还存在第二把钥匙。

第四点，彼得斯详细回应了关于他和玛丽亚·路易莎在圣安布罗焦修道院禁室内过度频繁而单独的接触问题。一名男子未经许可擅自闯进一家修女修道院是非常严重的罪行，通常这总是和性行为有关。所以克罗伊特根开门见山地表示自己这样做是有充足的理由的："我每次去修道院都是女院长或其他人以女院长的名义请求我过去的，我没有自发问过自己能否进入，因为我知道自己是被要求进入修道院的。"至于在修道院过夜或者待数个小时，那是因为总有灵魂要安慰或者病危修女的需求。从1856年11月到1859年10月的三年时间里，圣安布罗焦修道院可查证的共有七位修女病重，五位曾处于病危状态。两位侥幸活下来的都曾被医师宣布过死亡。"这期间我在修道院有过十次到十二次过夜经历一点不足为奇。我也劝告过修女们，比起叫莱兹罗利神父，可以先叫我，因为考虑到对方年纪和身体状况。请注意还曾经有过医生要求我留下，我却拒绝了的情况。"

然后他在第五点提到了多次进入禁室和他与玛丽亚·路易莎之间的关系问题。他宣称自己从没有出于私欲去找过对方，更多的都是为了满足修道院的属灵需要和承担他个人的责任。他始终是在女院长要求下安慰处于属灵争战中的玛丽亚·路易莎的。这期间他也证实了对方病情的真相,玛丽亚·路易莎确实停止过脉搏并进入昏厥状态,看起来正与天堂来的圣徒沟通。"碰到这种情况我曾经不止待过一夜,第二天白天继续陪一天的情况也是有的。1859年时发生过多次这种情况。这不仅仅是因为我需要观察对方,还因为修女特别恳求我留下,因为只有靠着我的祝福她才能起来。当然这个医治的过程会有反复。"

克罗伊特根巧妙地从侧面承认自己应女院长和修女主管的要求过于频繁地进入修道院禁室。他本可以直接按照神学家的习惯,说明专业人士会如何处理这种情况。他在进行所有属灵安慰行动时从未想过要破坏禁令,与超自然事物打交道本来就应该更加谨慎。谈到和玛丽亚·路易莎的关系,他说:"我无法不带着难堪和痛苦坦白我认罪的主要内容,我承认自己在1857年夏天与上述提到的玛丽亚·路易莎修女相处时,不仅从衣袍外面亲吻了她的双手、双脚、脸颊、嘴唇和心脏,还在她处于狂喜昏厥状态时拥抱过她。这些我都已经在上主面前承认过并且向他确认:一、我做这些行为并非为了能继续做出一些出于天性的含有威胁性的行为;二、我做出这些行为并非出于任何不纯洁的激情;三、我对对方并无任何能导致进一步亲密关系的下流的爱意或好感;四、我以崇拜之心做出这些行为,所以我总是跪在地上带着厌恶的心情来进行;五、我真诚地坚信对方是处在无所知觉的情形下;六、结束之后我从未与对方讨论过此事;七、最后,我在随后的两年间从未和任何别的修女在交谈时采用过类似姿势,而总是保持一个带有威严感的姿势。"

克罗伊特根在这里提到的一些场景也曾被玛丽亚·路易莎提到过。发生这些行为时玛丽亚·路易莎绝对没有赤裸身体,而是"穿着很保守"。虽然神父是按照天国来信要求的方式方法进行安慰和祝福的，但他也很清楚，"一般为了避免试探，人们不会做这些行为"。他认为："上帝一般不会喜悦这些行为，但这仅是特殊且一次性事件，而且在玛丽亚·路易莎陷入更深的安静状态时，这些行为很快就结束了。"克罗伊特根认为这是一件令人悲伤的事情。这些看起来像色情和性交的行为其实是一次性被上帝安排的灵魂抚慰形式。他在过程中从未感到一丝贪欲和情欲，反而有"恶心"的感受。但这一点还有待法庭最后判断。

第六点是关于"美国人"彼得·克鲁兹伯格的解释。[23] 克罗伊特根承认认识对方超过二十年，尽管他给对方写过信表示无法照顾对方，1857年对方还是在他反对之下来到罗马。早在到达台伯河之前克鲁兹伯格就与玛丽亚·路易莎熟悉起来。之后"美国人"自发前往修道院并认识了对方，而这对稳定他的灵魂状态有很大"益处"。然后克罗伊特根谈到那封"美国人"写的、让卡塔琳娜为玛丽亚·路易莎进行翻译的德语信。克罗伊特根声称直到1858年秋天才从红衣主教赖萨赫那里知道这封信的事情，以此否认他从卡塔琳娜那里听过相关事情的汇报。玛丽亚·路易莎将这封信交给他以后，他就只是放在那里直到后来把信件焚烧了。这样他根本就没有提到泄露告解秘密的过犯，并以此一并否认了这封猥亵信与后来的投毒事件有任何联系。

紧接着在卷宗中克罗伊特根提到了侯爵夫人的事情。很明显赖萨赫在卡塔琳娜·冯·霍亨索伦到达罗马之前就向他提过这位夫人非常想加入一家罗马修道院，但克罗伊特根对侯爵夫人的虚弱的身体表示了怀疑和担忧，还建议了一些别的罗马修会机构，包括托雷帝罗斯培基奥修道院[24]、鲍思高慈幼会、特蕾西娅修道院[25] 和圣安布罗焦修道院。克罗伊特根将自己描述为整件事件的阻拦者，因为他始终怀疑侯爵夫人的呼召和决心。直到最后他都对此事持反对

第八章　朱塞佩·彼得斯的审讯　　331

意见，却无法反抗当时支持侯爵夫人的高层力量，只能谦卑地接受结果。"侯爵夫人抱怨说她身边的人都支持她的决定，只有我是反对的。在权衡人们的社会层次、年纪和民族的时候我很迟疑要不要表达自己的意见，我也很看重别人对我说的话和想法，特别是出于痛苦的疾病而有的幻想、敏感和固执。尽管玛丽亚·路易莎宣称侯爵夫人有强烈而真实的呼召加入修道院，我却没有这么肯定，但我深知很多贵妇人的一贯作风。"

这一陈词清晰地表现出了克罗伊特根的辩护策略——降低侯爵夫人口供的可信度。她的神经过于敏感，幻想过于丰富。紧接着下一步就是论证所谓投毒事件不过是侯爵夫人的妄想罢了。克罗伊特根否认了能够将下毒和侯爵夫人1858年12月9日病重联系起来的每一个可能性。而且就算服用了某种药物，也不一定和心脏充血之间有直接联系。侯爵夫人家族里面代代相传心肌功能比较弱，而且之前早就诊断出她心脏的许多症状了。

克罗伊特根在卷宗中特别提到了证实有毒药事件的几位修女玛丽亚·朱塞帕、朱塞帕·玛丽亚、玛丽亚·贾钦塔和玛丽亚·伊格纳修亚。"如果说投毒事件不存在也是完全说得通的，特别是这几位修女很有可能猜错了真相。她们明知道侯爵夫人在生病之前已经怀疑有人要毒害她，此外她们说的一些事情完全无法被证实。如果我没有几天之后发现一切还在正常运转，也会像她们一样变得非常不安的。修道院仿佛经历了一场暴风雨，但很快就恢复了往日的平静。"

最终卡塔琳娜也平静了下来，1859年春夏之际的意大利非常不太平，这种局势也影响到了她。最终她表达希望离开修道院时并没有任何人拦阻她。之后整个修道院都在讨论这些事情魔鬼是不是全程参与甚至进行了操控，克罗伊特根没有参加这些讨论。

克罗伊特根在其自发供词中提到了很多细节，所涉及事项达到七点，但是并没有涉及关于告解内容泄密和教唆罪的指控。作为一名耶稣会修士肯定是不会在审讯程序之前轻易承认这些过犯的。当然也有可能是，作为告解神父，他在长达近一年的取证过程中和一些相关人士进行了接触，例如已被证实的路易吉·弗兰切斯凯迪，但他本人坚称只和修道院一名修女接触过，因为他也被禁止再度踏入修道院。由于克罗伊特根对于相关证人及证词非常熟悉，可以推测他已经熟悉萨鲁埃1861年1月提交的诉讼报告内容。这一诉讼报告本应是高度保密且仅限于红衣主教和有顾问权限的人。克罗伊特根到底是如何获取这些信息的？又是谁打破了宗教裁判所的禁令？

一名打破宗教裁判所禁令的红衣主教

理论上可以得到诉讼报告副本的人员数目可达四十多人，其中包括教宗庇护九世、裁判所十二名红衣主教、三十名顾问和鉴定专家、专员及两名副手、陪审推事、检察官和公证人。泄露宗教裁判所审判内容是一项可以导致开除教籍这样责罚的大罪。有可能是这其中的某人与克罗伊特根有很特别的关系吗？

最直接的怀疑对象是以袍泽之情著称的耶稣会内部的修士们，而1860—1861年确实有两名耶稣会修士科内利斯·冯·艾佛布洛克[26]和卡米洛·塔尔奎尼[27]比较醒目，前者自1825年以来就是罗马学院的教授，1836年成为宗教裁判所的顾问；后者自1825年起同样成为罗马学院的教授，1856年成为宗教裁判所的顾问。这两人自克罗伊特根加入总会时就认识他。

十二名红衣主教中的奥古斯特·格拉夫·赖萨赫是最为惹眼的

一位。这位红衣主教是教宗庇护九世特意为此案的诉讼安排的，同时也是招募彼得斯成为侯爵夫人的告解神父，并关照侯爵夫人进入圣安布罗焦修道院的人。赖萨赫可以说是最有理由力保克罗伊特根的人，免得自己也陷入旋涡。很有可能他就是克罗伊特根的信息提供者，甚至是诉讼报告副本的提供者。两人之间在圣安布罗焦的联系点不仅仅是卡塔琳娜·冯·霍亨索伦，克罗伊特根还是赖萨赫的神学顾问。赖萨赫之前在慕尼黑和弗赖辛担任大主教时，由于坚持在国家和教会之间寻求一条符合实际的出路而只待了很短时间，后来由庇护九世推荐成为枢机主教。另外他本人也激怒了巴伐利亚国王路德维希一世[28]，在其父亲第二任妻子——的英国王后卡洛琳[29]——的葬礼上的反普世教会的倾向也得罪了这位国王。此外，接受耶稣会教育成长起来的赖萨赫在1848年视主教区会议为反教宗，也让很多耶稣会修士对赖萨赫产生反感。他认为这种形式会强化德国的主角式自我意识觉醒并导致新一轮的国家教会化运动。[30]包括赖萨赫对于神秘现象的偏爱和其与阿尔特廷的圣痕异象者路易丝·贝克千丝万缕的联系，这些都与德国主教的身份格格不入。

赖萨赫将自己在德国的失败归咎于从教宗极权主义转变为自由派的德国教会历史学家伊格纳茨·德林格及其神学理论，身处罗马的赖萨赫绞尽脑汁要利用各种教宗禁令将其理论扼杀在摇篮里。为实现这一目标，赖萨赫需要能为他提供神学理论基础的盟友，其中最重要的一人就是约瑟夫·克罗伊特根。两人自1856年就已经是很亲密的朋友。就合作而言，赖萨赫作为教宗的亲密顾问具有广泛的人脉和政治影响力，克罗伊特根通过经典神学提供理论基础。前者热心地支持后者意大利文的著作出版也就一点不奇怪了。[31]

考虑到教会政治斗争背景的话，赖萨赫就更没有理由眼睁睁看着克罗伊特根独自陷入困境了。从人员布局上可以观察到，一方面是以霍恩洛厄大主教和本笃会神学家莫鲁斯·沃尔特为首的自由派，另一方面是以赖萨赫、莱兹罗利神父和克罗伊特根为首的亲教宗派。这简直具备了典型修会斗争的特点——致力于在教会和现代主义之间协调的本笃会修士和受新经院哲学影响愈发要严格区分教会和现代主义的耶稣会修士各站一边。如果赖萨赫不仅考虑到克罗伊特根作为告解神父被控告在道德层面上的失败，还考虑到神学和教会政治方向的布局和影响，那么他给克罗伊特根泄露案件情况就一点都不奇怪了。同一阵营的利益总是比教会整体利益更重要，而内部成员的信任也远远胜过对法庭档案的保密义务。赖萨赫非常清楚打破这一禁令的严重后果，但是为了换取其战友的法庭辩护优势，他甘愿承受这一风险。

克罗伊特根即便没有直接谈到其与赖萨赫的关系，在法庭上也间接地指出正是这位红衣主教向他透露案情的。"通过红衣主教赖萨赫阁下，我得知侯爵夫人的供词比较夸张，她写下了一系列尚未被确定的不精确的事情。"[32]这样等于承认他至少掌握侯爵夫人的供词，而且来源正是被他深深信任的至高权力代表的赖萨赫红衣主教。1861年3月28日，克罗伊特根宣称卡塔琳娜的控告书是其本人亲自交给他的[33]，但是侯爵夫人这样做的理由到底是什么？此外克罗伊特根所掌握的信息远远不止涉及侯爵夫人一人一事的，甚至是远超过侯爵夫人本人能够掌握的。这些信息只有审判团的成员才知道。

有一种可能是克罗伊特根在情急之下，为了给自己做好辩护而无意中将很多细节透露了出来。更有说服力的是，他经过周密思考决定为了向萨鲁埃和其他审讯人员传递更准确的辩护观点而决定主动暴露这些内容。这意味着他有意告诉法庭他完全掌握整个调查内容和动向，暗示审讯人员应当注意后面有红衣主教是他的靠山。克罗伊特根在审讯中表现得自信而沉着，他明显期待自己是以一名证人而非被告人的身份出席这个案件的控诉程序。尽管拥有种种来自背景势力的保护，克罗伊特根最终还是被红衣主教们以及教宗判为有罪。

敬礼菲劳原来是被允许的

伴随着克罗伊特根的应诉，控诉程序的第一部分正式完成。现在就是庭上审讯了，克罗伊特根会如同另外三位被告人一样产生惧怕敬畏而主动认罪吗？法官们所面对的明显是更为艰难的局面。首先与他们打交道的是一位经验丰富且掌握娴熟学术辩论技巧的神学家，其次这位被告人还明显对审讯进展和信息了若指掌。被告人完全可以有针对性地为自己进行辩护，并根据新案情随时做出调整。这种情况在现代社会已经是常态化的，在当时却非常少见，与之紧密关联的就是屡遭诟病的天主教人为的法律体制。第三，克罗伊特根凭借自己在禁书目录部门做鉴定的经验对于罗马议会及宗教裁判所的惯例和流程非常熟悉。

针对克罗伊特根的审讯开始之后分成数个单独问题，被告人总是提前写好供词，在庭上诵读的前一天再进行修改、细化，部分还有反复。与其他被告人一样，克罗伊特根也面对直接敬礼并支持其他人敬礼菲劳的指控。一开始被告人在1861年4月初口头上对此支吾搪塞，4月16日时提交了一份书面供词。[34]这份卷宗显示出克罗伊特根对于自己成为被告人一点心理准备都没有，而且极力为自己进行一场学术争辩。其所谓的"提问辩题"如下——对于菲劳的敬礼到底是不是被许可的？法庭的论点很明确，对于菲劳的敬礼是被禁止的。克罗伊特根则对此持反对意见。如同在学术公开辩论中一样，他采用了所有能利用的观点进行反驳，来解决最终问题。[35]克罗伊特根详尽表达了他认为对于阿涅塞·菲劳的敬礼"不再被禁止"了，但并没有长篇大论，因为"过度的辩论会让人觉得不尊重法庭，现在我可以公开并充分地提出一条针对这个问题的解释"。

克罗伊特根的证词直指宗教裁判所没有遵守自己1816年针对女创始人裁决的痛处。圣安布罗焦修道院的人们装作什么都没有发生过一样，到底这些普通修女和神父是如何做到公然藐视罗马教廷裁决的权威？第二项调查应该能洗刷这份耻辱。

首先，克罗伊特根提出了四点理由来支持自己的论点：一、教宗利奥十二世在判决女创始人之后第二次允许改变准则。二、宪章也被尊敬的代理枢机主教更新了。三、玛丽亚·阿涅塞所著的主要谈论修道院生活的两本著作经教会允许可以供修女们阅读。四、他认为与女创始人的通信早在教宗通谕发布时就被许可了。第二步，克罗伊特根针对其反对者指出，教廷只是反对菲劳的著作，而非其本人。他认为："尽管生活实践和教导原则之间总有矛盾，人们当然可以反对其生活而同意其教导，但一位可恶虚伪的女性还是不太可能写出一本属灵生活的著作的，若非作者被上帝充满，其著作也很难被圣灵充满。那再进一步推论，一位虚假卑鄙的女性更不可能写出准则、宪章和宣传册，并在其中涉及引导修道院个人和团体生活的内容，以及正确的敬虔操练方法。如果其内容有问题的话，我猜测教廷当局也不会允许这些内容流行的。"当时三篇关于准则、宪章和宣传册的文章以及两卷著作确实是获得教会批准的。

如果法庭提出反对自己这一教导现实和作者文本之间联系的观点，克罗伊特根也有准备。他认为教会权威加给圣安布罗焦修女的是一种不可能完成的"双重要求"，但以教会权威的严谨标准来说，是不可能设置人们根本无法达成的诫命的。"如果教会领袖层仍要求人们顺服自己的审判结果的话，那么应该如何期待修会修女们的表现呢？一方面她们每日早晚都听到玛丽亚·阿涅塞的教导并视其为上帝旨意的传达，另一方面她们同时还得注意不能对此人产生任何好感。她们一方面通过准则、宪章和宣传册学习如何成圣，另一方面得确信写出这些属灵内容的作者并未领受上帝的恩典，而是心怀恶念和苦毒的人。"这一"双重要求"只会分裂众修女。所以教会也没有提出这些要求。

这之后，克罗伊特根游刃有余地提出自己最主要的观点："教宗利奥十二世又一次重新接受了菲劳设立的规则并允许修女们和菲劳通信。"此外教宗利奥十二世还通过修复法案批准了玛丽亚·阿涅塞的宪章和其他著作。克罗伊特根直言不讳地提到："为了维持裁判所1816年裁决的正义性，当时的高层将可能发生的情况当作已经发生的情况在处理。"这等于明确指出宗教裁判所犯了过错而教宗不得不在1829年修复这个过错。克罗伊特根提到："我丝毫不怀疑宗教裁判所检测和诉讼的能力。"但宗教裁判所寄给玛丽亚·阿涅塞的一封信却显示了此案的矛盾之处，"但我从未听过教会权威机关会给修道院寄正式信件"。如果此事属实，那么众修女们就不能说她们对于此事毫不知情。

这简直太过分了，等于是直接批评宗教裁判所的决策与执行能力。法官们提出有可能裁决书并未投递到修道院，但事实上1816年的裁决教令从未真正中断过，对此克罗伊特根表示："我无法相信一个如此贤德单纯的修女会故意违抗教会权威。我进入修道院时发现她们对于菲劳的敬礼已经是日常事实。总而言之，不仅仅是我一个人认为这样做没有问题，毕竟在我之前的神父包括德拉·真加红衣主教，同时也是审判总长和主教议会的军事长官，我清楚他在修道院也是很具影响力的，他就并没有阻止对于菲劳的敬礼。进一步观察后我发现，这种行为正是根源于权威机构的默许态度。"当时教会高层表达的是一种豁免或至少宽容的态度，而顺服的修女们仅仅是服从了她们的上级。

萨鲁埃对此进行了驳斥。[36] 所谓的权威机构也就是宗教裁判所从没有表示过任何能够被理解为宽恕或免除罪责的宣告。但其实他有意避开了教宗这一教会最高权威。教宗利奥十二世正是指派代理枢机主教成为圣安布罗焦修道院的保护者的人。此外还有其他高阶教会成员，特别是教宗侄子红衣主教德拉·真加以及红衣主教尼古拉·克拉雷利·帕拉恰尼，后者也是该修道院的一位狂热支持者。

虽然调查法庭不得不承认教宗利奥十二世对于准则的认可，但这与恢复菲劳的名誉一点关系都没有，针对她的判决效力是持续一生的。"教会当局在承认和允许使用准则和章程时，从未直接或间接地认为是菲劳写下这些的。"因为万主之主才是真正的作者。

激烈的争论以对话形式继续着。无论如何，法庭无法否认教宗利奥十二世的事实。彼得斯则试图利用这一点至少间接证明敬礼菲劳的合法性，尽管教宗并无此意。彼得斯承认自己也曾亲自敬礼过菲劳，因为按照他的观点这样是没有任何问题的。这一点令人很难不觉得他"盛气凌人"。

克罗伊特根并未打算轻易投降，但是萨鲁埃也并不买他的账。双方你来我往、针锋相对，可以说势均力敌。克罗伊特根仅仅愿意最低限度地承认自己的罪责。他所写下的论述并不代表他本人对此观点确信无疑，仿佛他真的觉得自己所行完全无辜一般。他仅仅是想通过证明对菲劳敬礼的合法性进而证明自己信仰的纯全性。面对教宗利奥十二世的事实，克罗伊特根坚持文本与作者密不可分，一位虚假宣圣者是不可能写出这样属灵的内容的。天主教会的教育制度不能自相矛盾，在赞许某篇文章的同时却将其作者判刑。

第八章 朱塞佩·彼得斯的审讯

在敬礼菲劳的问题上，克罗伊特根以一种极天才的方式将责任推到了不同权威身上，或者更准确地说，推到了教宗身上。如果教会真的承认菲劳写下的准则、章程和一系列文章，并撤销了针对圣安布罗焦修道院的惩罚、禁令和审查的话，基本上就不存在审讯程序的基础了，而教宗利奥十二世确实这样做了。其他被告人都接受了审讯的前提——敬礼菲劳是一项犯罪，而克罗伊特根恰恰对这审讯前提进行了质疑。顶尖神学家约瑟夫·克罗伊特根为告解神父朱塞佩·彼得斯的信仰实践做出了堪称完美的辩护，这两重身份互不抵触而且配合完美。

神学和舌吻

玛丽亚·路易莎是真正的圣徒吗？审讯官在这个问题上花了大量时间。[37]自3月11日第一次审讯到7月，克罗伊特根一直在提这个问题。这期间他一直在这问题上反反复复，不停地拘泥于细节讨论。当被问到舌吻的事情时，他的回答总是避重就轻，并于第二天提交一份详细的报告，其中只承认已经被明显证实的那些事情，其他事情则完全否认。然后这一过程周而复始，不断重复。

早在1861年3月12日第二次审讯时，克罗伊特根就提交了一份亲手写好的供词，其中提到以杰出的神学知识帮助这位未受教育的修女处理这些超自然现象。[38]"为了谈论这些我无法想象的超自然经历，我让玛丽亚·路易莎修女谈论这些我们信仰中的至高隐秘经历，不仅仅是广泛的三位一体，而且还有三位位格内在的运行[39]、上帝的属性、三位位格的彼此联系[40]、创造[41]、救赎[42]以及上帝对灵魂的影响。"[43]

这些内容都是非常艰深的神学命题，需要对话双方具有相当的哲学和神学知识基础。所谓三位一体意识之内的"内在流溢",是直到今天仍属最艰深和困难的教义和哲学命题之一。没有经过长期高等教育的玛丽亚·路易莎是不可能讨论这些内容的,她获取这些知识的唯一渠道是灵魂出窍之后直接面对上帝。"我必须承认对方以令人惊异的清晰度谈论这些奥秘时,我没有发现任何谬误。她回答了我所有问题和质疑,使用的那些用词完全是学者级别的。我无法怀疑这些知识是被浇灌给她的,因为我知道她进入修道院之前其实只接受过很少几年的教育。就我所知她在修道院也不具备其他渠道来接受高等教育。"这一点成为他坚信玛丽亚·路易莎成圣和天国来信的决定性证据。

萨鲁埃对于被告人提到的内容非常感兴趣,对他来说形成犯罪事实的就只有那封驱逐了神学家帕萨利亚和施拉德尔的天国来信。萨鲁埃希望弄明白,圣母或者说玛丽亚·路易莎是如何想到要这样做的。当然有一些明显可以推测的已知事实,当时耶稣会修士们在激烈讨论修会的神学方向问题,帕萨利亚倾向于多元论而克罗伊特根倾向于一元论。前者受到这样的打击对后者来说应该是很有利的。克罗伊特根的回答仍然一贯地含蓄委婉。他确实和玛丽亚·路易莎提到过一次帕萨利亚的神学思想,但并没有提过这位神学家的名字。那么问题就在于玛丽亚·路易莎是如何得知对方姓名的,答案其实也很简单,玛丽亚·路易莎在天国的经历让她得知了耶稣会修士内部的讨论和几位相关人员的情况。之后克罗伊特根补充说,自己也确实直接向玛丽亚·路易莎提到过帕萨利亚和施拉德尔之间的关系,但是鉴于这件事情当时已经公开化,所以玛丽亚·路易莎也很有可能从别的渠道得知了此事。至于他当时是如何看待这件事的,克罗伊特根的回答非常含糊:"基本就是这个情况,当时具体情形我也记不清了。"

法庭当然无法对这个含糊的回答满意，对方之后补充玛丽亚·路易莎告诉他是圣母在天国亲自写的这封信，克罗伊特根还着重强调总会长在当时的论战中"必须支持圣托马斯的学说"。这样萨鲁埃就确定了克罗伊特根具有伪造圣母来信的动机。玛丽亚·路易莎知道他心心念念就是要恢复经院哲学的影响力，并试图利用圣母来信来协助对方。至于克罗伊特根知道此事和总会长贝克斯的决定后的反应，他并没有在法庭上透露。

萨鲁埃也不断向克罗伊特根提到耶稣会修士的特殊祝福问题，玛丽亚·路易莎的审讯中曾涉及与此相关的内容。在多次回避之后，克罗伊特根于1861年4月22日再次提交了一份书面供词[44]，首次承认了在进行特殊祝福时双方进行过拥抱和亲吻。但他认为这些行为属于"不同寻常而超自然现象"中的服事内容，在进行这些活动时他始终怀着对于圣母的信心和顺服。上帝通过圣母拣选了玛丽亚·路易莎来攻克世界的邪恶和重建上帝国度。"上帝决定让我来协助、保护她。"这些与特殊祝福相关的行为一开始也令他感到困惑，但天国来信最终说服了他。上帝只是在特殊阶段通过他们这样的特殊联合推进上帝与玛丽亚·路易莎的灵魂层面的交流。天国来信也提到这种合一最终是为了达到灵魂的合一，其他诸如爱情或肉体结合根本不在考虑范围内。萨鲁埃就势问了克罗伊特根三十多岁时与亚历珊德拉·N之间的情人关系。克罗伊特根最终提供了对方的全名——亚历珊德拉·卡利。

1814年亚历珊德拉与其双胞胎兄弟多梅尼科出生于意大利费拉拉省的科马基奥的一个富裕家庭，母亲是伊莎贝拉·费莱蒂，父亲是卡洛·布奥纳菲德·卡利，他于1835年在罗马担任副领事。[45]

值得注意的是，克罗伊特根一如既往地在面对棘手的问题时提供了书面证词，但这次不是用意大利文，而是用拉丁文。[46]他无法否认法庭通过玛丽亚·路易莎得知的具体细节，只能在如何理解这些行为的层面上做出努力。1848年耶稣会会士在罗马遭到驱逐之后，克罗伊特根以外国神父的名义在罗马和亚历珊德拉·卡利如同夫妻一样在同一所公寓里生活了两个月。他认为自己在此事中是受害者和被引诱者，无辜地中了对方的圈套。当时他并没有任何和女性告解者接触的经验，主要是待在总会里面。亚历珊德拉通过"引诱和承诺"，成功地让克罗伊特根与她进行了"无耻和不正派"的行为。在性交时克罗伊特根从未有过"任何放荡和邪恶的念头"，并且在过程中没有停止过内心向上帝的祷告，因他不愿羞辱上帝。

克罗伊特根希望用此解释来说服法庭，整个事件都是机械式的而不带任何与"力比多"相关的色情、情欲和冲动色彩，以便达到尽可能正面地解释他的违禁行为的目的。[47]直至19世纪中叶，如果神父在性方面违反禁令，会被教廷公开警告并惩戒，启蒙运动以来神父的形象一直是以大众教化者和道德楷模为标志的。在极端孟他努派的禁欲主义影响之下，神父形象又特别与性的纯洁联系起来。教会法虽然不会惩罚一个与女性结合而造成性问题瑕疵的神父，但是这会造成非常糟的影响，而导致其无法再在公众面前出现。当时道德神学甚至认为对贞洁禁令的破坏相当于"盗窃圣物"[48]，所以克罗伊特根竭力维护自己在公众面前的形象，不致因此事而蒙尘。

法庭最关心的核心问题在于同亚历珊德拉·卡利之间的性关系是否发生在克罗伊特根履行自己告解神父职能的基础之上，若是的话，克罗伊特根将面临严重的教唆罪的指控。被告人仍旧采取了迂回路线来回答这一问题，他承认是在对方来告解时认识的对方，但是告解时没有发生任何事情，在对方公寓里确实发生了这种关系，但是他可是经验丰富的对方的受害者，所面对的简直就是夏娃和那条诱惑的蛇。有时他也会与对方谈到一些顾虑,但是很快他自己就被"迷惑"了。

这些托词并没有起什么作用,最终克罗伊特根必须承认,如同在给圣母信件中承认的一样,与亚历珊德拉发生的关系是肮脏而充满情欲挑逗的性结合。与此形成鲜明对比的是他与玛丽亚·路易莎的纯洁、毫无情欲色彩的属灵关系,这一对比他从未否认。

那么与玛丽亚·路易莎的关系到底是哪一种呢?是完全区别于亚历珊德拉的属灵关系吗?克罗伊特根利用神学依据和合理理由,来弱化那些已经铁定的事实和自己的行为。他再次否认在与玛丽亚·路易莎相处时有任何肉体感官上的快感和享受。[49] 在他拥抱、亲吻和触摸对方时,他一直非常冷静而且认为自己在完成一项灵魂安慰任务。神学家克罗伊特根对于托马斯·阿奎那的学说无疑是非常熟悉的,后者为他提供了无数道德和教义上的问题答案。在其著作《神学大全》中,阿奎纳认为自发的拥抱、亲吻、触摸和观看都不构成贞洁上的犯罪,唯有在这些行为带来快感时才能称其为犯罪。[50]

克罗伊特根最终不得不承认与玛丽亚·路易莎确实发生过性爱关系:"晚上在房间里,他得到指示去拥抱、亲吻、碰触玛丽亚·路易莎并把自己的舌头伸进对方嘴里。"当被问及为何不仅仅亲吻嘴唇而是把舌头伸到对方嘴里并长时间停留,他的回答很婉转,这种情况只发生过很少几次,但无法否认这是一个舌吻。他也承认:"在亲吻时说过:'我的女儿,我的爱,头生的、亲爱的女儿,我的幸福,我的喜乐,我的宝贝。'而亲吻对方的心脏部位时说过:'纯洁的心啊,圣洁的心,无瑕疵的心,我的宝贝。'"[51]

"我的宝贝"这种话无疑与性爱紧密相关,同时克罗伊特根也采用了与"圣母玛利亚纯洁的心"[52]相关的宗教映射词语。这种将宗教行为和性行为之间的描述用语混合起来的现象在圣安布罗焦经常发生,包括玛丽亚·路易莎与其修女床伴之间也是这样。两者之间的界限常常模糊不清。性行为和宗教上的体验都带有某种忘我性。天主教神学认为两者之间一直存在某种联系,比如说真正的狂喜状态一定是被基督完全占有之时。当然性行为带来的狂喜状态基本都是带有罪性的,而宗教里这种忘我感则是良善的。[53]

克罗伊特根希望自己的呼喊能够在宗教沉醉的角度上被理解,而非从性的方面,正如他5月28日证词所写:"事实如此,我对此的解释如下:[54]我对该修女从未有过任何不洁或微妙的好感。由于我必须做这些行为,所以我总是在非常冷静,甚至忧愁、无聊的状态下说出这样的话。因为我要展示给对方自己怀着对她的尊敬和父亲般的慈爱,毕竟我认为她是圣洁的。这是一种敬虔中的好感,与任何的情欲都没有关系,完全被上帝的意愿所充满。"6月1日的审讯中,克罗伊特根补充,包括他与玛丽亚·路易莎其他的行为也绝不应被理解为是出于情欲,尽管他怀着尊崇的心情亲吻过对方带着天国戒指的手指,他将对方手指"放入过"自己口中,但从未"吸吮过"。[55]这种带着崇敬之心的亲吻对他来说是一种宗教行为,吸吮则是一种性爱行为的表现。

尽管如此,克罗伊特根还是无法说服法庭这种行为是完全宗教性的,是脱离了情欲色彩的。法庭认为这些行为无疑是与"奸淫"有关的性行为。仅仅从长时间的舌吻就能判断这一点。对于19世纪道德神学来说,舌吻"在实施构成角度"来看无疑是死罪。[56]这一行为甚至在合法婚姻的双方之间也被禁止。因为舌吻被视为同房的信号,而同房若无射精也是被禁止的。新一代的文化学者则认为舌吻是一种性交行为的模拟。[57]

经院哲学在这个问题上并不能帮到克罗伊特根,因他无法将舌吻解释为纯粹的上帝旨意。按照新经院哲学的理论，舌吻无疑代表纯粹的情欲。如果对婚姻内的人来说舌吻都是死罪的话，那么对于一个打破修会贞洁禁令并与一位修女交换舌吻的神父来说，这份罪责只会更严重。

法庭接下来要解决的是告解神父是否存在故意诱惑罪行。从1861年5月底到6月初法庭不断重复着刻板的提问：被告是否认识任何其他神父，会像他一样进行这种带有性交色彩的祝福？被告是否认识任何其他神父，会与女性忏悔者在忏悔室待一整夜？被告是否认识任何其他神父，会掀开外袍直接亲吻对方裸露的胸部？被告是否认识任何其他神父，会将自己舌头伸进某位修女嘴里进行长达数分钟的热吻，等等。[58]

克罗伊特根在各个层面上否认告解和上述亲密行为存在任何直接联系。告解期间，玛丽亚·路易莎总是在隔栏后面，对方从未在告解之后让他踏入过修道院禁室。直到很久后，他为垂死病人做了敷油圣事之后，他才进入修道院与玛丽亚·路易莎碰面。克罗伊特根提出的辩护非常无力，他"没有非常注意告解时的相关事情，也从未有意识地犯罪或滥用圣事"[59]。

至此为止，克罗伊特根在为自己敬礼菲劳一事上的成功辩护并未能在敬礼玛丽亚·路易莎事件上成功重演。问题不在于广泛敬礼玛丽亚·路易莎，而是他个人对于年轻漂亮的修女的敬礼和崇拜。他在道德和灵魂安慰上的正直立场受到法庭的质疑。现在他也不能将教宗庇护九世搬出来当作挡箭牌，如同之前利用教宗利奥十二世来动摇宗教裁判所的权威一样。在对客观事实理解的辩论上，克罗伊特根确实具有优势，但在对主管过犯行为和道德过错上，他完全不具有说服力。克罗伊特根做出的所有安抚和辩论都徒劳无功。他还承认通过天国来信他也知道玛丽亚·路易莎与玛丽亚·贾钦塔之间的同性性行为，尽管他将此归咎于魔鬼的作为。此外，法庭也指出他的舌吻行为与其推崇的新经院哲学完全不符。

那么，要如何评价克罗伊特根和其证词呢？一位涉世未深的耶稣会神父是有可能对于天国来信深信不疑的，但是一位受过高等教育的神学家能够毫无怀疑地相信天国来信并完全按照其上的指示去行动，甚至做出违反道德的行为，就令人感到十分诧异了。不过联系到1846年出版的、受到很多人重视的宣传册《关于神迹的信仰》的作者就是使用化名J.W.卡尔的年轻的克罗伊特根，也就能够说得通了。那时起他就非常推崇经历神秘现象、带有圣痕和具有神秘恩赐的女性，他曾写道："神迹恩赐是上帝赐给教会的特征标志。"[60] 人们大可相信"圣徒及圣母会从天上来到人间"[61]。当然在相信神迹出现之前，还是需要谨慎地再三确认的。评价真正神迹最重要的标准就是是否具有"医治性的目的"[62]。"轻易相信和未加思索的热情"在这一领域是一大弊端。"轻信的人指的是未加恰当分辨就立即接受神迹的人。"[63] 克罗伊特根认为最关键的问题是必须有属灵领袖来带领这些经历神迹的女性。[64] 这些属灵带领人必须非常谨慎地核实这些神迹，因为按照《圣经》，应该是男性来带领国民克服轻信和未加思索的问题，否则"如果发生一件欺骗事件的话，将给敬虔的信徒带来多大的不快，而又给不信者带来多少的讽刺素材"[65]！

结论就是，尽管克罗伊特根拥有高等神学教育背景，他仍然相信存在超自然神迹现象。异象、显现和圣母来信的出现对他来说完全可以接受。但1857年以后的圣安布罗焦修道院的彼得斯为何不再坚持1846年的克罗伊特根设置的标准？为何他没有再三考察核实这些神迹？为何他自己如此轻信且不假思索？答案应该在于他其实爱着玛丽亚·路易莎，而这份爱令他盲目。

新经院哲学的曲折历程

除了菲劳的敬礼和玛丽亚·路易莎的虚假成圣，如同其他三位被告人一样，克罗伊特根还面临第三项指控，亦即卡塔琳娜·冯·霍亨索伦的投毒和他本人在这阴谋中所扮演的角色。克罗伊特根采取了一如既往的辩护策略，先是否认，然后尽可能少地承认一些事情，最后再千方百计解释并弱化已承认的犯罪事实。经过反反复复的讨论和书面解释，法庭确认了以下证词[66]：

克罗伊特根从一开始就对于玛丽亚·路易莎1858年12月8日让人写的圣母来信的内容非常清楚，他也知道其他的关键预言。由于他坚信天国来信的真实性，所以可以推断他也坚信侯爵夫人的死亡和沉沦是出于上帝的旨意和裁决。当时他本应该发挥神父的属灵引导作用，为侯爵夫人的灵魂得救而祷告，就算他已不相信能够拯救对方的肉体生命了。从一开始作为告解神父，克罗伊特根就很清楚侯爵夫人担心自己会在修道院被毒杀的事情，但他始终认为对方是一个过度敏感的贵族妇女而没有当真，正如在法庭上多次提过的，他以为这些都只是对方的妄想。克罗伊特根认为整个事件的导火索是"美国人"的那封猥亵信。但玛丽亚·路易莎一直否认曾给卡塔琳娜看过这封信，而天国来信又提到魔鬼的伪装，所以他在这方面并没有多想。

克罗伊特根也听几位修女提过卡塔琳娜会被各种混合毒药杀死。尽管毒杀一事传得沸沸扬扬，但他始终坚信侯爵夫人"并没有服下"真正的毒药。但在庭前他还是承认自己对于卡塔琳娜离开修道院以后会在外揭露圣安布罗焦修道院的秘密感到担忧，特别是担心自己的前程会受到影响。甚至有一次他直接对玛丽亚·路易莎提到了他的恐惧。法庭就此提出，若按照玛丽亚·路易莎的证词，克罗伊特根的恐惧才是投毒事件发生的真正导火索。玛丽亚·路易莎之后的行为只是为了帮助他解除忧虑而已。对此指控，克罗伊特根非常委婉地回应："我重复，我确实以最清晰的方式表达过由于侯爵夫人而产生的恐惧。"但这句话具体是什么意思？他为侯爵夫人担忧的原因是出于告解神父的身份吗？或者他害怕一旦侯爵夫人离开修道院会向外透露他和玛丽亚·路易莎之间的事情？

克罗伊特根认为涉及侯爵夫人的投毒事件存在一个"巨大的误会"："我说过我们必须祷告以求上帝显示真相，因为我相信玛丽亚·路易莎的无辜。也许是当时我看到对方虚弱的样子而表达了自己的看法，也许在她离世后，上帝会结束许多个人和修道院全体的苦难。"这段话意味着克罗伊特根虽未直接参与侯爵夫人的死亡，但是他期待上帝能够让对方离世。这当然不是犯罪，却是一种更过分的言语暴力行为。

审讯法庭希望进一步调查清楚克罗伊特根因侯爵夫人而产生的这种"恐惧和压力"具体情形如何，正如他曾向女院长和玛丽亚·路易莎透露过的一样。被告人虽然承认此事，但否认曾说过那些"充满恶意的话"。他将责任推给修女主管，宣称自己只是害怕玛丽亚·路易莎的秘密被泄露出去。之后又提到他曾为侯爵夫人祷告，在那最危险的一夜他也"仅仅是重复了马尔基医生的话而已"。面对法庭指责他曾"宣告侯爵夫人的病情是上帝的惩罚"而必死无疑一事，克罗伊特根承认："这是事实，我之所以如此是因完全相信天国来信预言的缘故。我已经记不清玛丽亚·路易莎是否宣布了具体哪一天这事会发生，但是可以合理推测很可能跟我说过是哪一天。"克罗伊特根非常清楚卡塔琳娜死亡在即，其离世无疑会带给他许多好处，一个危险的知道他秘密的人可以永久保持沉默了。但法庭最终无法证实他曾直接参与投毒行动。

其实是克罗伊特根凭借自己神父的身份,将自己恐惧的心情透露给女院长和玛丽亚·路易莎,才直接引发了后来的投毒事件。[67] 众多修女在后来的视察团及审讯中一直保持沉默甚至做出伪证,特别对于克罗伊特根和玛丽亚·路易莎之间关系的事情,也都是出于对于她们告解神父命令的顺服。这是对于教廷权威的极大羞辱。被告人和证人面对教廷法庭这样保持沉默和做伪证,相当于面对基督直接犯罪。法官们对于克罗伊特根的审判也愈发严密。起初,被告还直接否认曾让圣安布罗焦的修女们发过缄默誓,在被问及与玛丽亚·路易莎相关的内容时,经过众多证人证实,最终被告人不得不认罪。

接着,克罗伊特根继续咬文嚼字地为自己分辩,试图从神学理论证明在法庭面前沉默的合理性。他从道德神学的角度出发,认为一个证人面对法庭的直接问询时,只能谈论与自己相关的嫌疑问题,这样才不会指控某人。比如玛丽亚·朱塞帕在怀疑玛丽亚·路易莎准备了卡塔琳娜的毒药时,她不应从自己的角度出发在法庭上发言,女院长也是如此。然后克罗伊特根宣称他确信自己"从未让某个或全部修女在法庭前保持沉默"。"我仅仅是委托一些修女对所发生的事情进行隐瞒。"[68] 如此前后矛盾的证词萨鲁埃是不可能轻轻放过的,之后被告人变相承认自己好像记不清了,有可能让某个来询问的修女在法庭前保持沉默。"但我绝对没有阻拦过上帝的旨意,只是以一种不好的方式来实践应有的原则。"在下一次审讯中,他又提到:"好像上帝希望暂时使整个事件处于保密状态。尽管我们面对法庭时确实失职了,但是有可能上帝允许修女们犯下这一过错来达到他的旨意。"

这一蜿蜒迂回的逻辑无法说服法庭。萨鲁埃认为这是神学家克罗伊特根精心编造的一个谎言,从卷宗上可以看到萨鲁埃明确公开了被告人的动机。此处涉及的并非什么神学上的一丝不苟或对于伦理道德的原则，简单来说，动机就是克罗伊特根害怕如果修女们一切照实情直说的话，那随之而来的"对于毒药的调查"、他自己在整个事件中扮演的角色以及他与玛丽亚·路易莎暧昧不清的关系都会暴露在光天化日之下。这对于神父自己在教廷的职业生涯意味着什么不言而喻，所以他千方百计要避免这一切发生。

克罗伊特根的一贯策略是在理性上承认自己的错误，但在意愿上否认自己的错误。他无法否认众多证人的证词，但是可以辩驳自己的本意并非出于故意得罪上帝。但这一点无法在法律程序中得到证实，最终法庭确定被告人所涉事项属实，但是克罗伊特根并没有准备好接受这一裁决，他最后的结束语为："我讲述了自己所行，让宗教裁判所来决定它的审判吧。"[69]

法庭最终裁决

在约瑟夫·克罗伊特根案中，法庭通过被告人部分供认、证人证词和证据裁判以下事项为被告人的犯罪事实[70]：

1. 曾经不仅允许他人且自己也支持于1816年被判为虚假宣圣的阿涅塞·菲劳的敬礼。

2. 曾经以众多未经许可的方式宣称并支持修女玛丽亚·路易莎·里多尔菲的虚假宣圣。

3. 被告人宣称曾与天国长期保持信件往来，并尝试在离开修道院后取得这些信件的所有权并将之焚毁。

4. 被告人狂妄至极，以上帝派遣的特殊使命身份自居，并犹如保护一位圣徒一样保护玛丽亚·路易莎，认为其被天命所定要完成抑恶扬善的大使命。并在其持续数小时的狂喜状态时提供热烈的辅助。

5. 被告人为完成上述使命而进入修道院禁室，当玛丽亚·路易莎陷入错谬狂喜状态时，被告人曾多次扶持、拥抱对方，并亲吻对方的脸和颈部，有时会将自己的舌头深入对方口中，有时抚摸对方心脏部位，在对方面前做出崇拜动作。

6. 由于克罗伊特根与其忏悔者玛丽亚·路易莎也在告解圣事相关情形中进行了这样或那样的亲密行为，被告人犯下了错误教义的教唆罪。

7. 被告人也将玛丽亚·路易莎号称从天国获得的财物归结于对方的成圣。

8. 被告人曾将自己一个熟人认定为被鬼附身，设法介绍给玛丽亚·路易莎，并安排他们见面、通信，尽管玛丽亚·路易莎认为当中邪恶的部分乃是出于魔鬼作为。

9. 法庭同样认定对于被告人加于修女们沉默责任的指责是属实的，克罗伊特根在被撤职之后仍以告解神父的身份发布这一沉默禁令，以防第三方得知任何可能不利于他本人的信息。

10. 除玛丽亚·路易莎以外，被告人还与另一位已知的女忏悔者发生了亲密行为。被告人宣称自己在这些行为过程中"没有激情、放荡，甚至完全没有一丝不纯洁的好感，仅仅出于纯粹的上帝旨意"，法庭并未认可。

11. 此外，被告人因相信玛丽亚·路易莎的预言并按其指示而行的行为，也被判为有罪。

12. 被告人相信玛丽亚·路易莎关于某位实习修女即将病重死亡而承受永远咒诅的相关口头及书面预言，此外他忽视了之后各种投毒行动的所有线索，并将一切发生事件归咎为幻象和魔鬼的作为。有趣的是法庭在此处并未指出受害者的姓名，也未解释被告人为何被卷入这起谋杀事件。

13. 最后被告人被要求回答一些与道德神学和教会交易相关的问题，对方仅就部分问题做出回答。教廷因此宣判其学说和道德在涉及相关犯罪事实时既不正派也不有益。

最终萨鲁埃确定被告人在经过按部就班的审讯之后，已经基本上承认了其犯罪事实，并对所指控内容供认不讳。被告人明显在审讯后期对于法庭的裁决表示顺服，期待以此减轻自己的刑罚。审讯程序的最主要目的——使被告人承认所有指控——并未达到。萨鲁埃的记录显示："除口头回答之外，被告人在审讯过程中还提供了大量书面证词，用以解释相关指控事项。特别在第一部分供词中自发性地叙述事件发生过程，尽管有时也会出现否认和不完全证词，也在口头供认上加以补充和认罪。几乎所有差异部分都是不同方式方法和程度上的夸大，正如被告自己所言一样。"

所有被证实的罪行都预示着极为严厉的审判结果，但宗教裁判所真的会将一位高阶神职人员处以多年监禁吗？

代表人物之战？

随着控诉程序的完成，萨鲁埃的任务也结束了。现在议会顾问和红衣主教们必须根据1861年10月提交给他们的总结来进行并落实裁决。[71]但涉及克罗伊特根时，情况要复杂得多。圣安布罗焦修道院审讯过程背后暗藏着19世纪整个天主教会的原则立场之争。这其中的关键人物无疑是卡塔琳娜·冯·霍亨索伦的新任告解神父——本笃会的莫鲁斯·沃尔特，此人早在萨鲁埃调查时就提供过协助，指出那名臭名昭著的"美国人"与克罗伊特根关系密切。

卡塔琳娜被救出修道院之后非常高兴自己能够逃出生天。她新任的告解神父建议她提出上诉,如同卡塔琳娜多次在告密信中强调的,她如此做仅仅是出于良知和为了赎罪。这样在宗教裁判所提出上诉变得合情合理,而非出于报复或毁谤等理由。那么,沃尔特又是出于什么动机建议侯爵夫人上诉的呢?什么驱使他敢于面对天主教最高法庭?真的只是为了还卡塔琳娜一个公道并重建圣安布罗焦修道院的秩序吗?

沃尔特指出"美国人"与克罗伊特根非同一般的关系是调查中意义重大的一环。如同高阶枢机主教赖萨赫在案件中的参与,这说明了这个案件不仅涉及某位神父性贞洁上的亏失这么简单。赖萨赫在卡塔琳娜离开修道院以后也立即动身前往蒂沃利。他害怕那里酝酿着什么危险,想要亲自排查并做出预防。[72]

法庭毕竟面对的是以全体耶稣会修士为关系网组成的教会政治和神学党派,并以其严格的一致化和中央化及以新经院哲学为标志的上层建筑,力争在天主教会占有一席之地,并在确保教宗绝对统治的前提下淘汰一切学院的、主教的、离心的理论和运动。耶稣会的敬虔崇拜受到1854年的圣母教义影响,接受感觉、超自然宗教现象和圣人显现,与受到启蒙运动影响的宗教理性主义形成鲜明对比。

提到这一党派,首先要提到其代表人物红衣主教赖萨赫。毕竟是他将卡塔琳娜介绍至圣安布罗焦修道院,也是他促成了克罗伊特根与玛丽亚·路易莎的直接沟通。赖萨赫清楚地知道修道院的内部"秘密",也知道针对卡塔琳娜的投毒事件计划,即他们计划利用卡塔琳娜的高额嫁妆再建一所第三修会修道院,并让玛丽亚·路易莎担任女院长。这一网络中也不能不提到红衣主教莱兹罗利,作为保护者,他常年默许在修道院中对两位假圣人进行敬礼。最终克罗伊特根是整个耶稣会修士网络的现场神父和神学负责人。当然教宗也是其中一员，他尽可能组织调查审判程序以保护自己的耶稣会修士朋友们。当宗教裁判所的介入已经无可避免时，庇护九世任命帕特里齐为主要负责人、赖萨赫为红衣主教成员，并将两人置于最高法官的职位之上。这样教宗给自己在整个事件中的定位也变得非常明确。

但卡塔琳娜也为自己找了盟友，即使她有可能从未意识到案件审判过程中还存在着另一层面的斗争。她提出上诉完全是出于自己正直的本性，在圣安布罗焦修道院发生的一切，包括对于女创始人和玛丽亚·路易莎的敬礼、玛丽亚·路易莎本人的陋习、修道院内随时可能发生的谋杀，全部构成了在宗教裁判所提出上诉的犯罪事实。但蒂沃利的堂兄霍恩洛厄大主教为卡塔琳娜选择本笃会修士莫鲁斯·沃尔特成为其新任告解神父也并非偶然。霍恩洛厄与沃尔特一直保持着密切往来，并最晚自1853年起成为当地修道院院长帕帕莱特的好友和安东·君特的"一位决定性对手"[73]。1853年，君特向布雷斯劳大学神学教义教授约翰·巴尔策[74]提起自己罗马之行并写信给其同行人弗兰茨·彼得·克努特[75]时，提到霍恩洛厄是完全支持君特派而且属于"对抗耶稣会的反对者"[76]。

安东·君特于1783年出生于波西米亚北部，曾以耶稣会初学修士神父的身份实习过，中断后于1821年成为一位世俗牧师。之后他彻底远离耶稣会及从前的耶稣会修士朋友。君特在各处任教职之后于1824年在维也纳成为私人教师。[77]君特从笛卡尔"我思故我在"的哲学理念发展出一套关于"灵性自我意识的修正理论"，这套理论以经院哲学为基础。[78]对君特来说，重要的是"预先知道的和之后知道的"[79]，他所宣扬的理念不啻于神学发展当中关于人类学的观念转变。[80]这满足了大部分天主教信徒的基础需求,即统一现代哲学和天主教信仰并从自我意识迈入宗教自我意识。

当时君特的主要反对者就是新经院哲学支持者,后者激烈地攻击君特并认为他是不加掩饰的泛神论主义者。亚里士多德主义和基督信仰在经院哲学派看来,就如同"利百加生下的两个亲兄弟一样,自母腹中就争斗不息"[81]。哲学被贬低为"马厩干粗活儿的仆人"一般,瘦弱的科学对应肥厚的信仰。[82]因为按照君特的观点,这个世界是完美上帝的映射,虽然是另一种面貌,但仍能拒绝邪恶。"经院哲学则认为上帝是超自然的存在,所以他们将超自然神迹视为理智之上的真理,正如自然之上有一个超自然的存在世界,而神迹就是自然律被打破时发生的现象。"[83]君特以此反对新经院哲学思想,正如其学生克努特所形容的"没有香肠的热酸菜"[84]。对于君特来说,奥秘和神秘主义是新经院哲学谬误的结果,它们走向对于人类的崇拜。奥秘学如同"经院哲学中的一个被惯坏了的女儿",但其所作所为比其母亲更加恶劣,以"异教作为天然装饰",终结于"荒谬"。[85]

在政治层面上,君特更偏向于自由派理念。他在1848年曾发表过言论支持奥地利的君主立宪制,但并没有直接表态支持革命。总之,克罗伊特根及其同党有更多的理由来反对君特,对方藐视新经院主义哲学、神秘主义和耶稣会修士,却支持自由派理念,这意味着他也是教宗的敌人。

克隆主教约翰内斯·冯·盖塞尔[86]在罗马教廷告发君特之后,克罗伊特根得到强硬派人物维也纳红衣主教奥特马·冯·劳舍尔[87]的支持,申请加入禁书目录部门。[88]他自1850年7月起成为这一部门的顾问。[89]1853年4月26日他给禁书审定院秘密提交了一份一百三十三页的君特著作的节选和摘录,为对这位维也纳哲学家之后的审判奠定了基础。[90]

现在支持和反对君特的两方势力不论在德国还是罗马教廷都在凝聚力量。支持方包括施瓦岑贝格亲王弗里德里希[91]的红衣主教们、自1850年加入的布拉格大主教、自1845年担任布雷斯劳大主教的梅尔希奥·冯·迪彭布罗克，这些人在罗马教廷充当君特的代言人。这当中还包括担任教宗庇护九世内阁总管的古斯塔夫·霍恩洛厄－希灵斯普菲斯特侯爵以及大量本笃会修士。

反对方除了上述的盖塞尔和劳舍尔之外，还有当时在禁书目录审查院工作的慕尼黑大主教奥古斯特·格拉夫·赖萨赫。他们并不满足于单单禁止君特的书籍出版，他们还希望通过教宗发布通谕公开判决君特的错谬。禁书审定院的长官红衣主教贾科莫·路易吉·布里尼奥莱[92]和枢机主教秘书长路易吉·兰布鲁斯基尼[93]也属于反君特派。克罗伊特根在这一阵营中担当神学理论指导者。

为了避免这种危险情况，罗马的霍恩洛厄与维也纳神学家帕帕莱特认为，要逃脱被列入禁书目录的唯一可能就是尽快赶到罗马向教宗当面澄清，通过对话赢得对方信任，因教宗具有"情绪化人格"。君特绝对不能落在禁书审定院手里，这绝对会让他无法逃脱禁令。[94]所以当务之急就是尽快赶到罗马觐见教宗并表示自己的臣服。

君特并未听从他们的建议，他认为自己的健康状况不足以负担一场前往罗马的行程。他决定让1853年7月4日突然上任接管禁书审定院的红衣主教吉罗拉莫·安德里亚[95]来做最终裁决，这位倾向于自由派的红衣主教应当会保护很多自由派作者。[96]一开始确实没有任何禁令颁发下来，整个事件被拖延了下去，庇护九世听取了来自维也纳的建议。但之后事态开始直转急下，庇护九世1854

年12月9日提出圣母无瑕疵教义的建议,一天之前他宣告:"万福玛利亚,您曾战胜诸多异端和邪说,请求您也显明目前理性主义思潮的谬误,在这个令人悲伤的时代里,理性主义不仅仅影响到普通市民,就连教会内部的人也受其蒙蔽和折磨,请您彻底拔出并完全消灭它的根基。"很遗憾"还有一些受过高等教育的人,本来具有极高而宝贵的理性,却愚蠢地将理性主义与宗教信仰放在同等地位",并且"自负地将神学理念等同于哲学理念"。[97]君特很明显首当其冲,之后教宗1855年12月17日任命了两名君特的主要反对者——劳舍尔和赖萨赫——成为红衣主教。三天后教宗任命赖萨赫为禁书审定院成员。至此,维也纳神学家君特最有力的对手成了他的审判官。

禁书审定院内部也需要按惯例进行鉴定工作。克罗伊特根继君特著作的摘录之后还编写了一系列针对君特及其追随者的鉴定书,比如1854年4月23日颁布了针对五册《吕底亚》和维也纳年鉴的禁令、1857年1月8日决定性会议上超过多数票赞成禁止厚达三百多页的著作。[98]克罗伊特根和赖萨赫所代表的强硬派希望教宗能在通谕上公开谴责君特。帕帕莱特自1856年8月接任禁书审定院顾问一职,蒂沃利的阿伊洛斯·菲力尔[99]同年2月成为禁书审定院顾问,二人与院长红衣主教安德里亚则希望能够宣判君特无罪。

最终如同罗马教廷常出现的结局一样,双方不得不进行妥协。教宗公开谴责君特的通谕并未出现,但无罪开释也没有达成。君特新的著作被纳入1857年1月8日的禁书目录。[100]君特本人于同年2月17日表示屈服之后才被释放。院长红衣主教安德里亚虽然在斗争中失败,未能阻止君特著作被列入禁书目录,但是之后他出版了一本《四百年禁书目录概览》,在附录中特别强调君特 2 月 10 日 "以正直、虔诚和值得称赞的态度表示了屈服"[101]。一般这种表达都是公式化的 "以值得称赞的态度表示了屈服"[102]。

克罗伊特根立即向其德国同盟传达了审判结果。他并不满足于此结果，因最终目的并不是禁止一两本书的出版和传播，而是要裁决君特本人，因为他 "损害了基本教义"[103]。盖塞尔 1857 年访问罗马时，赖萨赫和克罗伊特根成功地绕开禁书审定院和安德里亚院长，以藐视已颁布的禁书禁令为由让教宗针对君特进行了公开谴责。霍恩洛厄无法阻拦盖塞尔与教宗的直接会面，对方成功地说服庇护九世于 1857 年 6 月 15 日发布通谕公开谴责君特。[104] 这位维也纳哲学家在天主教内部的合法性被彻底动摇。

克罗伊特根和赖萨赫获得了全面胜利，在走不通一般的调查程序后，他们转而投向教宗，亲自修正了其裁决。这也显示出庇护九世在做决策时是多么容易受人影响。自 1854 年起，自由派就逐渐失去了对于教宗的影响力，教宗只相信强硬派和耶稣会。

君特在德国和罗马的追随者很清楚他们的失败应当归咎于新经院哲学家，尤其是克罗伊特根。君特认为耶稣会修士是 "腐朽的亚里士多德主义者，理应被人搞垮"。但很可惜耶稣会在罗马反倒越来越兴旺，甚至是在 "没有收拾好之前的烂摊子" 的情况下。[105] 他们无法期待庇护九世做出什么补偿行为，再次审核几乎是不可能的，因为禁书审定院无法质疑教宗通谕。但君特在罗马的支持者无论如何都希望能够采取报复行为，特别是针对克罗伊特根。但从外部采取行动几乎是不可能的，尤其在对方享有议会多数票以及教宗的宠爱保护时。就在此时，克罗伊特根身陷圣安布罗焦修道院的案件给他们提供了一个绝无仅有的、打击对方意识形态的大好机会。现在双方要夺取的可不是什么小小的禁书令决定权，而是针对克罗伊特根个人的审判裁决,其影响远不止于此。一个异教徒、谋杀案知情人、告解时的引诱者和宗教裁判所决议的藐视者,这么多罪名集于一身的克罗伊特根会从根本上动摇对方阵营,霍恩洛厄、沃尔特和帕帕莱特需要的就是这样的机会,最起码会令克罗伊特根彻底失去未来在禁书议会担当顾问、在教宗身边担当智囊以及在天主教会里担当反自由派领袖的机会。

注 释

[1] Costituti del P. Peters；ACDF SO St. St. B 7 d.

[2] Ristretto com Sommario relativo ai Constituti del P. Giuseppe Peters, Parte I: Sulla veneratione e culto della fondatrice Sr. Maria Agnese Firaao；ACDF SO St. St. B 6 i.

[3] 关于教廷网络,参阅 Wolfgang Reinhard, Freunde und Kreaturen. Verflechtung als Konzept zur Erforschung historischer Führungsgruppen. Römische Oligarchie um 1600, München 1979。

[4] 关于克罗伊特根的现代历史性及神学性传记并不存在。1976年出版的德费尔《教会》中也缺乏相关记载。参阅 Walter, Zu einem neuen Buch, S. 318-356 und Schwedt, Rez. Zu Deufel, S. 264-269。彼得·沃尔特的作品值得引用。参阅 Belz, Michelis, S. 46-53；Finkenzeller, Kleutgen, S. 318-344；Lakner, Kleutgen, S. 183-202；Langhorst, Jugendleben；Schäfer, Kontroverse, S. 37-53；Walter, Philosophie, S. 145-175；Wolf (Hg.), Prosopographie, S. 806-817。关于克罗伊特根的生日,有不同版本的说法,其墓碑上刻的是1811年9月11日,多特蒙德市多名我教会手册上显示为1811年4月9日。其一幅画像经过严密搜索仍未找到。

[5] 参阅 Blaschke, 19. Jahrhundert, S. 38-75；Lill, ultramontanismus, S. 76-94；Wolf, Kirchengeschichte, S. 92-121。见后续。

[6] 约翰·塞巴斯蒂安·德雷1777年出生,曾在仅存数年的埃尔旺根天主教

学院教授护教学、教义学和教义史，1817年该学院并入图宾根大学，德雷是图宾根大学神学系奠基人之一。参阅 Abraaham P. Kustermann, Art. Drey, in：LThK3 3（1995），Sp. 373 f。

[7] 赫尔墨斯1775年出生，1807成为明斯特大学教义学教授，1820年迁至波恩，1831年去世。参阅 Hubert Wolf, Art. Herms, Georg, in：RGG³ 3（2000），Sp. 1664 f。关于赫尔墨斯主义，参阅 Nichols, Conversation, S. 23-41；Hubert Wolf, Art. Hermsianismus, in：RGG³ 3（2000），Sp. 1667 f。索引参阅 Schwedt, Urteil。

[8] Zur Datierung Walter, Philosophie, S. 146 f.

[9] Kleutqen, Memorandum, S. 5-11, hier S. 7f.

[10] Kleutgen, Schulen, S. 193；Kleutgen, Theologie Bd. I, S. 18 f. 关于克罗伊特根在新经院哲学中的地位，参阅 Marschler, Scheeben, S. 459-484；Steck, Kleutgen, S. 288-305；Walter, Philosophie；Weiß, Moral。

[11] 参阅 Lakner, Kleutgen, S. 200。

[12] 参阅 Finkezeller, Kleutgen, S. 322。

[13] 参阅 Wolf（Hg.），Prosopographie, S. 806-817（鉴定清单）。

[14] 参阅 Lakner, Kleutgen, S. 192。

[15] Walter, Zu einem neuen Buch, S. 320.

[16] Kleutgen na Franz Hülskamp, 16. Mai 1868；Deufel, Kirche, S. 92 f.

[17] 参阅 Deufel, Kirche, S. 182 Anm. 22, auch S. 91-93. 考虑时间状态参阅 Walter, Zu einem neuen Buch, S. 319 f。

[18] 关于新经院哲学对于神迹的理解，参阅 Albert Lang, Fundamentaltheologie, 2 Bde., München ³1962, hier Bad. I：Die Sendung Christi, Ⅱ. Hauptstück：Das Problem der übernatürlichen Offenbarung, 3. Kapitel：Das Wunder als das entscheidende Offenbarungskriterium, S. 111-131。关于克罗伊特根圣母研究的神学意义，参阅 Haacke, Maria, S. 97-110。

[19] 参阅 Burkhard Peter, On the history of dissociative identitiy disorders in Germany：The Doctor Justinus Kerner and the Girl From Orlach, or Possession as an "Exchange of the Self", in：Journal of Clinical an Experimental Hypnosisi 59（2011），S. 82-102。

[20] 参阅 Blaise Pascal, Lettres provinciales, 1656。

[21] Costituo di P. Kleutgen. 2. März 1861；ACDF SO St. St. B 6 z.

[22] Sommario del Ristretto di P. Peters, Nr. Ⅱ: Fogli originali consegnati nel Costituro, 18. März 1861；ACDF SO St. St. B 6 i. 印刷版同上 B 6 i，见后续。

[23] Sommario del Ristretto del P. Peters, Nr. Ⅲ: Fogli originali consegnati nel Costituro, 26. März 1861；ACDF SO St. St. B 6 i. 见后续。

[24] 由罗马的弗朗西斯建立。参阅 Art. Oblate di S. Francesca Romana dette di Tor de'Specchi, in: Moroni, Dizionario 30 (1845), S. 196-203；Friedrich Wilhelm Bautz, Afrt. Franziska von Rom, in: BBKL 2 (1990), Sp. 113 f；http://www.tordespecchi.it/ (05.07.2012)。

[25] 特蕾西娅修女，亦被称为赤足修女，圣女大德兰1562年在西班牙创建加尔默罗会的分支。参阅 Pierer's Universal-Lexikon, Bd. 17, Altenburg 1863, S. 494。

[26] 冯·艾佛布洛克1784年出生，1825年起在罗马学院教授教会法、礼拜仪式和教会历史，1856年成为罗马教廷圣赦院神学家，1863年去世。参阅 Wolf (Hg.), Prosopographie, S. 534-536。

[27] 卡米洛·塔尔奎尼1810年出生，1852—1869年及1871—1873年在罗马学院担任教会法教授，1874年去世。参阅 Wolf (Hg.), Prosopographie, S. 1443-1446。

[28] 路德维希一世，巴伐利亚第一任国王马克西米利安一世的长子，母亲为黑森公主奥古斯塔·威廉敏娜。1786年出生，1825年继承巴伐利亚王位，1868年去世。参阅 Andreas Kraus, Art. Ludwig I., in: NDB 15 (1987), S. 367-374。

[29] 卡洛琳·弗雷德里克·威廉明妮公主是国王马克西米利安一世的第二任妻子，巴伐利亚成为王国后，她在1806年成为巴伐利亚王国第一位王后。婚后生育了八个孩子。婚后卡洛琳被允许保持她的新教信仰，也被允许拥有自己的新教牧师。卡洛琳1841年去世后被葬在基延会教堂地下室她丈夫棺椁的旁边，卡洛琳得到这样的待遇缓和了她的继子巴伐利亚国王路德维希一世对新教的态度。参阅 Manfred Berger, Art. Karoline Friedrike Wilhelmine von Baden, in: BBKL 23 (2004), S. 199-207。

[30] Garhammer, Regierung, S. 84-90.

[31] Deufel, Kirche, S. 259 f.

[32] Ristretto con Sommario relativo ai Constituti del P. Giuseppe Peters, Parte I: Sulla veneratione e culto della fondatrice Sr. Maria Agnese Firaao; ACDF SO St. St. B 6 i.

[33] Costituti del P. Peters, 28. März 1861; ACDF SO St. St. B 6 z.

[34] Sommario del Ristretto di P. Peters, Nr. V: Fogli originali consegnati nel Costituro, 16. April 1861; ACDF SO St. St. B 6 i.

[35] 关于经院式辩论，参阅 Uwe Gerber, Art. Disputatio, in: TRE 9（1982）, S. 13-15; Hanspeter Marti, Art. Disputatio, in: Gert Ueding（Hg.）, Historisches Wörterbuch der Rhetorik, Bd. 2, Tübingen 1994, S. 866-880。

[36] Ristretto con Sommario relativo ai Constituti del P. Giuseppe Peters, Parte I: Sulla veneratione e culto della fondatrice Sr. Maria Agnese Firaao; ACDF SO St. St. B 6 i.

[37] Ristretto con Sommario relativo ai Constituti del P. Giuseppe Peters, Parte I: Risposte sulla santità affettata di M. Luisa e sugli altri addebiti relativi; ACDF SO St. St. B 6 i.

[38] Sommario del Ristretto di P. Peters, Nr. I: Fogli consegnati dall'Inquistio P. Peters nel Constituto, 12. März 1861; ACDF SO St. St. B 6 i.

[39] 关于上帝内在位格问题，参阅 den Traktat über die Trinität, in: Perrone, Praeleciones Theologicae. Bd. 4: De Deo uno et trino, S. 209-360。

[40] 关于上帝属性、独一性、知识、意志及其爱和目标等，参阅"Tractatus de deo eiusque attributis", in: Perrone, Praelectiones Theologicae. Bd. 4: De Deo uno et trino, S. 5-208。

[41] 创始神学主要讨论如何理解造物主，亦即尼西亚—君士坦丁堡信经中表述的"创造天地的主"问题。参阅 Perrone, Praeleciones Theologicae. Bd. 5: De Deo creatore。

[42] 救赎论是关于耶稣基督拯救人类的教义。起初基督位格和作为是被视为一体而理解的，后来经院哲学构架基督学时将两者分离开来。参阅 Müller, Dogmatik, S. 372。乔凡尼·佩罗没有专门论述过这个主题，

但在基督学中的一章中将基督描述为真正的救赎主。参阅 Perrone, Praeleciones Theologicae. Bd. 6：De incarnatione et cultu sanctorum, S. 5-104。

[43] 新经院哲学主要在恩典教义的框架下讨论上帝对灵魂和人类的影响。参阅 Perrone, Praeleciones Theologicae. Bd. 7：De gratia christi。

[44] Sommario del Ristretto di P. Peters, Nr. Ⅵ：Fogli consegnati nel Constituto, 22. April 1861；ACDF SO St. St. B 6 i.

[45] 关于亚历珊德拉进一步的信息并不清晰。Archivio della Cattedrale di Comacchio, Stato d'anime della città di Comacchio del 1826-27, fol. 41. Zur Tätigkeit des Vaters Vgl. Notizie per l'anno 1835, S. 263；Notizie per l'anno 1845, S. 355.

[46] Constituti di P. Peters, Nr. Ⅳ：Fogli consegnati nel Constituto, 22. April 1861；ACDF SO St. St. B 6 z.

[47] 参阅 Denzler, Lust。

[48] 参阅 Götz von Olenhusen, Klerus, S. 236 f。Klee, Grundriß, S. 90-94.

[49] 参阅 Alphons von Liguori, "Tractatus Ⅸ：De secto praecepto Decalogi", Homo Apostolicus instructus in sua vocatione ad audiendas, confessiones sive praxis et instructio confessariorum, Turin 1870, S. 178。关于 Liguori, 又见 Weiß, Moral。

[50] Thomas von Aquin, Summa theologiae IIa-IIae, Quaestio 154, Art. 4.

[51] Ristretto com Sommario relativo ai Constituti del P. Giuseppe Peters, Parte Ⅱ；ACDF SO St. St. B 6 i.

[52] 敬礼圣母之心和基督之心是紧密相关的，1646年起雄辩家若望·欧德斯与其会友在庆祝基督圣心节之外也开始庆祝圣母圣心节。庇护七世在19世纪初正式批准了这一节日。参阅 Karl-Heinrich Bieritz, Das Kirchenjahr. Feste, Gedenk- und Feiertage in Geschichte und Gegenwart, München 1991, S. 150。圣安布罗焦修道院时期已经形成成熟的敬礼流程。各处都可以举行这一敬礼。参阅 Theodor Maas- Ewerd, Herz Mariä. I. Verehrung, in：LThK3 5（1996,）Sp. 60 f。关于庆贺圣母无玷圣心，又见 Franz Courth, Marianische Gebetsformen. Die Herz-Mariä-Weihe, in：Wolfgang Beinert /

Heinrich Petri (Hg.), Handbuch der Marienkunde, Bd. I, Regensburg ^{2}1997. S. 550-552。

[53] 关于宗教和性爱主题，参阅心理学家和神学家克里斯蒂娜·巴赫曼的理论。Christina Bachmann, Religion und Sexualität. Die Sehnsucht nach Transzendenz, Stuttgart u. a. 1994, hier S. 118 und S. 226. 关于宗教、性和狂喜，参阅 Klaus Peter Köpping, Ekstase, in：Christoph Wulf(Hg.), vom Menschen. Handbuch Historische Anthropologie, Weinheim / Basel 1997, S. 548-568；Wunibald Müller, Ekstase. Sexualität und Spiritualität, Mainz 1992。

[54] Constituto di P. Peters, 28. Mai 1861；ACDF SO St. St. B 6 z.

[55] Constituto di P. Peters, 1. Juni 1861；ACDF SO St. St. B 6 z.

[56] Pierre Dens, Theologia moralis et dogmatica, Bd. 4，Dublin 1832, Nr. 297 I．又见 Art. Baiser, in：Abbé Migne, Encyclopédie Théologique, Bd. 31, Pairis 1849, Sp. 293 f.："应当禁止人们对身体不同寻常的部位进行亲吻，例如乳房、胸部或更甚者，将舌头放入对方嘴巴。这些行为都是带着欲望的目的或者会导致危险的欲望，因此犯下这些行动的人无法从死刑中逃脱。"

[57] Otto Best, Art. Zungenkuss, in：Ders., 1. und 4. Juni 1861；ACDF SO St. St. B 6 z.

[58] Constituto di P. Peters, 28. Mai 1861；ACDF SO St. St. B 6 z.

[59] Ristretto con Sommario relativo ai Constituti del P. Giuseppe Peters, Parte II：Risposte sulla santità affettata di M. Luisa e sugli altri addebiti relativi；ACDF SO St. St. B 6 i.

[60] Karl, Glauben, S. 9.

[61] 同上，S. 14。

[62] 同上，S. 28。

[63] 同上，S. 30。

[64] 同上，S. 37。

[65] 同上，S. 31。

[66] Ristretto con Sommario relativo ai Constituti del P. Giuseppe Peters, Parte IV：

Sulla asserite predizioni, rivelazioni ed operazioni del Demonio relative alla malattia ed avvelenamento della novizia Principessa; ACDF SO St. St. B 6 i.

[67] Ristretto con Sommario relativo ai Constituti del P. Giuseppe Peters, Parte Ⅲ: Sul segreto imposto alle monache circa le cose straordinarie e sù di altri addebiti; ACDF SO St. St. B 6 i.

[68] Sommario del Ristretto di P. Peters, Nr. Ⅹ: Fogli consegnati nel Constituto, 1. Juli 1861; ACDF SO St. St. B 6 i.

[69] Ristretto con Sommario relativo ai Constituti del P. Giuseppe Peters, Parte V: Istanze e contestazioni Fiscali; ACDF SO St. St. B 6 i.

[70] Constituto diP. Kleutgen; ACDF SO St. St. B 6 y. 见后续。

[71] Ristretto con Sommario relativo ai Constituti del P. Giuseppe Peters già confessore delle Monache Riformate in Sant'Ambrogio, Oktober 1861; ACDF SO St. St. B 6 g und B 6 i.

[72] Hohenlohe an Pappalettere, 1. August 1859; zitiert nach Wenzel, Freundeskreis, S. 361 f.

[73] Gangau an Postelmayr, 25. November 1853; zitiert nach Wenzel, Freundeskreis, S. 161.

[74] 巴尔策1830年出生，1829年成为天主教神学研究班神父，1830年成为特别教授，1831年成为波兰布雷斯劳大学教义学正规教授，1846年成为布雷斯劳大教堂任职教士，自1860年受到波兰侯爵大主教海因里希·福斯特迫害被停职并停薪，1870年加入老派天主教会运动，1871年去世。参阅 Friedrich Wilhelm Bautz, Art. Baltzer, in: BBKL 1(1975), S. 361; Ernst Melzer, Art. Baltzer, in: ADB 2(1875), S. 33 f.

[75] 克努特1811年出生，1845年成为波恩特别教授，1847年成为正规教授，1878年成为老派天主教会主教管区代理总会长，1889年去世。参阅 Herman H. Schwedt, Art. Knoodt, in: BBKL 4(1992), S. 163-165; Paul Wenzel, Art. Knoodt, in: NBD 12(1979), S. 211。

[76] Balter an Knoodt, 21. November 1853; zitiert nach Wenzel, Freundeskreis, S. 161.

[77] 参阅 Wolf, Ketzer, S. 52-58。

[78] Reikerstorfer, Günther, S. 266.

[79] Pritz, Glauben, S. 373.

[80] 同上,S. 348-375; Schäger, Kontroverse, S. 28-36。

[81] Lydia. Philosophisches Jahrbuch von Dr. A. Günther und Dr. J. E. Veith 4（1854）, S. 603.

[82] Wenzel, Anliegen, S. 204.

[83] 同上,206页。

[84] 同上,211页及445页。

[85] 同上,213页及216页。

[86] 盖塞尔1796年出生,1837年担任德国施派尔主教,1841年成为神父助理,1845年成为科隆大主教,1850年成为红衣主教,1864年去世。参阅Eduard Hegel, in: Gatz（Hg.）, Bischöfe, S. 239-244。

[87] 劳舍尔1797年出生,1849年担任奥地利赛考大主教,1853年成为维也纳侯爵大主教,1855年成为红衣主教,1875年去世。参阅Erwin Gatz, in: Gatz（Hg.）, Bischöfe, S. 596-601。

[88] 主要参阅Schwedt, Verurteilung, S. 301-343。又见Schoeters, Beckx, S. 146-151。关于克罗伊特根和君特的神学理论,参阅Schäfer, Kontroverse。

[89] 参阅Wolf（Hg.）, Prosopographie, S. 806-817, hier S. 807。

[90] ACDF Index Causes célèbres 4, Günther.

[91] 施瓦岑贝格1809年出生,1836年成为萨尔斯堡侯爵主教,1842年成为红衣主教,1850年成为布拉格侯爵主教,1885年去世。参阅Erwin Gatz, in: Gatz（Hg.）, Bischöfe, S.686-692。

[92] 布里尼奥莱1797年出生,1834年被提名为红衣主教,1851—1853年成为禁书审核院负责人,1853年去世。参阅Weber, Kardinäle Bd. 2, S. 443 f. 及各处。

[93] 兰布鲁斯基尼1776年出生,1831年成为红衣主教,1836—1846年为枢机国务卿,1854年去世。参阅上书475页及各处。

[94] Schwedt, Verurteilung, S. 309.

[95] 安德里亚1812年出生,1841年成为土耳其梅利泰内领衔主教,1841年成为瑞士教宗使节,1852年成为红衣主教,1853—1861年为禁书审核院

负责人，1866 年被主教公署停职，1867 年被解除红衣主教职务，1868 年平反并去世。参阅 Wolf (Hg.), Prosopographie, S. 379-383。

[96] 参阅 Icks, Santa Sede, S. 593 f.; Wolf, Index, S. 173 f.。

[97] 庇护九世 1854 年 12 月通谕；庇护九世 1864 年 12 月 8 日通谕及《现代错误学说汇编》，又见 Actenstücke, Köln 1865, S. 83-102, hier S. 88 f. und S. 100 f.。

[98] ACDF Index Prot. 121, Nr. 18 und Nr. 19 (Lydia)；同上，Causes célèbres 4.

[99] 菲力尔 1805 年出生，1835 年成为因斯布鲁克哲学和美学系教授，1856 年成为禁书审核院顾问，1858 年被提名为圣座圣伦法庭的稽查员，上任前的 1859 年去世。参阅 Wolf (Hg.), Prosopographie, S. 591-593。

[100] 参阅 Wolf (Hg.), Bücherverbote, S. 248-250; Ders. (Hg.), Repertorium Indexkongregation, S. 361-364。

[101] "Ingenue, religiose, ac laudabiliter se subjecit"; Bando vom 8. Januar 1857; Wolf (Hg.), Bücherverbote, S. 249.

[102] 参阅 das Bando vom 12. Juni 1856；同上，S. 245 f.。

[103] Kleutgen an Schlüter, 10. Januar 1857; zitiert nach Deufel, Kirche, S. 245.

[104] ASS 8 (1874), S. 445-448.

[105] Wenzel, Anliegen, S. 211 Anm. 445.

第九章
"悲伤痛悔"
判决及其后果

顾问、红衣主教、教宗——判决

控诉程序结束之后，教廷再次面临如何做出决定的问题。四份书面总结里面囊括了关于玛丽亚·路易莎、女院长、莱兹罗利以及克罗伊特根的审讯过程总结以及他们供认的犯罪事实。天主教会议的顾问们必须以此为基础做出判决，并由宗教裁判所的陪审推事呈交给教宗形成最终判决。

顾问会议一般都是周一举行，1862年1月27日，他们开始详细讨论圣安布罗焦修道院的案件[1]，共有十六名成员到场。[2]

首先讨论的是关于圣安布罗焦修道院修女们和神父们长期以来藐视针对阿涅塞·菲劳下达的判决以及本人在教廷的保护伞问题。罗马教廷和宗教裁判所都认为自己的权威受到了挑战，顾问们很快就此达成一致，由于1816年2月8日针对菲劳的教令"从未被取消过"，修女们和神父们必须接受最严厉的惩罚。任何人都不可对此有任何反对意见。此外，未来不允许任何人敬礼菲劳，无论是以"书面或口头、私人或公开、直接或间接、言语或行为"的任何形式。

第二项罪名的投票也非常一致，即彻底废除圣安布罗焦修道院。教宗早就关注此事。修女们和神父们则应当在永久开除教籍的最后通牒下，立即给宗教裁判所上交菲劳编写的教团准则、章程和其他文稿。

涉及主要被告人——之前的修女主管和院长助理玛丽亚·路易莎·里多尔菲——时，所有在场顾问一致认定她犯下了虚假宣圣的罪行。对教廷来说她简直就是西班牙的异端莫林诺，罪名昭著。因此玛丽亚·路易莎应公开发誓弃绝曾有的罪行并被判完全隔绝监禁在修道院。她不得与修道院外任何人进行联络，必须远离修道院大门和高墙，完全彻底地与世隔绝。三年之内每周五只能以面包和清水进行斋戒，此后余生每周六都要诵读玫瑰经并为自己的罪行忏悔。之后应当派一位"更有学识智慧"的告解神父，以便给这个迷失的灵魂加以引导。

至于在修道院监禁的时候，四位投票人赞同十年附加最严格的斋戒要求和苦修条件，并且必须穿上粗麻衣。一位投票人认为，鉴于被告人犯下了投毒谋杀和索多玛同性恋的严重罪行，建议不仅应当被囚禁终生，而且要剥夺其主要圣事的参与权，即只能参加最重要的复活节、圣灵降临节和圣诞节。

女院长玛丽亚·维罗妮卡·密尔扎同样需要在法庭上宣誓弃绝自己的罪行，然后被监禁在修道院，并且不得再披戴代表年长修女的黑纱。终生不得联系任何与圣安布罗焦修道院有关的人，包括修女、告解神父和其他人员。但顾问们在囚禁时间上没有达成一致。有十位赞成三年，剩下几位认为应交由红衣主教们决定。在赎罪期满后，女院长应被带到一个充满敬虔妇女的修道院里。

轮到修道院的首位告解神父和属灵领袖朱塞佩·莱兹罗利的裁决时，顾问们进行了详细的讨论。首先，所有人都赞同被告人必须公开、认真地宣誓断绝所有的罪。[3] 但他们无法就被告人是否能够继续担任告解神父达成一致。两位耶稣会修士顾问表示只需要禁止被告以后接受女性告解人即可，五位顾问表示被告人可以接受男性告解，但不可接触任何与圣安布罗焦修道院有关的人士。至于惩罚期限，六位顾问赞同监禁五年，四位赞同一年，有一位甚至建议一个月。有一位（可能是耶稣会修士）试图将被告人与其行为剥离开，从而减轻刑罚。但有一位坚持要重罚莱兹罗利，认为他要对菲劳事件负最大责任，"这是虚假、莽撞、错误和不公正的教导和异端"。作为刑罚，他建议十年监禁和缄默悔改，每年还有十天的祷告操练。另一位顾问面对大家的分歧保持沉默。莱兹罗利最终的惩罚和量刑将由红衣主教们决定。

十一名顾问赞成让约瑟夫·克罗伊特根立下天主教最严厉的弃绝誓，有一位则认为次一等的弃绝誓就可以，而且不必在裁判所[4]，而是耶稣会内进行十天祷告操练。在具体量刑问题上，顾问团也产生了分歧。有四位顾问赞成让红衣主教们来做决定，三位认为应判处五年，两位赞同三年，两位赞同十年。有四位认为被告人是故意"与处女发生性行为"，从而违背了《圣经》十诫之一的"不可奸淫"[5]。与玛丽亚·路易莎的舌吻、特殊色情祝福都应被视为异教行为而加倍严惩，被告人应当被罚在苦修房[6]坐牢而不是在耶稣会内的修道院。这四位顾问中的两位认为苦修房惩罚期限应为五年，一位建议十年，最后一位则建议一年。

两位耶稣会修士顾问中的一位表示，克罗伊特根是受到了欺骗，并在认识到自己的错误之后马上做了改正。此外圣安布罗焦修道院一直被众多主教和红衣主教视为修道院的榜样楷模，所以克罗伊特根在没有过多疑问下顺从了修道院本身的一些敬拜传统也是可以理解的。他也不同意克罗伊特根有异教倾向："据我所知这里并未涉及信仰原则裁决,而只是犯罪裁决。"这样的话,克罗伊特根顶多就是一名德行有缺失的神父,甚至是一名犯罪的神父,但绝不是异端邪说。但这一建议并未获得通过。

顾问团虽然在对于克罗伊特根的量刑问题上没有达成一致,却一致同意被告人应切断与所有人的联系,特别是圣安布罗焦修道院的修女和神父。耶稣会总会长贝克斯应指定一名合适的神父去指出对方所违背的宗教裁判所和天主教廷原则,并令其收回自己的观点。

基本上天主教宗教裁判所对于教唆罪行量刑更加严重,特别在告解方面的犯罪被视为极其恶劣的行为。犯下这种罪行的神职人员本应被处以"火刑、棍刑、终身监禁、剥夺头衔和送至世俗法庭"[7]。但犯下教唆罪的克罗伊特根的刑罚却显得尤其高举轻放。大多是要求他操练忏悔祷告,宗教裁判所的顾问和红衣主教们顶多加上在修道院监禁一段时间而已。[8]

宗教裁判所的红衣主教团在顾问团投票的基础上,于1862年2月5日开始讨论圣安布罗焦修道院案件。[9]关于第一项菲劳敬礼的指控,在顾问团建议下,主教团的意见完全一致。在涉及销毁修道院女创始人阿涅塞·菲劳相关纪念行为时,主教团甚至比顾问团更进一步,他们决定将其尸体从古比奥的圣马尔齐亚莱墓园挖出来转移至当地某一不知名公立墓园。

十六名顾问针对玛丽亚·路易莎的判决建议被照样采用,量刑被定为二十年。对于女院长玛丽亚·维罗妮卡·密尔扎的判决也是一样,其量刑定为一年,之后经代理枢机主教同意可被派遣至某一合适的修道院。朱塞佩·莱兹罗利也是类似情形,他被判决监禁一年并不得再接受任何人的告解。约瑟夫·克罗伊特根被判监禁三年,并在道德原则方面加以特殊警告。针对女院长和初学修女主管的判决将通报给圣安布罗焦修道院的修女和神父。

2月5日,宗教裁判所的陪审推事拉法埃莱·莫纳科·拉·瓦莱塔按照惯例将红衣主教团关于圣安布罗焦修道院案件的判决私下呈交给庇护九世。[10]教宗仅仅进行了几处小调整。他要求对于菲劳的掘尸和搬迁工作要在最高机密条件下进行,不得引起公众注意。玛丽亚·路易莎的量刑被缩短至十八年,相较于她本人对周围修女们的多次谋杀行为,可以说这个量刑相当宽容。在大多数国家这样的犯罪肯定是要被判处死刑的。克罗伊特根的量刑被缩短至两年。

两年刑罚是否与克罗伊特根的重罪相符合?可以明显看到教宗对他的偏袒。克罗伊特根是赖萨赫介绍给教宗的重要神学家,起草各类文章和鉴定书,是教宗在教会和教会国不可缺少的重要人员。教宗本人就属于耶稣会阵营,也就是属于克罗伊特根阵营,耶稣会和克罗伊特根又支持教宗统治。这是教宗偏袒和宽容的真正原因。

2月12日红衣主教们就后续事宜召开了一次会议。[11]萨鲁埃并不清楚克罗伊特根和莱兹罗利是否能够继续担任神父职务,从判决书"正式而决绝地弃绝罪行"不能直接做出判断,那么只能参照惯例。宗教裁判所的惯例是发弃绝誓的神父在一段时间内连公开弥撒都无法参加,本来神父每天都应当举行弥撒。红衣主教团谨慎地将这一空白留给教宗裁决,后者判定禁止两名神父二十天之内参加公开弥撒。此外,红衣主教团认为虽然提到古比奥的菲劳坟墓之事,但并未提及圣安布罗焦修道院其他两名女院长玛丽亚·玛达莱娜和阿涅塞·塞莱斯特·德拉·克罗切的坟墓,但教宗决定将这两名女院长的遗体同样迁移至某不知名墓地。

这些措施表达了一个清楚的信号——所有能够提醒人们想到圣安布罗焦修道院的事物都应当被永久抹杀。教廷无疑是这场战斗的胜利者，所有可纪念的坟墓都应当被消灭，所有与修道院相关的文件，特别是两名假圣徒的相关资料应当消失或进入大众无法触及的罗马教廷档案馆。

内部的公开弃绝和对外的神秘态度

签署公开弃绝宣言是宗教裁判所的审讯高潮，西班牙的宗教裁判所尤为著名，许多著名的画作都描述了其审判场景，并在今天仍有影响。[12]1633年6月22日，伽利略·伽利雷被迫签署公开弃绝宣言，撤回他自然科学观察的观点。德国戏剧家贝尔托·布莱希特以此基础创作的戏剧《伽利略传》后来成为世界名作："我，伽利略·伽利雷，弗洛伦萨的数学和物理老师，在此宣誓弃绝我所教导的关于世界围绕太阳为中心转动而非地球的相关内容。"[13]圣安布罗焦修道院案件的公开弃绝则是以非公开的秘密方式进行的。

萨鲁埃被委托负责向被告人通告红衣主教团最终的判决和量刑，确认公开弃绝宣言内容、向被告人宣告开除教籍的惩罚，并向全体修女通报结果。其间还要调整总结性概述中控诉事项的细节。公开弃绝宣言自有一套成熟的模式。约瑟夫·克罗伊特根的公开弃绝宣言仪式于1862年2月18日在宗教裁判所广场举行。[14]到场的包括温琴佐·莱昂·萨鲁埃和恩里科·费拉里两位法官、书记员帕奇菲科·加斯帕里[15]和鉴定人贾科莫·瓦加吉尼。[16]

法庭仍旧称克罗伊特根为彼得斯。彼得斯跪下，面前摆着一本《圣经》，然后判决书以洪亮的声音宣读："我们决定对你们宣读如下最终判决。我们奉上主耶稣基督及其荣福圣母的名义，凭借法庭调查的犯罪事实，以检察官安东尼奥·班博齐阁下为一方，以神父朱塞佩·彼得斯为另一方做出最终判决。

"我们所宣告、作废、选择和解释的都是神父朱塞佩·彼得斯所承认的内容,我们判决其在宗教裁判所法庭前为有罪,因他曾以多种方式和方法敬礼被判决并去世的、虚假称圣的玛丽亚·阿涅塞·菲劳修女;他曾以不同违法和犯罪的方式用言语、文字和行为支持并敬礼虚假宣圣的玛丽亚·路易莎修女;并在为其告解期间引诱对方;为支持对方而打破禁令;曾断言、书写并公布有害的神学观点和原则;曾相信所谓的天国来信并与之信件来往,且出于有害的神学观点和原则;最后还因着其他损害最高教廷机构的行为被判为有罪,触犯了所有相关禁令和法规。

"由于他主动承认了所犯下的过错并请求原谅,我们很高兴能赦免他被开除教籍的刑罚,这刑罚本应按照他的罪行被执行。这一赦免的前提是他能够以正直诚实的心和真实的信仰公开弃绝、厌恶并谴责上述所犯过错和异端思想行为以及其他违背天主教和使徒设立教会的教派思想的错误,正如我们通过此判决所规定的那样,并按照我们将告知他的方式和方法执行。

"为了对其罪行表示惩戒,并在未来更加谨慎行事,我们判处其在进行公开弃绝之后永不得进行告解工作,永不得进行灵魂牧养工作,二十天不得参加公开弥撒以及十天苦修。我们判处其替代监牢而在一所修会总会提供的房子里监禁两年。我们判处其不得接触任何曾拜访过已废除的圣安布罗焦修道院的修女和神父。总会长将为其指派一位灵魂导师,教导他诚实的道德原则。两年监禁期间应当每月三次为已亡者祷告并每周向圣母念十字颂。

"我们能够且必须按照符合法律的方式进行如此宣告、作废、选择、安排和惩罚。"

跪着的克罗伊特根神父在听完、理解判决书并表示没有任何异议之后,将双手放在《圣经》上,按照一般弃绝宣言诵读:"我知道无人可从别处信仰得救，唯有重视、相信、布道、认信和教导天主教和使徒传承的教会才是唯一得救途径。我承认自己在这方面犯下严重错误并对此深感痛悔。"之后他必须逐项承认控诉法庭所列出的每项罪行，表示悔改并赞同教会观点。其间仍然保持跪姿[17]：

"现在我对于上述所提到的错误和异端思想以及未能肯定天主教真理感到忧伤痛悔，我在此以正直的、良心的、真实的信心发誓并表示上述错误和异端思想以及任何违背天主教会和使徒教会的错误及异端思想都是令人深恶痛绝和应当咒诅的。我接受并承诺宗教裁判所做出或即将做出的任何裁决，如果我违背了自己的承诺或誓言，我愿意接受天主教法庭以及特殊权威机构针对相关犯罪行为的任何制裁。愿我的上帝和我双手碰触的《圣经》成为我的帮助！我，朱塞佩·彼得斯神父在此宣誓弃绝，承诺将履行以上所述，凭借我关于真理的知识和最真实的良心就我所逐字承认的事项亲手签字，于罗马1862年2月18日。朱塞帕·彼得斯神父。"

朱塞佩·莱兹罗利神父于前一天——1862年2月17日——在教廷进行了"忧伤痛悔的"公开弃绝，过程中也是一样跪下并手按《圣经》。[18] 玛丽亚·路易莎和女院长于2月14日也走过了同样的流程，前者在布农帕斯托乐[19]的监牢，后者在圣玛利亚丽芙吉奥的"女修道院"。

至此，持续了两年半的圣安布罗焦修道院案的控诉程序正式落下帷幕。最终被告人都承认了自己的罪行、弃绝了信仰上的谬误并受到了应有的惩罚。但是有一件事情是极不寻常的。教宗除将宗教裁判所设为此案的信仰权威机构以外，还为其加上了刑事法庭的职责。但是宗教裁判所并不具有这一职能。这个案件中信仰上的偏差和谋杀事件是密不可分的。公开弃绝书可以修正信仰上的异端和偏差，但对刑事犯罪束手无策。这一分歧一直在整个调查审讯过程中若隐若现地存在着。法庭的意见是对于被告人不仅要使其在言语上悔改，同时也应执行实际生命上的处罚，以便和教会真正和解。

圣安布罗焦修道院案件的判决并未出现在公众面前，比如公布阿涅塞·菲劳1816年判决结果的手册并没有出现在圣安布罗焦修道院案件中。法庭并未公布第二部控诉程序的记录手册，这是在涉及神职人员时法庭常常采取的一种策略，其动机显而易见。首先，1816年菲劳的判决被公开很可能是因为该事件已经引起多个国家的注意，阿尔卑斯山北部地区已有相关报纸报道。天主教信仰权威机构在此要向虚假圣徒表达一个非常明确的态度。此外，教会也想在拿破仑骚乱之后显示罗马行政机器在二十年之后仍有能力高效运转。与此相反，克罗伊特根的活动圈子仅限于罗马教会内部，如果在手册上公开其判决很可能会损害教会声望。这当然不是罗马教会希望看到的，所以可以理解为何他们处理菲劳及其追随者的坟墓也格外低调。其次，不同犯罪行为导致不同的公布程度。圣安布罗焦修道院案件涉及的犯罪行为不适宜被公之于众。教宗和宗教裁判所可以对虚假称圣的行为公开大肆批判，这是符合长期以来的教会传统的。但是性猥亵行为，甚至同性间的性行为和教唆行为，最好不要让公众知道，否则会大大影响天主教会和告解圣事的权威性。最后，还要考虑到保护被告人不受到闻风而动的媒体的影响。[20]特别是涉及公众人物如克罗伊特根神父，他在耶稣会领导层承担重要职责，是神学作家，同时还是宗教裁判所的鉴定人。四名被告人中他是从教廷保密态度中受益最大的一个。他在性方面的罪行，尤其是告解时发生的教唆罪行得以不被暴露在公众面前。他的案件处在灰色地带并具备极大的可操作性，正如案件审判结束十五年以后的情况所证实的那样。

同时，放弃对公众公开判决结果也与教廷内部的高层斗争有关。

单单为了避免教宗因密友帕特里齐和赖萨赫的罪行而变得处境尴尬这条理由，就足够说服宗教裁判所和教宗不公开审判结果。基本上法庭希望达到的四个目标只实现了两个。莱兹罗利神父在圣尤西比阿斯[21]苦修房完成监禁年限后，在1863年回到罗马的奎琳岗圣安德肋堂[22]，并在那里担当了修士初学的各样职位。但法庭设立的禁止其从事布道和告解工作的禁令终其一生都没有被撤销。

耶稣会上层多次试图通过庇护九世解除这一禁令，但都以失败告终。教宗认为自己无法恢复莱兹罗利的名誉，他曾说过："他是个贤德的人，可以为我们祷告；但他太单纯了，无法管理好那些信徒。"[23]尽管不参与弥撒，他还是可以为教廷做出许多贡献。教宗似乎接受了莱兹罗利作为一个敬虔修士的命运。他在与教廷和解之后，于1878年4月29日在阿尔巴尼亚山脉的甘多尔福堡去世，此处也是教宗的夏季别宫。[24]

圣安布罗焦修道院的前女院长玛丽亚·维罗妮卡·密尔扎在修道院监牢服刑一年之后，按照宗教裁判所红衣主教团1863年1月28日下达的命令，被送至罗马朗格拉的芒特拉滕修道院，该修道院属于圣母忠仆会。[25]两年之后玛丽亚·维罗妮卡提出申请，希望能以普通修女的身份加入修道院。红衣主教团在1865年6月14日的会议上通过了这一申请，并与圣母忠仆团会长吉罗拉莫·普廖里进行了协商，最终维罗妮卡进行了为期一个月的苦修之后加入了该修道院。[26]曾经的女院长在新的修会找到了新的身份，看起来她永久性地接受了自己的命运和对圣安布罗焦修道院的判决。

不是修女而是修道院创始人

控诉人后来怎样了呢？1858年和1859年的经历深深地影响了

卡塔琳娜。她口述并让克里斯蒂娜·格迈纳记录的详细报告充分显明了这一点。整整过了十年，那些恐怖的回忆细节仍然历历在目，仿佛昨天发生的一般。字里行间都可以看得出，对于死亡的恐惧彻底击穿了她，尽管她从未公开对此案发表过任何看法。在亲属圈里，尽管大家都知道发生了什么，卡塔琳娜仍一直保持低调。

她的侄女玛丽·冯·图尔恩·翁·塔克席斯－霍恩洛厄郡主在回忆"我姑姑的修道院生涯"时说到"令我极其好奇，但她并不是很愿意提起这件事情"。[27]直到卡塔琳娜去世很久以后，她才知道一些细节。整个故事在口头流传过程中，许多地方都被改动，但是核心部分仍然是年轻漂亮的玛德蕾·比卡利亚修女的圣洁和神迹问题。侯爵夫人的名字被替换为卢多维卡，引诱者不再是某个"美国人"，而是变成大多数小说里的人物——园丁，并被卡塔琳娜在现场逮住，之后就是投毒事件。某个小修女充当了给梵蒂冈报信的信使，当天夜里没有任何延迟，卡塔琳娜的堂兄凭借教宗一纸通谕和教廷刑罚，以一种极其戏剧化的方式将侯爵夫人拯救了出来。侯爵夫人被直接带至庇护九世而非前往蒂沃利。[28]这个故事有一点描述得非常准确，就是卡塔琳娜在整个过程中都是非常被动的，她明显不希望与这一事件再有牵扯，也不想再回忆此事。

随着时间流逝，侯爵夫人甚至开始给克罗伊特根找借口。她不会知道自己这一告发行为等于是在新经院哲学派和君特派之间的斗争中捅了一个马蜂窝，并给沃尔特等人提供了一个报复的机会。卡塔琳娜也无从得知，按照玛丽亚·路易莎的供词，克罗伊特根才是投毒事件真正的导火索，否则她将不能够理解为何克罗伊特根受到的惩罚如此轻描淡写。

卡塔琳娜1870年在其《经历》中为一个问题所困扰，为什么

"一位正派人士、一位经验丰富的神父、一位伟大的导师",如同克罗伊特根这样的人,能够变得如此盲目,如同普通修女对待玛丽亚·路易莎一样。"克罗伊特根对于玛丽亚·路易莎成圣的坚信不疑的态度简直令人吃惊,他面对最莽撞的宣言都不曾有一丝质疑,宁愿让对方完全操纵自己。"侯爵夫人非常确定,每个人"都不可能识破这种欺骗",但克罗伊特根是被"完全蒙蔽"了。

有两个理由支持她。首先,有些女性天生具有敏锐性,懂得如何隐藏自己的肤浅和伪善、诡计和筹划,而这正是理智而宝贵的男性所缺乏的,他们一般会严肃而批判地审视生活中的所有事情,但面对这种女性往往会变得十分盲目。"女性有种天性是男性完全没有而显得神秘莫测的,"也就是"能够呈现一种不同的自我,一种与真相完全相反的表象"的能力。其次,卡塔琳娜发现克罗伊特根在属灵引导方面完全没有经验。"他从未在世俗世界生活过,他主要的工作就是进行研究。他身边的书本是无法帮助他战胜这个世界和其中的人们的。"[29]

老派天主教会的教会历史学家约翰·弗里德里希于1879年首次在媒体上提到圣安布罗焦修道院案件时,卡塔琳娜表现得非常低调。弗里德里希声称克罗伊特根由于涉嫌谋杀"一名为冯·霍亨索伦的侯爵夫人"而被判处六年监禁。[30]侯爵夫人紧跟着在1879年3月23日给克罗伊特根写了一封充满善意的信,其中她回忆了对方二十年前给予她的"出于神父角度的关心和善意"。"怀着深深的遗憾",她摘录了日报上一些对自己的描述——"成了充满欺骗的迫害对象"。卡塔琳娜向克罗伊特根表达了同情并保证会"满怀尊敬地纪念"对方。她1859年时在起诉书上对于这位神父的失望之情已经消失得无影无踪了。相反,在其《经历》中一再提到克罗伊特根也是玛丽亚·路易莎的受害者。在给对方的信件中,卡塔琳娜提到关于"我

侯爵夫人卡塔琳娜生命最后的时期。她最终作为本笃修会贝隆修道院的创始人被载入史册

们共同经历的痛苦失望和必须旁观一个灵魂的堕落"[31]的记忆。

庇护九世又是如何对待卡塔琳娜的呢？这位教宗在她面前扮演了双重的角色。内心里他对这一控诉并不重视，但在侯爵夫人面前却表现得非常慈爱，甚至在侯爵夫人与其堂兄在蒂沃利休养时，还指派自己的一处行宫给侯爵夫人使用，称其为"奎里纳尔的小院长"[32]。在侯爵夫人表示希望做一趟朝圣之旅时，教宗给予其全力支持。这场旅行来得非常及时，因为这等于起诉人在1860年2月12日同年夏天在圣安布罗焦修道院案件调查过程中缺席，并无法再进入调查程序。三名德国本笃会圣保罗修道院修士陪同卡塔琳娜前往巴基斯坦，他们是卡塔琳娜的告解神父莫鲁斯·沃尔特、其兄弟普拉西杜斯和尼克。[33] 三位本笃修士都是君特派。[34]1860年9月29日，教宗私下接待了卡塔琳娜并与她亲自道别。[35] 就这样，侯爵夫人早在案件审理的关键阶段就被永久性地隔绝在调查程序之外了。她将自己的全部精力投入了一项新的敬虔工程,即在庇护九世支持下,沃尔特兄弟和卡塔琳娜希望在德国创建一座本笃会修道院。一开始他们选择的地点是莱茵河畔米尔海姆的阿尔滕堡,然后换成克累弗的马特堡,最后确定在多瑙河上游。[36]

经过众多错误、混乱、两次婚姻和两段修道院生涯的侯爵夫人终于找到了自己的人生呼召。上帝在多次试炼她之后终于将她的人生重任交给了她。所以侯爵夫人后来将自己在圣安布罗焦修道院的痛苦经历视为上帝美好的安排之一。因为若非经历这些毒杀事件,她也不可能离开圣安布罗焦修道院并认识沃尔特兄弟,而没有沃尔特兄弟的话她更无从认识本笃会的属灵真谛并成为一家本笃会修道院的创始人。

侯爵夫人同样在其罗马方济各会的亲友圈中也多次强调这些经历都是出于上帝的旨意,正如其侄女玛丽·冯·图尔恩·翁·塔克席斯-霍恩洛厄郡主后来所记述的一般。本来离开圣安布罗焦修道院以后卡塔琳娜如同"一个可怜人","没有丈夫和孩子,没有目标,迷失在人生中,不断寻找一条可以奉献自己的道路"。在遇到希望革新本笃会、"燃烧着火焰般热情"的沃尔特兄弟之后,卡塔琳娜变得又充满了激情。"她发现了自己要走的道路和要完成的任务,她的双眼和心脏又燃起了激情,她以史无前例的激情投入新的任务当中。她将全部的财产、罕见的属灵恩赐、坚强的意志、全部的人脉资源都奉献给了两位神父极其伟大计划。"[37]

侯爵夫人也以这种方式满足了自己对于修道院的渴望。一般来说,都是有权有势的男性为敬虔的女性捐献修道院,这里则相反,有势力的女性为敬虔的男性捐献修道院。虽然19世纪初直至1918年王国灭亡,符腾堡王国和巴登大公国境内都禁止世俗力量建立天主教修士修会,但霍亨索伦公国则给她提供了实现梦想的机会。

1863年，在继子卡尔·安东·冯·霍亨索伦－西格马林根的支持下，侯爵夫人在西格马林根县的多瑙河畔的贝隆，将一座奥古斯丁修道院改建为本笃会修道院。[38] 1868年，这座修道院成为一座独立的本笃会修道院，神父莫鲁斯·沃尔特被选为第一任院长。在1875—1887年的德国文化斗争中，这所修道院遭到逼迫，其修士不得不流亡海外。这一段时间内侯爵夫人负责维护并管理修道院及其所属土地，等到事态平静下来修士们返回，几乎是无缝衔接地得以延续本笃会传统。修士们返回之前，卡塔琳娜充当了"被遗弃修道院的女主人十二年之久"，之后她令人意外地决定永久离开贝隆并定居在弗莱堡。官方理由是她已经可以放手让她已经成熟的孩子们自己照顾自己了，而她本人也希望搬到一个气候温和的大学城[39]，并且希望进入"完全宁静的隐退生活"状态。但这是真正的理由吗？内部传言卡塔琳娜和沃尔特的分歧越来越大，甚至有人问："圣方济各和圣克拉拉有什么相关呢？"据说在多瑙谷分别时，卡塔琳娜曾喊道："不，您将永远不会再见到我，不论是生是死！"[40] 侯爵夫人于1890年7月7日启程离开贝隆，这标志着修道院创立阶段的结束。第二天，7月8日，院长莫鲁斯·沃尔特[41]令人吃惊地逝世。这次离别演变成为双重离别。新任院长也是卡塔琳娜在罗马时期就结识的沃尔特的兄弟普拉西杜斯。

侯爵夫人的自传作家——神学家卡尔·西奥多·辛格勒——写道："侯爵夫人在贝隆所做的一切，在这座修道院历史中记下了重重的一笔。"[42] 在史书上，侯爵夫人被记载为贝隆本笃会修道院创始人，是意义重大的本笃会议会和著名的贝隆艺术学校的中心人物，在教会发展史上产生了极大影响。[43]

卡塔琳娜·威廉明妮·玛丽亚·约瑟芬·冯·霍亨索伦－西格马林根侯爵夫人生于霍恩洛厄－瓦尔登堡－施令亲王家庭，于1893

年 2 月 15 日在弗莱堡去世，享年七十六岁。2 月 19 日，卡塔琳娜被葬于西格马林根的公侯墓地[44]，这里是她最终的安息之处。修道院捐献者按照惯例一般被葬于主祭坛下方的地下墓穴，但卡塔琳娜安身于更符合她身份的家族公侯墓地，仅将自己一座石棺[45]放置在修道院。虽然修道院院长和捐献者生前有过不愉快，但最后侯爵夫人的名字与这座修道院作为修道院史上的成功案例被牢牢捆绑在一起，她在罗马作为修女的失败经历和与之相关的修道院丑闻却被历史逐渐遗忘。卡塔琳娜坚信自己找到了上帝为她安排的定位，最终上帝使一切弯曲变为通达，使一切咒诅变为祝福。[46]

一位红衣主教的毒杀事件创伤

将其堂妹从危机中解救出来的霍恩洛厄，试图利用这次克罗伊特根深陷圣安布罗焦案件的机会为被判罚的安东·君特复仇。但是，尽管克罗伊特根被公开判决，这位埃德领衔主教的计划最终还是失败了。克罗伊特根的朋友和支持者们，包括红衣主教帕特里齐和赖萨赫、耶稣会修士关系网以及教宗本人，都非常清楚整个事件的始作俑者是谁。在他们看来，圣安布罗焦修道院案件是一件由霍恩洛厄在背后策划、目的在于打击新经院哲学领头人的事件。霍恩洛厄的政治定位由此变得清晰可见。

圣安布罗焦修道院案件成为罗马天主教会内部政治斗争的催化剂。霍恩洛厄 1846 年来到罗马时，还受到了浪漫主义神学学生和耶稣会苦修主义者的欢迎和肯定，耶稣会成员竭尽全力想从对方阵营中赢得这位德国高阶贵族。霍恩洛厄起初期待加入耶稣会，并受到托马斯主义的影响，但是经过古斯塔夫·阿道夫和教宗周围佞臣的刺激，很快转变成公开的自由派[47]拥护者。尽管如此，在克服了起初的教会政治和神学方面的分歧后,霍恩洛厄凭借其个人魅力还是打入了庇护九世的密友圈。特别是在1848年革命期间,霍恩洛厄陪同庇护九世逃亡法国,这一点教宗铭记在心并在返回罗马以后将霍恩洛厄视为最亲近的朋友之一。

但是自从1862年判决下达以后,教宗开始逐渐疏远霍恩洛厄,不仅仅是在教会政治层面分歧日增,而且在个人关系层面两人也愈发疏远。尽管霍恩洛厄1866年在德国普鲁士国王威廉一世的支持下,仍然担当红衣主教,却无法再拥有和以前一样的影响力。他最终将自己定位在一个自由派、反新经院哲学和反耶稣会的角色上。现在风水轮流转,他成了靠边站的那一位。正如耶稣会修士自己宣称的,没有一个人能够得罪耶稣会修士而不被宗教裁判所审判的。霍恩洛厄所有的竞争资格都受到了耶稣会的打击,不论是德国主教的竞争还是延续1868—1881年弗莱堡教区大主教的竞争都以失败告终。霍恩洛厄确信自己的失败与其说是德国当地竞争对手造成的,不如说是罗马教廷中他的敌人一手造成的:"耶稣会修士们把教宗掌控得如此这般牢固,我根本无法可施。"[48]

这一持久的冷遇使霍恩洛厄愈发持守反耶稣会的观点,并令他自己成为"教宗永无谬误"信条的主要反对者。主要是因为他认为这一信条是耶稣会的典型操作。他给其兄弟克洛德维希写信谈论第一次梵蒂冈大公会议时写道:"这是一个糟糕的时代,特别是现在。"这次会议上正式制定了"教宗永无谬误"和"教宗首席地位"的信条。信中还写道:"塔兰台拉舞配着刺耳的音乐,令观者和听者不适。"[49]霍恩洛厄感到自己被排斥在整个预备、咨询和讨论环节之外,"教宗永无谬误"教义的拥护者们在耶稣会领导下,将"不属于同一阵营的红衣主教尽可能都排斥在外围"。[50]

霍恩洛厄没有参加最终决定设立新教义的表决。他认为"教宗永无谬误"教义是"不适宜的",并否定会议对于此教义的决定权。从庇护九世和大公会议将自己的游戏规则"强加"给别人的那天开始,"大公会议的基础就不再存在了"。对于霍恩洛厄来说,梵蒂冈第一次大公会议不再具有普世性。从这一角度来说他与那些其他持反对意见的红衣主教没有区别。大概五分之一的德国主教拒绝接受"教宗永无谬误"教义,并在表决之前就离开了罗马。霍恩洛厄对会议在没有持反对声音的外国主教参加的情况下照常进行讽刺道:"在这种会议上,可以想象,什么都能决定,也许耶稣会修士们及其阴谋诡计也都可以获得永无谬误的特权。"[51]

霍恩洛厄在教廷越来越边缘化,他自己也越来越深居简出。蒂沃利的埃斯特庄园成为他的固定住所,在当地他很快也以赞助人而出名。特别是作曲家弗朗兹·李斯特曾在他的乡间别墅逗留了很长一段时间。李斯特被自由派人士高度评价为"极具潜力之存在的最后回响,如同法尔内塞家族和其他复兴红衣主教时期一样"[52]。对于霍恩洛厄来说,这种交际可以帮助他逃离罗马的阴谋和政治诡计。作为罗马教廷政治斗争的失败者,他期望建立的公开、公正教会的梦想在庇护九世时期完全破灭了。而现有的天主教会是病态的、不健康的,圣安布罗焦修道院案件正是这种教会病态状态的典型产物。

意大利军队占领罗马之后,霍恩洛厄代表教宗与意大利国王举行了会面,并因此被视为叛徒。1872年奥托·冯·俾斯麦甚至建议委派他为普鲁士在罗马教廷的大使。这让他处在一个国家和教会的夹心位置。1870—1876年,霍恩洛厄好像一个"贵族流浪汉",不停地"拜访"其在德国的众多家族成员,例如拜访柏林的霍亨索伦家族成员、为单身的子侄们安排婚姻计划等。

在那些年间,卡塔琳娜与其堂兄也越来越疏远。她无法理解霍恩洛厄反对庇护九世和"教宗永无谬误"教义的观点,她一如既往地尊敬教宗并与之保持频繁通信,信中提到霍恩洛厄时,称其为"可怜的人",而且"意识不到自己总是自相矛盾,否则不会离开他的岗位"。[53] 自1862年以后,霍恩洛厄确实丧失了一切政治技巧。他总是幻想自己被跟踪,每棵树后面都躲着一名要取他性命的耶稣会修士。卡塔琳娜在圣安布罗焦修道院的经历使这位红衣主教自己陷入了被毒杀妄想症。他深信克罗伊特根是谋杀其堂妹的始作俑者,并且对方是受到了耶稣会投毒传统的影响。耶稣会修士不会简单地杀害他们的反对者,而是用毒药战胜对方,这是人们对于耶稣会长久以来的偏见。[54] 由于霍恩洛厄不像他的对手赖萨赫可以阅读审判法庭卷宗,所以他对于详细调查结果并不知情,克罗伊特根其实并未参加具体的行凶作案。

老派天主教会的教会历史学家约翰·弗里德里希1878年宣称克罗伊特根因卷入毒杀侯爵夫人的圣安布罗焦修道院案件而被宗教裁判所判刑一事,最终也要追溯到霍恩洛厄。[55] 约翰·弗里德里希1870年参加梵蒂冈第一次大公会议时还担任红衣主教一职,但看到克罗伊特根及其阵营在经过圣安布罗焦事件后仍然在教廷斗争中取得胜利、克罗伊特根本人受过裁决但仍参与推动"教宗永无谬误"教义后,霍恩洛厄请求他的德国同胞——大会神学家约翰·弗里德里希——把整个投毒事件披露出来。[56] 但后者明显在文章中把克罗伊特根误认为是直接投毒者和杀人犯,这也基本达到了霍恩洛厄打击克罗伊特根的目的。但霍恩洛厄认为耶稣会修士们不仅把他堂妹当作毒杀目标,他自己也在这些人的毒杀范围内。于是他不再食用和饮用自己住处之外的食物和饮品,包括亲戚圈也是一样,他认为所有仆人都被耶稣会修士给收买了。正如其侄女玛丽·冯·图尔恩·翁·塔克席斯-霍恩洛厄郡主后来所记述的那样,她叔叔就算去自己母亲的住处也一点东西都不吃,"一杯水都不喝,因为他总是幻想耶稣会修士要毒死他。他无法忍受耶稣会修士们,而对方也是一样"[57]。

霍恩洛厄只相信他的仆人古斯塔夫·诺比莱,并指定后者为自己的继承人。古斯塔夫·诺比莱会在他面前预尝所有食物来试毒。霍恩洛厄一开始是如此恐惧,以致每次主教弥撒开始之前,古斯塔夫·诺比莱都要替他预先测试圣饼和弥撒酒是否有毒。只有他一直表现正常,霍恩洛厄才敢让人把圣饼和弥撒酒端上圣坛。[58]

1878年庇护九世去世后,在天主教选举教宗时红衣主教的秘密会议上,霍恩洛厄又重新拥有了一定的政治影响力。他试图选举自由派红衣主教亚历山德罗·弗兰基为教宗。[59]失败以后又推举弗兰基同一阵营的阿基诺·佩契,后者顺利成为教宗利奥十三世,并任命弗兰基为枢机秘书。霍恩洛厄原本期待佩契能够掀起一场反耶稣会运动,但阿基诺·佩契本人上任五个月以后突然逝世。很快教廷内部开始有传言说是耶稣会在背后搞的鬼。霍恩洛厄非常确信佩契是被耶稣会某成员毒杀的。[60]

圣安布罗焦事件发生后三十五年,霍恩洛厄的生活仍然充满对于投毒事件的创伤和对耶稣会修士的恐惧。他甚至认为梵蒂冈在针对他自己和不顺服的主教[61]策划某种"灭绝战争"。他有多相信耶稣会修士会伤害他,就反过来以同样程度报复对方。1896年3月在霍恩洛厄去世前半年的时候,在听闻红衣主教乔治·科普[62]得到其兄弟克洛德维希·霍恩洛厄-希灵斯普菲斯特侯爵暨普鲁士总理的同意,耶稣会能够自1872年以后再度进入帝国的消息后,霍恩洛厄表示:"如果这是真的,那我要将这两人开除。"——分别革除其教籍和总理职位。[63]

1896年10月30日,霍恩洛厄死于心脏突然停止跳动,并被葬于梵蒂冈圣彼得大教堂的墓园。[64]随着他的去世，天主教与改革宗之间的合作模式也宣告终结，后者天生具有对神秘主义、伪天主教的反智主义和狂喜的敬虔操练的批判倾向。圣安布罗焦修道院的审判，标志着天主教会不健康的情绪受到了审判，以致霍恩洛厄之后，人们越来越对宗教裁判所的权威产生质疑。但正如霍恩洛厄自己讽刺地说到的，在一个"无谬误成为流行"的教会中，是不会有他这样人物的位置的。[65]

被大人物放过

霍恩洛厄在罗马教廷的政治和神学对手——赖萨赫和帕特里齐，走上了一条完全不同的路。他们的职业生涯完全没有受到圣安布罗焦修道院事件的影响，而且相反，两人的晋升速度令人瞩目。这两位神父本应属于被告人，却被教宗任命为宗教裁判所的法官而逃过一劫。事实上，这两位神父要对案件承担很大的责任。赖萨赫是将卡塔琳娜引荐给方济各修会的第一人，他对于修道院里面的情况肯定非常清楚，因为那里的第二神父克罗伊特根是他的密友。赖萨赫本人也认识玛丽亚·路易莎。天国来信曾预言"有一位外国贵族将进入修道院并捐出自己的嫁妆"，用于兴建一座分支修道院。这点充分显示出赖萨赫对于玛丽亚·路易莎的计划是有所耳闻的。

赖萨赫对于圣安布罗焦修道院神秘现象的关注以及特别对玛丽亚·路易莎的支持，都与他早期与阿尔特廷的圣痕异象者路易丝·贝克的顺服关系分不开。即使与后者的关系影响了他的晋升，并使他再无可能在德国慕尼黑和弗赖辛担任主教一职，他也没改变这一倾向。基本上玛丽亚·路易莎和路易丝·贝克一样令他轻而易举地上钩。但赖萨赫本应明白，像卡塔琳娜·冯·霍亨索伦这样一位受过高等教育、出生贵族家庭、来自宗教信仰多样化的环境的人，是不可能一直被修道院的假象所蒙蔽的。但是赖萨赫出于纯粹地对在世圣女的崇拜以及对女性神迹力量的信仰而变得盲目，无法预计可能发生的灾难。

他在教会政治上主张反对现代神学、支持新经院哲学以及教宗极权主义的斗争反而十分成功。错谬的宗教性和对于神秘主义的倾向并没有在他晋升至教会最高层的事情上给他带来任何不利影响。恰恰相反，在相信自然界发生超自然现象这一点上，他与庇护九世的观点十分一致。赖萨赫应该也参与了梵蒂冈第一次大公会议的预备工作，并成为教义委员会代表之一。他的职责就是拦阻一切自由派德国神学家参与大会，仅仅呼召那些新经院哲学神学家成为顾问。[66]1868年在枢机主教的支持下，赖萨赫获庇护九世委任成为大会主席。但是由于身体原因，他无法担任这一荣誉职务并见证其穷尽一生努力的目标实现——"教宗永无谬误"的教义化。1869年秋天起，赖萨赫因病重不得不进入萨伏依的一家至圣救主会修道院，同年12月16日病逝。他的墓地被设立在罗马的圣阿纳斯塔西娅教堂。[67]庇护九世于1870年7月18日在梵蒂冈顶着巨大压力宣布"教宗永无谬误"教义时，此教义的一位奠基人距离离世不足半年。

作为修道院的守护者，帕特里齐也是内幕的知情人。他母亲就是对阿涅塞·菲劳敬礼的人之一，所以从孩童时代起科斯坦蒂诺就对菲劳印象深刻。莱兹罗利和女院长自1848年起就和帕特里齐保持书信往来，对于修道院内敬礼女创始人和玛丽亚·路易莎的神迹显现等事情他都掌握第一手信息。他本人甚至还至少一次收到过圣母来信。但是帕特里齐及其所属势力在修道院被废除之后仍然保护着修道院，并在1816年女创始人被审判之后仍能有系统地将之忽略，所以菲劳的敬礼才能一直持续下去。包括在圣安布罗焦案件调查期间，从未有人质疑过帕特里齐，一般的审讯官，如萨鲁埃，是无权审讯帕特里齐这样的高层枢机人员的。法庭成员自动享有豁免权，无人可以质疑。

科斯坦蒂诺·帕特里齐在1862年圣安布罗焦案件落幕之后仍能以"庇护九世教宗时期最有影响力的枢机主教之一"的身份继续发展自己的事业。其"过度敬虔"的宗教态度名声在外。庇护九世从加埃塔流亡回到罗马，因为饥饿要求吃一碗肉汤时，帕特里齐表示十分震惊，因为那天刚好是小斋日礼拜五，而教宗明显不想守斋戒了。他和庇护九世的关于敬虔的概念有了小小冲突。[68]

帕特里齐的敬虔和严格令人惊讶，他的缺乏属灵的成熟和政治技巧同样很有名。人们认为他"同时具有驴子的愚蠢和骡子的固执，再加上严格的要求，整个人变得过度敬虔，几乎要达到盲目崇拜的地步"[69]。尽管如此，因其出身、优质的人脉网络，以及对于耶稣会的支持和在枢机多处任职，帕特里齐在罗马享有巨大的影响力。他担任过代理枢机主教、圣理部负责人和宗教裁判所秘书，并于1860年先是成为罗马周边教区波尔图和桑塔露菲纳的枢机大主教，然后1870年成为奥斯蒂亚和韦莱特里教区大主教，最后甚至成为罗马教宗枢密院大长老。1876年12月17日，帕特里齐离世。一位他的熟人在其去世后记录称："枢密院和教会失去的不是一位能带来重要作用和亮光的人，而是一位在敬虔和美德方面做出美好榜样的人。"[70]

恰恰有鉴于帕特里齐所担任的重要职务，对他来说，不能够理解圣安布罗焦事件的重大意义和爆炸性影响是十分可悲的。[71]他并不是凭借能力或表现，而是依赖自己的贵族出身和与庇护九世的相同政见而得到这些职位的。如果天主教教廷任命一个重要岗位的标准不是其政治态度和裙带关系,而是能力大小和专业水平,那么圣安布罗焦修道院的虚假称圣事件和玛丽亚·路易莎的统治也不会发生。帕特里齐的个人失败代表着整个天主教系统的失败。

疯人院中的圣徒

玛丽亚·路易莎·里多尔菲一定是一位年轻而充满魅力的女士。很多人提及她时都谈到其超乎寻常的美貌和充满亲和力的魅力。她自己也深知自己对于男人和女人的不同寻常的吸引力,并有的放矢地利用这一点。她轻易地将那位"美国人"化作绕指柔,也将受过高等教育的神学家约瑟夫·克罗伊特根操纵在手心里。后者不仅愿意躺在她的床上,还将她的美貌与圣母相提并论。路易莎的魅力不仅仅是外貌上的,她性格中的魅力也非同一般,就算是理智沉稳的侯爵夫人,在早期也非常受到她的吸引。

玛丽亚·路易莎虽然出生于一个普通家庭,但是进入修道院让她有了不一样的人生。[72]当她还是个女童却被当时圣安布罗焦修道院的女院长诱奸时,她马上开始获得一种狂喜和异象。我们无法确定这种感官体验是不是出于糟糕的性经验。但是19世纪的圣母显现神迹往往伴随着"贫穷、依赖、疾病、社会边缘角色或对身体灵魂具有深刻影响的伤害事件等的组合"[73]。例如玛丽亚·冯·莫林[74]的圣痕者就是在遭受其父亲强奸之后开始经历神迹的。和很多狂喜状态的女性都会头痛一样,玛丽亚·路易莎也有强烈的头痛症状,就像"痛苦的新娘"安娜·卡特琳娜·埃梅里克一样。路易莎当然更进一步,不仅仅是将此症状视为"克服危机的女性本能"和"经历痛苦的表现形式",更是将其当作操纵周围人的工具。[75]

玛丽亚·路易莎绝对不希望再成为失败者和底层人士,她利用女性神秘主义的榜样，为自己直接与上帝和其他天国人物往来找到机会。圣安布罗焦修道院一直以来的神秘主义传统也为她提供了极大便利。而凭借着天国人物的支持，玛丽亚·路易莎先是在修道院内部实现了自己的权力统治，接着又将触角延伸到罗马教廷。她比一般的神父、主教甚至教宗与天堂和上帝旨意都更加接近。面对神职人员的反对意见时，她大可直接反驳对方，质问对方是否知道圣母在这点上的意见。听起来有些疯狂，但是玛丽亚·路易莎确实利用其女性神秘主义经验站在了男性罗马教廷等级制度的顶峰。[76]

这些神学家和红衣主教之所以能够相信她，还得归功于19世纪后半期罗马浓厚的敬虔主义背景。伴随着教会国的萎缩和意大利军队占领罗马，社会上充满了末世感，天国的军队似乎随时会降临地上来保护教宗和教廷。教宗自己也在天天期待着神迹降临。[77]

玛丽亚·路易莎的野心不止于此。她的目标不仅在于操控修道院修女和教廷神职人员，还希望自己能够青史留名。所以她计划建造一间圣安布罗焦分支修道院，把自己也打造成女创始人一样的形象。为了这个目的，她需要大量金钱和教会的支持。但没想到为了实现这个伟大的计划，她却把自己的人生都搭了进去，这也是她个人的悲剧。通过红衣主教赖萨赫，玛丽亚·路易莎看到了兴建分支修道院金钱支持的来源。卡塔琳娜·冯·霍亨索伦拥有巨大财富，并以之为基础创建了一支修道院基金。圣母来信中提到："侯爵夫人必须成为我的。"但没有人预料到这位受过高等教育的德国贵夫人如此明智，最终看穿了玛丽亚·路易莎玩的把戏。随之而来的就是投毒事件和宗教裁判所的审讯。

那些之前崇拜玛丽亚·路易莎的神父现在都将其视为烫手山芋，这些神职人员在法庭前采用一致的口径，即他们都是被玛丽亚·路易莎所欺骗。这样的策略非常符合当时社会对于女性的偏见,当时人们普遍认为女性作为夏娃的后裔是软弱而易被诱惑的一方,同时也是容易诱惑男性的一方。但这些神父和红衣主教早该知道事实真相如何,早该给予玛丽亚·路易莎人道方面和宗教方面的帮助。但现在只有玛丽亚·路易莎被推出来为一切没有这些神父就无法达成的罪行负责。我们不能忘记,玛丽亚·路易莎本来就应该以多次杀人罪名被判处死刑。[78]按照19世纪教会国的刑事法,若有人"故意或者无意杀人的话都应处以死刑"。用毒药进行谋杀绝对是经过策划的重罪。一般死刑都是砍头,但是毒杀犯人会被处以更严厉的刑罚——背后射杀。[79]

血液对于僧侣和修会成员来说具有特殊意义,而这些人在教会国具有更加崇高的地位,无论在刑事犯罪还是民事犯罪的审判中,都不允许让这些人流血。[80]只有极少数情况,在世俗世界的法庭上才有见血的死刑,例如对待顽固的异端分子。通常,法庭不会因为经济犯罪和谋杀犯罪,但会因为错误信仰而判处人见血的处刑。

玛丽亚·路易莎从未被允许公开谈论案件涉及的男性神职人员,她一直处于完全与外界隔绝的状态。[81]1859年12月至1860年5月调查期间,玛丽亚·路易莎一直待在普利费卡兹奥恩修道院里。在这里玛丽亚·路易莎以自己"奇怪的行为"引起大家注意。1862—1867年这头一个五年监禁,她是在布恩帕斯托雷修道院平静度过的。然后玛丽亚·路易莎开始不安分了,她开始在修道院神出鬼没,并用疯癫的话语骚扰修道院的修女们,变得暴力而无法控制。在她试图拽下某个修女的腰带时,几乎要了对方性命。

按照宗教裁判所1868年7月29日的决议,玛丽亚·路易莎被送至卡萨德拉的苦修房[82]来检测其精神状态。一份提交给红衣主教团的秘密报告记载着:"她在这里像动物一样生活,并显示出明显的精神错乱的迹象。"[83]那里的负责医生卡埃塔尼将玛丽亚·路易莎描述为"激动时如同野生动物一般，神经系统过度崩溃，但我不确定其是否已经彻底疯狂"。[84]为了确定结果，还需要专业人士的参与。于是，宗教裁判所1869年1月20日按照医生建议，将玛丽亚·路易莎送至罗马奥斯皮齐奥疯人病院[85]。经过住院医师检查之后，玛丽亚·路易莎确诊存在"精神不协调"症状，她的行为时常有患盗窃狂的迹象。她东偷一点西拿一点，但事后又全盘否认。此外她也完全否认曾被呼召加入修会。很显然，她试图将所有曾经的修道生涯都忘记。医生推测，她很可能还活在十三岁未进入修道院时期的记忆里。"但她什么都无法理解"，或者不愿理解。

没有任何治疗起效，于是医生们建议将玛丽亚·路易莎软禁在家生活。庇护九世1869年6月30日同意了这一建议，并让她父亲负责看管监护，以免未来造成更多损毁。玛丽亚·路易莎必须在家里继续以修女身份生活。此外她被再三提醒，不得以任何借口上诉。差不多一年以后，1870年，其父亲多米尼克·里多尔菲来到宗教裁判所提起申诉，声明他已无法再抚养自己的这个女儿。她将整个家弄得一团糟，并"无法驾驭"。他控诉道："她整天到处乱丢东西，只要在屋里，就尖叫不止，把自己姐妹当作妓女一样用手乱摸，否认上帝和地狱。"之后，法庭在1870年7月1日做出决议，玛丽亚·路易莎再次被送往布恩帕斯托雷修道院。

几周之后，在1870年10月意大利军队占领罗马时，玛丽亚·路易莎被释放。她假装成一个因信仰问题入狱的犯人，向意大利当局解释自己的案子不过是八年前宗教裁判所一个简单的"方济各和多明我会之间信仰问题之争"，而她本人在当中则完全无辜被波及。她将自己塑造为残忍的宗教裁判所的受害者，并利用人们对于宗教裁判所的偏见，博得了罗马新任的自由派掌权者的同情。

1871年10月23日，罗马国家民事法庭举行了玛丽亚·路易莎和宗教裁判所之间的审判，前者的代表律师是奥兰多·菲奥基，后者的代表律师是塞韦里诺·蒂雷利。[86]当时的初学修女主管要求对方偿还她1300斯库多，作为充足的退休金和信仰名誉补偿费。在一个反教宗体系的现代意大利国家，信仰理解差异并不能够成为加以法律处罚的理由。玛丽亚·路易莎及其律师充分利用了这一点。宗教裁判所律师塞韦里诺·蒂雷利明确表达，1862年的审判不仅仅是关于信仰缺失的审判，而首先是经济犯罪。但他并没谈论细节。当时教会和意大利国家之间的紧张局势不能再通过圣安布罗焦事件火上浇油了，而这正是新形成的意大利当局求之不得的。很快蒂雷利以宗教裁判所的名义提出了替代方案，列出了1859年以来宗教裁判所为玛丽亚·路易莎所支出的费用明细，包括各处修道院安置费用、律师费用以及疯人院的身体精神鉴定检测费用等，整体不少于4473.76斯库多。但他们愿意立即退还玛丽亚·路易莎最初加入修道院时带来的500斯库多。玛丽亚·路易莎却拒绝了这一提议而坚持索要1300斯库多。1872年5月2日，法庭裁决最终的赔偿金额为500斯库多，约合2687意大利里拉。

这笔钱似乎远远不足以赔偿玛丽亚·路易莎的损失，毕竟她不仅与教会决裂，更与家庭彻底闹翻。在其被"释放"后，身心俱损的她也无法回到修道院监狱。在经过圣安布罗焦事件及其深刻影响以后，她父亲认为她已经失落了所有的信仰。曾一度最为圣母宠爱的女儿现在在世上却找不到容身之处，只能住在疯人院，最终流落在排水沟。

在玛丽亚·路易莎最终失去消息之前，按照卡塔琳娜侄女玛丽·冯·图尔恩-翁·塔克席斯-霍恩洛厄郡主的说法，卡塔琳娜·冯·霍恩索伦曾与玛丽亚·路易莎在罗马碰见过一次。应该是

1872 年侯爵夫人访问罗马期间的事情，当时侯爵夫人的住宅曾有一名贫穷的妇人来访。[87]"她允许她进了门，两人面对面站着，她心平气和地看着对方。这位贫穷、破败而衰老的妇人身上一点都没有留下当时那位年轻漂亮修女的痕迹。路易莎跪在侯爵夫人脚前恳切地请求对方的原谅。她刚离开监狱而衣食无落，几乎快要饿死。"卡塔琳娜早已在内心原谅了对方，伸出了援手并拯救对方脱离了"完全的绝望"。[88]

按照这一版本，引发圣安布罗焦案件并将之提升至罗马天主教最高法庭的最基础的矛盾——两位女性之间的矛盾——最终得到了化解。这一矛盾存在于圣洁的玛丽亚·路易莎和不信的卡塔琳娜之间，在偷渡者和其被害人之间，两位之前的修女终于能在人生落幕之前化解矛盾并和好。但是，这一故事版本并未得到其他历史来源的支持，很有可能只是人们自己的美好愿望。但就算这个故事是真实的，在圣安布罗焦事件中，玛丽亚·路易莎最终完全支离破碎的结果是不会改变的。当时的修女主管的痕迹消失在黑暗中，但是宗教裁判所最终达到了他们的目的——将玛丽亚·路易莎彻底泯灭在历史中。

一位编写教义的异端人士

与玛丽亚·路易莎截然不同，克罗伊特根虽然遭到猛烈抨击但仍然安然度过了这一事件。据他本人自述，他被宗教裁判所判为"正式异端"，判处"五年在宗教裁判所监禁"。但众多红衣主教和教宗本人都逐渐淡化这一审判结果，最终他只需在罗马外一间耶稣会修士的修道院度过两年时间即可。[89]克罗伊特根在罗马东南方阿尔巴那山脉的加洛罗耶稣会一间疗养院休息了两年，此处靠近阿里恰的卡斯特尔,位于内米湖周边,风景如画。这处院落之前曾被耶稣会修士杂志《卡托利卡城市》编辑部当作疗养胜地。[90] 由于克罗伊特根与加洛罗耶稣会关系一向交好,他得以利用这段时间来完成他的《古旧神学》。可以说这段时期唯一与监禁沾得上边的就是"待在房间里面"。完全不同于泯灭于世的玛丽亚·路易莎,克罗伊特根受到了在教廷和教宗面前极具影响力的耶稣会修会友好的接待。

近一年半后的 1863 年 10 月,克罗伊特根返回罗马并再次开始在日耳曼学院教授修辞学。[91] 表面上看,克罗伊特根几乎没有受到圣安布罗焦事件的任何影响。尽管不再在修会领导层任职,但他能够重返自己热爱的日耳曼学院并有充足的时间来完成自己的著作,而且仍旧在教会政治和教学领域发挥重要作用。他本人回顾自己生平时也不禁感叹:"仿佛就在不久之前那些红衣主教还判决我签署公开弃绝宣言,之后他们却表现得仿佛什么都没发生过,这是多么奇怪的事情啊。"

红衣主教赖萨赫对克罗伊特根尤其友好,并于 1862—1863 年前往加洛罗拜访对方。当时赖萨赫受到教宗委托,"要为一个重要事件写一份重要的鉴证书",于是他请求克罗伊特根来帮忙。赖萨赫亲自给教宗和另一位红衣主教上交鉴定书时,两位都"十分惊异"于鉴定书的完美程度。在他们的追问下,赖萨赫才吐露作者是谁。庇护九世马上决定把克罗伊特根召回罗马,同时克罗伊特根本人也在上书耶稣会总会长贝克斯申请向教宗提出赦免。[92] 就算作为被审判者和被弃绝的异议论者,克罗伊特根仍旧证实了自己对于教宗的一贯忠诚,并得到后者赦免。

到底是什么神学事件导致了克罗伊特根被立刻释放? 1862—1863 年发生了两件涉及克罗伊特根的大事。一方面是教宗 1862 年

庇护九世宣布了"圣母无染原罪"教义,并在梵蒂冈第一次大公会议上宣布了"教宗永无谬误"教义。2000年被教宗约翰二世封圣

12月11日颁发的"悠悠万事唯此为大"通谕,另一方面是教宗1863年12月21日颁发的"论自由主义者"通谕。两篇文献都是关于克罗伊特根作为禁书审查院鉴定人在19世纪50年代就研究的主题,亦即现代非新经院哲学倾向的人更易背叛教会。

克罗伊特根作为异见者被审判以后,本来仅用于内部禁书审查的这一模式被庇护九世当作教会正式理论进行推广,并直到今天都具有重要意义——所谓的常规教职。[93]克罗伊特根发明这一理念的时间点恰好就是他作为彼得斯神父在圣安布罗焦修道院以此理念行动的时期,而且被宗教裁判所明确判为异见者。

圣师的概念在1863年教宗"论自由主义者"通谕中第一次出现。这一通谕出现主要是为了驳斥慕尼黑历史学家伊格纳茨·冯·多林格及其组织成立学者沙龙上发表的言论。[94]组织这一沙龙的目的本应是融合德国神学在罗马人和德国人、在新经院哲学和现代主义神学流派之间的分歧，但多林格的开幕讲话直接宣布了这一目的的失败。多林格称意大利神学"干枯死寂如同教堂坟墓"，"经院哲学建造的大厦"已经摇摇欲坠，新的大厦只能凭借"神学的双眼"，即历史和哲学来奠基。[95]

"论自由主义者"通谕委婉地提到议会和教宗圣师，这一职位的作用就是让信仰真理能够得到保障，并将不寻常的信仰语句加以教义化。首先是规定了一种固定的方式来进行信仰告白，其他未能被圣师所公开承认的信仰问题则无法被神学家公开讨论。牧者的这一圣师职位主要目的就是见证并保留信仰传统，而不是将信仰无限制发展下去。[96]"并非圣师规定的才是信仰精华，而是因为内容的可信才能够被主教们所见证。"[97]

与这一传统相反，克罗伊特根提倡在教宗圣师和神学家教师之间建立一种全新的关系。在公开超凡的圣师基础上加上日常的、如同教宗和教廷一样强制性的常规教职，该职位主张在罗马教廷监管之外为神学保留一些自主空间。只有那些与教义相关的错谬，如违背"教会明确普遍理论"的错谬才会在罗马被起诉和调查。其他大部分涉及的周边问题则完全给予神学家自由空间，包括犯错的自由。在此范围之外的错误可以凭借同类理论方法——理性和讨论——加以驳斥。[98]

新经院哲学和教宗极权主义人士认为受到了侵犯，他们发表了反对言论，告发了多林格，并聚集在罗马。那里有一位多林格的老对手在等着他遭遇不幸，这位就是红衣主教赖萨赫，他相信多林格1855年时曾利用自己的影响力向巴伐利亚政府施压将他驱逐出德国。对多林格的告发给赖萨赫提供了一个大好机会，可以报复他眼中被理智与骄傲烧昏头的大学学者，何况还有教宗的支持。克罗伊特根也必须帮他一把,这也是他来到加洛罗拜访对方的原因。

这一理念真正的爆发是在"论自由主义者"通谕中,里面提到"德国充满了反古典学派的错误理念",并暗示这导致人们实践"错误的"哲学。[99]"古典学派"暗指 1853 年在明斯特克罗伊特根出版的《古旧神学》,而"错误的"哲学则暗指慕尼黑大学的学者雅各·弗罗沙默[100],他的著作在通谕发表之前被列入了《禁书目录》,其本人作为德国反新经院哲学的代表性人物和耶稣会修士的反对者相当著名。这样看来,教宗通谕发给德国慕尼黑大主教格雷戈·冯·谢尔[101]不是没有原因的,这位大主教不仅负责慕尼黑地区的学者沙龙,而且负责弗罗沙默本人。克罗伊特根就算不是通谕起草者,也是发起人。但明显他能够重新接触到宗教裁判所档案,而教宗和教会也视他为常规教职理念的真正发明者。

1855 年雅各·弗罗沙默的杂志《人类灵魂起源》被人告发至禁书审查院。[102]托马斯·阿奎那认为灵魂是在人类胚胎发育过程中逐步被授予的,先是植物和动物灵魂,然后才是人类灵魂。之后的神学家讨论的问题是这一过程是创造性的还是自动生成性的,以及随后的许多问题,比如上帝是否在每三个灵魂中必须放入一个创造性灵魂,或者这一过程在人类发展过程中从他父母的生产行为中得到了什么。弗罗沙默倾向于自动生成理念。

禁书审查院初审之后开始正式审讯。克罗伊特根当之无愧地成为鉴定人。他提交的不到八页的鉴定报告明确表达了他对于这位慕尼黑哲学家的观点。在他看来创造还是生成根本不是问题的焦点,真正的原则性问题是教会强制性理论应该包括什么内容以及不包括什么内容。创造论从未被囊括在天主教会信仰原则中,所以弗罗沙默在这一领域是可以发表自己的不同立场和观点的。克罗伊特根以同样的理由进行了投票并称，最晚自 7 世纪起教宗、主教和主要神学家都一致同意"生成论乃是一种接近异端的理论"，最起码是被视为"错误和莽撞的"。根据一致意见，弗罗沙默的著作必须被视为异端并加以判决。[103]

但是克罗伊特根的论述既不能说服顾问团也无法说服红衣主教团[104]，因此法庭不得不开始第二轮审讯，这次又加了两位鉴定人——圣方济各修士安杰洛·特吕勒[105]和本笃会修士伯纳德·史密斯[106]。克罗伊特根的角色变为基调奠定者。他以其《古旧神学》的双重教师职责概念为基础，引用与道德教父神学家约翰·巴蒂斯特·西尔舍[107]的辩论。但他的第二份鉴定书不过是第一份的扩展而已。

克罗伊特根认为教会如果仅仅提供强制性的信仰内容，当其认定某条信仰论战应明确公开结果时，就由超常教师出面解决，而教会一般信仰内容就由常规教师负责传播。这样才能形成"双重教职制"。克罗伊特根在此的观点与托马斯·阿奎那的牧者教师和神学家教师的观点并不一样，对他来说两者都归于教宗统管："常规教职一直存在于使徒的教会内部。超常规只出现在特殊时期，例如错误信条搅扰教会的时候，与其说是教师，不如说是审判官的职务。"[108]

因此，对于克罗伊特根来说，最关键的问题在于，一个虔诚的天主教徒是否可以被允许拥有自己的见解，"这些见解并非来自神学家的共识或以其他方式可以证明，但是在最严格意义上属于教会信条"。克罗伊特根认为教会"绝不承认人们要求能够教授所有非异端邪说的自由"。正如他在《古旧神学》中回应西尔舍所言，思考和教学的自由不仅仅受到教义的制约，而且应受到常规教导的制约。他在弗罗沙默的鉴定书里再次重申了自己这一理念。不应当放任教会里面存在"不受约束的思想和教导"，正统教导应当被作为教义确定下来。创造论虽然未被明确教义化,但是始终贯穿在教义宣告之中。克罗伊特根认为教义确定的权威顺序应当首先是被教宗认可,其次是周边主教们的一致认可,再次是宗教裁判所,最后才轮到有尊望的神学家们。

有趣的是,第二鉴证人安杰洛·特吕勒指责克罗伊特根在审查神学著作和书籍审核时引入了全新的评判标准。如果按照原有法律条件不构成犯罪却要将之定义为犯罪的话,那么人们需要设立新的法律。[109]特吕勒并不承认所谓的常规教导,也不认为这一概念能够成为审判弗罗沙默的标准。特吕勒认为既然创作论未被公开教义化,那么作为神学家当然可以支持生成论。但这一观点并未得到宗教裁判所的支持,因为第三位鉴定人伯纳德·史密斯支持克罗伊特根有关常规教导的论点。弗罗沙默的著作于1857年3月被列入《禁书目录》,就因为他违反了之前大家闻所未闻的克罗伊特根的常规教导理论。

在这一事件和其他教廷权威事件的影响下,弗罗沙默开始重新思考理性与信仰、科学与教会权威之间的关系,并在此期间强烈抨击禁书审查院制度。[110]但这些文章也被告发者捅到禁书审查院并被禁止流传。由于弗罗沙默并未触犯任何已知明确教义,宗教裁判所顾问彼得·谢梅年科[111]判定他的神学虽然不同寻常,但仍属于正统。[112]当禁书审查院拒绝禁止弗罗沙默的杂志时,克罗伊特根再度使用了对付君特案件的策略——他绕开宗教裁判所,直接通过教宗在1862年12月11日颁发"悠悠万事唯此为大"通谕进行审判。这也是他在加洛罗参与起草通谕的原因。[113]

但是克罗伊特根的政治影响力和神学上的实践力在圣安布罗焦案件上对他并无帮助。他在加洛罗服刑期间正好是他的理论被庇护九世纳入通谕的同一时期。克罗伊特根主观感受到底如何?他真的毫不在意自己被裁决为异端吗？

克罗伊特根作为一位强调超正统和正确行为以及终其一生立志顺服教宗的神学家，却偏偏被天主教最高法庭判处为异端，这实在是一件非常讽刺的事。一般来说都是他作为宗教裁判所顾问来审判别的异端，并将其从神学和肉体角度进行双重毁灭。这次审判对他来说不啻一次重大打击，在这动荡时代里，他视为安身立命之本的立场现在虚幻地破灭，如同泡沫。那一位他视之为父亲并且又爱又惧的人，偏偏将他责打苦待并烙上不顺服儿子的烙印。这对于克罗伊特根来说是无法承受的，并自此以后基本上处于"深受打击"状态。[114]

对于克罗伊特根来说，在自己提出的道德和神学准则上失败是无法接受的。[115]他本想成为神父的榜样和道德楷模，最终却失败在女性的诱惑上。他明知神迹启示的权威标准，却接受了很多内容荒谬的所谓天国来信。他明知舌吻是不道德的行为，却将自己的舌头放在一位年轻漂亮修女口中数分钟。他的理想主义之花高高绽放在托马斯·阿奎那的思想宫殿之上，但他现实中的灵魂实践却已深深跌入谷底。

而这一灾难并不是发生在偏僻的乡村，反而是在基督教中心和教宗圣座所在地。对于克罗伊特根来说，罗马越来越成为其不幸和"无可名状的痛苦"的来源。[116]他不止一次地抱怨过："这可恶的罗马是我跌最大跟斗的地方。"1869年夏天克罗伊特根决定永远离开罗马，他相信在台伯河这个"不起眼的地方"，"对他和修会来说都是更适合进行隐居生活和消磨时光的地方"。[117]

克罗伊特根在得到耶稣会总会长许可的情况下很快又回到罗马，以便在梵蒂冈第一次大公会议上发挥重要作用。虽然作为一名普通神父他既无法成为教长也无法成为委员会成员，这些职务必须由红衣主教、主教和修会上层担任，但是克罗伊特根以其修会兄弟加尔各答教区大主教沃尔特·施泰因斯[118]的神学顾问的身份参与了大会，施泰因斯同时是大会教义委员会成员之一。凭借此身份，克罗伊特根得以在形成"教宗永无谬误"和"教宗首席地位"的两大教义过程中发挥重要作用。他自己关于常规教导的理念，若没有这次会议就会变得没有那么大分量和影响力。

在这次大会上，教会应按照教宗指示与敌对的现代主义世界及其带来的理性主义划清界限。这需要首先明确信仰和理性的关系，并扭转在罗马教廷眼中是错误的许多法语神学家观念。《天主教教义》这本书中明确就这一"基要问题"展开了详尽的讨论。这一书稿对于大多数神学家来说都太过冗长，因此他们拒绝参与。约瑟夫·克罗伊特根按照教宗愿望承担了此章节的主要撰写任务。[119]

不出所料，1870年4月24日发布的《天主之子宪章》再次出现了克罗伊特根提倡的双重教师理论："凭着天主教信仰可以相信所有上帝写下或流传的话语，如同被教会和上帝所启示而相信的一般，无论这些话语是公开决定的还是根据其习俗和普遍教导决定的。"[120]

1970年6月18日发布的《永恒牧人宪章》决定"教宗永无谬误"和教宗具有最高管辖权的教义时，克罗伊特根也立下汗马功劳。他规定了谬误的定义，并受到众多教父的热烈赞许。之后的禁书审查院长官安德烈亚斯·施泰因胡贝尔[121]深信宪章最终文本也是出自克罗伊特根之手，因为"许多明确的语句具有他的风格"[122]。

例如："因此所有在信仰里或礼仪上以使徒为首连接于众主教，并被视之为无可怀疑并被遵守的，以及主教们得到教宗认可或教宗本身认可的教义，皆被视为无可能谬误。"[123]克罗伊特根究竟是否承担了《永恒牧人宪章》的大部分编写工作并留下具有个人特色的文字组合，目前还是有争议的。[124] 但可以确定的是，曾作为异端者被审判的克罗伊特根在形成"教宗永无谬误"教义的过程中发挥了积极作用。

他在罗马并没有逗留太久，1870年意大利军队占领罗马不仅结束了梵蒂冈第一次大公会议，也迫使克罗伊特根逃亡维泰博。他曾说："尽管大会被中断，但我已秘密改变教会模式。"[125] 他开始在意大利北部和特里尔南部流浪，但随后身体状况大不如前，体力和精力都到了极限。他先去了意大利的布雷萨诺内，但那里"气候太猛烈，我这已经衰弱的身体受不得这样的刺激"[126]。他感到自己无家可归，思念着罗马的日耳曼学院，但又憎恨罗马这座城市，因为她不断提醒克罗伊特根圣安布罗焦事件的耻辱。戈里齐亚、巴德茵尼辰、波尔查诺，克罗伊特根一站接一站地流连[127]，当他最终来到波尔查诺的牧师公馆时，外表已经形同一个流浪汉。那里的神父回忆道："从头到脚破破烂烂，从帽子到鞋子没有一处完好。"尽管他原本是一位"体面人"[128]。

1878年，八年之久的流浪终于要结束了。克罗伊特根获得许可返回他热爱的日耳曼学院。他对于成为大学负责人和重新成为禁书审查院顾问的欣喜战胜了对于罗马这座城市的恐惧。[129] 1862年从圣安布罗焦事件受到的伤害似乎痊愈了。1879年8月4日教宗利奥十三世发布《永恒之父》通谕[130]，提倡以托马斯·阿奎那为榜样，并再度将新经院哲学视为教会合法理念。而这是克罗伊特根为之奋斗了一生的目标，无论他本人是否参与了通告的发布工作，他一生的研究和理念都得到了一份公开和正式的认可。[131] 从神学研究角度来说，他已经完成了自己的目标。

将新经院哲学树立为天主教会唯一正确、合法的哲学理论是一件长期、艰苦的任务。耶稣会内部也曾有过巨大的反对声音，特别是代表人物卡洛斯·帕萨利亚。克罗伊特根为此曾在给玛丽亚·路易莎的描述中将他最主要的对手描述为具有同性恋行为的人物，并通过路易莎的天国来信成功击败了对手。在新经院哲学成为耶稣会正统神学之后，利奥十三世又将新经院神学上升为天主教世界的正统神学。

但是他在罗马的幸福没有持续太久，这座城市是克罗伊特根命中注定的耻辱之地。1879年3月，他在授课中突发中风并导致半身瘫痪。他自己形容自己是"被打倒的人"，并且"很可惜我再也无法在格雷戈里奥大学教书了"。[132]另一方面他很高兴终于能离开罗马这个"强盗窝"[133]。他再度开始了自己的长途漂泊，从甘多尔福堡、特里安特的泰拉戈、曼图阿、威尼斯、齐尔利一直到最后1881年7月来到特里尔南部的圣安东。尽管身体不便，克罗伊特根仍试图继续完成自己的神学著作，但他的瘫痪令他无望完成这任务。自1881年夏天起，他便"完全不能写作"，他的双手已经不听使唤了。[134]1882年年底和1883年年初的时候另外一场中风夺走了他的语言中枢的能力。

1883年1月13日，约瑟夫·威廉海姆·卡尔·克罗伊特根逝世，死后被葬在卡尔特恩的墓园里。[135]他的墓碑铭文称其为"具有杰出恩赐、众所周知的博学多才及道德正直的典范和发表诸多作品的学者"[136]。

能否背后评价一个被宗教裁判所判为在告解圣事中犯下引诱罪的神父为道德正直的人，确实值得商榷。能否评价一个相信圣母来信且信中宣称要谋杀一名修女的人为博学多才，也让人存疑。当然克罗伊特根无疑是一位极具恩赐的神学家和多产作家，利奥十三世曾称其为"经院哲学的王侯"，因为克罗伊特根曾以其著作《古旧神学》推动了整个天主教会唯一认可的哲学方向的发展。[137]他生平的闪光点、他人生中令人闻所未闻的遭遇完全盖过了他墓志铭上的评价。一位被天主教最高法庭正式宣判为异端的持异见者，居然在短时间内在"教宗永无谬误"的教义上发挥了重大作用。这条教义至今仍然在天主教内部发挥重要的效力："如罗马教宗以教宗权威正式宣言，意味着他以牧者职份和全体基督徒教师职份宣布某一条信仰教导或道德教导时，整个教会都当遵守，因他之所以能够做出这样宣言，乃是圣彼得在他里面、以无所谬误的上帝救主赐予他的决定权做出的宣言。因此，教宗有关信仰教导或道德教导的宣言本身就不可改变，而非根据教会决定是否可以改变"。1870年"教宗永无谬误"信条的最后一句为："如有人擅自决定违背我们永久的决定，愿上帝保佑，此人应被驱逐出教会。"[138]

注　释

[1] Fascicolo dei Decreti，Feria Ⅱ，27. Januar 1862，Votum DD. Consultorum；ACDF SO St. St. B 6 w f. 见后续。修道院的财务清单在圣安布罗焦修道院被撤销后才生成。Inventario degli oggetti sacri e mobiliari rimasti nel soppresso monastero delle Riformate in S. Ambrogio con succinta descrizione dei locali che lo compongono；ACDF SO St. St. B 6 i I.

[2] 参阅 Annuario Pontificio 1862，S. 261-263。宗教裁判所的顾问包括：安东尼奥·班博齐、加埃塔诺·贝迪尼、朱塞佩·贝拉尔迪、安德里亚·比扎里、安尼巴莱·卡帕尔蒂、路易吉-马利亚·卡尔代利、朱塞佩·齐普拉尼（被告辩护律师）、路易吉·费拉里、贾钦托·德·费拉里（委员）、吉罗拉莫·吉利、彼得罗·西尔韦斯特罗·格洛达、卡米洛·瓜尔迪、温琴佐·延德尔、路易吉·扬诺尼、安东尼奥·利吉-布西、保罗·米卡莱夫、拉斐尔·莫纳科·拉·瓦莱塔（陪审推事）、邦菲利奥·穆拉、萨尔瓦多·德奥齐耶里、朱塞佩·帕帕尔多·德尔·帕尔科、吉罗拉莫·普廖里、安东尼

奥·马利亚·达里尼亚诺、乔瓦尼·巴蒂斯塔·罗萨尼、温琴佐·雷欧内·萨鲁埃（第一委员）、卡米洛·塔尔奎尼、奥古斯丁·泰纳尔、路易吉·托马塞蒂和科尔内利·冯·埃佛布洛克。1862年1月27日召开的大会上除了陪审推事和委员，以及担当检察官的朱塞佩·普里马韦拉和被告辩护律师之外，还有以下人员列席：卡尔代利、格洛达、瓜尔迪、延德尔、扬诺尼、米卡莱夫、德奥齐耶里、普廖里、达里尼亚诺、塔尔奎尼和埃佛布洛克。参阅 ACDF SO Acta Congregationis 1861-1862, Consulta habita Feria Ⅱ. die 27. Januarii 1862。

[3] 神学家和宗教法规学者将公开弃绝书（相当于直接认罪）分为四类："de formali"指被告人被确认为异端；"de vehementi"指被告人有很大概率为异端；"de levi"指被告人有很小概率为异端；"violenta suspicione haeresis"指被告人所说所行有异端嫌疑，但仍待法官最后判定。参阅 Art. Abiura, in：Moroni, Dizionario 1（1840）, S. 32 f; Elena Brambilla, Art. Abiura, in：DSI 1（2011）, S. 5 f。

[4] 参阅 Maria Messana, Art. Carcere, in：DSI 1（2011）, S. 269-271。

[5]《圣经》十诫中的第六诫，《出埃及记》第20章第14节"不可奸淫"。但是天主教道德神学中不断将这一诫命扩展，最终归结出一系列与淫乱相关的行为规范。这类罪行被归结为"婚姻外的性交行为"引发的"兽欲"。基督教的淫乱概念以《圣经》的《哥林多前书》第6章和《以弗所书》第5章为基础。参阅 Stapf, Moral, S. 445。

[6] 科尔内托苦修房专为惩戒神职人员设立，距离罗马约六十公里。乌尔班八世设立，后由庇护十一世扩建。可容纳三十八名犯人。参阅 Art. Carceri ecclesiastiche, in：Moroni, Dizionario 9（1841）, S.261-263, hier S. 262; Carlo Luigi Morichini, Degli istituri di carità per la sussistenza e l'educazione die prigionieri in Roma. Libri tre. Edizione novissima, Rom 1870, S. 738 Anm. Ⅰ; Jean Joseph François Poujoulat, Toscana e Roma. Lettere, 2 Bde, Mailand 1840, hier Bd. 2, S. 161 f。

[7] 亦即"犯下这一罪行的神父应当无差别地被剥夺尊严、职务，特别是按照情节的严重程度剥夺特权和赦免权，并处以停职或免职的处罚。与此相反，凡是诬告神职人员和普通教徒的人员，若非教宗直接赦免则不

得被任何神父或主教赦免。"法律文献引自三大宪章——教宗格列高利十五世所颁布的《普世之主》(*Universi Dominici*,1622年8月30日)、教宗本笃十四世所颁布的《忏悔圣事》宪章(*Costituzione Sacramentum Poenitentiae*,1741年6月1日)以及教宗本笃十三世所颁布的《使徒职责》宪章(*Apostolici mneris*,1745年2月8日)。

[8] 参阅 Luigi De Sanctis, Roma papale. Descritta in una serie di lettere con note, Florenz 1865, S. 373。德桑克蒂斯描述宗教裁判所实践:接到控诉之后裁判所会调查相关妇女的声誉,若声誉良好则指控会被视为毁谤。尊贵妇女受到三次指控之后,裁判所委员会才会开展讨论进行调查。ACDF 中收藏了大量教唆罪案例,但仅有极少数针对告解神父的。

[9] Fascicolo dei Decreti, Kardinalsplenaria Feria Ⅳ., 5. Februar 1862; ACDF SO St. St. B 6 w f. 七位红衣主教列席参加:法比奥·马利亚·阿斯奎尼、亚历山德罗·巴纳博、安东·马利亚·卡贾诺、普罗斯佩罗·卡泰里尼、安东·马利亚·帕内比安科、帕特里齐和赖萨赫;ACDF SO Decreta 1862, Feria Ⅳ., 5. Februar 1862。大会成员参阅《教廷年鉴》1862,S. 261: Pilippo de Angelis, Giacomo Antonelli, Fabio Maria Asquini, Alessandro Barnabò, Anton Maria Cagiano, Prospero Caterini, Clarelli Paracciani, Domenico Lucciardi, Anton Maria Panebianco, Patrizi(秘书), Rauscher und Reisach。

[10] Fascicolo dei Decreti, Audienz des Assessorts bei Pius Ⅸ., 5. Februar 1862; ACDF SO St. St. B 6 w f.

[11] Fascicolo dei Decreti, Kardinalsplenaria Feria Ⅳ, 12. Februar 1862; ACDF SO St. St. B 6 w f. 及同天觐见庇护九世。

[12] 参阅 Maria Sofia Messana, Art. Autodafé, in: DSI 1(2011), S. 124-126。

[13] Bertolt Brecht, Das Leben des Galilei, in: Gesammtelte Werke, Bd. 3, Frankfurt a. M. 1967, S. 1229-1328 f. 关于对伽利略的审判,参阅 Beretta, Galilée; Berette(Hg.), Galilée en procès; Wolf, Kontrolle, S. 1017-1019 und S. 1024-1027。

[14] Costituti di P. Peters; ACDF SO St. St. B 6 y, fol. 195-203.

[15] 帕奇菲科·加斯帕里自1851年担任宗教裁判所书记员,参阅 Wolf(Hg.),

Prosopographie, S. 650。

[16] 贾科莫·瓦加吉尼来自意大利托斯卡那,1848 年成为宗教裁判所陪审推事,1851 年成为鉴定人,1885 年去世。参阅 Wolf(Hg.), Prosopographie, S. 1517。

[17] Costituti di P. Peters, Abjuratio, 18. Februar 1862; ACDF SO St. St. B 6 y, fol. 197.

[18] Costituti di P. Leziroli, Abjuratio, 17. Februar 1862; ACDF SO St. St. B 6 s, fol. 98-105.

[19] Costituti di Sr. Maria Luisa, Abjuratio, 14. Februar 1862; ACDF SO St. St. B 6 o, fol. 76-78; Abjuratio der Äbtissin, 14. Februar 1862; ACDF SO St. St. B 6 o, fol. 77-81.

[20] 参阅 Norbert Lüdecke, Kidnapping aus Heilssorge? Der lange Schatten des Edgardo Mortara, in: Reinhold Boschki / Albert Gerhards (Hg.), Erinnerungungskultur inder pluralen Gesellschaft. Neue Perspektven für den jpdisch-christilichen Dialog, Paderborn u. a. 2010, S. 303-320。

[21] 该教堂连接的退修中心位于罗马埃斯奎林山丘的拿破仑三世大街与埃玛努埃尔二世广场交会处,由耶稣会修士主管。参阅 Le case di esercizi spirituali stabilite a norma di ciò che prescrive s. Ignazio di Lojola e si pratica nella Casa di S. Eusebio in Roma, Rom 1855; Augustin Theiner, Geschichte der geistlichen Bildungsanstalten. Mit einem Vorworte, enthaltend Acht Tage im Seminar zu St. Euseb in Rom, Mainz / Wien 1835。

[22] 圆形教堂及其附属初学由教宗英诺森十世的一位耶稣会修士侄子卡米拉·潘菲利按照贝尔尼尼的设计建造。参阅 Armellini, Chiese, S. 185。

[23] 摘自 Galletti, Memorie Bd. 2, S. 455。

[24] Sommervogel, Bibliothèque Bd. 4, Sp. 1771.

[25] 该圣母修道院及相连的圣母往见主教座堂和圣方济各堂位于罗马的特拉斯提弗列区隆伽拉大街,1669 年由教宗克雷芒九世为圣母访亲女修会建造,后者 1673—1793 年管理此处。在修女们迁移至奎利那尔山谦卑修会的圣母修道院以后,修道院及其教堂被一位丝绸商人温琴佐·马斯图尔兹整体购买下来并赠送给某个敬虔的修女团体。七年之后,该团体允许

圣母忠仆团在此处修建一所新的修道院。1873年意大利政府将此处国有化并改造成一处女子监狱。参阅 Armellini, Chiese, S. 655; Art. Serve di Maria SS. Addolarata o Servite, in: Moroni, Dizionario 64（1853）, S. 191-199; Gregor Zinkl, Art. Serviten, in: LThK[1] 9（1937）, Sp. 499-501。

[26] Fascicolo dei Decreti, Kardinalsplenaria Feria Ⅳ., 14. Juni 1865; ACDF SO St. St. B 6 w f.

[27] Thurn und Taxis-Hohenlohe, Jugenderinnerungen, S. 77.

[28] 同上，77-79页。

[29] Erlebnisse von S. Ambrogio; StA Sigmaringen, Dep 39 HS i Rubr 53 Nr. 14 UF 9m, S. 49 f.

[30] Deutscher Merkur. Organ für katholische Reformbewegung Nr. 12 vom 22. März 1879, S. 95 f. 又见 Deufel, Kirche, S. 62。

[31] 抄自卡塔琳娜侯爵夫人写给克罗伊特根神父的信件，23. März 1879; ADPSJ Abt. 47 Nr. 541。

[32] Thurn und Taxis-Hohenlohe, Jugenderinnerungen, S. 80; Zingeler, Katharina, S. 83.

[33] 约翰·彼得·安塞尔姆·尼克1825年出生，在波恩大学获得神学和哲学博士学位之后，1854年加入罗马圣保罗本笃会修道院，并在那里教授道德神学和希腊语。1866年去世。参阅 Kosch, Deutschland Bd. 2, Sp. 3247。

[34] Zingeler, Katharina, S. 79 und S. 82.

[35] Virgil Fiala, Art. Wolter, Maurus, in: DIP 10（2003）, Sp. 617-619; hier Sp. 617. 参阅 Kölnische Zeitung Nr. 297 vom 25. Oktober 1860。

[36] Zingeler, Katharina, S. 82-93.

[37] Thurn und Taxis-Hohenlohe, Jugenderinnerungen, S. 81 f.

[38] Virgil Fiala, Art. Beuron, in: DIP 1（1974）, Sp. 1427-1430; Fiala, Bemühungen, S. 718-733; Fiala, Beuron, S. 135-144; Fiala, Jahrhundert; Kopf, Klösterliches Bemühungen, S. 734-744. 卡尔·安东·冯·霍亨索伦-西格马林根1811年出生，1858—1862年担任普鲁士王国首相，1885年去世。

[39] 卡塔琳娜1890年2月14日写给利奥波德大公的信件；摘自 Zingeler,

Katharina, S. 83。

[40] Thurn und Taxis-Hohenlohe, Jugenderinnerungen, S. 83 f.
[41] Zingeler, Katharina, S. 201-204.
[42] 同上，210 页。
[43] 参阅 Fiala, Jahrhundert；Wenzel, Freundeskreis；Zingeler, Katharina。辛格勒所著其生平的副标题为"贝隆奠基人"。参阅 Beuron 1863-1963；Petzolt, Gründungs- und Entwicklungsgeschichte；Schöntag（Hg.），250 Jahre。贝隆艺术学校，参阅 Siebenmorgen, Anfänge。
[44] Zingeler, Katharina, S. 207 f.
[45] Thurn und Taxis-Hohenlohe, Jugenderinnerungen, S. 84.
[46] "这一切都是上帝奥秘的带领和先见，过去内心经历和承受的特殊安排，都在父神的面前显现出来。"卡塔琳娜 1859 年 9 月 14 日致德国圣保罗神父的信件；摘自 Wenzel, Freundeskreis, S. 362-364, hier S. 362。
[47] Fink, Tagebücher, S. 474. 又见 Fink, Kardinal, S. 164-172；Kraus, Hohenlohe, S. 165-175；Schlemmer, Gustav, S. 373-415；Wolf, Gustav, S. 350-375。
[48] 摘自 Wolf, Gustav, S. 359。关于弗莱堡大主教，参阅 Josef, Becker, Zum Ringen um die Nachfolge Erzbischofs Hermann von Vicaris 1868. Die Voten der Domkapitulare Orbin, Schmidt, Haitz und Kössing, in：Freiburger Diözesanarchiv 88（1968），S. 380-427。
[49] Gustav an Chlodwif zu Hohenlohe-Schillingsfürst, 17. März 1870；摘自 Curtius（Hg.），Denkwürdigkeiten Bd. 2, S. i F.
[50] Gustav an Chlodwif zu Hohenlohe-Schillingsfürst, 26. November 1869；摘自同上 Bd. I, S. 404.
[51] Gustav zu Hohenlohe-Schillingsfürst an Kardinal Schwarzenberg, 18. Juli 1870；摘自同上 365 页.
[52] Kraus, Hohenlohe, S. 175.
[53] 卡塔琳娜（1873 年 4 月）写给庇护九世的信件；摘自 Zingeler, Katharina, S. 169 Anm I.
[54] 参阅 Duhr, Jesuisten-Fabeln, S. 425-453, der Fall Kleutgen S. 451-453。反

耶稣会教义，参阅 Pfülf, Hohenlohe, S. 1-22。

[55] 弗里德里希 1836 年出生，1871 年因拒绝接受"教宗永无谬误"教义而被开除天主教教籍。据传他参加了 1874 年伯尔尼的老派天主教会的设立仪式，1875 年返回慕尼黑，1917 年去世。参阅 Kessler, Friedrich。

[56] Steinhuber an Langenhorst, Mai 1883；ADPSJ Abt. 47 Nr. 54I。

[57] Thurn und Taxis-Hohenlohe, Jugenderinnerungen, S. 91. 又见 79 页：他反正"到处怀疑有人下毒"。关于霍恩洛厄的下毒创伤参阅 Schlemmer, Gustav, S. 388-390；Weber, Quellen, S. 140 f。

[58] 参阅 Bülow, Denkwürdigkeiten Bd. I, S. 11；Weber, Quellen, S. 141 Anm. 203。

[59] 关于天主教红衣主教们选举教宗的秘密会议参阅 Schmidlin, Papstgeschichte Bd. 2, S. 338-346。弗兰基 1819 年出生，1867 年成为大公会议筹备委员会顾问，1868 年驻西班牙教宗使节，1874 年宗座大众传播委员会负责人，1878 年枢机国务卿，1878 年去世。参阅 Weber, Kardinäle Bd. 2 S. 466；Weber, Quellen, S. 137-142；Wolf（Hg.），Prosopographie, S. 609-611。

[60] 参阅 Lill, Akten, S. 95 Anm. 2；Wolf, Gustav, S. 368。

[61] Gustav zu Hohenlhe-Schillingsfürst an Hermann zu Hohenlohe-Langenburg, 13. Mai 1895；摘自 Schlemmer, Gustav, S. 383。

[62] 乔治·科普 1837 年出生，1872 年至 1881 年担任德国希尔德斯海姆代理总会长，1881 年至 1887 年德国富尔达主教，1887 年开始担任波兰布雷斯劳侯爵主教，1893 年红衣主教，1914 年去世。参阅 Gatz（Hg.），Bischöfe, S. 400-404。

[63] 摘自 Kraus, Tagebücher, S. 657。

[64] 墓碑是一块刻有铭文、肖像和家族徽章的浮雕石板。参阅 Albrecht Weiland, Der Campo Santo Teutonico in Rom und seine Grabdenkmäle, Rom u. a. ^{2}1988, S. 555-557 mit Abb. 85。

[65] 摘自 Kraus, Tagebücher, S. 575。

[66] 参阅 Weber, Quellen, S. 19-21。

[67] 参阅 Anton Zeis, in：Gatz（Hg.），Bischöfe, S. 603-606, hier S. 606。教堂位于罗马坎皮特利区同名广场上。

[68] 参阅 Weber, Kardinäle Bd. 1 S. 299 f und S. 500 f。

[69] 参阅 Aubert, Pontificat, S. 285。摘自自由派的迪奥梅德·潘塔莱奥尼（1810—1885）的著作。

[70] Louis Teste, Preface au Conclave, Paris 1877, S. 80 f.；摘自 Aubert, Pontificat, S. 285.

[71] 参阅 Weber, Quellen, S. 265 Anm. 137。

[72] Tribunale civile e correzionale di Roma, 抄自 1871 年 10 月 23 日宗教裁判所与路易莎父亲的庭前对话。当时塞韦里诺·蒂雷利担任法庭控方律师时曾对路易莎生平做了回顾；ACDF SO St. St. B 6 w f。

[73] Gißibl, Zeichen, S. 109.

[74] 玛丽亚·冯·莫林 1812 年出生，自小体弱多病。1832 年获得第一次狂喜经验。二十四岁时双手双脚得到圣痕并吸引了大量拜访者、朝圣者和探奇者。1868 年在卡尔特恩一所第三修会修道院去世。参阅 Priestching, Mörl, S. 16。

[75] Gißibl, Zeichen, S. 110. 又见 Priestching, Mörl, S. 105-107。

[76] 研究这些现象时性别研究非常有帮助。参阅 Braun / Stephan (Hg.), Gender-Studien; Opitz, Um-Ordnungen; Weiß, Weisung, S. 243-246。

[77] 参阅 Huguet, Geist, S. 385-422，"庇护九世生平超自然事件"一章。又见 Zinnhobler, Pius Ⅸ, S. 386-432。

[78] 中欧国家直至 19 世纪的刑法都是以神圣罗马帝国皇帝查理五世 1532 年制定《加洛林纳刑法典》为基础的，针对不同犯罪设立不同处决方式：纵火犯、男巫、女巫、鸡奸者和抢劫教会者被处以火刑；变节者四马分尸；谋杀者处以车裂或斩首之刑。直至 18 世纪末死刑还广泛存在。意大利法学家切萨雷·贝卡里亚第一次以《罪与罚》文章反对死刑。19 世纪许多国家废除了死刑，取而代之的是终生监禁。反而在民族战争时死刑又被重新采纳，以确保国家利益。参阅 Karl Hilgenreiner, Art. Todesstrafe, in：LThK[1] 10 (1938), Sp. 194 f.; Oliver Michael Timothy O'Donovan, Art. Todesstrafe, in：TRE 33 (2002), S. 639-646。神职人员刑法参阅 Hinschius, System。

[79] 参阅 Gregor Ⅹ Ⅵ, Regolamento sui delitti e sulle pene, 20. September 1832,

in：Sergio Vinciguerra（Hg.），I regolamenti penali di Papa Gregorio XVI per lo Stato Pontificio（1832），Padua 2000，S. 83-121，hier S. 88 und S. 111。

[80] 经过信仰告白的神职人员可获得这一特权。参阅 Sägmüller, Kirchenrecht, S. 740 und allgemein S. 188-190. 又见 Richard Puza, Art. Privilegium fori, in：LexMA 7（1999），Sp. 228 f. 关于教会国的法律现状参阅 Raffaele Ala, Il foro criminale Bd. 8，Rom 1826，S. 131-134。

[81] Tribunale civile e correzionale di Roma, Comparsa conclusionale von Severino Tirelli, 23. Oktober 1871；ACDF SO St. St. B 6 w f.

[82] 该监狱位于罗马戴克里先浴场附近，本是教宗克莱门十一世1705年建造的赡养院，1834年作为监狱开放，收纳被判处一年到三年监禁的男性和女性。1854年女子部被分离出来，由圣母无玷始胎堂修女们管理。参阅 Monica Calzolari, La Casa di detenzione alle Terme diocleziane di Roma（1831.1891），in：Livio Antonielli（Hg.），Carceri, carcerieri, carcerati. Dall'antico regime all'Ottocento, Soveria Mannelli 2006, S. 49-78；Carlo Luigi Morichini, Degli istituti di carità per la sussistenza e l'educazione dei poveri e dei prigionieri in Roma, Bd. 3，Rom 1870，S. 702-710。

[83] Tribunale civile e correzionale di Roma, Comparsa conclusionale von Severino Tirelli, Pro secreta Em. orum, o. D.（25. Juli 1868）；ACDF SO St. St. B 6 w f.

[84] Tribunale civile e correzionale di Roma, Comparsa conclusionale von Severino Tirelli, Attestazione del Dr. Caetani, 14. Januar 1869；ACDF SO St. St. B 6 w l. 此处可能指的是来自阿特拉里的普拉西多·卡埃塔尼医生，在罗马圣嘉利卡诺医院从业。参阅 Annibale Taddei, Manuale di notizie risguardanti le scienze, arti, e mestieri della città di Roma per l'anno 1839, Roma 1838, S. 62。

[85] 根据德国医生卡尔·芬克布尔格报告，该疯人病院1866年建造，1728年由庇护九世在台伯河右岸扩建。"主要建筑物被扩建，内部整体被改造，包括临街圣米歇尔大街的灰暗的大门正面。男女部门被严格分割开来，形成四个不同特色的病人区块，包括焦虑型、自杀倾向型、暴躁型和精神病型。1860年后机构由教宗御医维阿尔医生负责。这里也负责治

疗高级教士，但是修会弟兄和姐妹只占了一小部分。维阿尔按照法国学派的'道德疗法'进行精神治疗。"Allgemeine Zeitschrift für Psychiatrie und psychische-gerichtliche Medicin, herausgegeben von Deutschlands Irrenärzten 23（1866），S. 398-401.

[86] 蒂雷利来自意大利托斯卡那的切雷托圭迪，在1835年完成学士学位之后，在1838年获得了教会法规硕士学位，并最终在1850年成为教会国律师。参阅 Annuario Ecclesiastico, Rom 1898, S. 101；Annuaire pontifical catholique, Paris 1899, S. 376 und S. 458；La gerarchia cattolica la cappella e la famiglia pontificie per l'anno 1888con appendice di altre notizie riguardanti la Santa Sede, Rom 1888, S. 636；http://www.prometheos.net/immagini/cataloghi/.../udite.pdf（01.08.2012）。

[87] Zingeler, Katharina, S. 167 f.

[88] Thurn und Taxis-Hohenlohe, Jugenderinnerungen, S. 83.

[89] Kleutgen an den damaligen Rektor des Germanicums Steinhuber, Mai 1883；ADPSJ Abt. 47 Nr. 541, fol. 8.

[90] 加洛罗圣母教堂在1624—1633年建造，其附属修道院建造时间是1632—1634年，直到1798年都由维罗布洛欣修士负责。1816年该修道院被移交给耶稣会修士，维罗布洛欣修会短暂接管之后，耶稣会重新在1824年收回这家修道院，并使用至今。参阅 Giuseppe Boero, Istoria del santuario della beatissima Vergine di Galloro, Rom 1842, ²1852, ³1853; Girolamo Pecchiai, Il santuario di Galloro e la miracolosa immagine di Maria Santissima che in esso si venera. Cenni storico-descrittivi, Rom 1910; Francesco Petrucci, Il Cavalier Gianlorenzo Bernini e il santuario di Galloro, in: Documenta Albana（Serie Ⅱ）10（1988），S. 59-73; Schäfer, Kontroverse, S. 66 Anm. 53。

[91] 帕特里齐致庇护九世的信件；ACDF SO St. St. B 7 a，克罗伊特根相关卷宗。彼得·沃尔特也可证实克罗伊特根1863年已经回到罗马；Wolter, Zu einem neuen Buch, S. 323. Deufel, Kirche, S. 63。已知克罗伊特根从加洛罗发出的信件时间段为1862年9月4日至1863年5月8日。参阅 Schäfer, Kontroverse, S. 196 Anm. 59；Walter, Kleutgen, S. 146。

[92] 施泰因胡贝尔致朗恩霍斯特信件；Mai 1883；ADPSJ Abt. 47 Nr. 541。施泰因胡贝尔在此引用克罗伊特根告诉他的通知。但朗恩霍斯特希望完成的克罗伊特根的生平传记却一直未出版。

[93] 后续参阅 Wolf, Erfindung, S. 236-259。

[94] So richtig Bischof, Theologie, S. 95-105.

[95] Döllinger, Rede, S. 25-59, hier S. 42 und S. 47 f.

[96] 参阅 Congar, Bref historique, S. 108；Congar, Tradition, S. 218 f。

[97] Unterburger, Lehramt, S. 136.

[98] Döllinger, Rede, S. 58.

[99] Breve Pius' Ⅸ."Tuas libenter" vom 21. Dezember 1863；完全的拉丁文版本：ASS 8（1847），S. 436-442；德语节选：Denzinger / Hünermann, Enchiridion, Nr. 2875-2880, hier Nr. 2876。

[100] 雅各·弗罗沙默1821年出生，1847年成为牧师，1855年成为慕尼黑大学哲学系讲师，1863年被解除职务，1893年去世。参阅 Pahud de Mortanges, Philosophie。

[101] 格雷戈·冯·谢尔1804年出生，1829年成为牧师，1833年加入本笃会修会，1838年成为副院长，1840年成为院长。1856年至1877年去世期间担任慕尼黑和弗赖辛大主教。参阅 Anton Zeis, in：Gatz（Hg.），Bischöfe, S. 654-656。

[102] 雅各·弗罗沙默，人类灵魂起源说的发起人。Rechtfertigung des Generatianismus, München 1854.

[103] Kleutgen, Gutachten zu Frohschammer, 19. November 1855；ACDF Index Prot. 119（1854-1857），fol. 443r-446v.

[104] 整个流程参阅 Pahud de Mortanges, Philosophie, S. 33-69。见后续。

[105] 安杰洛·特吕勒1813年出生，圣方济各修士，1854年开始担任宗教裁判所顾问，1879年去世。Wolf（Hg.），Prosopographie, S. 1505-1508.

[106] 伯纳德·史密斯1812年出生，本笃会修士，1852年开始担任宗教裁判所顾问，1892年去世。Wolf（Hg.），Prosopographie, S. 1390-1398.

[107] 约翰·巴蒂斯特·西尔舍1788年出生，1810年成为罗滕堡教区神父，1817年成为图宾根大学道德神学教授，1839年成为弗莱堡大教堂任职

教士。因卷入众多捐款事件而被新经院哲学派视为启蒙派和自由派。他本人1865年去世。参阅 Köster, Hirscher。

[108] Kleutgen, Zweites Gutachten zu Frohschammer, 7. Februar 1856; ACDF Index Prot. 119（1854-1857）, fol. 758r-794v.

[109] Trullet, Gutachten zu Frohschammer, 26. August 1856; ACDF Index Prot. 119（1854-1857）, fol. 799r. 不分页秘密版本第 222 页。

[110] 弗罗沙默《哲学和形而上学导论——关于哲学改革》1858年出版；1861年《科学自由发起者》出版。参阅 Pahud de Mortagnes, Philosophie, S. 72-140。又见 Frohschammers "Autobiographie", in: Adolf Hinrichsen（Hg.）, Deutsche Denker und ihre Geistesschöpfungen, Berlin o. J.（1888）, S. 35-45。

[111] 彼得·阿道尔夫·康斯坦蒂·谢梅年科 1814 年出生，隶属罗马教廷复活委员会，自 1857 年担任禁书审核院顾问，自 1873 年担任宗教裁判所顾问，1886 年去世。参阅 Wolf（Hg.）, Prosopographie, S. 206-219。

[112] Semenko, Gutachten zu Frohschammer, 29. November 1861; ACDF Index Prot. 112（1863-1864）, o. Nr., 36 S. Druck, v. a. fol. 3 f. 又见 Pahud de Mortagnes, Philosophie, S. 206-219。

[113] 同上，263-291 页。Breve Pius' IX. "Gravissimas Inter" vom 11. Dezember 1862；全拉丁文版 in: ASS 8（1874）, S. 429-435；德语节选: Denzinger / Hünermann, Enchiridion, Nr. 2850-2861。

[114] Wolter, Kleutgen, S. 146.

[115] 参阅 Deufel, Kirche, S. 63 Anm. 246。又见克罗伊特根从罗马发出的信件，自 1860 年起他就与罗马保持了一定的距离；Kleutgen, Briefe。

[116] 克罗伊特根致施泰因胡贝尔信件，1869 年 8 月 29 日，摘自 Deufel, Kirche, S. 286-288, hier S. 286。

[117] 同上，63 页，注释 246 页。

[118] 沃尔特·施泰因斯 1810 年出生，1832 年加入比利时尼维勒的耶稣会修士初学，1842 年成为神父，1852 年去印度宣教，并于 1867 年在那里成为加尔各答主教，1881 年去世。Biografisch Archiv van de Benelux, Steene-Stekke, Fiche 646, S. 444-446.

[119] 参阅 Mai, Bischof, S. 126；Mansi 53, Sp. 286-331；Schatz, Vaticanum I Bd. 2, S. 313-355；Walter, Zu einem neuen Buch, S. 325 f。

[120] Vaticanum I, Dogmatishce Konstitution "Die filius" über den katholischen Glauben vom 24. April 1870, lateinisch-deutscher Text in：Denzinger / Hünermann, Enchiridion, Nr. 3000-3045, hier Nr. 3011. 又见 Pottmeyer, Glaube。

[121] 安德烈亚斯·施泰因胡贝尔1825年出生，1851年成为神父，1857年加入耶稣会。在因斯布鲁克大学担任了一段时间的教义学教授和德国学院院长之后，加入教廷，1907年去世。参阅 Wolf（Hg.），Prosopographie, S. 1415-1418。

[122] Steinhuber an Langenhorst, April 1883；ADPSJ Abt. 47 Nr. 541, fol. 10 f. 又见 Eduard Winter, Art. Kleutgen, in：LThK1 6（1934），SP. 46：宪章最终的修改由克罗伊特根完成。

[123] Mansi 53, Sp. 313 A.

[124] Beumer, Konstitution, S. 354 Anm. 60. 又见 Kleutgen, Lehrgewalt。

[125] Kleutgen an Steinhuber, 7. Januar 1871；摘自 Deufel, Kirche, S. 69.

[126] Kleutgen an Steinhuber, 24. Februar 1872；摘自 Deufel, Kirche, S. 71.

[127] 克罗伊特根的路线图同上，78页。

[128] Pfarrer Glatz an Pater Felchlin, 6. März 1883。摘自同上，72页。

[129] Deufel, Kirche, S. 74.

[130] Enzyklika Leos XIII. "Aeterni Patris" vom 4. August 1879；完整拉丁文版：ASS 12（1879/80），S. 436-442；德语节选：Denzinger / Hünermann, Enchiridion, Nr. 3135-3140.

[131] 施泰因胡贝尔甚至曾断言，克罗伊特根编写了"草案"。Steinhuber an Langenhorst, April 1883；ADPSJ Abt. 47 Nr. 541. 又见 Eduard Winter, Art. Kleutgen, in：LThK[1] 6（1934），SP. 46。沃尔特则认为克罗伊特根是否参加了编写工作"并不确定"；Peter Wolter, Art. Kleutgen, in：LThK[1] 6（1997），SP. 135。

[132] Kleutgen an Steinhuber, 12. September 1879；摘自 Deufel, Kirche, S. 75 f.

[133] 格拉茨神父1883年回顾时提到克罗伊特根这一表述；同上，76页。

[134] Kleutgen an Schneemann, 16. Juli 1881. 摘自同上，77 页。

[135] 参阅 Finkenzeller, Kleutgen, S：324。

[136] 关于拉丁文铭文，参阅 Hertkens, Kleutgen, S. 90；Lakner, Kleutgen, S. 200。

[137] Lakner, Kleutgen, S. 200.

[138] 1870 年 7 月 18 日梵蒂冈第一次大公会议；拉丁文和德语版本 COD, S. 811-816, hier S. 816。

后 记
历史中圣安布罗焦修道院审判的秘密

庇护九世和宗教裁判所并未公开审讯圣安布罗焦修道院案件。乌菲西奥宫的围墙掩埋了一切秘密。其实这么说并不完全正确,因为自由派意大利媒体一向将保密视为无物。早在1861年圣安布罗焦修道院被废除时,就有一些报纸文章对这一事件做出各种猜想,并津津乐道地以此为契机抨击教廷落后的司法制度和宗教法庭的合法性。但是这些报纸仅仅知道修道院的废除和敬礼菲劳有关,几位主要被告人和其他罪行并未被公之于众。对于自由派报纸来说,圣安布罗焦事件不过给他们提供了一个攻击天主教和统治天主教世界的教会国及教宗的机会。教宗统治下的教会国仍然是意大利统一运动的绊脚石,尽管教会国本身就与意大利相毗邻。

1861年5月13日《天主教文明》杂志刊登了一篇关于《罗马新闻》的报告,其中点评了一些"糟糕"的报纸新闻报道。编辑人员被辱骂为"在泥污中打滚的人类"。这一杂志将圣安布罗焦事件视为对虚假称圣的阿涅塞·菲劳持久敬礼的恰当回应。[1] 这一事件当然并没有在国际上引起太大轰动。迄今为止,提起圣安布罗焦事件,大多数人记得的还是有关对菲劳的敬礼,例如有些介绍罗马及其名胜古迹的国际网页会涉及此事。[2]

这一话题之所以并不引人注目，还有一个原因在于当时出现了其他的教会政治方面的事件。1863年教宗审判了慕尼学者沙龙[3]，1864年庇护九世发表《谬误举要》批判了现代主义的宗教自由和道德自由主张。[4]之后的梵蒂冈第一次大公会议完全吸引了公众的注意力。当克罗伊特根被呼召参与起草两大宪章时，慕尼黑历史学家伊格纳茨·冯·多林格在其1870年发表的《议会的罗马来信》中公然批评耶稣会修士们，称"不久之前有一位耶稣会修士曾因一件令人恶心的修道院犯罪事件被宗教裁判所审判"[5]。有趣的是，1962年《明镜周刊》在梵蒂冈第二次大公会议召开之际发表的标题文章还曾引用过多林格的这篇文章。当时多林格谈论的主要还是克罗伊特根的六年监禁问题。[6]

1879年春天，关于圣安布罗焦事件的讨论再次出现在公众面前。[7]教会历史学家约翰·弗里德里希因反对"教宗永无谬误"教义而于1879年被开除教籍，紧接着他成立了老派天主教会，并在《德意志水星周报》中猛烈抨击克罗伊特根。老派天主教会是因反对梵蒂冈第一次大公会议宣布的"教宗永无谬误"教义而诞生的[8]，他们称支持这一教义的信徒为"新天主教徒"。弗里德里希希望能够公开羞辱这一教义的主要发起人——耶稣会修士克罗伊特根。弗里德里希在文章中宣称克罗伊特根由于卷入一起针对霍亨索伦侯爵夫人的毒杀事件而被宗教裁判所处以六年监禁，之后却被教宗亲自赦免。[9]

保守派报纸《新报》强烈驳斥了这一论断并指责弗里德里希为最无耻的骗子，对方则以诽谤罪将《新报》告上法庭。紧接着在审讯中《新报》出示了一份令人出乎意料的证据，他们展示了宗教裁判所办公厅的一份文字证明，其中宗教裁判所鉴定人乔尔瓦纳·帕拉米[10]在1879年3月7日承认克罗伊特根"从未因参与过毒杀事件或因意图毒杀而遭到起诉、调查甚至判决"[11]。事实上克罗伊特根也从未因给卡塔琳娜·冯·霍亨索伦投毒而被审判，但是却曾被宗教裁判所调查过，这一点与帕拉米所述不符。他在克罗伊特根的其他被控事项和审判原因上则故意保持了沉默。1879年3月15日《新报》发表文章称整个关于克罗伊特根的指控都是无稽之谈，因为教宗在梵蒂冈第一次大公会议上对其委以重任，而"教宗如此重用的人物曾因毒杀案件被起诉审判是完全不可想象的"[12]。事实上，庇护九世毫无顾忌地在几项重要教义的形成过程中大大重用了这样一名罪人。克罗伊特根本人并未参加相关论战，利奥十三世给他下达了严格的保持沉默的命令。[13]否则这场论战将更为激烈而不可收拾。

天主教廷对于圣安布罗焦事件的态度，最起码在克罗伊特根生前是十分明确的：这一棘手事件应当被竭力掩埋而闭口不谈，如实在迫于形势不得不提到，则应当尽力淡化此事的影响，并只有针对性地提及一小部分事实，完全不要触碰案件实情。

在历史编纂记录上也可以观察到类似倾向。保守天主教派、教宗极权主义以及特别有耶稣会倾向的历史记录中一直试图弱化这一事件或者干脆完全不提及此事。对他们来说事件的焦点在于虚假称圣，遇到质疑时则由虚假的"女圣徒"承担绝大部分责任，而耶稣会神父们看起来只是被引诱受到蒙蔽而已。不少人甚至声称这是上帝给予修士们的试炼。

其中一个经典范例是1911年克罗伊特根百年诞辰时约翰·赫尔肯斯[14]和耶稣会修士路德维希·莱凯尔[15]为他编写的传记，里面将耶稣会修士克罗伊特根去圣安布罗焦修道院的访问次数降到了一年三次到四次，而除了这些固定告解日之外，他与其他修女并无任何联系。传记中的克罗伊特根与圣安布罗焦案件没有丝毫联系。因此"可以想象，他对此案所知甚少，也无法为自己辩驳"。在敬礼虚假称圣的女创始人一事上,克罗伊特根是被假象所迷惑,而且直到法庭审讯开始他才知道事情真相,而"不是在告解过程中得知真相"。这半句话非常有意思地暗示了克罗伊特根的教唆罪名。他决定在审判时否认任何指控并为自己进行辩护,但之后出于神父身份的顾虑而对宗教裁判所的审判结果表示了谦卑的顺服。传记中并未记录其他指控罪名和判决,反而最终总结如下:"这次审判的结局对于克罗伊特根的名誉和声望几乎毫无损伤。"他"一如既往地在向他求教的高阶和低阶教士中被信任和爱戴"。[16] 他的修会弟兄们甚至在此事件中看到"上帝的旨意",是上帝用以"试炼他所爱的,并经过各样的艰难险阻但最终成为本人及周边人的最大益处"的事件。因为在服刑的短暂休息时间里,克罗伊特根终于完成了自己《古旧神学》的著作。[17]

耶稣会修士西奥多·格兰德拉特[18] 在其关于梵蒂冈第一次大公会议的半官方描述中,仅在脚注中提到了圣安布罗焦事件。他试图就克罗伊特根"作为知名的神学家,却未参与大会预备工作的原因"做出解释。他在罗马圣安布罗焦修道院担任本笃会修女们的优秀神父时,被宗教裁判所出于敏感原因进行审判。"修道院的修女们敬礼一位世纪初就去世的、生前以充满神迹经历之名的修女,犹如敬礼一位圣人,而神父们在如何领导这些修女的问题上缺乏智慧。"[19] 尽管文中提到了菲劳的虚假称圣和人们对她的长期敬礼,原本属于方济各会的修女们却被描述为本笃会的修女,其他事实也未被提及。到底出于何种敏感原因而导致克罗伊特根被审判,读者也无从得知。

1933年弗朗兹·拉克纳[20] 出版的关于耶稣会修士的研究著作也具有相同倾向。作者省略了一切事件细节,甚至没有提到克罗伊特根被牵扯到圣安布罗焦事件一事,并宣称整个事件乏味至极,不过是"一起古怪的审判",结果宗教裁判所强迫克罗伊特根1862年离开罗马一段时间。上帝的"旨意"却使他通过此事获得了足够的时间和宁静来专心完成自己最主要的神学著作。

耶稣会修士路德维希·科赫在1934年出版的《耶稣会修士词典》中有一篇关于克罗伊特根的传记文章[21],其中含糊地提到"1870年前不久"克罗伊特根在身为圣安布罗焦本笃会修女们的神父时,"因滥用祷告职权而被起诉并停职"。滥用祷告职权含义过于广泛模糊,真正的圣安布罗焦事件完全被掩埋起来。1883年[22]和1911年[23]出版的耶稣会修士的半官方报纸《天主教文明》中也完全没有提及事件的真相。

在耶稣会背景的历史记录中,克罗伊特根被牵扯进圣安布罗焦案件一事被逐渐淡化甚至消失是完全可以理解的,因为他们必须保护克罗伊特根所代表的修会和神学立场。新经院哲学代表成为罪犯和教唆者,耶稣会修士及其教廷支持者成为一群轻信的崇拜者,这幅画面绝对不能够出现在公众面前。此类历史编撰的主要任务并非陈述事实或客观真相,而是如同许多其他历史著作一般,主要目的是完成自我辩护。

但是其他描述卡塔琳娜·冯·霍亨索伦的历史作家们,在涉及几乎令侯爵夫人丧命的毒杀事件和之后的调查审讯时,也纷纷保持了沉默。特别典型的例子就是卡塔琳娜官方传记作家卡尔·西奥多·辛格勒。[24]提及卡塔琳娜在圣安布罗焦修道院的时期,作家简单概括为:"侯爵夫人在12月生了重病,在被认为即将离世时,接受了临终敷油圣事,并接受了修道院为她举行的授衣仪式。"之后卡塔琳娜渐渐恢复了健康,并在修道院待到7月26日,然后在其堂兄——大主教霍恩洛厄——支持下离开了圣安布罗焦修道院。[25]在霍恩洛厄位于蒂沃利的庄园里,她结识了同在那里休养的本笃会神父莫鲁斯·沃尔特，后者很快成为她的新任告解神父。这一邂逅成为卡塔琳娜人生的转捩点。在经历过很多错谬和混乱之后，卡塔琳娜终于找到了自己人生的终极目标——成为贝隆修道院的创始人。[26] 但是整本传记没有一句提到毒杀案件，没有一句提到戏剧化的"救命，救救我"，也没有一句提到其告解神父沃尔特向宗教裁判所提出的控诉。尽管作者辛格勒肯定知道这一事件，但是在前言中他着重感谢了"多年来侯爵夫人的挚友克里斯蒂娜·格迈纳小姐"[27]，此人根据卡塔琳娜 1870 年的自述详细编写了她在圣安布罗焦修道院经历的报告。

对于天主教世界和西格马林根亲王家族来说，辛格勒 1912 年出版的人物传记如果将一位德国高层贵族与这样一件案件联系在一起，绝对是无法忍受的事情。在关于现代主义危机[28]的大讨论中，这件事情最好不要被人提起。此外，作为创建德国西南部第一家本笃会贝隆修道院这一历史性创举的发起人，卡塔琳娜完美无瑕的形象与被毒害者和宗教裁判所上诉人的形象实在太不相称。在发生针对克罗伊特根的老派天主教徒及其波西米亚式攻击之后，直到第二次梵蒂冈大公会议期间，耶稣会修士们才将这所本笃会修道院的历史性一步与天主教会联系在一起。在那之前这件事情也一直在被人们淡化，例如安塞尔姆·肖特在编写神父莫鲁斯·沃尔特传记时完全没有提及圣安布罗焦事件。[29] 事实上不是霍恩洛厄，而是教宗庇护九世本人亲自任命莫鲁斯·沃尔特为卡塔琳娜的告解神父，从而为其开辟了创建贝隆修道院的"快速通道"。直到 1963 年贝隆修道院百年庆典时，维吉尔·菲亚拉才在庆典贺词中直接提到卡塔琳娜在圣安布罗焦修道院的经历。[30] 他谈到了侯爵夫人 1858 年 12 月那场危及生命的重病及其原因。文中提到她发现了"年轻漂亮的玛德蕾·比卡利亚的重大过失"，而后者试图通过"阿谀奉承"来拉拢侯爵夫人，但却以失败告终。之后对方"尝试了一切方法来将真相掩埋下去，是的，她们试图将侯爵夫人虚弱的身体状况进一步加速恶化"，也就是说要毒杀卡塔琳娜。

菲亚拉在著作中引用了一封他在贝隆档案馆找到的侯爵夫人1878年12月11日写给莫鲁斯·沃尔特院长的信件，其中卡塔琳娜直接提到了毒杀案件："时间一年一年过去，转眼离我在圣安布罗焦修道院喝下有毒饮料过去已经二十年了！"她在获救后结识了莫鲁斯·沃尔特神父，后者用真十字架碎片为她进行祝福祷告，令她"感到立即恢复了健康"。在上帝的恩典与帮助之下，贝隆修道院得以建立起来。贝隆的纪念文集将卡塔琳娜的虚弱病体形象以及在圣方济各第三修会的悲惨经历视为健康的本笃会属灵状态的鲜明对比。莫鲁斯神父奇迹般的医治恰恰并非通过圣安布罗焦修道院常见的神秘主义实践而起效的，反而是通过教会常见的十字架祝福起效的。真十字架碎片其实就是一小片钉死耶稣的十字架碎片，被镶嵌在圣体匣里，常被用于基督升天日的祝福仪式。[31]圣安布罗焦修道院管理层出于恶意的行为，反而变成了上帝借莫鲁斯·沃尔特所行善事的契机。若没有投毒事件，卡塔琳娜就不会呼救，她若不呼救就不会被拯救出来，若不被拯救出来就不会有机会认识沃尔特神父，若非认识沃尔特神父就不会有贝隆修道院的创立。这正是维吉尔·菲亚拉在审讯调查发生百年之后，在卡塔琳娜的完全授意下想要传达的信息。要完成这一任务就必须直接提到投毒事件。

但这只是特例，整体来看对于圣安布罗焦事件保持沉默的倾向一直延续至今，正如20世纪30年代、60年代和90年代出版的三大卷《神学和教会大词典》所记录的一样。人们既无法在约瑟夫·克罗伊特根的人物传记文章[32]中找到任何关于圣安布罗焦事件的记载，也无法在关于卡塔琳娜·冯·霍亨索伦的文字记载[33]中找到。卡塔琳娜在罗马的逗留被描述成仅仅出于邂逅莫鲁斯·沃尔特神父的目的，而克罗伊特根也仅仅是一位著名的新经院哲学家。这就是天主教徒在他们最重要的资料与著作中描述的画面，而圣安布罗焦事件[34]与这幅画面格格不入，事实真相黑暗的一面被彻底湮没在历史的长河中。

尽管事实真相被重重秘密所湮没，1976年的一篇关于克罗伊特根的神学论文还是稍稍提到了这一事件。康拉德·德费尔在重构整个历史事件时终于找到了一些确凿的资料，他在霍亨索伦亲王府和西格马林根档案馆[35]里找到了侯爵夫人当年向克里斯蒂娜·格迈纳小姐所做自述的报告。[36]德费尔所写的不到三页的《经历》中，总结了卡塔琳娜的一生并确实提到了当年的控诉事项和调查审讯的主要内容。德费尔首次能够使用低地德语地区耶稣会资料，并从有关克罗伊特根及之后耶稣会修士红衣主教安德烈亚斯·施泰因胡贝尔的信件中推测出，克罗伊特根在修会内部曾说过自己曾被宗教裁判所判为"正式异教徒"，但他是如何确定这点的，克罗伊特根并没有说明。施泰因胡贝尔由此推测："克罗伊特根在审讯时曾说过某句话而被法庭判为具有异端性。"

德费尔的研究由于某些手稿缺陷而遭到猛烈抨击。[37]例如霍尔曼·H. 韦特在一篇文学评论中称德费尔刻画的审讯过程为"现代化的女巫审判"，而克罗伊特根作为证人只是"受到牵连"而已。[38]此外他认为德费尔的观点并不公允，他只是将广为流传的修道院修女主管试图毒杀卡塔琳娜·冯·霍亨索伦的事件当作了事实，尽管从没有一项针对此案件的审判被公布出来，宗教裁判所也从未拥有过对此类案件的审理权限。[39]德费尔的首次不完全的、以历史来源为根据的圣安布罗焦事件重构仍然得到了相当多人的认可，并作为相关重要文献而被一再提及。贾科莫·马丁纳在庇护九世[40]

的专题论著中、埃尔克·帕胡德在关于雅各·弗罗沙默[41]的传记中以及艾丹·尼科尔斯在他《信仰与理智的对话》中关于"克罗伊特根的失败"的部分都引用了德费尔的著作。[42]

德费尔曾断言，圣安布罗焦事件的重重谜团以及克罗伊特根的失败原因可以借助西格马林根档案馆的历史资料"得到解答"，而罗马教廷提供的资料"只能提供一些形式上的信息"，并被证实为不够准确。[43]直至1998年教宗保罗二世同意开启信理部档案馆，人们才有机会第一次接触到宗教裁判所的档案资料，并由此揭开一个半世纪以前最神秘的教会档案——圣安布罗焦修道院审讯程序——中的谜题。这一个世纪前的谜案终于可以水落石出了。看似荒谬幻想的传说，最终却被证实为真实的历史。

注　释

[1] 参阅 Civiltà Cattolica vom 25. Mai 1861, S. 621-623。

[2] 参阅《罗马新闻》和《罗马快讯》，online：http://www.viavenetoroma.it/it/chiese/DettaChiese.asp?id=226 以及 http://romafelix.com/sambrmass.htm（25.05.2012）。

[3] 参阅 Bischof, Theologie, S. 62-105。

[4] 参阅 Wolf, Syllabus, S. 115-139。

[5] 参阅 Quirinus（Ignaz von Döllinger），Römisch Briefe vom Concil，München 1870，S. 286。《罗马来信》首先在《奥古斯堡总汇报》上以文章形式发表，之后多林格将其汇集成书出版。

[6] 参阅 Gottes eigenes Konzil. Zweitausend Jahre Apostel, Päpste und Politik im Namen Christi，in：Der Spiegel Nr. 43 vom 24. Oktober 1962。

[7] ADPSJ, Abt. 47 Nr. 541. 合集。

[8] 关于老派天主教会，参阅 Conzemius, Katholizismus; Schulte, Altkatholizismus。

[9] Deutscher Merkur. Organ für katholische Reformbewegung Nr. 12 vom 22. März 1879, S. 95 f. 又见 Hertkens, Kleutgen S. 81 f。

[10] 乔尔瓦纳·帕拉米1819年出生，1844年起担任鉴定人助理，1870—1886年担任宗教裁判所鉴定人主管，1888年去世。参阅 Wolf (Hg.), Prosopographie, S. 1151。

[11] Neue Zeitung für das katholische Deutschland Nr. 63 vom 14. März 1879. 又见 Deufel, Kirche, S. 62。拉丁文版本见 Liesen, P. Joseph Kleutgen, in: Der Katholik 63 (1883) Erste Hälfte, S. 523-543, hier S. 529; 及 Hertkens, Kleutgen, S. 82。

[12] Neue Zeitung für das katholische Deutschland Nr. 64 vom 15. März 1879.

[13] 又见 Deufel, Kirche, S. 62。

[14] 约翰·赫尔肯斯1843年出生，为主任牧师、布道家和传记作家。1909年去世。参阅 Hermann A. L. Degener (Hg.), Wer ist's? Zeitgenossenlexion enthaltend Biographien nebst Bibliographien, Leipzig [4]1909, S. 573; Biographisches Jahrbuch und deutscher Nekrolog, Bd. 14, Berlin 1909, S. 36。

[15] 路德维希·莱凯尔1864年出生，1891年加入耶稣会，因斯布鲁克大学教义学教授，1937年去世。参阅 Franz Daxecker, Art. Lercher, in: BBKL (仅线上); Koch, Jesuiten-Lexikon Bd. 2, Sp. 1098。

[16] 参阅 Hertkens, Kleutgen, S. 77-80。

[17] 同上，81页。

[18] 西奥多·格兰德拉特1839年出生，1860年加入耶稣会，在格雷戈里奥大学和法肯堡伊格内修斯学院担任教义学教授，1902年去世。参阅 Koch, Jesuiten-Lexikon Bd. 1, Sp. 723。

[19] Graderath, Geschichte Bd. 2, S. 363 f. Anm. 6. 又见 Schäfer 1961, Kontroverse, S. 47 Anm. 90。

[20] Lakner, Kleutgen, S. 195 f. 弗朗兹·拉克纳1900年出生，1922年加入耶稣会，1929年成为神父，因斯布鲁克大学教义学教授，1974年去世。参阅 Klaus Schatz, Art. Lakner, in: NDB 13 (1982), S. 424。

[21] Koch, Jesuiten-Lexikon, Sp. 998. 路德维希·科赫1878年出生，1879年

加入耶稣会。曾担任《雷奥》和《周日之声》报纸的作家和《时代之声》的编辑人员。1936 年去世。参阅 Paul Duclos, Art. Koch, in：BBKL 4（1992），Sp. 220 f。

[22] Cronaca Contemporanea, in：Civiltà Cattolica Serie XII 1（1883），S. 633-636.

[23] Un Ristoratore della Filoshfia scolastica. Giuseppe Kleutgn S. J.（9 aprile 1811-13 gennaio 1883），in：Civiltà Cattolica 62（1911），S. 34-35.

[24] 辛格勒 1845 年出生，以走读生身份参加波恩中学毕业考试后在大学学习哲学。1871 年被储君列奥波尔得·冯·霍亨索伦聘为其两个大儿子的教育老师并前往西格马林根。之后负责大公档案馆，得以接触更多霍亨索伦家族的历史。1923 年去世。参阅 CHr. Zingeler, Karl Theodor Zingeler, 1845-1923, in：Zollerheimat 2（1933），S. 40-42。

[25] Zingeler, Katharina, S. 75.

[26] 同上，77 页；又见 Zingeler, Karl Anton, S. 159 f。罗滕堡的教区档案馆负责人安东·普费弗也使用辛格勒的描述。参阅 Pfeffer, Gründerin, S. 9-14。

[27] Zingeler, Katharina, S. V（前言）.

[28] 参阅 Arnold, Geschicht；Loome, Catholicism；Wolf/Schepers（Hg.），Jagd。

[29] Schott, Leben, S. 17 f. 安塞尔姆·肖特 1843 年出生，1867 年成为牧师，1868 年加入贝隆本笃会修道院。1870 年发愿成为修士。以其出版的《神职人员弥撒手册》而闻名。1896 年去世。参阅 Angelus Häussling, Art. Schott, in：LThK^3 9（2000），Sp. 242 f。

[30] Fiala, Jahrhundert, S. 51 f. 菲亚拉 1911 年出生，1937 年在维也纳博士毕业后，1938 年发短期愿，1949 年正式发愿成为修士，同年成为神父，担任贝隆神学院讲师。1960 年起在斯图加特符腾堡州立图书馆工作，1978 年去世。参阅 Aegidius Kolb（Hg.），Bibliographie der deutschsprachigen Benediktiner 1880-1980，Bd. 2，Sankt Ottilien 1987，S. 575 f 又见贝隆纪念文集相关文章"Die Errettung einer, "Lebend Begrabenen'"von Wilhelm Freiherr Koenig von und zu Warthausen（1912-1972），in：Schwäbische Zeitung Nr. 162 vom 17. Juli 1965。

[31] 参阅 Damianus Schaefers, Art. Kreuz Ⅸ: Geschichte der Kreuzreliquien, in: LThK² 6 (1961), Sp. 614 f.

[32] Eduard Winter, Art. Kleutgen, in: LThK¹ 6 (1934), Sp. 45 f. 作为布拉格大学教授,温德总结说克罗伊特根"通过清晰简明的传统神学和哲学基础,为新经院哲学在德国的发展立下了汗马功劳"。Leonhard Gilen, Art. Kleutgen, in: LThK² 6 (1961), Sp.340. 耶稣会修士吉伦认为克罗伊特根"科学性地克服了赫尔墨斯主义",克罗伊特根的观点"具有文献基础,而且正面性利用了古代学者和教父的精神遗产"。Peter Wolter, Art. Kleutgen, in: LThK³ 6 (1997), Sp. 135.

[33] Gustav Hebeisen, Art. Hohenzollern, Katharina, in: LThK¹ 5 (1933), Sp. 106. 这位西格马林根档案馆馆长认为卡塔琳娜是一位不容易被理解的、"具有独特气质、被命运多次打击的侯爵夫人"。赫拜森还补充说卡塔琳娜三次加入修会的计划都因赖萨赫的劝阻和生病的状况而告失败。Everhard Gönner, Art. Hohenzollern, Katharina, in: LThK² 5 (1960), Sp. 435. Peter Thaddäus Lang, Art. Hohenzollern, Katharina, in: LThK³ 5 (1996), Sp. 217. 朗认为卡塔琳娜的修道院生活失败的主要原因在于其"虚弱的体质"。

[34] 最近的百科全书研究观点认为,百科全书不仅是中立地汇集各类信息,而且常常是某个团体"权衡展示内容的平台",这一观点在此也适用。参阅 Prodöhl, Die Politik des Wissens. Allgemeine deutsche Enzyklopädien zwischen 1928 und 1956, Berlin 2011, S. 1。

[35] 参阅 Deufel, Kirche, S. 56-63。

[36] 参阅 Fried, Schleier, S. 13-46。

[37] 参阅 Walter, Zu einem neuen Buch, S. 318-356。

[38] 参阅 Schwedt, Rez. Zu Deufel, S. 264-269, hier, S. 267 f。

[39] 两项反对观点都不成立。首先宗教裁判所曾出现过经过审讯却未公布结果的案例,例如约翰·扎姆《进化与教义》虽然在 1898 年被禁,但是裁决并未公开。参阅 Mariano Artigas u. a., Negotiating Darwin. The Vatican confronts Evolution 1877-1902, Baltimore 2006, S. 124-202. 此外,例如 19 世纪罗马教廷,还像早期的宫廷一样,还远远谈不上客观权利的界

定。大公和教宗一样，可以理所当然地对某个机构或办事处负责，正如庇护九世事实上所实行的一样。

[40] Marina, Pio IX Bd. 2, S. 243.
[41] Pahud Mortanges, Philosophie, S. 254.
[42] Nichols, Conversation, S. 117-119.
[43] Deufel, Kirche, S. 17 f.

致　谢

若非来自多方面的支持，《圣安布罗焦的修女们：一个真实的故事》这本书也不会完成。我在此向以下人员表示感谢：

慕尼黑历史学院的同事们——这一为历史学家们所设立的机构为我提供了最佳办公条件，令我觉得这一年共同工作的时间转瞬即逝。在此感谢校董会对我的信任以及德国蒂森基金会提供给我一个学术年度的经济支持。特别感谢负责人卡尔-乌尔里希·格尔贝格博士所介绍的专业机构、与伊丽莎白·穆勒-卢克纳进行的富有激情的对话、加布里埃尔·罗塞尔和埃尔薇拉·雅科维纳在学院的组织工作、两位学生助理伊迪丝·普略特纳和弗朗茨·奎林·迈耶的工作和提出的富有启发的问题。感谢所有的奖学金获得者，我在与他们进行专业交流时度过了很多美妙的时刻。感谢伊丽莎白·赫斯博士2012年组织的"真假称圣"工作坊，后来成为一个令人惊叹的论坛，她的《19世纪天主教的"真假"称圣、神秘经历、权利和性别角色》一文已在2013年春天发表在《历史学院》杂志专题研讨会第90卷中。很多在《圣安布罗焦的修女们：一个真实的故事》一书中出现的观点在这篇文章中得到了进一步的深入讨论和研究。感谢工作坊所有的参与者和主持人碰撞出的火花和做出的贡献。

基金会——早在1999年我就已经在天主教信理部档案室（ACDF）找到了圣安布罗焦修道院案件的资料，但当时不允许进行复印，所以必须在理解的基础上抄写下来。感谢格尔达·汉高基金会提供的资助。若没有德国研究协会对我这些常年在档案馆所进行研究的支持，这本书的编写工作绝对无法开展。

各地档案馆——作为一名拥有二十年经验的大学教会史教授，我对于档案馆工作的热爱从未停止，这要归功于负责每一份档案的档案负责人。感谢ACDF主任亚历杭德罗·赛福勒斯博士及其同事丹尼尔·蓬齐亚尼、法布里齐奥·德希比和法布里齐奥·法琴达，他们常年管理档案馆库存并负责解答所有问题。约翰·埃克斯博士作为ACDF元老和现任国家秘书处历史档案馆主任，一直为我提供协助，特别是他的太太伊丽莎白·埃克斯-莱门斯分担了一部分圣安布罗焦事件相关的抄写工作。本书还采用了许多其他档案馆的资料，特别是耶稣会内德国省区档案馆的克莱门斯·布罗德科尔博士和西格马林根国家档案馆的比吉特·麦恩贝格所做的调档和咨询工作。彼得·沃尔特教授以其渊博的19世纪神学历史知识帮助我确认了帕萨利亚事件的时间。克丽斯塔·哈布里希教授帮助我认识了独一无二的毒药世界。假若我不得不策划一起毒药谋杀案，那么我肯定要寻求她的帮助。感谢其他档案馆负责人和图书馆负责人在解开圣安布罗焦事件巨大谜题方面给予我的协助。

中世纪和近代教会史研究班——若没有明斯特团队的协助，我将无法在慕尼黑"逍遥"一年的时间。感谢所有的同事，特别是机构负责人托马斯·鲍尔教授和教职代课人克劳斯·尤伯格教授对我的大力支持。手稿相关的翻译工作特别感谢亚历克斯·皮钦和伊丽莎白-玛丽·里希特。感谢极具经验的科技传播学同事们进行的手稿编辑和调查研究工作。与霍尔格·阿宁博士、莎拉·布朗茨和卡塔琳娜·施密特进行的对话帮助我在手稿及诸多方面获取了更多灵感。感谢参加我研究班的尤迪特·舍佩尔斯、比吉特·莱斯以及萨比娜·霍尔曼的校对工作。此外还有两位必须提到的，感谢玛丽亚·皮娅·洛伦茨-菲洛格拉诺博士为《圣安布罗焦的修女们：一个真实的故事》一书所做的翻译、调研、检查和启发性的工作，感谢芭芭拉·舒勒所做的批判、编校、润色和组织工作。

所有试读读者——为了明确"真实历史"是否能够被接受以及不同人群对此的反应如何，我们将手稿交给了对于历史感兴趣的非专业人士进行试读。感谢迈克尔·普菲斯特、克里斯蒂安·里希特、克莉丝汀·舒特和黑里贝特·沃斯特曼在此书不同章节提出的意见和建议。

C.H.贝克出版社——作为本书作者，我受到了编辑乌尔里希·诺尔特的诸多关怀和照料。恰逢这一伟大出版社的百年庆典出版此书，我感到非常荣幸。

胡贝特·沃尔夫

2012年9月，慕尼黑

新知文库

01 《证据：历史上最具争议的法医学案例》[美]科林·埃文斯 著　毕小青 译
02 《香料传奇：一部由诱惑衍生的历史》[澳]杰克·特纳 著　周子平 译
03 《查理曼大帝的桌布：一部开胃的宴会史》[英]尼科拉·弗莱彻 著　李响 译
04 《改变西方世界的26个字母》[英]约翰·曼 著　江正文 译
05 《破解古埃及：一场激烈的智力竞争》[英]莱斯利·罗伊·亚京斯 著　黄中宪 译
06 《狗智慧：它们在想什么》[加]斯坦利·科伦 著　江天帆、马云霏 译
07 《狗故事：人类历史上狗的爪印》[加]斯坦利·科伦 著　江天帆 译
08 《血液的故事》[美]比尔·海斯 著　郎可华 译　张铁梅 校
09 《君主制的历史》[美]布伦达·拉尔夫·刘易斯 著　荣予、方力维 译
10 《人类基因的历史地图》[美]史蒂夫·奥尔森 著　霍达文 译
11 《隐疾：名人与人格障碍》[德]博尔温·班德洛 著　麦湛雄 译
12 《逼近的瘟疫》[美]劳里·加勒特 著　杨岐鸣、杨宁 译
13 《颜色的故事》[英]维多利亚·芬利 著　姚芸竹 译
14 《我不是杀人犯》[法]弗雷德里克·肖索依 著　孟晖 译
15 《说谎：揭穿商业、政治与婚姻中的骗局》[美]保罗·埃克曼 著　邓伯宸 译　徐国强 校
16 《蛛丝马迹：犯罪现场专家讲述的故事》[美]康妮·弗莱彻 著　毕小青 译
17 《战争的果实：军事冲突如何加速科技创新》[美]迈克尔·怀特 著　卢欣渝 译
18 《最早发现北美洲的中国移民》[加]保罗·夏亚松 著　暴永宁 译
19 《私密的神话：梦之解析》[英]安东尼·史蒂文斯 著　薛绚 译
20 《生物武器：从国家赞助的研制计划到当代生物恐怖活动》[美]珍妮·吉耶曼 著　周子平译
21 《疯狂实验史》[瑞士]雷托·U. 施奈德 著　许阳 译
22 《智商测试：一段闪光的历史，一个失色的点子》[美]斯蒂芬·默多克 著　卢欣渝 译
23 《第三帝国的艺术博物馆：希特勒与"林茨特别任务"》[德]哈恩斯–克里斯蒂安·罗尔 著　孙书柱、刘英兰 译
24 《茶：嗜好、开拓与帝国》[英]罗伊·莫克塞姆 著　毕小青 译
25 《路西法效应：好人是如何变成恶魔的》[美]菲利普·津巴多 著　孙佩妏、陈雅馨 译
26 《阿司匹林传奇》[英]迪尔米德·杰弗里斯 著　暴永宁、王惠 译

27	《美味欺诈：食品造假与打假的历史》[英]比·威尔逊 著　周继岚 译	
28	《英国人的言行潜规则》[英]凯特·福克斯 著　姚芸竹 译	
29	《战争的文化》[以]马丁·范克勒韦尔德 著　李阳 译	
30	《大背叛：科学中的欺诈》[美]霍勒斯·弗里兰·贾德森 著　张铁梅、徐国强 译	
31	《多重宇宙：一个世界太少了？》[德]托比阿斯·胡阿特、马克斯·劳讷 著　车云 译	
32	《现代医学的偶然发现》[美]默顿·迈耶斯 著　周子平 译	
33	《咖啡机中的间谍：个人隐私的终结》[英]吉隆·奥哈拉、奈杰尔·沙德博尔特 著　毕小青 译	
34	《洞穴奇案》[美]彼得·萨伯 著　陈福勇、张世泰 译	
35	《权力的餐桌：从古希腊宴会到爱丽舍宫》[法]让-马克·阿尔贝 著　刘可有、刘惠杰 译	
36	《致命元素：毒药的历史》[英]约翰·埃姆斯利 著　毕小青 译	
37	《神祇、陵墓与学者：考古学传奇》[德]C. W. 策拉姆 著　张芸、孟薇 译	
38	《谋杀手段：用刑侦科学破解致命罪案》[德]马克·贝内克 著　李响 译	
39	《为什么不杀光？种族大屠杀的反思》[美]丹尼尔·希罗、克拉克·麦考利 著　薛绚 译	
40	《伊索尔德的魔汤：春药的文化史》[德]克劳迪娅·米勒-埃贝林、克里斯蒂安·拉奇 著　王泰智、沈惠珠 译	
41	《错引耶稣：〈圣经〉传抄、更改的内幕》[美]巴特·埃尔曼 著　黄恩邻 译	
42	《百变小红帽：一则童话中的性、道德及演变》[美]凯瑟琳·奥兰丝汀 著　杨淑智 译	
43	《穆斯林发现欧洲：天下大国的视野转换》[英]伯纳德·刘易斯 著　李中文 译	
44	《烟火撩人：香烟的历史》[法]迪迪埃·努里松 著　陈睿、李欣 译	
45	《菜单中的秘密：爱丽舍宫的飨宴》[日]西川惠 著　尤可欣 译	
46	《气候创造历史》[瑞士]许靖华 著　甘锡安 译	
47	《特权：哈佛与统治阶层的教育》[美]罗斯·格雷戈里·多塞特 著　珍栎 译	
48	《死亡晚餐派对：真实医学探案故事集》[美]乔纳森·埃德罗 著　江孟蓉 译	
49	《重返人类演化现场》[美]奇普·沃尔特 著　蔡承志 译	
50	《破窗效应：失序世界的关键影响力》[美]乔治·凯林、凯瑟琳·科尔斯 著　陈智文 译	
51	《违童之愿：冷战时期美国儿童医学实验秘史》[美]艾伦·M.霍恩布鲁姆、朱迪斯·L.纽曼、格雷戈里·J.多贝尔 著　丁立松 译	
52	《活着有多久：关于死亡的科学和哲学》[加]理查德·贝利沃、丹尼斯·金格拉斯 著　白紫阳 译	
53	《疯狂实验史Ⅱ》[瑞士]雷托·U.施奈德 著　郭鑫、姚敏多 译	
54	《猿形毕露：从猩猩看人类的权力、暴力、爱与性》[美]弗朗斯·德瓦尔 著　陈信宏 译	
55	《正常的另一面：美貌、信任与养育的生物学》[美]乔丹·斯莫勒 著　郑嬿 译	

56	《奇妙的尘埃》[美]汉娜·霍姆斯 著　陈芝仪 译
57	《卡路里与束身衣：跨越两千年的节食史》[英]路易丝·福克斯克罗夫特 著　王以勤 译
58	《哈希的故事：世界上最具暴利的毒品业内幕》[英]温斯利·克拉克森 著　珍栎 译
59	《黑色盛宴：嗜血动物的奇异生活》[美]比尔·舒特 著　帕特里曼·J.温 绘图　赵越 译
60	《城市的故事》[美]约翰·里德 著　郝笑丛 译
61	《树荫的温柔：亘古人类激情之源》[法]阿兰·科尔班 著　苜蓓 译
62	《水果猎人：关于自然、冒险、商业与痴迷的故事》[加]亚当·李斯·格尔纳 著　于是 译
63	《囚徒、情人与间谍：古今隐形墨水的故事》[美]克里斯蒂·马克拉斯 著　张哲、师小涵 译
64	《欧洲王室另类史》[美]迈克尔·法夸尔 著　康怡 译
65	《致命药瘾：让人沉迷的食品和药物》[美]辛西娅·库恩等 著　林慧珍、关莹 译
66	《拉丁文帝国》[法]弗朗索瓦·瓦克 著　陈绮文 译
67	《欲望之石：权力、谎言与爱情交织的钻石梦》[美]汤姆·佐尔纳 著　麦慧芬 译
68	《女人的起源》[英]伊莲·摩根 著　刘筠 译
69	《蒙娜丽莎传奇：新发现破解终极谜团》[美]让–皮埃尔·伊斯鲍茨、克里斯托弗·希斯·布朗 著　陈薇薇 译
70	《无人读过的书：哥白尼〈天体运行论〉追寻记》[美]欧文·金格里奇 著　王今、徐国强 译
71	《人类时代：被我们改变的世界》[美]黛安娜·阿克曼 著　伍秋玉、澄影、王丹 译
72	《大气：万物的起源》[英]加布里埃尔·沃克 著　蔡承志 译
73	《碳时代：文明与毁灭》[美]埃里克·罗斯顿 著　吴妍仪 译
74	《一念之差：关于风险的故事与数字》[英]迈克尔·布拉斯兰德、戴维·施皮格哈尔特 著　威治 译
75	《脂肪：文化与物质性》[美]克里斯托弗·E.福思、艾莉森·利奇 编著　李黎、丁立松 译
76	《笑的科学：解开笑与幽默感背后的大脑谜团》[美]斯科特·威姆斯 著　刘书维 译
77	《黑丝路：从里海到伦敦的石油溯源之旅》[英]詹姆斯·马里奥特、米卡·米尼奥–帕卢埃洛 著　黄煜文 译
78	《通向世界尽头：跨西伯利亚大铁路的故事》[英]克里斯蒂安·沃尔玛 著　李阳 译
79	《生命的关键决定：从医生做主到患者赋权》[美]彼得·于贝尔 著　张琼懿 译
80	《艺术侦探：找寻失踪艺术瑰宝的故事》[英]菲利普·莫尔德 著　李欣 译
81	《共病时代：动物疾病与人类健康的惊人联系》[美]芭芭拉·纳特森–霍洛威茨、凯瑟琳·鲍尔斯 著　陈筱婉 译
82	《巴黎浪漫吗？——关于法国人的传闻与真相》[英]皮乌·玛丽·伊特韦尔 著　李阳 译

83	《时尚与恋物主义:紧身褡、束腰术及其他体形塑造法》[美]戴维·孔兹 著 珍栎 译
84	《上穷碧落:热气球的故事》[英]理查德·霍姆斯 著 暴永宁 译
85	《贵族:历史与传承》[法]埃里克·芒雄–里高 著 彭禄娴 译
86	《纸影寻踪:旷世发明的传奇之旅》[英]亚历山大·门罗 著 史先涛 译
87	《吃的大冒险:烹饪猎人笔记》[美]罗布·沃乐什 著 薛绚 译
88	《南极洲:一片神秘的大陆》[英]加布里埃尔·沃克 著 蒋功艳、岳玉庆 译
89	《民间传说与日本人的心灵》[日]河合隼雄 著 范作申 译
90	《象牙维京人:刘易斯棋中的北欧历史与神话》[美]南希·玛丽·布朗 著 赵越 译
91	《食物的心机:过敏的历史》[英]马修·史密斯 著 伊玉岩 译
92	《当世界又老又穷:全球老龄化大冲击》[美]泰德·菲什曼 著 黄煜文 译
93	《神话与日本人的心灵》[日]河合隼雄 著 王华 译
94	《度量世界:探索绝对度量衡体系的历史》[美]罗伯特·P.克里斯 著 卢欣渝 译
95	《绿色宝藏:英国皇家植物园史话》[英]凯茜·威利斯、卡罗琳·弗里 著 珍栎 译
96	《牛顿与伪币制造者:科学巨匠鲜为人知的侦探生涯》[美]托马斯·利文森 著 周子平 译
97	《音乐如何可能?》[法]弗朗西斯·沃尔夫 著 白紫阳 译
98	《改变世界的七种花》[英]詹妮弗·波特 著 赵丽洁、刘佳 译
99	《伦敦的崛起:五个人重塑一座城》[英]利奥·霍利斯 著 宋美莹 译
100	《来自中国的礼物:大熊猫与人类相遇的一百年》[英]亨利·尼科尔斯 著 黄建强 译
101	《筷子:饮食与文化》[美]王晴佳 著 汪精玲 译
102	《天生恶魔?:纽伦堡审判与罗夏墨迹测验》[美]乔尔·迪姆斯代尔 著 史先涛 译
103	《告别伊甸园:多偶制怎样改变了我们的生活》[美]戴维·巴拉什 著 吴宝沛 译
104	《第一口:饮食习惯的真相》[英]比·威尔逊 著 唐海娇 译
105	《蜂房:蜜蜂与人类的故事》[英]比·威尔逊 著 暴永宁 译
106	《过敏大流行:微生物的消失与免疫系统的永恒之战》[美]莫伊塞斯·贝拉斯克斯–曼诺夫 著 李黎、丁立松 译
107	《饭局的起源:我们为什么喜欢分享食物》[英]马丁·琼斯 著 陈雪香 译 方辉 审校
108	《金钱的智慧》[法]帕斯卡尔·布吕克内 著 张叶 陈雪乔 译 张新木 校
109	《杀人执照:情报机构的暗杀行动》[德]埃格蒙特·科赫 著 张芸、孔令逊 译
110	《圣安布罗焦的修女们:一个真实的故事》[德]胡贝特·沃尔夫 著 徐逸群 译